普通高等教育"十三五"应用型教改系列教材
【财会专业】

财务管理基础

FUNDAMENTALS OF FINANCIAL MANAGEMENT

主编 张敏翔 刘阳
主审 李爱红

机械工业出版社
CHINA MACHINE PRESS

图书在版编目（CIP）数据

财务管理基础 / 张敏翔，刘阳主编．—北京：机械工业出版社，2020.9（2023.8 重印）
（普通高等教育"十三五"应用型教改系列教材·财会专业）

ISBN 978-7-111-66513-7

I. 财… II. ①张… ②刘… III. 财务管理 – 高等学校 – 教材 IV. F275

中国版本图书馆 CIP 数据核字（2020）第 170092 号

本书以解决企业实际问题为出发点，阐述财务管理的本质，深入剖析财务管理人员具体工作内容是什么，为什么开展这些业务，企业的内外部环境是怎样的，以及如何运用财务管理基本知识有效地识别和分析企业面临的问题与潜在的风险。本书运用业财融合理念，深入企业生产经营的每一个环节以发现企业面临的问题，主张以企业实际经营情况和外部经济形势为基础开展有效的财务管理活动，从而在充分考虑资产安全性的前提下提升资产效率，更好地识别、分散和防范企业的风险。

本书可作为高等院校会计学、财务管理、资产评估、审计、金融学、企业管理、市场营销、财政学、税务学等经济管理专业的本专科教材，以及相关专业硕士研究生入学考试的参考教材，也可作为财务管理爱好者的课外读物和各类会计资格证书的考试用书。本书的知识拓展同时兼顾了上市公司与民营企业读者在实务操作层面上的需要。

出版发行：机械工业出版社（北京市西城区百万庄大街 22 号　邮政编码：100037）
责任编辑：杜　霜　　　　　　　　　　　　责任校对：李秋荣
印　　刷：北京捷迅佳彩印刷有限公司
版　　次：2023 年 8 月第 1 版第 5 次印刷
开　　本：185mm×260mm　1/16
印　　张：20.25
书　　号：ISBN 978-7-111-66513-7
定　　价：45.00 元

客服电话：(010) 88361066　68326294

版权所有·侵权必究
封底无防伪标均为盗版

Foreword 推荐序

时代是思想之母，实践是理论之源。党的十九大提出我国经济已由高速增长阶段转向高质量发展阶段，正处在转变发展方式、优化经济结构、转换增长动力的攻关期，建设现代化经济体系是跨越关口的迫切要求，同时也是我国发展的战略目标。建设现代化经济体系离不开大量财会人员的支撑，特别是财务管理人员，他们是发现和创造财富的价值管理者。良好的财务管理对于个人、企业、国家乃至全球的财富创造和经济发展都至关重要。正如本书所言，所有真正重要的商业决策都将涉及企业每一个部门的每一个人。价值管理的业财融合理念尤为典型，它强调企业的价值管理除了财务人员的专业支持，还需要来自包括销售、营销、生产、人力资源等非财务部门人员的准确预测和决策，即使是非财务人员也需要明白他们的行为会如何影响企业的盈利和未来业绩。

本书以高等院校本、专科学生为主要读者对象，同时兼顾上市公司与民营企业读者在实务操作层面上的需要。教材每章设有"学习目标"和"导入案例"，同时还穿插了部分例题和案例，很多经典例题是由注册会计师和中级会计师等资格考试的真题改编的，具有一定的深度和代表性，展示了如何灵活运用理论知识解决企业实际面临的问题，符合财经类高校师生和财务管理从业人员的需求，具有一定的引领性与前瞻性。

当今社会，大学生的就业压力很大，就业市场对大学教育的影响日益增强。具体到财务管理专业，一个突出的表现就是，财务管理专业的学生无论是在校期间还是进入社会工作都需要考取各类会计资格证书，其中注册会计师考试对大学财务管理教育的影响较大。在关注学生参加注册会计师考试这一客观需要的同时，财务管理教材应更加重视学生的长远发展，注重对学生基本素质和专业技能的培养。注册会计师考试偏重于考察应试者对现行法律法规等规定的记忆和理解，但高等财务管理教育不能局限于对现行法律法规的介绍与解释，而应当更加重视培养学生发现问题、分析问题和解决问题的能力。究其原因，一是社会经济环境日趋复杂，对财务管理专业人才的要求不断提高。随着信息技术的快速发展，很多技能型的、简单重复的财务管理工作逐渐被计算机替代完成，财务管理工作秉承业财融合理念解决企业面临的实际问题是一个必然趋势。二是我国会计规范逐渐与国际会计准则接轨，这就要求财务管理人员应具有更强的职业判断能力。为了培养学生处理复杂业务和适应环境变化的能力，本书的编写重视以问题为导向，注重引导学生积极思考，运用财务管理基本理论来解决企业面临的实际问题。

财务管理的人才培养肩负着服务国家经济社会建设的光荣使命，是行业实现转型升级的基础保障。让我们不断探索，努力前行，共同创造财务管理专业美好的明天，实现财务管理专业的蓬勃发展。

丁建选

2020年6月25日

Preface 前言

"路漫漫其修远兮，吾将上下而求索"。我国经济正处于转型升级、由"中国制造"向"中国智造"转变的重要历史时期，"人才立国""人才兴国""人才强国"的理念逐渐深入人心。2018年7月3日至4日，习近平总书记在全国组织工作会议中指出："千秋基业，人才为本。"2020年是我国"十三五"规划的收官之年，为实现中共中央、国务院印发的《国家中长期人才发展规划纲要（2010—2020年）》中提出的人才战略，加快财务管理专业人才的培养变得比任何时候都重要，因为财务管理专业人才在革新发展理念、更新资源配置、创新经营理念、完善社会主义基本经济制度方面发挥着不可估量的作用。

在这次新冠疫情引发突如其来的订单骤减，造成原材料短缺、流动资金紧张等不利的情况下，财务管理的重要性尤为凸显，企业高管需要根据内外部变化的环境随时做出理性的判断与决策，在预算管理、风险管理、营运资金管理、内部控制、职业道德和组织价值观等方面判断、维持和创造企业价值。在此过程中强化企业内控以及合规经营非常重要。瑞幸咖啡曾通过"跳单"方式虚构收入，持续采用本身就存在缺陷的商业模式，甚至通过关联方并购转移资产、实施利益输送，最终使得企业自身失去可持续现金流和利润的"造血"能力，被资本市场发现，从而影响了企业自身的长远发展。本书通过引导读者掌握财务管理基础知识以及借助互联网大数据的优势，建议企业实地调研，深入挖掘市场本质，获得企业利益相关者的真实数据，以实现经营目标，助推经济的快速、和谐发展。

企业所处的环境越来越复杂多变，这对于教学内容的实践性提出了更高要求，《财务管理基础》作为应用型高校财会专业的核心课程必须与时俱进。无论是老师还是学生都深感目前市面上缺少一本既能反映财务管理基础知识发展动态，又能兼顾上市公司与民营企业实务操作需求的配套教材，本书正是应此需求编写。

本书秉承业财融合理念，在内容上借鉴百家之长，求同存异，在充分考虑教学规律的基础上，引导学生转变思维方式和学习理念，激发他们的主观能动性，以达到学以致用的目的，具体来说，本书体现了以下几个特点。

一、案例内容较新，汇编了最新的典型财务管理案例

本书引入巨人集团、獐子岛、金立手机、联想集团、三一重工、小米公司、格力公司等九个典型公司案例，深入阐述财务管理人员的专业素养在帮助企业做出正确判断与决策方面的重要作用，这也是本书想要传达的重要思想。因此，不论是职业经理人还是投资者，他们都需要了解财务管理的基础知识；而对于学生来说，无论他们是在校学习

还是今后就业，拥有财务管理的基础知识都是最基本的要求，除此之外，他们还要学会运用业财融合理念来发现、分析和解决企业经营中各个环节面临的实际问题。

二、教材形式新颖，引导财会人才拓宽知识视野

本书章节体系按照最新的财务管理业务流程，帮助读者完整梳理业务流程，以高效衔接学习后的实际操作运用。每章从"学习目标""导入案例"入手，让读者带着目标和疑问进入本章节理论内容与实际运用的学习，通过讲解知识点来解答种种疑问。本书设置了"问题与讨论"专栏，为读者介绍一些实际案例，引导读者深入思考如何将所学知识用于实际问题的解决。每章末尾设有"本章小结""练习题"板块以巩固读者对本章知识的学习。培养财会人才不应仅仅站在财务的视角，还要站在战略的高度，这样才能真正提高企业的现金管理能力和技术创新能力，最终实现企业价值最大化的目标。

本书由河南财政金融学院张敏翔、河南财经政法大学刘阳共同担任主编，负责全书的大纲制定、初稿审阅、修改和总纂工作。本书各章节的编写和修订者分别为河南财政金融学院张敏翔（第一章、第二章、第三章）、安阳学院陈凤丽（第四章、第五章）、信阳农林学院张立恒（第六章）、山西职业技术学院李艳莉（第七章）、河南财经政法大学刘阳（第八章、第九章）。

本书是河南省教育厅2019年度河南省高等学校青年骨干教师培养计划项目（2019GGJS117）的阶段性成果，首先要感谢教育主管部门的立项，正是这个项目让我们认真思考了目前财务管理教学中存在的问题并努力实践教学范式改革。其次，感谢机械工业出版社精心策划这本应用型教改系列教材，并为本书组织召开了启动会和审稿会。因编者认知水平有限，书中难免有不足之处，敬请读者批评指正，相关意见可直接发至编者邮箱（1332169916@qq.com）。

编　者

2020年7月于郑州

Suggestion 教学建议

教学目的

通过本书的学习，让学生充分认识到财务管理在企业生产运营活动中的作用；掌握当前企业管理的基本概念、基本理论和基本方法；学会使用模型进行预算管理、筹资管理、投资管理和营运资金管理等；能进行成本管理、收入与分配的管理和分析；树立现代财务管理观念，从业财融合理念视角认识和处理企业财务活动中的问题，以基本达到会计师、经济师应具备的财务管理业务水平。

课时分布建议

教学内容	学习目标	课时安排	
		本科	专科
第一章 总论	1. 了解不同的企业组织形式 2. 了解财务管理的内容 3. 掌握财务管理的目标与优缺点 4. 熟悉财务管理的每一个环节 5. 了解财务管理集权与分权的体制 6. 明确财务管理环境对企业经营管理的重要性	6	4
第二章 财务管理基础	1. 掌握时间价值的概念 2. 学会计算复利终值、复利现值、年金现值和年金终值 3. 了解资产收益与风险的表现方式 4. 学会运用资本资产定价模型计算必要收益率 5. 熟悉证券投资的种类和特点 6. 掌握不同证券的价值评估方法	8	8
第三章 预算管理	1. 了解预算的作用分类 2. 掌握预算编制的方法与程序 3. 熟悉预算的编制 4. 理解预算的执行和考核	6	6
第四章 筹资管理	1. 了解筹资管理的概念、内容、方式以及原则 2. 掌握有价证券的类型及特征 3. 熟悉资金需求量的预测方法 4. 掌握不同类型资本成本的计算及资本结构理论的运用 5. 掌握财务杠杆与经营杠杆计算公式及运用	8	6

（续）

教学内容	学习目标	课时安排	
		本科	专科
第五章 投资管理	1. 了解投资的意义、分类、原则 2. 掌握投资项目财务评价指标的计算与运用 3. 掌握证券投资管理的特点、风险 4. 掌握债券投资、股票投资的股价计算公式与运用	8	6
第六章 营运资金管理	1. 了解营运资金管理的概念、特点、原则与策略 2. 掌握目标现金管理的模式、计算公式与运用 3. 掌握应收账款管理的功能、成本、监控与管理 4. 掌握存货管理的目标、成本核算以及最优存货批量的模型与运用 5. 掌握流动负债的种类与优缺点	8	6
第七章 成本管理	1. 了解成本管理的意义、目标和内容 2. 掌握本量利分析的基本原理 3. 掌握保本、保利的方法和利润的敏感性分析 4. 掌握标准成本的概念、制定与差异计算分析 5. 掌握作业成本和责任成本	6	6
第八章 收入与分配管理	1. 了解收入与分配管理的意义、原则和内容 2. 掌握收入管理的预测方法及影响因素 3. 掌握企业筹资、投资、营运、利润分配纳税管理 4. 掌握分配管理的理论、制约因素及支付形式与程序	6	6
第九章 财务报表分析与运用	1. 了解财务报表分析的意义、方法和内容 2. 掌握财务报表分析各种能力指标 3. 掌握上市公司财务报表分析的指标与运用 4. 掌握财务报表分析评价与考核	8	6
课时合计		64	54

Contents 目录

推荐序
前言
教学建议

第一章 总论 /1

学习目标 /1
导入案例 宏伟公司财务管理目标的选择 /1
第一节 企业与企业财务管理 /2
第二节 财务管理目标 /6
第三节 财务管理环节 /12
第四节 财务管理体制 /14
第五节 财务管理环境 /19
本章小结 /25
练习题 /25

第二章 财务管理基础 /27

学习目标 /27
导入案例 让你的钱动起来 /27
第一节 货币时间价值 /27
第二节 收益与风险 /38
第三节 股票及其估价 /47
第四节 债券及其估价 /50
本章小结 /52
练习题 /52

第三章 预算管理 /54

学习目标 /54
导入案例 巨人大厦的轰然倒下 /54
第一节 预算管理概述 /55
第二节 预算的编制方法与流程 /57
第三节 预算编制 /65
第四节 预算的执行与考核 /74
本章小结 /76
练习题 /76

第四章 筹资管理 /78

学习目标 /78
导入案例 金立手机的陨落 /78
第一节 筹资管理概述 /79
第二节 筹资方式 /85
第三节 资金需求量预测 /107
第四节 资本成本与资本结构 /112
第五节 杠杆效应 /124
本章小结 /129
练习题 /130

第五章 投资管理 /131

学习目标 /131
导入案例 联想集团的多元化投资战略 /131
第一节 投资管理概述 /132
第二节 投资项目财务评价指标 /135
第三节 项目投资管理 /146
第四节 证券投资管理 /150
本章小结 /160
练习题 /161

第六章 营运资金管理 /162

学习目标 /162

导入案例　三一重工的资金遭质疑　/162
　　第一节　营运资金管理概述　/162
　　第二节　现金管理　/169
　　第三节　应收账款管理　/177
　　第四节　存货管理　/189
　　第五节　流动负债管理　/196
　　本章小结　/203
　　练习题　/203

第七章　成本管理　/205
　　学习目标　/205
　　导入案例　小米手机的低成本渗透型战略　/205
　　第一节　成本管理概述　/205
　　第二节　本量利分析与应用　/209
　　第三节　标准成本控制与分析　/220
　　第四节　作业成本与责任成本　/227
　　本章小结　/237
　　练习题　/237

第八章　收入与分配管理　/239
　　学习目标　/239
　　导入案例　格力公司股利分配政策　/239
　　第一节　收入与分配管理概述　/239
　　第二节　目标收入管理　/244
　　第三节　纳税筹划管理　/253
　　第四节　利润分配管理　/264
　　本章小结　/274
　　练习题　/274

第九章　财务报表分析与运用　/276
　　学习目标　/276
　　导入案例　獐子岛的扇贝跑哪儿去了　/276
　　第一节　财务报表分析与评价方法　/277
　　第二节　基本的财务报表分析框架　/282
　　第三节　上市公司财务分析　/293
　　第四节　财务评价与考核　/297
　　本章小结　/304
　　练习题　/304

附录　/306

参考文献　/314

Chapter1 第一章

总 论

学习目标

1. 了解不同的企业组织形式。
2. 了解财务管理的内容。
3. 掌握财务管理的目标与优缺点。
4. 熟悉财务管理的每一个环节。
5. 了解财务管理集权与分权的体制。
6. 明确财务管理环境对企业经营管理的重要性。

导入案例

宏伟公司财务管理目标的选择

宏伟公司是一家从事 IT 产品开发的企业，由三位志同道合的朋友共同出资 100 万元创立，三人平均分配股权。公司发展初期，创始股东都以公司的长远发展为目标，关注公司的持续增长能力，注重研发，不断开发新产品，这些措施有力地提高了公司的竞争力，使公司实现了营业收入的高速增长。在开始的几年间，公司销售业绩以每年 60% 的速度增长。然而，随着利润的快速增长，三位创始股东开始在收益分配上产生了分歧。股东王力、张伟倾向于分红，而股东赵勇则认为应将公司取得的利益用于扩大再生产，以提高公司的持续发展能力，实现长远利益的最大化。由此产生的矛盾不断升级，最终导致坚持公司长期发展的赵勇出让其持有的 1/3 股份被迫退出。

这引起了与公司有密切联系的广大供应商和分销商的不满，因为许多人业务的发展壮大都与宏伟公司密切相关，他们深信宏伟公司的持续增长能力将为他们带来更多的机会。于是，他们威胁宏伟公司，如果赵勇离开，将断绝与公司的业务往来。面对这一情况，公司的另外两位股东提出他们可以离开公司，条件是赵勇必须收购他们的股份。而赵勇的长远发展战略需要较多投资，这样做将导致公司陷入没有资金维持生产的境地。这时，众多供应商和分销商伸出了援助之手，他们有的主动延长应收账款的期限，有的预付货款，最终使赵勇又重新回到了公司，成为公司的掌门人。

经历了股权风波后，宏伟公司在赵勇的领导下，不断加大投入，实现了规模化发展,在同行业中处于领先地位,公司的竞争力和价值不断提升。

资料来源:豆丁网,https://www.docin.com/p-1526522024.html。有删改。

第一节 企业与企业财务管理

一、企业及其组织形式

(一)企业的定义与功能

企业是依法设立的,以营利为目的,运用各种生产要素(土地、劳动力、资本和技术等),向市场提供商品或服务,实行自主经营、自负盈亏、独立核算的法人或其他社会经济组织。企业的目标是创造财富(或价值)。企业在创造财富(或价值)的过程中还应该承担相应的社会责任。当今社会,企业作为国民经济细胞,发挥着越来越重要的作用。

1. 企业是市场经济活动的主要参与者

市场经济活动的顺利进行离不开企业的生产和销售活动,离开了企业的生产和销售活动,市场就成了无源之水、无本之木。创造价值是企业经营行为动机的内在要求,企业的生产状况和经济效益直接影响社会经济实力的增长和人民物质生活水平的提高。只有培育大量充满生机与活力的企业,社会才能稳定、和谐而健康地发展。

2. 企业是社会生产与服务的主要承担者

社会经济活动的主要过程即生产与服务过程,大多是由企业来承担和完成的。许多企业要组织社会生产,通过劳动者将生产资料(劳动工具等)作用于劳动对象,从而生产出商品,这个过程就是企业组织社会生产的过程,因此企业是社会生产的直接承担者。企业在组织社会生产过程中必然要在社会上购买其他企业的商品,再把本企业的产品销售出去,形成服务(包括商品流通)的过程。离开了企业的生产与服务活动,社会经济活动就会中断或停止。

3. 企业是经济社会发展的重要推动力量

企业为了在竞争中立于不败之地,就需要不断积极采用先进技术,这在客观上必将推动整个社会经济技术的进步。企业的发展对整个社会的经济技术进步有着不可替代的作用。加快企业技术进步,加速科技成果产业化,培育发展创新型企业,是企业发展壮大的重要途径。

(二)企业的组织形式

典型的企业组织形式有三种:个人独资企业、合伙企业和公司制企业。

1. 个人独资企业

个人独资企业是由一个自然人投资,全部资产为投资人个人所有,全部债务由投资者个人承担的经营实体。

个人独资企业具有创立容易、经营管理灵活自由、不需要缴纳企业所得税等优点。对于个人独资企业而言:① 需要企业主对企业债务承担无限责任,当企业的损失超过企业主最初对企业的投资时,需要用企业主个人的其他财产偿债;② 难以从外部获得大量资金用于经营;③ 个人独资企业所有权的转移比较困难;④ 企业的生命有限,将随着企业主的死亡而自动消亡。

2. 合伙企业

合伙企业通常是由两个或两个以上的自然人(有时也包括法人或其他组织)合伙经营的企业,是由各合伙人遵循自愿、平等、公平、诚实信用原则订立合伙协议,共同出资,合伙经营,共享收益,共担风险的营利性组织。合伙企业分为普通合伙企业和有限合伙企业。

普通合伙企业由普通合伙人组成,合伙人对合伙企业债务承担无限连带责任。依照合伙企业法的规定,国有独资公司、国有企业、上市公司以及公益性的事业单位、社会团体不得成为普通合伙人。以专业知识和专门技能为客户提供有偿服务的专业服务机构,可以设立为特殊的普通合伙企业。一个合伙人或者数个合伙人在执业活动中因故意或者重大过失造成合伙企业债务的,应当承担无限责任或者无限连带责任,其他合伙人以其在合伙企业中的财产份额为限承担责任。合伙人在执业活动中非因故意或者重大过失造成的合伙企业债务及合伙企业的其他债务,由全体合伙人承担无限连带责任。合伙人执业活动中因故意或者重大过失造成的合伙企业债务,以合伙企业财产对外承担责任后,该合伙人应当按照合伙协议的约定对给合伙企业造成的损失承担赔偿责任。

有限合伙企业由普通合伙人和有限合伙人组成,普通合伙人对合伙企业债务承担无限连带责任,有限合伙人以其认缴的出资额为限对合伙企业债务承担责任。有限合伙企业至少应当有一个普通合伙人,由普通合伙人执行合伙事务。有限合伙人不执行合伙事务,不得对外代表有限合伙企业。有限合伙人的下列行为,不视为执行合伙事务:① 参与决定普通合伙人入伙、退伙;② 对企业的经营管理提出建议;③ 参与选择承办有限合伙企业审计业务的会计师事务所;④ 获取经审计的有限合伙企业财务会计报告;⑤ 对涉及自身利益的情况,查阅有限合伙企业财务会计账簿等财务资料;⑥ 在有限合伙企业中的利益受到侵害时,向有责任的合伙人主张权利或者提起诉讼;⑦ 执行事务合伙人怠于行使权利时,督促其行使权利或者为了本企业的利益以自己的名义提起诉讼;⑧ 依法为本企业提供担保。有限合伙人转变为普通合伙人的,对其作为有限合伙人期间有限合伙企业发生的债务承担无限连带责任。普通合伙人转变为有限合伙人的,对其作为普通合伙人期间合伙企业发生的债务承担无限连带责任。

合伙企业的生产经营所得和其他所得,按照国家有关税收规定,由合伙人分别缴纳所得税。

除企业主不止一人外,合伙企业的优点和缺点与个人独资企业类似。此外,合伙企业法规定普通合伙人对企业债务须承担无限连带责任。如果一个合伙人没有能力偿还其应分担的债务,则其他合伙人须承担连带责任,即有责任替其偿还债务。法律还规定合伙人转让其财产份额时需要取得其他合伙人的同意,有时甚至还需要修改合伙协议。

由于合伙企业与个人独资企业存在共同缺陷,因此一些企业尽管在刚成立时以独资或合伙的形式出现,但是在发展到某一阶段后都将转换成公司的形式。

3. 公司制企业

公司（或称公司制企业）是指由投资人（自然人或法人）依法出资组建的，有独立法人财产，自主经营、自负盈亏的法人企业。

公司是经政府注册的营利性法人组织，并且独立于所有者和经营者。根据中国现行的公司法，其形式分为有限责任公司和股份有限公司两种。

有限责任公司简称"有限公司"，是指股东以其认缴的出资额为限对公司承担责任，公司以其全部财产为限对公司的债务承担责任的企业法人。根据中国现行公司法的规定，必须在公司名称中标明"有限责任公司"或者"有限公司"字样。

其中，国有独资公司是有限责任公司的一种特殊形式。其具体是指国家单独出资、由国务院或者地方人民政府授权本级人民政府国有资产监督管理机构履行出资人职责的有限责任公司。国有独资公司的公司章程由国有资产监督管理机构制定，或者由董事会制定，报国有资产监督管理机构批准。我国国有独资公司不设股东会，由国有资产监督管理机构行使股东会职权，决定公司的重大事项，公司的合并、分立、解散、增加或者减少注册资本和发行公司债券，必须由国有资产监督管理机构决定。

股份有限公司简称"股份公司"，是指其全部资本分为等额股份，股东以其所持股份为限对公司承担责任，公司以其全部财产对公司的债务承担责任的企业法人。

有限责任公司和股份有限公司的区别：① 公司设立时对股东人数要求不同。设立有限责任公司的股东人数可以为1人或50人以下；设立股份有限公司，应当有2人以上200人以下为发起人。② 股东的股权表现形式不同。有限责任公司的权益总额不做等额划分，股东的股权是通过投资人所拥有的比例来表示的；股份有限公司的权益总额平均划分为相等的股份，股东的股权是用持有多少股份来表示的。③ 股份转让限制不同。有限责任公司不发行股票，对股东只发放一张出资证明书，股东转让出资需要由股东会或董事会讨论通过；股份有限公司可以发行股票，股票可以依法转让。

公司制企业的优点：① 容易转让所有权。公司的所有者权益被划分为若干股权份额，每个份额可以单独转让。② 有限债务责任。公司债务是法人的债务，不是所有者的债务。所有者对公司承担的责任以其出资额为限。当公司资产不足以偿还其所欠债务时，股东无须承担连带清偿责任。③ 公司制企业可以无限存续，一个公司在最初的所有者和经营者退出后仍然可以继续存在。④ 公司制企业融资渠道较多，更容易筹集所需资金。

公司制企业的缺点：① 组建公司的成本高。公司法对于设立公司的要求比设立独资企业或合伙企业复杂，并且需要提交一系列法律文件，花费的时间较长，公司成立后，政府对其监管比较严格，需要定期提交各种报告。② 存在代理问题。所有者和经营者分开以后，所有者成为委托人，经营者成为代理人，代理人可能为了自身利益而伤害委托人利益。③ 双重课税。公司作为独立的法人，其利润需要缴纳企业所得税，企业利润分配给股东后，股东还需要缴纳个人所得税。

在以上三种形式的企业组织中，个人独资企业占企业总数的比重很大，但是绝大部分的商业资金是由公司制企业控制的。因此，财务管理通常把公司理财作为讨论的重点。除非特别指明，本教材讨论的财务管理均指公司财务管理。

二、企业财务管理的内容

公司的基本活动可以分为投资、筹资、运营和分配活动四个方面,对于生产企业而言,还需要进行有关生产成本的管理与控制。从财务管理角度看,投资可以分为长期投资和短期投资,筹资也可以分为长期筹资和短期筹资。由于短期投资、短期筹资和营业现金流管理有着密切的关系,通常合并在一起讨论,称为营运资金管理。因此,本教材把财务管理的内容分为投资管理、筹资管理、营运资金管理、成本管理、收入与分配管理五个部分。

(一) 投资管理

投资是企业生存、发展及进一步获取利润的基本前提。企业取得资金后,必须将其投入使用,以谋求取得良好的经济效益,在进行投资管理活动时,企业必须考虑投资规模,同时还必须通过投资方向和投资方式的选择来确定合适的投资结构,提高投资效益,降低投资风险。不同的投资项目,对企业价值和财务风险的影响程度不同。企业的投资,有对内投资和对外投资之分。对内投资是指企业把筹集到的资金用于增加本企业的资产,如购置固定资产、无形资产等。企业把筹集到的资金用于购买股票、债券、出资新组建公司或与其他企业联营等,便形成对外投资。如果投资决策不科学、投资结构不合理,那么投资项目往往不能获得预期效益,从而影响企业盈利水平和偿债能力,产生财务风险。因此,对待投资管理要格外慎重。

(二) 筹资管理

企业要根据其生产经营、发展战略、投资和资本结构等因素,通过筹资渠道和资本市场,运用筹资方式,依法、经济有效地筹集企业所需资金,进行筹资管理。无论是建立新企业,还是经营现有企业,都需要筹措一定数量的资金。在进行筹资活动时,企业一方面要科学预测筹资的总规模,以保证所需资金;另一方面要通过筹资渠道和筹资方式的选择,确定合理的筹资结构,降低资金成本,增加公司的利益,控制相关的风险。筹集资金管理是企业财务管理的一项重要内容。

(三) 营运资金管理

企业在日常的生产经营活动中,会发生一系列流动资产和流动负债资金的收付。企业的营运资金在全部资金中占有较大的比重,是企业财务管理工作的一项重要内容,主要涉及:现金持有计划的确定,应收账款的信用标准、信用条件和收款政策的确定,存货周期、存货数量、订货计划的确定,短期借款计划、商业信用筹资计划的确定等。如何节约资金成本、提高资金使用效率、进行流动资产的投融资,以及如何管理流动负债,都需要企业提前做好规划。

(四) 成本管理

成本管理是企业日常经营管理的一项中心工作。企业在竞争中需要努力开源节流,控制成本耗费,从而增加企业收益。通过本量利分析,帮助经营决策;通过标准成本控制与分析，满足有效经营条件下所能达到的目标成本；通过作业成本管理，对传统成本管理模式进行变革，应用到价值链领域，为企业战略管理提供基础；责任成本的管理，则是通过责任中心，明确责任成本，从而界定责、权、利关系，考核工作业绩。成本管理涉及从成本规划、成本核算、成本控制、成本分析到成本考核的全部过程。

（五）收入与分配管理

收入与分配管理是对企业收入与分配活动及其形成的财务关系的组织与调节，是企业进行销售预测和定价管理，并将一定时期内所创造的经营成果合理地在企业内、外部各利益相关者之间进行有效分配的过程。收入反映的是企业经济利益的来源，而分配反映的是企业经济利益的去向，两者共同构成企业经济利益流动的完整链条。收入的初次分配是对成本费用的弥补，这一过程随着再生产的进行而自然完成，而利润分配则是对收入初次分配的结果进行再分配。根据投资者的意愿和企业生产经营的需要，企业实现的净利润可以作为投资收益分配给投资者，也可以暂时留存企业形成未分配利润，或者作为投资者的追加投资。企业的财务人员要合理确定分配的规模和结构，确保企业取得最大的长期利益。

企业财务管理的上述五部分内容是相互联系、相互制约的。筹资是基础，离开企业生产经营所需的资金筹措，企业就不能生存与发展。公司筹资数量还制约着公司投资的规模。企业所筹措的资金只有有效地投放出去，才能实现筹资的目的，并不断增值与发展；而且投资反过来又决定了企业需要筹资的规模和时间。投资和筹资的成果都需要依赖资金的营运才能实现，筹资和投资在一定程度上决定了公司日常经营活动的特点和方式，但企业日常活动还需要对营运资金进行合理的管理与控制，努力提高营运资金的使用效率。成本管理则贯串投资、筹资和营运活动的全过程，渗透在财务管理的每个环节之中。收入与分配影响着筹资、投资、营运资金和成本管理的各个方面，收入与分配的来源是企业上述各方面共同作用的结果，同时又会对上述各方面产生反作用。因此，投资管理、筹资管理、营运资金管理、成本管理和收入与分配管理都是企业价值创造的必要环节，是保障企业健康发展、实现可持续增长的重要内容。

第二节 财务管理目标

前已述及，企业的目标就是创造财富（或价值）。一般而言，企业财务管理的目标就是为实现企业创造财富或价值这一目标服务。鉴于财务活动直接从价值方面反映企业的商品或者服务提供过程，因而财务管理在为企业创造价值方面发挥着重要作用。

一、企业财务管理目标理论

企业财务管理目标有以下几种具有代表性的理论。

（一）利润最大化

利润最大化就是假定企业财务管理以实现利润最大化为目标。以利润最大化作为财务管理目标，其主要原因有三：一是人类从事生产经营活动的目的是创造更多的剩余产品，在市场经济条件下，剩余产品的多少可以用利润这个指标来衡量；二是在自由竞争的资本市场中，资本的使用权最终属于获利最多的企业；三是只有每个企业都最大限度地创造利润，整个社会的财富才可能实现最大化，从而带来社会的进步和发展。

利润最大化目标的主要优点是，企业追求利润最大化，就必须讲求经济核算，加强管理，改进技术，提高劳动生产率，降低产品成本。这些措施都有利于企业资源的合理配置，有利于企业整体经济效益的提高。

但是，以利润最大化作为财务管理目标存在以下缺点。

（1）没有考虑利润实现时间和资金时间价值。比如，今年 100 万元的利润和 10 年以后 100 万元的利润相比，二者的实际价值是不一样的，在这 10 年具有时间价值，而且这一数值会随着贴现率的不同而有所不同。

（2）没有考虑风险问题。不同行业具有不同的风险，同等利润值在不同行业中的意义也不相同，比如，风险比较高的高科技企业和风险相对较低的制造业企业无法简单比较。

（3）没有反映创造的利润与投入资本之间的关系。

（4）可能影响企业短期财务决策倾向，影响企业长远发展。由于利润指标通常按年计算，企业决策也往往会服务于年度指标的完成或实现。

利润最大化的另一种表现方式是每股收益最大化。每股收益最大化的观点认为，应当把企业的利润和股东投入的资本联系起来考察，用每股收益来反映企业的财务目标。

除了反映所创造利润与投入资本之间的关系，每股收益最大化与利润最大化目标的缺点基本相同。但如果风险相同、每股收益时间相同，则每股收益的最大化也是衡量公司业绩的一个重要指标。事实上，许多投资人都把每股收益作为评价公司业绩的重要标准之一。

（二）股东财富最大化

股东财富最大化是指企业通过财务管理以实现股东财富最大化。在上市公司，股东财富是由其所拥有的股票数量和股票市场价格两方面决定的。在股票数量一定时，股票价格达到最高，股东财富也就实现了最大化。

与利润最大化相比，股东财富最大化的主要优点如下。

（1）考虑了风险因素，因为通常股价会对风险做出较敏感的反应。

（2）在一定程度上能避免企业短期行为，因为不仅目前的利润会影响股票价格，预期未来的利润同样会对股价产生重要影响。

（3）对上市公司而言，股东财富最大化目标比较容易量化，便于考核和奖惩。

以股东财富最大化作为财务管理目标也存在以下缺点。

（1）通常只适用于上市公司，非上市公司难以应用，因为非上市公司无法像上市公司一样随时准确获得公司股价。

（2）股价受众多因素影响，特别是企业外部的因素，有些还可能是非正常因素。股价不能完全准确反映企业财务管理状况，如有的上市公司处于破产的边缘，但由于可能存在某些机会,其股价还在走高。

(3) 它强调的更多的是股东利益,而对其他相关者的利益重视不够。

(三) 企业价值最大化

企业价值最大化是指企业通过财务管理以实现企业价值最大化。企业价值可以理解为企业所有者权益和债权人权益的市场价值,或者是企业所能创造的预计未来现金流量的现值。未来现金流量这一概念,包含了资金的时间价值和风险价值两个方面的因素。因为未来现金流量的预测包含了不确定性和风险因素,而现金流量的现值是以资金的时间价值为基础对现金流量进行折现计算得出的。

企业价值最大化目标要求企业通过采用最优的财务政策,充分考虑资金的时间价值和风险与报酬的关系,在保证企业长期稳定发展的基础上使企业总价值实现最大化。

以企业价值最大化作为财务管理目标,具有以下优点。

(1) 考虑了取得报酬的时间,并用时间价值的原理进行了计量。

(2) 考虑了风险与报酬的关系。

(3) 将企业长期、稳定的发展和持续的获利能力放在首位,能克服企业在追求利润上的短期行为,因为不仅目前的利润会影响企业价值,预期未来的利润也会对企业价值增加产生重大影响。

(4) 用价值代替价格,避免了过多外界市场因素的干扰,有效地规避了企业的短期行为。

但是,以企业价值最大化作为财务管理目标过于理论化,不易操作。再者,对于非上市公司而言,只有对企业进行专门的评估才能确定其价值,而在评估企业的资产时,由于受评估标准和评估方式的影响,很难做到客观和准确。

(四) 相关者利益最大化

在现代企业是多边契约关系的总和的前提下,要确立科学的财务管理目标,需要考虑哪些利益关系会对企业发展产生影响。在市场经济中,企业的理财主体更加细化和多元化。股东作为企业所有者,在企业中拥有最高的权力,并承担着最大的义务和风险,但是债权人、员工、企业经营者、客户、供应商和政府也为企业承担着风险。因此,企业的利益相关者不仅包括股东,还包括债权人、企业经营者、客户、供应商、员工、政府等。在确定企业财务管理目标时,不能忽视这些相关利益群体的利益。

相关者利益最大化目标的具体内容包括以下几个方面。

(1) 强调风险与报酬的均衡,将风险限制在企业可以承受的范围内。

(2) 强调股东的首要地位,并强调企业与股东之间的协调关系。

(3) 强调对代理人即企业经营者的监督和控制,建立有效的激励机制,以便企业战略目标的顺利实施。

(4) 关心本企业普通职工的利益,创造优美和谐的工作环境和提供合理恰当的福利待遇,培养职工长期努力为企业工作。

(5) 不断加强与债权人的关系,培养可靠的资金供应者。

（6）关心客户的长期利益，以便保持销售收入的长期稳定增长。

（7）加强与供应商的协作，共同面对市场竞争，并注重企业形象的宣传，遵守承诺，讲究信誉。

（8）保持与政府部门的良好关系。

以相关者利益最大化作为财务管理目标，具有以下优点。

（1）有利于企业长期稳定发展。这一目标注重企业在发展过程中考虑并满足各利益相关者的利益关系。在追求长期稳定发展的过程中，站在企业的角度上进行投资研究，避免只站在股东的角度进行投资可能导致的一系列问题。

（2）体现了合作共赢的价值理念，有利于实现企业经济效益和社会效益的统一。由于兼顾了企业、股东、政府、客户等的利益，企业就不仅仅是一个单纯谋利的组织，还承担了一定的社会责任。企业在寻求其自身的发展和利益最大化过程中，由于需要维护客户及其他利益相关者的利益，就会依法经营、依法管理，正确处理各种财务关系，自觉维护和确实保障国家、集体和社会公众的合法权益。

（3）这一目标本身是一个多元化、多层次的目标体系，较好地兼顾了各利益主体的利益，这一目标可使企业各利益主体相互作用、相互协调，并在使企业利益、股东利益实现最大化的同时，也使其他利益相关者利益实现最大化。也就是将企业财富这块"蛋糕"做到最大的同时，保证每个利益主体所得的"蛋糕"更多。

（4）体现了前瞻性和现实性的统一。比如，企业作为利益相关者之一，有其自己的一套评价指标，如未来企业报酬贴现值，股东的评价指标可以使用股票市价，债权人可以寻求风险最小、利息最大，工人可以确保工资福利，政府可考虑社会效益等。不同的利益相关者有各自的指标，只要合理合法、互利互惠，相互协调，就可以实现所有相关者的利益最大化。

（五）各种财务管理目标之间的关系

上述各种财务管理目标，都以股东财富最大化为基础。这是因为，企业是市场经济的主要参与者，企业的创立和发展都必须以股东的投入为基础，离开了股东的投入，企业就不复存在。并且，在企业的日常经营过程中，作为所有者的股东在企业中承担着最大的义务和风险，相应也需享有最高的报酬，即股东财富最大化，否则就难以为市场经济的持续发展提供动力。

当然，以股东财富最大化为核心和基础，还应该考虑利益相关者的利益。各国公司法都规定，股东权益是剩余权益，只有满足了其他方面的利益之后才会有股东的利益。企业必须缴税，给职工发工资，给顾客提供他们满意的产品和服务，然后才能获得税后收益。可见，其他利益相关者的要求先于股东被满足，因此这种满足必须是有限度的。如果对其他利益相关者的要求不加限制，股东就不会有"剩余"了。除非股东确信投资会带来满意的回报，否则股东就不会出资。没有股东财富最大化的目标，利润最大化、企业价值最大化及相关者利益最大化的目标也就无法实现。因此，在强调公司承担应尽的社会责任的前提下，应当允许企业以股东财富最大化为目标。

二、利益冲突与协调

协调相关者的利益冲突，要把握的原则是：尽可能使企业相关者的利益分配在数量上和时间上达到动态的协调平衡。而在所有的利益冲突协调中，所有者和经营者、所有者和债权人的利益冲突与协调至关重要。

（一）所有者和经营者利益冲突与协调

在现代企业中，经营者一般不拥有占支配地位的股权，他们只是所有者的代理人。所有者期望经营者代表他们的利益工作，实现所有者财富最大化，而经营者则有其自身的利益考虑，二者的目标经常会不一致。通常而言，所有者支付给经营者报酬的多少，取决于经营者能够为所有者创造多少财富。经营者和所有者的主要利益冲突是经营者希望在创造财富的同时，能够获取更多的报酬、更多的享受，并避免各种风险；而所有者则希望以较小的代价（支付较少报酬）实现更多的财富。

为了协调这一利益冲突，通常可采取以下方式解决。

1. 解聘

解聘是一种通过所有者约束经营者的办法。所有者对经营者予以监督，如果经营者绩效不佳，就解聘经营者；经营者为了不被解聘就需要努力工作，为实现财务管理目标服务。

2. 接收

接收是一种通过市场约束经营者的办法。如果经营者决策失误，经营不力，绩效不佳，该企业就可能被其他企业强行接收或吞并，相应经营者也会被解聘。经营者为了避免这种接收，就必须努力实现财务管理目标。

3. 激励

激励就是将经营者的报酬与绩效直接挂钩，以使经营者自觉采取能提高所有者财富的措施。激励通常有股票期权和绩效股两种方式。

（1）股票期权。股票期权是允许经营者以约定的价格购买一定数量的本企业股票，股票的市场价格高于约定价格的部分就是经营者所得的报酬。经营者为了获得更大的股票涨价益处，就必然主动采取能够提高股价的行动，从而增加所有者财富。

（2）绩效股。绩效股是企业运用每股收益、资产收益率等指标来评价经营者绩效，并视其绩效大小给予经营者数量不等的股票作为报酬。如果经营者绩效未能达到规定目标，经营者将丧失原先持有的部分绩效股。这种方式使经营者不仅为了多得绩效股而不断采取措施提高经营绩效，而且为了使每股市价最大化，也会采取各种措施使股票市价稳定上升，从而增加所有者财富。即使由于客观因素股价并未提高，经营者也会因为获取绩效股而获利。

（二）所有者和债权人的利益冲突与协调

所有者的目标与债权人期望实现的目标可能是矛盾的。首先，所有者可能要求经营者改变举债资金的原定用途，将其用于风险更高的项目，这会增大偿债风险，债权人的负债价值也必然会降低，造成债权人风险与收益的不对称。因为高风险的项目一旦成功，额外的利润就会被所有者独享；但若失败，债权人却要与所有者共同负担由此而造成的损失。其次，所有者可能在未征得现有债权人同意的情况下，要求经营者举借新债，偿债风险相应增大，从而致使原有债权的价值降低。

所有者与债权人的上述利益冲突，可以通过以下方式解决。

1. 限制性借债

债权人通过事先规定借债用途限制、借债担保条款和借债信用条件，使所有者不能通过以上两种方式削弱债权人的债权价值。

2. 收回借款或停止借款

当债权人发现企业有侵蚀其债权价值的意图时，采取收回借款或不再给予新的借款的措施，从而保护自身权益。

三、企业的社会责任

企业的社会责任是指企业在谋求所有者或股东权益最大化之外所负有的维护和增进社会利益的义务。具体来说，企业的社会责任主要包括以下内容。

（一）对员工的责任

企业除了向员工支付报酬的法律责任外，还负有为员工提供安全工作环境、职业教育等保障员工利益的责任。按我国现行公司法的规定，企业对员工承担的社会责任有：① 按时足额发放劳动报酬，并根据社会发展逐步提高工资水平；② 提供安全健康的工作环境，加强劳动保护，实现安全生产，积极预防职业病；③ 建立公司职工的职业教育和岗位培训制度，不断提高职工的素质和能力；④ 完善工会、职工董事和职工监事制度，培育良好的企业文化。

（二）对债权人的责任

债权人是企业的重要利益相关者，企业应依据合同的约定及法律的规定对债权人承担相应的义务，保障债权人合法权益。这种义务既是公司的民事义务，也可视为公司应承担的社会责任。公司对债权人承担的社会责任主要有：① 按照法律、法规和公司章程的规定，真实、准确、完整、及时地披露公司信息；② 诚实守信，不滥用公司人格；③ 主动偿债，不无故拖欠；④ 确保交易安全，切实履行合法订立的合同。

（三）对消费者的责任

公司价值的实现，很大程度上取决于消费者的选择，企业理应重视对消费者承担的社会责任。企业对消费者承担的社会责任主要有：① 确保产品质量，保障消费安全；② 诚实守信，确保消费者的知情权；③ 提供完善的售后服务，及时为消费者排忧解难。

（四）对社会公益的责任

企业对社会公益的责任主要涉及慈善、社区等。企业对慈善事业的社会责任是指承担扶贫济困和发展慈善事业的责任，表现为企业对不确定的社会群体（尤指弱势群体）

进行帮助。捐赠是其最主要的表现形式,受捐赠的对象主要有社会福利院、医疗服务机构、教育事业、贫困地区、特殊困难人群等。此外,还包括招聘残疾人、生活困难的人、缺乏就业竞争力的人到企业工作,以及举办与公司营业范围有关的各种公益性的社会教育宣传活动等。

(五) 对环境和资源的责任

企业对环境和资源的社会责任可以概括为两大方面:一是承担可持续发展与节约资源的责任,二是承担保护环境和维护自然和谐的责任。

此外,企业还有义务和责任遵从政府的管理、接受政府的监督。企业要在政府的指引下合法经营、自觉履行法律规定的义务,同时尽可能地为政府献计献策、分担社会压力、支持政府的各项事业。

一般而言,对一个利润或投资收益率处于较低水平的公司,在激烈竞争的环境下,是难以承担额外增加其成本的社会责任的。而对于那些利润超常的公司,可以适当地承担而且有的也确已承担一定的社会责任。因为对利润超常的公司来说,适当地从事一些社会公益活动,有助于提高公司的知名度,促进其业务活动的开展,进而使股价升高。但不管怎样,任何企业都无法长期单独地负担因承担社会责任而增加的成本。过分地强调社会责任而使企业价值减少,就可能导致整个社会资金运用的次优化,从而使社会经济发展步伐减缓。事实上,大多数社会责任都必须通过立法,以强制的方式让每一个企业平均负担。然而,企业是社会的经济细胞,理应关注并自觉改善自身的生态环境,重视履行对员工、消费者、环境、社区等利益相关方的责任,重视其生产行为可能对未来环境的影响,特别是在员工健康与安全、废弃物处理、污染等方面应尽早采取相应的措施,减少企业在这些方面可能会遭遇的各种困扰,从而有助于企业可持续发展。

第三节 财务管理环节

财务管理环节是企业财务管理的工作步骤与一般工作程序。一般而言,企业财务管理包括以下几个环节。

一、计划与预算

(一) 财务预测

财务预测是根据企业财务活动的历史资料,考虑现实的要求和条件,对企业未来的财务活动做出较为具体的预计和测算的过程。财务预测可以测算各项生产经营方案的经济效益,为决策提供可靠的依据;可以预计财务收支的发展变化情况,以确定经营目标;可以测算各项定额和标准,为编制计划、分解计划指标服务。

财务预测的方法主要有定性预测法和定量预测法。定性预测法,主要是利用直观材料,依靠个人的主观判断和综合分析能力,对事物未来的状况和趋势做出预测的一种方法。定量预测法,主要是根据变量之间存在的数量关系建立数学模型来进行预测的一种方法。

（二）财务计划

财务计划是根据企业整体战略目标和规划，结合财务预测的结果，对财务活动进行规划，并以指标形式落实到每一计划期间的过程。财务计划主要通过指标和表格，以货币形式反映在一定的计划期内企业生产经营活动所需要的资金及其来源、财务收入和支出、财务成果及其分配的情况。

确定财务计划指标的方法一般有平衡法、因素法、比例法和定额法等。

（三）财务预算

财务预算是根据财务战略、财务计划和各种预测信息，确定预算期内各种预算指标的过程。它是财务战略的具体化，是财务计划的分解和落实。

财务预算的编制方法通常包括固定预算与弹性预算、增量预算与零基预算、定期预算与滚动预算等。

二、决策与控制

（一）财务决策

财务决策是指按照财务战略目标的总体要求，利用专门的方法对各种备选方案进行比较和分析，从中选出最佳方案的过程。财务决策是财务管理的核心，决策的成功与否直接关系到企业的兴衰成败。

财务决策的方法主要有两类：一类是经验判断法，是根据决策者的经验来判断选择，常用的方法有淘汰法、排队法、归类法等；另一类是定量分析法，常用的方法有优选对比法、数学微分法、线性规划法、概率决策法等。

（二）财务控制

财务控制是指利用有关信息和特定手段，对企业的财务活动施加影响或调节，以便实现计划所规定的财务目标的过程。

财务控制的方法通常有前馈控制、过程控制、反馈控制等，财务控制的措施一般包括预算控制、运营分析控制和绩效考评控制等。

三、分析与考核

（一）财务分析

财务分析是指根据企业财务报表等信息资料，采用专门方法，系统分析和评价企业财务状况、经营成果及未来趋势的过程。

财务分析的方法通常有比较分析法、比率分析法和因素分析法等。

（二）财务考核

财务考核是指将报告期实际完成数与规定的考核指标进行对比，确定有关责任单位和个人完成任务的过程。财务考核与奖惩紧密联系，是贯彻责任制原则的要求，也是构建激励与约束机制的关键环节。

财务考核的形式多种多样，可采用绝对指标、相对指标、完成百分比考核，也可采用多种财务指标进行综合评价考核。

第四节　财务管理体制

企业财务管理体制是明确企业各财务层级财务权限、责任和利益的制度，其核心问题是如何配置财务管理权限，企业财务管理体制决定着企业财务管理的运行机制和实施模式。

一、企业财务管理体制的一般模式及优缺点

企业财务管理体制概括地说，可分为三种类型。

（一）集权型财务管理体制

集权型财务管理体制是指企业对各所属单位的所有财务管理决策都进行集中统一，各所属单位没有财务决策权，企业总部财务部门不但参与决策和执行决策，在特定情况下还直接参与各所属单位的执行过程。

集权型财务管理体制下企业内部的主要管理权限集中于企业总部，各所属单位执行企业总部的各项指令。它的优点在于：企业内部的各项决策均由企业总部制定和部署，企业内部可充分展现其一体化管理的优势，利用企业的人才、智力、信息资源，努力降低资金成本和风险损失，使决策的统一化、制度化得到有力的保障。采用集权型财务管理体制，有利于在整个企业内部优化配置资源，有利于实行内部调拨价格，有利于内部采取避税措施及防范汇率风险等。它的缺点是：集权过度会使各所属单位缺乏主动性与积极性，丧失活力，也可能因为决策程序相对复杂而失去适应市场的弹性，丧失市场机会。

（二）分权型财务管理体制

分权型财务管理体制是指企业将财务决策权与管理权完全下放到各所属单位，各所属单位只需对一些决策结果报请企业总部备案即可。

分权型财务管理体制下企业内部的管理权限分散于各所属单位，各所属单位在人、财、物、供、产、销等方面有决定权。它的优点是：由于各所属单位负责人有权对影响经营成果的因素进行控制，加之身在基层，了解情况，有利于针对本单位存在的问题及时做出有效决策，因地制宜地搞好各项业务，也有利于分散经营风险，促进所属单位管理人员及财务人员的成长。它的缺点是：各所属单位大多从本位利益出发安排财务活动，缺乏全局观念和整体意识，从而可能导致资金管理分散、资金成本增大、费用失控、利润分配无序。

（三）集权与分权相结合型财务管理体制

集权与分权相结合型财务管理体制，其实质就是集权下的分权，企业对各所属单位在所有重大问题的决策与处理上实行高度集权，各所属单位则对日常经营活动具有较大的自主权。

集权与分权相结合型财务管理体制意在以企业发展战略和经营目标为核心，将企业内重大决策权集中于企业总部，而赋予各所属单位自主经营权，其主要特点如下。

（1）在制度上，应制定统一的内部管理制度，明确财务权限及收益分配方法，各所属单位应遵照执行，并根据自身的特点加以补充。

（2）在管理上，利用企业的各项优势，对部分权限集中管理。

（3）在经营上，充分调动各所属单位的生产经营积极性。各所属单位围绕企业发展战略和经营目标，在遵守企业统一制度的前提下，可自主制定生产经营的各项决策。为避免配合失误，明确责任，凡需要由企业总部决定的事项，在规定时间内，企业总部应明确答复，否则，各所属单位有权自行处置。

正因为具有以上特点，集权与分权相结合型财务管理体制吸收了集权型和分权型财务管理体制各自的优点，避免了二者各自的缺点，从而具有较大的优越性。

二、影响企业财务管理体制集权与分权选择的因素

（一）企业生命周期

一般而言，企业发展会经历初创阶段、快速发展阶段、稳定增长阶段、成熟阶段和衰退阶段。企业各个阶段特点不同，所对应的财务管理体制选择模式也会有区别。比如在初创阶段，企业经营风险高，财务管理宜偏重集权模式。

（二）企业战略

企业战略的发展大致要经历四个阶段，即数量扩大、地区开拓、纵向或横向联合发展和产品多样化，不同战略目标应匹配不同的财务管理体制。比如那些实施纵向一体化战略的企业，要求各所属单位保持密切的业务联系，各所属单位之间业务联系越密切，就越有必要采用相对集中的财务管理体制。只有对本企业的战略目标及其特点进行深入的了解和分析，分别确定集权分权情况才能最有利于企业的长久发展。

（三）企业所处市场环境

如果企业所处的市场环境复杂多变，有较大的不确定性，就要求在财务管理方面划分给中下层财务管理人员较多的随机处理权，以增强企业对市场环境变动的适应能力。如果企业面临的环境是稳定的，对生产经营的影响不太显著，则可以把财务管理权较多地集中起来。

（四）企业规模

一般而言，企业规模小，财务管理工作量小，为财务管理服务的财务组织制度也相

应简单、集中，偏重于集权模式。企业规模大，财务管理工作量大，复杂性增加，财务管理各种权限就有必要根据需要重新设置规划。

（五）企业管理层素质

包括财务管理人员在内的管理层如果素质高，能力强，则可以采用集权型财务管理体制；反之，则可以通过分权调动所属单位的生产积极性、创造性和应变能力。

（六）信息网络系统

集权型的财务管理体制，在企业内部需要有一个能及时、准确传递信息的网络系统，并通过信息传递过程的严格控制以保障信息的质量。

此外，财权的集中与分散还应该考虑企业类型、经济政策、管理方法、管理手段、成本代价等相关情况。企业应综合各种因素，制定出符合企业自身特点和发展需要的财务管理体制。

三、企业财务管理体制的设计原则

从企业的角度出发，其财务管理体制的设定或变更应当遵循以下四项原则。

（一）与现代企业制度的要求相适应的原则

现代企业制度是一种产权制度，它以产权为依托，对各种经济主体在产权关系中的权利、责任、义务进行合理有效的组织、调节与制度安排，它具有产权清晰、责任明确、政企分开、管理科学的特征。

企业应实行资本权属清晰、财务关系明确、符合法人治理结构要求的财务管理体制。企业应当按照国家有关规定建立有效的内部财务管理级次。企业集团公司可以自己决定集团内部的财务管理体制。

（二）明确企业对各所属单位管理中的决策权、执行权与监督权三权分立原则

现代企业要做到管理科学，必须首先要求从决策与管理程序上做到科学、民主，因此，决策权、执行权与监督权三权分立的制度必不可少。这一管理原则的作用就在于加强决策的科学性与民主性，强化决策执行的刚性与可考核性，强化监督的独立性与公正性，从而形成良性循环。

（三）明确财务综合管理和分层管理思想的原则

现代企业制度要求管理是一种综合管理、战略管理，因此，企业财务管理不是也不可能是企业总部财务部门单一职能部门的财务管理，当然也不是各所属单位财务部门的财务管理，它是一种战略管理。这种管理要求：① 从企业整体角度对企业的财务战略进行定位；② 对企业的财务管理行为进行统一规范，做到高层的决策结果能被低层战略经营单位完全执行；③ 以制度管理代替个人的行为管理，从而保证企业管理的连续性；④ 以现代企业财务分层管理思想指导具体的管理实践。

（四）与企业组织体制相适应的原则

企业组织体制主要有 U 型组织、H 型组织和 M 型组织三种基本类型。U 型组织以职能化管理为核心，最典型的特征是在管理分工下实行集权控制，没有中间管理层，依靠总部的采购、营销、财务等职能部门直接控制各业务单元，子公司的自主权较小。H 型组织即控股公司体制，指集团总部下设若干子公司，每家子公司拥有独立的法人地位和比较完整的职能部门。集团总部，即控股公司，利用股权关系以出资者身份行使对子公司的管理权。H 型组织的典型特征是过度分权，各子公司保持了较大的独立性，总部缺乏有效的监控约束力度。M 型组织，即事业部制，就是按照企业所经营的事业，包括按产品、按地区、按顾客（市场）等来划分部门，设立若干事业部。事业部是总部设置的中间管理组织，不是独立法人，不能够独立对外从事生产经营活动。因此，从这个意义上说，M 型组织比 H 型组织集权程度更高。

但是，随着企业管理实践的深入，H 型组织的财务管理体制也在不断演化。总部作为子公司的出资人对子公司的重大事项拥有最后的决定权，因此，也就拥有了对子公司"集权"的法律基础。现代意义上的 H 型组织既可以分权管理，也可以集权管理。

同时，M 型组织下的事业部在企业统一领导下，可以拥有一定的经营自主权，实行独立经营、独立核算，甚至可以在总部授权下进行兼并、收购和增加新的生产线等重大事项决策。

四、集权与分权相结合型财务管理体制的实践

总结中国企业的实践，集权与分权相结合型财务管理体制的核心内容是企业总部应做到制度统一、资金集中、信息集成和人员委派，具体实践如下。

（一）集中制度制定权

企业总部根据国家法律、法规和《企业会计准则》《企业财务通则》的要求，结合企业自身的实际情况和发展战略、管理需要，制定统一的财务管理制度，在全企业范围内统一施行。各所属单位只有制度执行权，而无制度制定权和解释权。但各所属单位可以根据自身需要制定实施细则和补充规定。

（二）集中筹资、融资权

为了使企业内部筹资风险最小，筹资成本最低，应由企业总部统一筹集资金，各所属单位有偿使用。企业总部对各所属单位进行追踪审查现金使用状况，具体做法是各所属单位按规定时间向企业总部上报现金流量表，动态地描述各所属单位现金增减状况和分析各所属单位资金存量的合理性。遇有部分所属单位资金存量过多，运用不畅，而其他所属单位又急需资金时，企业总部可调动资金，并应支付利息。企业内部应严禁各所属单位之间放贷，如需临时拆借资金，在规定金额之上的，应报企业总部批准。

（三）集中投资权

为了保证投资效益实现，分散及减少投资风险，企业对外投资可实行限额管理，超

过限额的投资其决策权属企业总部。被投资项目一经批准确立,财务部门应协助有关部门对项目进行跟踪管理,对出现的与可行性报告的偏差,应及时报有关部门予以纠正。对投资效益不能达到预期目的的项目应及时清理解决,并应追究有关人员的责任。同时应完善投资管理,企业可根据自身特点建立一套具有可操作性的财务考核指标体系,规避财务风险。

(四) 集中用资、担保权

企业总部应加强资金使用安全性的管理,对大额资金拨付要严格监督,建立审批手续,并严格执行。这是因为各所属单位财务状况的好坏关系到企业所投资本的保值和增值问题,同时各所属单位资金受阻导致获利能力下降,会降低企业的投资收益率。因此,各所属单位用于经营项目的资金,要按照经营规划范围使用,用于资本项目上的资金支付,应履行企业规定的报批手续。

担保不慎,会引起信用风险。企业对外担保权应归企业总部管理,未经批准,各所属单位不得为外企业提供担保,企业内部各所属单位相互担保,应经企业总部同意。同时,企业总部为各所属单位提供担保应制定相应的审批程序,可由各所属单位与银行签订贷款协议,企业总部为各所属单位做贷款担保,同时要求各所属单位向企业总部提供"反担保",保证资金的使用合理及按时归还,使贷款得到监控。

同时,企业对逾期未收货款,应做硬性规定。对过去的逾期未收货款,指定专人,统一步调,积极清理,谁经手,谁批准,由谁去收回货款。

(五) 集中固定资产购置权

各所属单位需要购置固定资产必须说明理由,提出申请报企业总部审批,经批准后方可购置。各所属单位资金不得自行用于资本性支出。

(六) 集中财务机构设置权

各所属单位财务机构设置必须报企业总部批准,财务人员由企业总部统一招聘,财务负责人或财务主管人员由企业总部统一委派。

(七) 集中收益分配权

企业内部应统一收益分配制度,各所属单位应客观、真实、及时地反映其财务状况及经营成果。各所属单位收益的分配,属于法律、法规明确规定的按规定分配,剩余部分由企业总部本着长远利益与现实利益相结合的原则,确定分配与留存比例。各所属单位留存的收益原则上可自行分配,但应报企业总部备案。

(八) 分散经营自主权

各所属单位负责人主持本企业的生产经营管理工作,组织实施年度经营计划,决定生产和销售,思考和研究市场周围的环境,关注和了解同行业的经营情况和战略措施,按所规定时间向企业总部汇报生产管理工作情况。对突发的重大事件,要及时向企业总部汇报。

(九) 分散人员管理权

各所属单位负责人有权任免下属管理人员,有权决定员工的聘用与辞退,企业总部原则上不应干预,但其财务主管人员的任免应报经企业总部批准或由企业总部统一委派。一般财务人员必须获得"上岗证",才能从事财会工作。

(十) 分散业务定价权

各所属单位所经营的业务均不相同,因此,业务的定价应由各所属单位经营部门自行拟定,但必须遵守加速资金流转、保证经营质量、提高经济效益的原则。

(十一) 分散费用开支审批权

各所属单位在经营中必然发生各种费用,企业总部没必要进行集中管理,各所属单位在遵守财务制度的原则下,由其负责人批准各种合理的用于企业经营管理的费用开支。

问题与讨论

湘北化学集权的烦恼

湘北化学有 30 多个子公司,每一个子公司都有自己的财务、会计,且财务都有财权,都是独立的账户。结果因为每一个分支企业都有财权,加之公司管理机制的混乱,公司整体费用长年居高不下,利润都被庞大的分支机构稀释掉了。结果老板一气之下,一夜之间撤掉了所有的子公司财权,财务工作由母公司统一管理。所有的会计全部收回母公司。签单的权力只有一个人握有,就是他自己。32 个子公司都在一个城市,一个人签单当然可以。但问题是他每天都必须花费 4~6 个小时来签单。加上各部门的审核时间、会计现金支取时间、费用申请往往历时会有四五天之久。同时,还存在一个非常普遍的问题,由于老板不可能事事亲力亲为,因此他对于一些费用使用的必要性持怀疑甚至否定态度。当然,这是老板的功能之一。但是老板缺乏前沿信息、临场经验等,使得他个人的一些判断难免偏颇,这就导致一些极好的生意机会由此丧失了。而且如果每一个费用申请都是在四五天之后安排,肯定会影响业务的进展。何况在这样一个高度集权的状态下,一个经理人不得不用全部的精力,甚至是 120%的精力来管理财务。他自己也失去了提升个人素质、提升公司状况的机会。所以通过这种高度集权的形式,想要实现企业分散管理所带来的对企业整体效益的发展是非常有限制的。

请同学们讨论一下,湘北化学的统一管理有必要性吗?在执行过程中,存在哪些问题?能否为湘北化学提出一些改进建议?

第五节 财务管理环境

财务管理环境是指对企业财务活动和财务管理产生影响作用的企业内外各种条件的统称,主要包括技术环境、经济环境、金融环境、法律环境等。

一、技术环境

财务管理的技术环境，是指财务管理得以实现的技术手段和技术条件，它决定着财务管理的效率和效果。目前，我国进行财务管理所依据的会计信息是通过会计系统提供的，占企业经济信息总量的60%~70%。进入21世纪，全球信息化浪潮冲击着社会传统生产的每一个角落，互联网、大数据、人工智能的时代到来使得经济信息和数据以光速在网络上传递。在企业内部，做账机器人形成快速、有效的会计信息提供给管理层决策使用，而在企业外部，人工智能已经逐渐替代传统会计人员将会计信息提供给企业的投资者、债权人等利益相关者。

目前，我国正全面推进会计信息化工作，全力打造会计信息化人才队伍，基本实现大型企事业单位会计信息化与经营管理信息化的融合，进一步提升企事业单位的管理水平和风险防范能力，做到数出一门、资源共享，便于不同信息使用者获取、分析和利用，进行投资和相关决策；基本实现大型会计师事务所采用信息化手段对客户的财务报告和内部控制进行审计，进一步提升社会审计质量和效率；基本实现政府会计管理和会计监督的信息化，进一步提升会计管理水平和监管效能。全面推进会计信息化工作，使我国的会计信息化达到或接近世界先进水平。我国企业会计信息化的全面推进，必将促使企业财务管理的技术环境进一步完善和优化。

二、经济环境

在影响财务管理的各种外部环境中，经济环境是最为重要的。

经济环境内容十分广泛，包括经济体制、经济周期、经济发展水平、宏观经济政策及社会通货膨胀水平等。

（一）经济体制

在计划经济体制下，国家统筹企业资本、统一投资、统负盈亏，企业利润统一上缴、亏损全部由国家补贴，企业虽然是一个独立的核算单位但无独立的理财权利。财务管理活动的内容比较单一，财务管理方法比较简单。在市场经济体制下，企业成为"自主经营、自负盈亏"的经济实体，有独立的经营权，同时也有独立的理财权。企业可以从其自身需要出发，合理确定资本需要量，然后到市场上筹集资本，再把筹集到的资本投放到高效益的项目上获取更大的收益，最后将收益根据需要和可能进行分配，保证企业财务活动自始至终根据自身条件和外部环境做出各种财务管理决策并组织实施。因此，财务管理活动的内容比较丰富，方法也复杂多样。

（二）经济周期

在市场经济条件下，经济发展与运行带有一定的波动性。大体上经历繁荣、衰退、萧条和复苏四个阶段的循环，这种循环叫作经济周期。

在经济周期的不同阶段，企业应采用不同的财务管理战略。西方财务学者探讨了经济周期中不同阶段的财务管理战略，现择其要点归纳如表1-1所示。

表1-1 经济周期中不同阶段的财务管理战略

繁荣	衰退	萧条	复苏
1. 扩充厂房设备	1. 停止扩张	1. 建立投资标准	1. 增加厂房设备
2. 继续建立存货	2. 出售多余设备	2. 保持市场份额	2. 实行长期租赁
3. 提高产品价格	3. 停产不利产品	3. 压缩管理费用	3. 建立存货储备
4. 开展营销规划	4. 停止长期采购	4. 放弃次要利益	4. 开发新产品
5. 增加劳动力	5. 削减存货	5. 削减存货	5. 增加劳动力
	6. 停止扩招雇员	6. 裁减雇员	

(三) 经济发展水平

财务管理的发展水平和经济发展水平密切相关,经济发展水平越高,财务管理水平也越高。财务管理水平的提高,将推动企业降低成本,改进效率,提高效益,从而促进经济发展水平的提高。经济发展水平的提高,将改变企业的财务战略、财务理念、财务管理模式和财务管理的方法手段,从而促进企业财务管理水平的提高。财务管理应当以经济发展水平为基础,以宏观经济发展目标为导向,从业务工作角度保证企业经营目标和经营战略的实现。

(四) 宏观经济政策

不同的宏观经济政策,对企业财务管理影响不同:金融政策中的货币发行量、信贷规模会影响企业投资的资金来源和投资的预期收益;财税政策会影响企业的资金结构和投资项目的选择等;价格政策会影响资金的投向和投资的回收期及预期收益;会计制度的改革会影响会计要素的确认和计量,进而对企业财务活动的事前预测、决策及事后的评价产生影响等。

(五) 社会通货膨胀水平

社会通货膨胀水平对企业财务活动的影响是多方面的,主要表现在以下几个方面。
(1) 引起资金占用的大量增加,从而增加企业的资金需求。
(2) 引起企业利润虚增,造成企业资金由于利润分配而流失。
(3) 引起利率上升,加大企业筹资成本。
(4) 引起有价证券价格下降,增加企业的筹资难度。
(5) 引起资金供应紧张,增加企业的筹资困难。

为了减轻通货膨胀对企业造成的不利影响,企业应当采取措施予以防范。在通货膨胀初期,货币面临贬值的风险,这时企业进行投资可以避免风险,实现资本保值;与客户应签订长期购货合同,以减少物价上涨造成的损失;取得长期负债,保持资本成本的稳定。在通货膨胀持续期,企业可以采用比较严格的信用条件,减少企业债权;调整财务政策,防止和减少企业资本流失等。

三、金融环境

（一）金融机构、金融工具和金融市场

1. 金融机构

金融机构主要是指银行和非银行金融机构。银行是指经营存款、放款、汇兑、储蓄等金融业务，承担信用中介的金融机构，包括各种商业银行和政策性银行，如中国工商银行、中国农业银行、中国银行、中国建设银行、国家开发银行、中国农业发展银行等。非银行金融机构主要包括保险公司、信托投资公司、证券公司、财务公司、金融资产管理公司、金融租赁公司等机构。

2. 金融工具

金融工具是指融通资金双方在金融市场上进行资金交易、转让的工具。借助金融工具，资金从供给方转移到需求方。金融工具分为基本金融工具和衍生金融工具两大类。常见的基本金融工具有货币、票据、债券、股票等。衍生金融工具又称派生金融工具，是在基本金融工具的基础上通过特定技术设计形成的新的融资工具，如各种远期合约、互换（掉期）、资产支持证券等，种类非常复杂、繁多，具有高风险、高杠杆效应的特点。

一般认为，金融工具具有流动性、风险性和收益性的特征。

（1）流动性。流动性是指金融工具在必要时迅速转变为现金而不致遭受损失的能力。

（2）风险性。风险性是指购买金融工具的本金和预定收益遭受损失的可能性，一般包括信用风险和市场风险。

（3）收益性。收益性是指金融工具能定期或不定期地给持有人带来收益。

3. 金融市场

金融市场是指资金供应者和资金需求者双方通过一定的金融工具进行交易进而融通资金的场所。金融市场的构成要素包括资金供应者（或称资金剩余者）和资金需求者（或称资金不足者）、金融工具、交易价格、组织方式等。金融市场的主要功能就是把社会各个单位和个人的剩余资金有条件地转让给社会各个缺乏资金的单位和个人，使财尽其用，促进社会发展。资金供应者为了取得利息或利润，期望在最高利率条件下将资金贷出；资金需求者则期望在最低利率条件下借入资金。因利率、时间、安全性条件不会使借贷双方都十分满意，于是就出现了金融机构和金融市场从中协调，使之各得其所。

在金融市场上，资金的转移方式有两种。

（1）直接转移。直接转移是需要资金的企业或其他资金不足者直接将股票或债券出售给资金供应者，从而实现资金转移的一种方式。

（2）间接转移。间接转移是需要资金的企业或其他资金不足者，通过金融中介机构，将股票或债券出售给资金供应者，或者以金融中介结构自身所发行的证券来交换资金供应者手中的资金，再将资金转移到各种股票或债券的发行者（即资金需求者）手中，从而实现资金转移的一种方式。

金融市场不仅为企业融资和投资提供了场所，而且还可以帮助企业实现长短期资金转换，引导资本流动，提高资金转移效率。

（二）金融市场的分类

金融市场可以按照不同的标准进行分类。

1. 货币市场和资本市场

以期限为标准，金融市场可分为货币市场和资本市场。货币市场又称短期金融市场，是指以期限在1年以内的金融工具为媒介，进行短期资金融通的市场，包括同业拆借市场、票据市场、大额定期存单市场和短期债券市场。资本市场又称长期金融市场，是指以期限在1年以上的金融工具为媒介，进行长期资金交易活动的市场，包括股票市场、债券市场和融资租赁市场等。

2. 发行市场和流通市场

以功能为标准，金融市场可分为发行市场和流通市场。发行市场又称一级市场，主要处理金融工具的发行与最初购买者之间的交易；流通市场又称二级市场，主要处理现有金融工具转让和变现的交易。

3. 资本市场、外汇市场和黄金市场

以融资对象为标准，金融市场可分为资本市场、外汇市场和黄金市场。资本市场以货币和资本为交易对象；外汇市场以各种外汇金融工具为交易对象；黄金市场则是集中进行黄金买卖和金币兑换的交易市场。

4. 基础性金融市场和金融衍生品市场

按所交易金融工具的属性，金融市场可分为基础性金融市场和金融衍生品市场。基础性金融市场是指以基础性金融产品为交易对象的金融市场，包括商业票据、企业债券、企业股票的交易市场；金融衍生品交易市场是指以金融衍生产品为交易对象的金融市场，包括远期、期货、互换（掉期）、期权的交易市场，以及具有远期、期货、互换（掉期）、期权中一种或多种特征的结构化金融工具的交易市场。

5. 地方性金融市场、全国性金融市场和国际性金融市场

以地理范围为标准，金融市场可分为地方性金融市场、全国性金融市场和国际性金融市场。

（三）货币市场

货币市场的主要功能是调节短期资金融通，其主要特点包括：① 期限短。一般为3~6个月，最长不超过1年。② 交易目的是解决短期资金周转。它的资金来源主要是资金所有者暂时闲置的资金，融通资金的用途一般是弥补短期资金的不足。③ 货币市场上的金融工具有较强的"货币性"，具有流动性强、价格平稳、风险较小等特性。货币市场主要有拆借市场、票据市场、大额定期存单市场和短期债券市场等。拆借市场是指银行（包括非银行金融机构）同业之间短期性资本的借贷活动。这种交易一般没有固定的场所，主要通过电信手段成交，期限按日计算，一般不超过1个月。票据市场包括票据承兑市场和票据贴现市场。票据承兑市场是票据流通转让的基础；票据贴现市场是未到期票据进行贴现，为客户提供短期资本融通，包括贴现、再贴现和转贴现。大额定期存单市场是一种买卖银行发行的可转让大额定期存单的市场。短期债券市场主要买卖1年期以内的短期企业债券和政府债券，尤其是国债。短期债券的转让可以通过贴现或买卖的方式进行。短期债券以其信誉好、期限短、利率优惠等优点，成为货币市场中的重要金融工具之一。

（四）资本市场

资本市场的主要功能是实现长期资本融通，其主要特点包括：① 融资期限长，至少1年以上，最长可达10年甚至10年以上；② 融资目的是解决长期投资性资本的需要，用于补充长期资本，扩大生产能力；③ 资本借贷量大；④ 收益较高但风险也较大。

资本市场主要包括债券市场、股票市场和融资租赁市场等。

债券市场和股票市场由证券（债券和股票）发行和证券流通构成。有价证券的发行是一项复杂的金融活动，一般要经过以下几个重要环节：① 证券种类的选择；② 偿还期限的确定；③ 发售方式的选择。在证券流通中，参与者除买卖双方外，中介也非常活跃。这些中介主要有证券经纪人和证券商，他们在流通市场中起着不同的作用。

融资租赁市场是通过资产租赁实现长期资金融通的市场，具有融资与融物相结合的特点，融资期限一般与资产租赁期限一致。

四、法律环境

（一）法律环境的范畴

法律环境是指企业与外部发生经济关系时应遵守的有关法律、法规和规章（以下简称"法规"），主要包括公司法、证券法、金融法、证券交易法、合同法、税法、企业财务通则、内部控制基本规范等。市场经济是法制经济，企业的一些经济活动总是在一定法律规范内进行的。法律既约束企业的非法经济行为，也为企业从事各种合法经济活动提供保护。

国家相关法律法规按照对财务管理内容的影响情况可以分以下几类。

（1）影响企业筹资的各种法规主要有：公司法、证券法、金融法、证券交易法、合同法等。这些法规可以从不同方面规范或制约企业的筹资活动。

（2）影响企业投资的各种法规主要有：证券交易法、公司法、企业财务通则等。这些法规从不同角度规范企业的投资活动。

（3）影响企业收益分配的各种法规主要有：税法、公司法、企业财务通则等。这些法规从不同方面对企业收益分配进行了规范。

（二）法律环境对企业财务管理的影响

法律环境对企业的影响是多方面的，影响范围包括企业组织形式、公司治理结构、投融资活动、日常经营、收益分配等。比如，《中华人民共和国公司法》规定，企业可以采用独资、合伙、公司制等组织形式。企业组织形式不同，业主（股东）权利责任、企业投融资、收益分配、纳税、信息披露等不同，公司治理结构也不同。上述不同种类的法律、法规、规章，分别从不同方面约束企业的经济行为，对企业财务管理产生影响。

本章小结

财务管理与资本运作管理密不可分，财务管理是研究个人、经济实体和其他组织资本的科学。财务管理主体是一个微观财务管理主体，但在开展财务管理活动中必须考虑外部宏观财务管理的问题；财务管理的主体是一个公司财务管理的主体，但在财务管理过程中必须考虑金融市场、投资领域、政府、非营利组织的问题。

财务管理从管理的主体看，不同组织形式，其财务管理的特点不同。财务管理一般是以经济效益为核心目标，利润为直接目标。为了实现此目标，就必须熟悉财务管理的筹资、投资、资本运营等环节的业务活动，在充分考虑到企业内外部环境的基础上开展可行性决策，开展有效的集权和分权，制定符合企业实际经营情况的财务管理体制，最终实现企业的经济目标。

练习题

一、简答题

1. 简述企业的财务管理内容。
2. 简述以利润最大化作为企业财务管理目标的优缺点。
3. 简述与利润最大化目标相比，以股东财富最大化作为企业财务管理目标的优点。

二、案例分析题

WT 企业财务管理目标的演进

WT 企业是一家老牌的国有煤矿企业，1960 年成立时，国家投入固定资产 40 万元，流动资金 10 万元，职工不到 200 人。企业生产的煤炭属于优质煤，由国家无偿调配，企业所需的生产资料和资金每年均由上级预算下拨。企业主要的任务是完成国家下达的煤炭生产任务，由于 WT 企业每年都超额完成国家下达的生产任务，因此多次被评为红旗单位。

进入 20 世纪 80 年代，经济形势发生了深刻变化，原先长期实行的计划经济体制逐步转轨为市场经济体制。国家一改对国营单位的统管统配统销的政策，对企业拨款实行有偿制，对流动资金实行贷款制，取消产品调配制。好在矿长能够解放思想，在企业内实施改革。第一，WT 企业成立销售部，健全会计核算机构。第二，引进一批大学生，在社会上招聘专业人才，使企业人员的素质大幅提高，企业职工增加到 400 人。第三在人员管理方面引进竞争机制，实行工效挂钩。第四，物资管理实行限额领料、定额储备、定额消耗制度。第五，在成本管理方面推行全员负责制。第六，在生产管理方面实行以销定产、三班工作制。第七，在销售管理方面实行优质优价、送货上门制度等。矿长认为，一切都是为了实现自负盈亏，多创造利润，为国家多做贡献，为企业职工多发奖金，多搞福利。

然而好景不长，进入20世纪90年代以后，随着市场竞争的加剧和国家抓大放小政策的实施，WT企业的经营效益快速下滑，濒临破产。企业必须考虑股份制改革，吸收外部资本。1994年10月，国家将WT企业的净资产2 000万元转化为2 000万股，向社会发售，每股面值1元，售价2元。民营企业家石开购得1 000万股，其余股份被50个小股东认购，石开成为新公司的董事长。

WT企业成立之后，管理层为实现扭亏为盈，必须调整产品结构，更新设备，引进新产品生产线，召集技术人员和管理人才。为此，WT企业决定首先进行债务筹资，等新的生产和经营初具规模时再向社会公众发行股票，进一步扩大企业的资本金。董事会决议，利用5年时间，使企业生产技术水平达到同行业水平，在本地区市场占有率达到50%，在全国达到5%，增发新股并争取股票上市，净资产报酬率达到26%，上市后争取股价达到12元。

要求：

（1）分析WT企业财务管理目标的变化过程。

（2）为了实现更好的发展，WT企业还应设立哪些财务管理的目标？

（3）WT企业股份制改造之后，为了实现其设定的财务管理目标应从哪些方面入手？

Chapter2 第二章

财务管理基础

学习目标

1. 掌握时间价值的概念。
2. 学会计算复利终值、复利现值、年金现值和年金终值。
3. 了解资产收益与风险的表现方式。
4. 学会运用资本资产定价模型计算必要收益率。
5. 熟悉证券投资的种类和特点。
6. 掌握不同证券的价值评估方法。

导入案例

让你的钱动起来

1626 年，荷属美洲新尼德兰省总督 Peter Minuit 花了大约 24 美元从印第安人手中买下了曼哈顿岛。而到 2000 年 1 月 1 日，曼哈顿岛的价值已经达到了约 2.5 万亿美元。以 24 美元买下曼哈顿，Peter Minuit 无疑占了一个天大的便宜。

但是，如果转换一下思路，Peter Minuit 也许并没有占到便宜。如果当时的印第安人拿着这 24 美元去投资，按照 11%（美国近 70 年股市的平均投资收益率）的投资收益率计算，到 2000 年，这 24 美元将变成 238 万亿美元，远远高于曼哈顿岛 2000 年 2.5 万亿美元的价值，这几乎是其现在价值的 100 倍。

是什么神奇的力量让资产实现了如此巨大的增长？

资料来源：阿瑟·J. 基翁.《个人理财》.

第一节 货币时间价值

一、货币时间价值的概念

货币时间价值是指在没有风险且没有通货膨胀的情况下，货币经历一定时间的投资和再投资所增加的价值，又称为资金的时间价值。

在实务中，人们习惯使用相对数字表示货币的时间价值，即用增加的价值占投入货币的百分数来表示。用相对数表示的货币的时间价值又称为纯粹利率（简称"纯利率"）。纯利率是指在没有通货膨胀、无风险情况下资金市场的平均利率。没有通货膨胀时，短期国库券的利率可以视为纯利率。

由于货币随时间的延续而增值，不同时间单位货币的价值不相等，因此，不同时间的货币不宜直接进行比较，需要把它们换算到相同的时点进行比较才有意义。由于货币随时间的增值过程与复利的计算过程在数学上相似，因此在换算时广泛使用复利计算方法。

二、复利终值和现值

复利计算方法是指每经过一个计息期，要将该期的利息加入本金再计算利息，逐期滚动计算，俗称"利滚利"。这里所说的一个计息期，是指相邻两次计息的间隔，如一年、半年等。除非特别说明，一个计息期一般为一年。

（一）复利终值

复利终值是指现在的特定资金按复利计算方法，折算到将来某一定时点的价值，或者说是现在的一定本金在将来一定时间，按复利计算的本金与利息之和，简称本利和。

【例2-1】某人将100万元存入银行，年利率为10%，计算一年、两年后的本利和。

一年后的本利和：$F_1 = 100 + 100 \times 10\% = 100 \times (1 + 10\%)$

两年后的本利和：$F_2 = 100 \times (1 + 10\%) \times (1 + 10\%) = 100 \times (1 + 10\%)^2$

由此递推，可知经过 n 年的本利和：$F_n = 100 \times (1 + 10\%)^n$

因此，复利终值的计算公式为：

$$F = P \times (1 + i)^n \tag{2-1}$$

式中，P 为现值（或初始值）；i 为计息期利率；F 为终值（或本利和）；n 为计息期数。

式（2-1）中的 $(1+i)^n$ 为复利终值系数，用符号 $(F/P, i, n)$ 表示，即 $F = P \times (F/P, i, n)$。为了便于计算，本书编制了"复利终值系数表"（见附表一）。该表的第一行是利率 i，第一列是计息期数 n，相应的 $(F/P, i, n)$ 值在其纵横相交处。通过该表可查出，$(F/P, 10\%, 3) = 1.331$，表明在利率为10%的情况下，现在的1元和3年后的1.331元在经济上是等效的。

【例2-2】某人将100万元存入银行，年利率为4%，半年计息一次，按照复利计算，求5年后的本利和。

本例中，一个计息期为半年，一年有两个计息期，所以，计息期利率 = 4%/2 = 2%，即 $i = 2\%$。由于5年共计有10个计息期，故 $n = 10$。所以：

5年后的本利和：$F = P \times (F/P, 2\%, 10) = 100 \times (F/P, 2\%, 10) = 121.90$（万元）

（二）复利现值

复利现值是复利终值的对称概念，是指未来一定时间的特定资金按复利计算方法，折算到现在的价值,或者说是为取得将来一定的本利和,现在所需要的本金。

根据复利终值公式计算复利现值,是指已知 F、i、n 时,求 P。

将式 (2-1) 移项,可得:

$$P = F \times (1+i)^{-n} \qquad (2-2)$$

式 (2-2) 中的 $(1+i)^{-n}$ 称为复利现值系数,用符号 $(P/F,i,n)$ 来表示,即 $P = F \times (P/F,i,n)$。为了便于计算,本书编制了"复利现值系数表"(见附表二)。

【例2-3】 某人拟在 5 年后获得本利和 100 万元。假设存款年利率为 4%,按照复利计息,他现在应存入多少钱?

$$P = F \times (P/F,4\%,5) = 100 \times (P/F,4\%,5) = 100 \times 0.821\,9 = 82.19(万元)$$

需要说明的是,在复利终值、复利现值的计算中,现值泛指资金在某个特定时间段的"前一时点"(而不一定真的是"现在")的价值,终值泛指资金在该时间段的"后一时点"的价值;可以按照要求将该时间段划分为若干个计息期,使用相应的利息率和复利计息方法,计算得出某个时点的资金在其他时点的价值是多少。

三、年金现值

本书所称年金,是指间隔期相等的系列等额收付款项。例如,间隔期固定、金额相等的分期付款赊购、分期偿还贷款、发放养老金、分期支付工程款及每年相同的销售收入等,都属于年金。年金包括普通年金、预付年金、递延年金、永续年金等形式。在年金中,间隔期间可以不是一年,例如每季末等额支付的债务利息也是年金。

(一) 普通年金现值

普通年金是年金的最基本形式,是指从第 1 期起,在一定时期内每期期末等额收付的系列款项,又称为后付年金。等额收付 3 次的普通年金如图 2-1 所示。图中序号代表的时间点是期末,例如"2"代表的时点是第 2 期期末。需要说明的是,上期期末和下期期初是同一个时点,所以"2"代表的时点也可以表述为第 3 期期初,通常称"0"代表的时点是第 1 期期初。竖线下端字母 A 表示每次等额收付的金额。

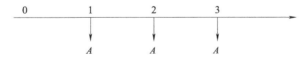

图 2-1 普通年金的收付形式

普通年金现值是指普通年金中各期等额收付金额在第一期期初(0 时点)的复利现值之和,如图 2-2 所示。

普通年金现值的一般计算公式为:

$$P = A(1+i)^{-1} + A(1+i)^{-2} + \cdots + A(1+i)^{-n} \qquad (2-3)$$

等式两边同时乘以 $(1+i)$:

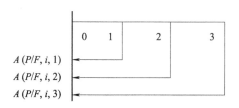

图2-2 普通年金现值计算图

$$P(1+i) = A + A(1+i)^{-1} + \cdots + A(1+i)^{-(n-1)}$$

上述两式相减：

$$P(1+i) - P = A - A(1+i)^{-n}$$
$$P \times i = A \times [1 - (1+i)^{-n}]$$
$$P = A \times \frac{1-(1+i)^{-n}}{i} \tag{2-4}$$

在式（2-4）中，$\frac{1-(1+i)^{-n}}{i}$ 称为"年金现值系数"，记作 $(P/A,i,n)$，即普通年金现值 $P = A(P/A,i,n)$。$(P/A,i,n)$ 的数值可以查阅"年金现值系数表"（见附表四）得到。$(P/A,i,n)$ 中的"n"指的是等额收付的次数（A 的个数）。

（二）预付年金现值

预付年金是指从第一期起，在一定时期内每期期初等额收付的系列款项，又称即付年金或先付年金。预付年金与普通年金的区别仅在于收付款时点，普通年金发生在期末，而预付年金发生在期初。等额收付3次的预付年金如图2-3所示。对于等额收付3次的预付年金而言，等额收付发生的时点为第一期期初（0时点）、第二期期初（1时点）、第三期期初（2时点）。

图2-3 预付年金的收付形式

预付年金现值是指预付年金中各期等额收付金额在第一期期初（0时点）的复利现值之和。预付年金现值的计算公式为：

$$P = A + A(1+i)^{-1} + A(1+i)^{-2} + \cdots + A(1+i)^{-(n-1)} \tag{2-5}$$

等式两边同时乘以 $(1+i)^{-1}$：

$$P \times (1+i)^{-1} = A(1+i)^{-1} + A(1+i)^{-2} + \cdots + A(1+i)^{-n}$$
$$P \times (1+i)^{-1} = A \times (P/A,i,n)$$

等式两边同时乘以 $(1+i)$：

$$P = A \times (P/A,i,n) \times (1+i) \tag{2-6}$$

式（2-6）中的"n"指的是等额收付的次数（A 的个数）。

【例2-4】 甲公司购买一台设备,付款方式为现在付10万元,以后每隔一年付10万元,共计付款6次。假设利率为5%,如果打算现在一次性付款应该付多少?

由于付款6次,因此 $n=6$,可得:

$$P = 10 \times (P/A, 5\%, 6) \times (1 + 5\%) = 10 \times 5.0757 \times 1.05 \approx 53.29 （万元）$$

那么,如果打算现在一次性付款,应该付53.29万元。

(三) 递延年金现值

递延年金由普通年金递延形成,递延的期数称为递延期,一般用 m 表示。递延年金的第一次收付发生在第 $(m+1)$ 期期末(m 为大于0的整数)。

递延年金现值是指递延年金中各期等额收付金额在第一期期初(0时点)的复利现值之和。递延年金现值的计算公式为:

$$P = A \times (P/A, i, n) \times (P/F, i, m) \tag{2-7}$$

式(2-7)中的"n"指的是等额收付的次数(A 的个数),"$A \times (P/A, i, n)$"表示的是第 m 期期末的复利现值之和,表示从第 m 期期末复利折现到第一期期初需要复利折现 m 期。

【例2-5】 某递延年金为从第4期开始,每期期末支付10万元,共计支付6次。假设利率为4%,相当于现在一次性支付的金额是多少?

在本例中,由于第一次支付发生在第4期期末,即 $m+1=4$,因此递延期 $m=3$;由于连续支付6次,因此 $n=6$。可得:

$$P = 10 \times (P/A, 4\%, 6) \times (P/F, 4\%, 3) = 10 \times 5.2421 \times 0.8890 \approx 46.60 （万元）$$

即相当于现在一次性支付的金额是46.60万元。

【例2-6】 某递延年金为从第4期开始,每期期初支付10万元,共计支付6次。假设利率为4%,相当于现在一次性支付的金额是多少?

在本例中,由于第一次支付发生在第4期期初,第4期期初与第3期期末是同一时点,因此 $m+1=3$,递延期 $m=2$。

$$P = 10 \times (P/A, 4\%, 6) \times (P/F, 4\%, 2) = 10 \times 5.2421 \times 0.9246 \approx 48.47 （万元）$$

即相当于现在一次性支付的金额是48.47万元。

【例2-7】 A公司20×7年12月10日欲购置一批电脑,销售方提出两种付款方案,具体如下。

方案1:20×7年12月10日付款10万元,从20×9年开始,每年12月10日付款28万元,连续支付5次。

方案2:20×7年12月10日付款5万元,从20×8年开始,每年12月10日付款25万元,连续支付6次。

假设A公司的投资收益率为10%,A公司应该选择哪个方案?

如果把 20×7 年 12 月 10 日作为 0 时点，方案 1 和方案 2 的付款现值如下：

方案 1 的付款现值 $= 10 + 28 \times (P/A, 10\%, 5) \times (P/F, 10\%, 1)$
$= 10 + 28 \times 3.7908 \times 0.9091$
≈ 106.49（万元）

方案 2 的付款现值 $= 5 + 25 \times (P/A, 10\%, 6)$
$= 5 + 25 \times 4.3553$
≈ 113.88（万元）

由于方案 1 的付款现值最小，所以应该选择方案 1。

（四）永续年金现值

永续年金是普通年金的极限形式，当普通年金的收付次数为无穷大时，即为永续年金。永续年金的第一次等额收付发生在第一期期末。

永续年金现值可以看成一个 n 无穷大时普通年金的现值，永续年金的现值可以由普通年金现值的计算公式推导得出：

当 $n \to \infty$ 时，由于 $(1+i) > 1$，因此 $(1+i)^n$ 为无穷大。

由于 $(1+i)^{-n} = 1/(1+i)^n$，因此当 $n \to \infty$ 时，$(1+i)^{-n} = 0$，$\dfrac{1-(1+i)^{-n}}{i} = \dfrac{1}{i}$

永续年金现值的计算公式为：

$$P(n \to \infty) = A \times \frac{1-(1+i)^{-n}}{i} = \frac{A}{i} \tag{2-8}$$

【例 2-8】 拟建立一项永久性的奖学金，每年计划颁发 10 000 元奖金。若利率为 5%，现在应存入多少钱？

$$P = 10\,000 / 5\% = 200\,000 \text{（元）}$$

即现在应存入 200 000 元。

【例 2-9】 某年金的收付形式为从第 1 期期初开始，每期支付 80 元，一直到永远。假设利率为 5%，其现值为多少？

本例中第一次支付发生在第 1 期期初，所以，不是永续年金。从第 2 期期初开始的永续支付是永续年金。所以现值为 1 680（$= 80 + 80/5\%$，或 $= 80/5\% \times (1+5\%)$）元。

四、年金终值

对于永续年金而言，由于没有终点，因此没有终值。其他三种年金终值的情况如下。

（一）普通年金终值

对于等额收付 n 次的普通年金而言，其终值指的是各期等额收付金额在第 n 期期末的复利终值之和。等额收付 3 次的普通年金终值的计算如下。

普通年金终值的一般计算公式为：
$$F = A + A(1+i) + A(1+i)^2 + \cdots + A(1+i)^{n-1} \tag{2-9}$$

等式两边同时乘以 $(1+i)$：
$$(1+i)F = A(1+i) + A(1+i)^2 + A(1+i)^3 + \cdots + A(1+i)^n$$

上述两式相减：
$$(1+i)F - F = A(1+i)^n - A$$
$$i \times F = A[(1+i)^n - 1]$$
$$F = A \frac{(1+i)^n - 1}{i} \tag{2-10}$$

式（2-10）中，$\frac{(1+i)^n - 1}{i}$ 称为"年金终值系数"，记作 $(F/A, i, n)$，即普通年金终值 $F = A \times (F/A, i, n)$。$(F/A, i, n)$ 可直接查阅"年金终值系数表"（见附表三）得到。$(F/A, i, n)$ 中的"n"指的是等额收付的次数（A 的个数）。

【例 2-10】2018 年 1 月 16 日，某人制订了一个存款计划，计划从 2019 年 1 月 16 日开始，每年存入银行 10 万元，共计存款 5 次，最后一次存款时间是 2023 年 1 月 16 日。每次的存款期限都是 1 年，到期时利息和本金自动续存。假设存款年利率为 2%，计算在 2024 年 1 月 16 日取出全部本金和利息的合计。

本例中"每次的存款期限是 1 年，到期时利息和本金自动续存"意味着"复利按年计息"，因此，

2019 年 1 月 16 日的 10 万元存款在 2024 年 1 月 16 日的本利和 $= 10 \times (1 + 2\%)^5$
2020 年 1 月 16 日的 10 万元存款在 2024 年 1 月 16 日的本利和 $= 10 \times (1 + 2\%)^4$
2021 年 1 月 16 日的 10 万元存款在 2024 年 1 月 16 日的本利和 $= 10 \times (1 + 2\%)^3$
2022 年 1 月 16 日的 10 万元存款在 2024 年 1 月 16 日的本利和 $= 10 \times (1 + 2\%)^2$
2023 年 1 月 16 日的 10 万元存款在 2024 年 1 月 16 日的本利和 $= 10 \times (1 + 2\%)$

2024 年 1 月 16 日可取出的全部本金和利息 $= 10 \times (1 + 2\%) + 10 \times (1 + 2\%)^2 + 10 \times (1 + 2\%)^3 + 10 \times (1 + 2\%)^4 + 10 \times (1 + 2\%)^5$

对照普通年金终值 $F = A(F/A, i, n) = A + A(1+i) + A(1+i)^2 + \cdots + A(1+i)^{n-1}$，可知：

本题并不是普通年金终值计算问题。但是，可以间接利用普通年金终值计算公式进行推导。

由于 $10 \times (1 + 2\%) + 10 \times (1 + 2\%)^2 + 10 \times (1 + 2\%)^3 + 10 \times (1 + 2\%)^4 + 10 \times (1 + 2\%)^5 = [10 + 10 \times (1 + 2\%) + 10 \times (1 + 2\%)^2 + 10 \times (1 + 2\%)^3 + 10 \times (1 + 2\%)^4] \times (1 + 2\%)$ 因此，在 2024 年 1 月 16 日取出的全部本金和利息 $= 10 \times (F/A, 2\%, 5) \times (1 + 2\%) = 10 \times 5.2040 \times 1.02 = 53.08$（万元）

$10 \times (F/A, 2\%, 5)$ 表示的是在 2023 年 1 月 16 日的全部本金和利息合计。

(二) 预付年金终值

对于等额收付 n 次的预付年金而言,其终值指的是各期等额收付金额在第 n 期期末的复利终值之和。

预付年金终值的一般计算公式为:

$$F = A(1+i) + A(1+i)^2 + \cdots + A(1+i)^n \qquad (2\text{-}11)$$

等式两边同时乘以 $(1+i)^{-1}$,得:

$$F \times (1+i)^{-1} = A + A(1+i) + A(1+i)^2 + \cdots + A(1+i)^{n-1}$$
$$= A \times (F/A, i, n)$$

两边同时乘以 $(1+i)$,得:

$$F = A \times (F/A, i, n) \times (1+i) \qquad (2\text{-}12)$$

【例 2-11】2018 年 1 月 16 日,某人制订了一个存款计划,计划从 2018 年 1 月 16 日开始,每年存入银行 10 万元,共计存款 5 次,最后一次存款时间是 2022 年 1 月 16 日。每次的存款期限都是 1 年,到期时利息和本金自动续存。假设存款年利率为 2%,计算在 2023 年 1 月 16 日取出全部本金和利息的合计。

2018 年 1 月 16 日的 10 万元存款在 2023 年 1 月 16 日的本利和 $= 10 \times (1+2\%)^5$

2019 年 1 月 16 日的 10 万元存款在 2023 年 1 月 16 日的本利和 $= 10 \times (1+2\%)^4$

2020 年 1 月 16 日的 10 万元存款在 2023 年 1 月 16 日的本利和 $= 10 \times (1+2\%)^3$

2021 年 1 月 16 日的 10 万元存款在 2023 年 1 月 16 日的本利和 $= 10 \times (1+2\%)^2$

2022 年 1 月 16 日的 10 万元存款在 2023 年 1 月 16 日的本利和 $= 10 \times (1+2\%)$

2023 年 1 月 16 日可取出的全部本金和利息 $= 10 \times (1+2\%) + 10 \times (1+2\%)^2 + 10 \times (1+2\%)^3 + 10 \times (1+2\%)^4 + 10 \times (1+2\%)^5$

对照预付年金终值 $F = A \times (F/A, i, n) \times (1+i) = A(1+i) + A(1+i)^2 + \cdots + A(1+i)^n$,可知:

2023 年 1 月 16 日可取出的全部本金和利息 $= 10 \times (F/A, 2\%, 5) \times (1+2\%) = 10 \times 5.2040 \times 1.02 \approx 53.08$(万元)

如果本题要求计算在 2022 年 1 月 16 日取出的全部本金和利息,则按照 $10 \times (F/A, 2\%, 5)$ 计算。

(三) 递延年金终值

对于递延期为 m、等额收付 n 次的递延年金而言,其终值指的是各期等额收付金额在第 $(m+n)$ 期期末的复利终值之和。

递延年金终值的一般计算公式为:

$$F = A + A(1+i) + A(1+i)^2 + \cdots + A(1+i)^{n-1} \qquad (2\text{-}13)$$

经过比较可知,递延年金终值的一般计算公式与普通年金终值的一般计算公式完全相同。也就是说,对于递延期为 m、等额收付 n 次的递延年金而言,其终值 $F = A \times (F/A, i, n)$,与递延期无关。

【例2-12】 2018年1月16日，某人制订了一个存款计划，计划从2020年1月16日开始，每年存入银行10万元，共计存款5次，最后一次存款时间是2024年1月16日。每次的存款期限都是1年，到期时利息和本金自动续存。假设存款年利率为2%，计算2024年1月16日可取得的全部本金和利息。

2020年1月16日的10万元存款在2024年1月16日的本利和 $=10\times(1+2\%)^4$
2021年1月16日的10万元存款在2024年1月16日的本利和 $=10\times(1+2\%)^3$
2022年1月16日的10万元存款在2024年1月16日的本利和 $=10\times(1+2\%)^2$
2023年1月16日的10万元存款在2024年1月16日的本利和 $=10\times(1+2\%)$
2024年1月16日的10万元存款在2024年1月16日的本利和 $=10$
2024年1月16日可取得的全部本金和利息 $=10+10\times(1+2\%)+10\times(1+2\%)^2+10\times(1+2\%)^3+10\times(1+2\%)^4=10\times(F/A,2\%,5)=52.04$（万元）

年金终值的计算在实务中很少使用，实务中对于不同的方案进行选择时，一般习惯于比较现值。

五、年偿债基金和年资本回收额

年偿债基金是指为了在约定的未来某一时点清偿某笔债务或积聚一定数额的资金而必须分次等额形成的存款准备金，也就是为使年金终值达到既定金额的年金数额（已知终值 F，求年金 A）。在普通年金终值计算公式中解出 A，这个 A 就是年偿债基金。

年资本回收额是指在约定年限内等额回收初始投入资本的金额。年资本回收额的计算实际上是已知普通年金现值 P，求年金 A。

【例2-13】 某家长计划10年后一次性取出50万元，作为孩子的出国费用。假设银行存款年利率为5%，复利计息，该家长计划1年后开始存款，每年存一次，每次存款数额相同，共计存款10次。假设每次存款的数额为 A 万元，则有：
$$A\times(F/A,5\%,10)=50$$
$$A\times 12.578=50$$
$$A\approx 3.98（万元）$$

【例2-14】 某人于20×8年1月25日按揭贷款买房，贷款金额为100万元，年限为10年，年利率为6%，月利率为0.5%，从20×8年2月25日开始还款，每月还一次，共计还款120次，每次还款的金额相同。

由于100万元是现在的价值，因此本题属于已知普通年金现值求年金，属于年资本回收额计算问题，不属于年偿债基金计算问题。例2-13属于年偿债基金计算问题。

假设每次还款金额为 A 万元，则有：
$$100=A\times(P/A,0.5\%,120)$$
$$A=100/(P/A,0.5\%,120)$$

其中，$(P/A, 0.5\%, 120)$ 的数值无法在教材后面的附表中查到，可以根据 $(P/A, i, n)$ 的数学表达式用计算器或计算机计算，得出 $(P/A, 0.5\%, 120) = 90.08$，所以：

$$A = 100/90.08 = 1.11 \text{（万元）}$$

即每月的还款金额为 1.11 万元。

六、利率的计算

（一）现值或终值系数已知的利率计算步骤如下

（1）查阅相应的系数表，如果能在表中查到相应的数值，则对应的利率就是所求的利率。

（2）如果在系数表中无法查到相应的数值，则可以使用内插法（又叫插值法）计算，假设所求利率为 i，i 对应的现值（或者终值）系数为 B，B_1、B_2 为现值（或者终值）系数表中 B 相邻的系数，i_1、i_2 为 B_1、B_2 对应的利率。可以按照下面的方程计算：

$$(i_2 - i)/(i_2 - i_1) = (B_2 - B)/(B_2 - B_1)$$

解得：

$$i = i_2 - (B_2 - B)/(B_2 - B_1) \times (i_2 - i_1)$$

也可以按照下面的方程计算：

$$(i - i_1)/(i_2 - i_1) = (B - B_1)/(B_2 - B_1)$$

解得：

$$i = i_1 + (B - B_1)/(B_2 - B_1) \times (i_2 - i_1)$$

列方程时应该把握一个原则：具有对应关系的数字在等式两边的位置相同（例如 i_2 在等式左边的位置与 B_2 在等式右边的位置相同）。按照这个原则还可以列出其他等式。不同的等式，其计算结果是相同的。

【例 2-15】 已知 $(P/F, i, 5) = 0.7835$，求 i 的数值。

查阅复利现值系数表可知，在期数为 5 的情况下，利率为 5% 的复利现值系数为 0.7835，所以 $i = 5\%$。

【例 2-16】 已知 $(P/A, i, 5) = 4.20$，求 i 的数值。

查阅年金现值系数表可知，在期数为 5 的情况下，无法查到 4.20 这个数值，与 4.20 相邻的数值为 4.2124 和 4.1002，对应的利率为 6% 和 7%，因此有：

$$(7\% - i)/(7\% - 6\%) = (4.1002 - 4.20)/(4.1002 - 4.2124)$$

解得：

$$i = 7\% - (4.1002 - 4.20)/(4.1002 - 4.2124) \times (7\% - 6\%) \approx 6.11\%$$

或 $(i - 6\%)/(7\% - 6\%) = (4.20 - 4.2124)/(4.1002 - 4.2124)$

解得：

$$i = 6\% + (4.20 - 4.2124)/(4.1002 - 4.2124) \times (7\% - 6\%) \approx 6.11\%$$

(二) 现值或终值系数未知的利率计算

有时候会出现一个表达式中含有两种系数的情况,在这种情况下,现值或终值系数是未知的,无法通过查表直接确定相邻的利率,需要借助系数表,经过多次测试才能确定。测试时须注意:现值系数与利率反向变动,终值系数与利率同向变动。

【例2-17】 已知 $5 \times (P/A,i,10) + 100 \times (P/F,i,10) = 104$,求 i 的数值。

经过测试可知:

$i=5\%$ 时,$5 \times (P/A,i,10) + 100 \times (P/F,i,10) = 5 \times 7.7217 + 100 \times 0.6139 \approx 100$

$i=4\%$ 时,$5 \times (P/A,i,10) + 100 \times (P/F,i,10) = 5 \times 8.1109 + 100 \times 0.6756 \approx 108.11$

即与5%对应的数值是100,与4%对应的数值是108.11,与所求的 i 对应的数值是104。

根据 $(5\% - i)/(5\% - 4\%) = (100 - 104)/(100 - 108.11)$,解得:

$i = 5\% - (100 - 104)/(100 - 108.11) \times (5\% - 4\%) \approx 4.51\%$

具体来说,计算实际利率有以下两种情况。

1. 一年多次计息时的实际利率

一年多次计息时,给出的年利率为名义利率,按照复利计算的年利息与本金的比值为实际利率。

假设本金为100元,年利率为10%,一年计息2次,即一年复利2次,则每次复利的利率 $=10\%/2=5\%$,一年后的本利和(复利终值)$=100 \times (1+5\%)^2$,按照复利计算的年利息 $=100 \times (1+5\%)^2 - 100 = 100 \times [(1+5\%)^2 - 1]$,实际利率 $=100 \times [(1+5\%)^2 - 1]/100 = (1+5\%)^2 - 1$,用公式表示为:

$$i = (1 + r/m)^m - 1 \tag{2-14}$$

式中,i 为实际利率;r 为名义利率;m 为每年复利计息的次数。

从式 (2-14) 可以看出,在一年多次计息时,实际利率高于名义利率,并且在名义利率相同的情况下,一年计息次数越多,实际利率越大。

2. 通货膨胀情况下的实际利率

在通货膨胀情况下,中央银行或其他提供资金借贷的机构所公布的利率是未调整通货膨胀因素的名义利率,即名义利率中包含通货膨胀率。实际利率是指剔除通货膨胀率后储户或投资者得到利息回报的真实利率。

假设本金为100元,实际利率为5%,通货膨胀率为2%,则:

如果不考虑通货膨胀因素,一年后的本利和 $= 100 \times (1+5\%) = 105$(元)

如果考虑通货膨胀因素,由于通货膨胀导致货币贬值,因此一年后的本利和 $= 105 \times (1+2\%)$,年利息 $= 105 \times (1+2\%) - 100 = 100 \times (1+5\%) \times (1+2\%) - 100 = 100 \times [(1+5\%) \times (1+2\%) - 1]$,即名义利率 $= (1+5\%) \times (1+2\%) - 1$,1 + 名义利率 $= (1+5\%) \times (1+2\%)$。

用公式表示名义利率与实际利率之间的关系为:

$$1 + 名义利率 = (1 + 实际利率) \times (1 + 通货膨胀率) \tag{2-15}$$

所以，实际利率的计算公式为：

$$实际利率 = \frac{1+名义利率}{1+通货膨胀率} - 1 \qquad (2-16)$$

式（2-16）表明，如果通货膨胀率大于名义利率，则实际利率为负数。

【例2-18】 20×2年我国商业银行一年期存款年利率为3%，假设通货膨胀率为2%，则实际利率为多少？

$$实际利率 = (1+3\%)/(1+2\%) - 1 = 0.98\%$$

如果通货膨胀率为4%，则：

$$实际利率 = (1+3\%)/(1+4\%) - 1 = -0.96\%$$

第二节 收益与风险

一、资产收益与收益率

（一）资产收益的含义与计算

资产收益是指资产的价值在一定时期的增值。一般情况下，有两种表述资产收益的方式。

第一种方式是以金额表示的，称为资产的收益额，通常以资产价值在一定期限内的增值量来表示，该增值量来源于两部分：一是期限内资产的现金净收入，二是期末资产的价值（或市场价格）相对于期初价值（价格）的升值。前者多为利息、红利或股息收益，后者称为资本利得。

第二种方式是以百分比表示的，称为资产的收益率或报酬率，是资产增值量与期初资产价值（价格）的比值，该收益率也包括两部分：一是利息（股利）的收益率，二是资本利得的收益率。显然，以金额表示的收益与期初资产的价值（价格）相关，不利于不同规模资产之间收益的比较，而以百分数表示的收益则是一个相对指标，便于不同规模下资产收益的比较和分析。所以，通常情况下，我们都用收益率的方式来表示资产的收益。

另外，由于收益率是相对于特定期限的，它的大小要受计算期限的影响，但是计算期限常常不一定是一年，为了便于比较和分析，对于计算期限短于或长于一年的资产，在计算收益率时一般要将不同期限的收益率转换为年收益率。

如果未做特殊说明，资产的收益指的就是资产的年收益率，又称资产的报酬率。

（二）资产收益率的类型

在实际的财务工作中，由于工作角度和出发点不同，资产收益率可以有以下一些类型。

1. 实际收益率

实际收益率表示已经实现或者确定可以实现的资产收益率，表述为已实现或确定可以实现的利息（股利）率与资本利得收益率之和。当然，当存在通货膨胀时，还应当扣除通货膨胀率的影响，剩余的才是真实的收益率。

2. 预期收益率

预期收益率又称期望收益率，是指在不确定的条件下，预测的某资产未来可能实现的收益率。

一般按照加权平均法计算预期收益率，其计算公式为：

$$预期收益率 = \sum_{i=1}^{n} P_i \times R_i \qquad (2\text{-}17)$$

式中，P_i 为情况 i 可能出现的概率；R_i 为情况 i 出现时的收益率。

【例 2-19】 某企业有 A、B 两个投资项目，两个投资项目的收益率及概率分布情况如表 2-1 所示，试计算两个项目的预期收益率。

表 2-1 项目 A 和项目 B 投资收益率及概率分布情况

项目实施情况	投资收益率（%）		该种情况出现的概率	
	项目 A	项目 B	项目 A	项目 B
好	15	20	0.2	0.3
一般	10	15	0.6	0.4
差	0	-10	0.2	0.3

根据公式计算项目 A 和项目 B 的预期投资收益率分别为：

项目 A 的预期投资收益率 = 0.2×15% + 0.6×10% + 0.2×0 = 9%

项目 B 的预期投资收益率 = 0.3×20% + 0.4×15% + 0.3×(-10%) = 9%

3. 必要收益率

必要收益率又称最低报酬率或最低要求的收益率，表示投资者对某资产合理要求的最低收益率。必要收益率由以下两部分构成。

（1）无风险收益率。无风险收益率又称无风险利率，是指无风险资产的收益率，它的大小由纯粹利率（资金的时间价值）和通货膨胀补偿率两部分组成，用计算公式表示为：

$$无风险收益率 = 纯粹利率 + 通货膨胀补偿率 \qquad (2\text{-}18)$$

由于国债的风险很小，尤其是短期国债的风险更小，因此，在一般情况下，为了方便，通常用短期国债的利率近似地代替无风险收益率。

（2）风险收益率。风险收益率是指某资产持有者因承担该资产的风险而要求的超过无风险收益率的额外收益率。风险收益率衡量了投资者将资金从无风险资产转移到风险资产而要求得到的"额外补偿"，它的大小取决于以下两个因素：一是风险的大小，二是投资者对风险的偏好。

综上所述：

$$\begin{aligned}必要收益率 &= 无风险收益率 + 风险收益率 \\ &= 纯粹利率 + 通货膨胀补偿率 + 风险收益率\end{aligned} \qquad (2\text{-}19)$$

在现实中，估计某股票的必要收益率时，通常使用资本资产定价模型。

二、资产的风险及衡量

（一）风险的概念

风险是指收益的不确定性。虽然风险的存在可能意味着收益的增加，但人们考虑更多的则是损失发生的可能性。从财务管理的角度看，风险是企业在各项财务活动过程中，由于各种难以预料或无法控制的因素作用，使企业的实际收益与预期收益发生背离，从而蒙受经济损失的可能性。

（二）风险衡量

衡量风险的指标主要有收益率的方差、标准差和标准差率等。

1. 概率分布

在经济活动中，某一事件在相同的条件下可能发生，也可能不发生，这类事件称为随机事件。概率是用来表示随机事件发生可能性大小的数值。通常，我们把必然发生的事件的概率定为1，把不可能发生的事件的概率定为0，而一般随机事件的概率是介于0与1之间的一个数。概率越大就表示该事件发生的可能性越大。随机事件所有可能结果出现的概率之和等于1。

2. 期望值

期望值是一个概率分布中的所有可能结果，以各自相应的概率为权数计算的加权平均值。期望值通常用符号 $\overline{E}$ 表示，其计算公式为：

$$\overline{E} = \sum_{i=1}^{n} X_i \times P_i \tag{2-20}$$

式中，X_i 为第 i 种情况可能出现的结果；P_i 为第 i 种情况出现的概率。

3. 方差、标准差和标准差率

（1）方差。在概率已知的情况下，方差的计算公式为：

$$\sigma^2 = \sum_{i=1}^{n} (X_i - \overline{E})^2 \times P_i \tag{2-21}$$

式中，$(X_i - \overline{E})$ 为第 i 种情况可能出现的结果与期望值的离差；P_i 为第 i 种情况可能出现的概率。方差的计算公式可以表述为离差的平方的加权平均数。

（2）标准差。标准差又叫标准离差，是方差的平方根。在概率已知的情况下，其计算公式为：

$$\sigma = \sqrt{P_i \times \sum_{i=1}^{n} (X_i - \overline{E})^2} \tag{2-22}$$

标准差以绝对数衡量决策方案的风险，在期望值相同的情况下，标准差越大，风险越大；反之，标准差越小，风险越小。

由于无风险资产没有风险，因此无风险资产的标准差等于零。

【例2-20】以例2-19中的数据为例，分别计算A、B两个项目投资收益率的方差和标准差，并比较A、B两个项目的风险大小。

项目 A 投资收益率的方差 $= 0.2 \times (15\% - 9\%)^2 + 0.6 \times (10\% - 9\%)^2 + 0.2 \times (0 - 9\%)^2 = 0.0024$

项目 A 投资收益率的标准差 $= \sqrt{0.0024} \approx 4.90\%$

项目 B 投资收益率的方差 $= 0.3 \times (20\% - 9\%)^2 + 0.4 \times (15\% - 9\%)^2 + 0.3 \times (-10\% - 9\%)^2 = 0.0159$

项目 B 投资收益率的标准差 $= \sqrt{0.0159} \approx 12.61\%$

由于项目 A 和项目 B 投资收益率的期望值相同（均为 9%），因此标准差大的风险大，计算结果表明项目 B 的风险高于项目 A。

（3）标准差率。标准差率是标准差同期望值之比，通常用符号 V 表示，其计算公式为：

$$V = \frac{\sigma}{E} \times 100\% \tag{2-23}$$

标准差率是一个相对指标，它以相对数反映决策方案的风险程度。方差和标准差作为绝对数，只适用于期望值相同的决策方案风险程度的比较。对于期望值不同的决策方案，评价和比较其各自的风险程度只能借助于标准差率这一相对数值。在期望值不同的情况下，标准差率越大，风险越大；反之，标准差率越小，风险越小。

【例 2-21】 假设项目 A 和项目 B 的期望投资收益率分别为 10% 和 12%，投资收益率的标准差分别为 6% 和 7%，比较项目 A 和项目 B 的风险大小。

由于项目 A 和项目 B 投资收益率的期望值不相同，因此不能根据标准差比较风险大小，应该计算各自的标准差率，然后得出结论。

项目 A 投资收益率的标准差率 $= 6\%/10\% \times 100\% = 60\%$

项目 B 投资收益率的标准差率 $= 7\%/12\% \times 100\% \approx 58.33\%$

计算结果表明项目 A 的风险高于项目 B。

通过上述方法将决策方案的风险加以量化后，决策者便可据此做出决策。对于多方案择优，决策者的行动准则应是选择低风险高收益的方案，即选择标准差率最低、预期收益最高的方案。然而高收益往往伴有高风险，低收益方案其风险程度往往也较低，究竟选择何种方案，不仅要权衡预期收益与风险，还要考虑决策者对风险的态度，综合做出决定。对风险比较反感的人可能会选择预期收益较低，同时风险也较低的方案；喜欢冒风险的人则可能选择风险虽高，但同时收益也高的方案。一般的投资者和企业管理者都对风险比较反感，在预期收益相同的情况下，会选择风险小的方案。

（三）风险对策

1. 规避风险

当资产风险所造成的损失不能由该资产可能获得的收益予以抵销时，应当放弃该资产，以规避风险。例如，拒绝与不守信用的厂商业务往来，放弃可能明显导致亏损的投资项目，新产品在试制阶段发现诸多问题而果断停止试制。

2. 减少风险

减少风险主要包括两个方面的含义：一是控制风险因素，减少风险的发生；二是控制风险发生的频率，降低风险损害程度。减少风险的常用方法有：进行准确的预测；对决策进行多方案优选和替代；及时与政府部门沟通获取政策信息；在发展新产品前，充分进行市场调研；实行设备预防检修制度以减少设备事故；选择有弹性的、抗风险能力强的技术方案，进行预先的技术模拟试验，采用可靠的保护和安全措施；采用多领域、多地域、多项目、多品种的经营或投资以分散风险。

3. 转移风险

对可能给企业带来灾难性损失的资产，企业应以一定的代价，采取某种方式将风险损失转嫁给他人承担，如向专业性保险公司投保，采取合资、联营、增发新股、发行债券、联合开发等措施实现风险共担，通过技术转让、特许经营、战略联盟、租赁经营和业务外包等实现风险转移。

4. 接受风险

接受风险包括风险自担和风险自保两种。风险自担是指风险损失发生时，直接将损失摊入成本或费用，或冲减利润；风险自保是指企业预留一笔风险金或随着生产经营的进行，有计划地计提资产减值准备等。

三、证券资产组合的风险与收益

两个或两个以上资产所构成的集合，称为资产组合。如果资产组合中的资产均为有价证券，则该资产组合又称为证券资产组合或证券组合。证券资产组合的风险与收益具有与单个资产不同的特征。尽管方差、标准差、标准差率是衡量风险的有效工具，但当某项资产或证券成为投资组合的一部分时，这些指标就可能不再是衡量风险的有效工具。以下首先讨论证券资产组合的预期收益率的计算，然后进一步讨论证券资产组合的风险及衡量。

（一）证券资产组合的预期收益率

证券资产组合的预期收益率是组成证券资产组合的各种资产的收益率的加权平均数，其权数为各种资产在组合中的价值比例。

【例2-22】某投资公司的一项投资组合中包含A、B和C三种股票，权重分别为30%、40%和30%，三种股票的预期收益率分别为15%、12%、10%。要求计算该投资组合的预期收益率。

该投资组合的预期收益率 = 30% × 15% + 40% × 12% + 30% × 10% = 12.3%

（二）证券资产组合的风险及衡量

1. 证券资产组合的风险分散功能

两项证券资产组合的收益率的方差满足以下关系式：

$$\sigma_p^2 = W_1^2\sigma_1^2 + W_2^2\sigma_2^2 + 2W_1W_2\rho_{1,2}\sigma_1\sigma_2 \tag{2-24}$$

式中，σ_p 为证券资产组合的标准差，它衡量的是证券资产组合的风险；σ_1 和 σ_2 分别为组合中两项资产收益率的标准差；W_1 和 W_2 分别为组合中两项资产所占的价值比例；$\rho_{1,2}$ 反映两项资产收益率的相关程度，即两项资产收益率之间的相对运动状态，称为相关系数。从理论上来说，相关系数介于区间 [-1, 1]。

当 $\rho_{1,2}=1$ 时，表明两项资产的收益率具有完全正相关的关系，即它们的收益率变化方向和变化幅度完全相同。这时，$\sigma_p^2=(W_1\sigma_1+W_2\sigma_2)^2$，即 σ_p^2 达到最大。由此表明，组合的风险等于组合中各项资产风险的加权平均值。换句话说，当两项资产的收益率完全正相关时，两项资产的风险完全不能相互抵消，所以这样的组合不能降低任何风险。

当 $\rho_{1,2}=-1$ 时，表明两项资产的收益率具有完全负相关的关系，即它们的收益率变化方向和变化幅度完全相反。这时，$\sigma_p^2=(W_1\sigma_1-W_2\sigma_2)^2$，即 σ_p^2 达到最小，甚至可能是零。因此，当两项资产的收益率完全负相关时，两项资产的风险可以充分地相互抵消，甚至完全消除。这样的组合能够最大限度地降低风险。

在实务中，两项资产的收益率完全正相关或完全负相关几乎是不可能的。绝大多数资产两两之间会具有不完全的相关关系，即相关系数小于 1 且大于 -1（多数情况下大于零）。因此，会有 $0<\sigma_p<(W_1\sigma_1+W_2\sigma_2)$，即证券资产组合收益率的标准差小于组合中各资产收益率标准差的加权平均值，也就是证券资产组合的风险小于组合中各项资产风险的加权平均值。因此，在大多数情况下，证券资产组合能够分散风险，但不能完全消除风险。

在证券资产组合中，能够随着资产种类增加而降低直至消除的风险，被称为非系统性风险；不能随着资产种类增加而分散的风险，被称为系统性风险。下面对这两类风险进行详细论述。

2. 非系统性风险

非系统性风险是指发生于个别公司的特有事件造成的风险。例如，一家公司的工人罢工、新产品开发失败、失去重要的销售合同、诉讼失败，或者宣告发现新矿藏、取得一个重要合同等。这类事件是非预期的、随机发生的，它只影响一个或少数公司，不会对整个市场产生太大影响。这种风险可以通过资产组合来分散，即发生于一家公司的不利事件可以被其他公司的有利事件抵消。

由于非系统性风险是个别公司或个别资产所特有的，因此又称"特殊风险"或"特有风险"。由于非系统性风险可以通过资产组合分散掉，因此又称"可分散风险"。

值得注意的是，在风险分散的过程中，不应当过分夸大资产多样性和资产个数的作用。实际上，在资产组合中资产数目较低时，增加资产的个数，分散风险的效应会比较明显，但资产数目增加到一定程度时，风险分散的效应就会逐渐减弱。经验数据表明，组合中不同行业的资产个数达到 20 个时，绝大多数非系统风险均已被消除。此时，如果继续增加资产数目，对分散风险已经没有多大的实际意义，只会增加管理成本。另外，不要指望通过资产多样化达到完全消除风险的目的，因为系统风险是不能够通过风险的分散来消除的。

3. 系统风险及其衡量

系统风险又被称为市场风险或不可分散风险，是影响所有资产的、不能通过资产组合而消除的风险。这部分风险是由那些影响整个市场的风险因素所引起的。这些因素包括宏观经济形势的变动、国家经济政策的变化、税制改革、企业会计准则改革、世界能源状况、政治因素等。

不同资产的系统风险不同，为了对系统风险进行量化，我们用 β 系数衡量系统风险的大小。通俗地说，某资产的 β 系数表达的含义是该资产的系统风险相当于市场组合系统风险的倍数。

换句话说，用 β 系数对系统风险进行量化时，以市场组合的系统风险为基准，认为市场组合的 β 系数等于1。

市场组合是指由市场上所有资产组成的组合。市场组合的收益率指的是市场平均收益率，实务中通常用股票价格指数收益率的平均值来代替。由于包含了所有的资产，市场组合中的非系统风险已经被消除，所以市场组合的风险就是市场风险或系统风险。

绝大多数资产的 β 系数是大于零的，也就是说，绝大多数资产的收益率的变化方向与市场平均收益率的变化方向是一致的，只是变化幅度不同。当某资产的 β 系数大于1时，说明该资产收益率的变化幅度大于市场组合收益率的变化幅度。

由于无风险资产没有风险，因此无风险资产的 β 系数等于零。极个别资产的 β 系数是负数，表明这类资产的收益率与市场平均收益率的变化方向相反，当市场平均收益率增加时，这类资产的收益率却在减少。比如西方个别收账公司和个别再保险公司的 β 系数是接近零的负数。

在实务中，并不需要企业财务人员或投资者自己去计算证券的 β 系数，一些证券咨询机构会定期公布大量交易过的证券的 β 系数。

表 2-2 列示了有关资料上显示的 2019 年我国部分上市公司的 β 系数。

表 2-2　2019 年我国部分上市公司的 β 系数

公司名称	β 系数
平安银行	0.87
万科	0.61
中国中铁	0.81
用友网络	1.52
贵州茅台	1.26
德创环保	2.16

资料来源：www.sse.com.cn.

从表 2-2 可以看出，不同公司之间的 β 系数有所不同，即便是在同一时期，不同公司的 β 系数也或多或少有所差异。

我国一些证券咨询机构会定期计算并编制各上市公司的 β 系数，读者可以通过中国证券市场数据库等渠道查询。

对于证券资产组合来说，其所含的系统风险的大小可以用组合 β 系数来衡量。证券资产组合的 β 系数是所有单项资产 β 系数的加权平均数，权数为各种资产在证券资产组合中所占的价值比例，其计算公式为：

$$\beta_p = \sum_{i=1}^{n} w_i \times \beta_i \qquad (2-25)$$

式中，β_p 为证券资产组合的 β 系数；w_i 为第 i 项资产在组合中所占的价值比例；β_i 为第 i 项资产的 β 系数。

由于单项资产的 β 系数不尽相同，因此通过替换资产组合中的资产或改变不同资产在组合中的价值比例，可以改变资产组合的系统风险。

【例2-23】 某投资者打算用 20 000 元购买 A、B、C 三种股票，股价分别为 40 元、10 元、50 元，β 系数分别为 0.7、1.1 和 1.7。现有两个组合方案可供选择：

甲方案：购买 A、B、C 三种股票的数量分别是 200 股、200 股、200 股。
乙方案：购买 A、B、C 三种股票的数量分别是 300 股、300 股、100 股。
如果该投资者最多能承受 1.2 倍的市场组合系统风险，会选择哪个方案？
甲方案：
A 股票比例 = 40 × 200/20 000 × 100% = 40%
B 股票比例 = 10 × 200/20 000 × 100% = 10%
C 股票比例 = 50 × 200/20 000 × 100% = 50%
甲方案的 β 系数 = 40% × 0.7 + 10% × 1.1 + 50% × 1.7 = 1.24
乙方案：
A 股票比例 = 40 × 300/20 000 × 100% = 60%
B 股票比例 = 10 × 300/20 000 × 100% = 15%
C 股票比例 = 50 × 100/20 000 × 100% = 25%
乙方案的 β 系数 = 60% × 0.7 + 15% × 1.1 + 25% × 1.7 = 1.01

该投资者最多能承受 1.2 倍的市场组合系统风险意味着该投资者能承受的 β 系数最大值为 1.2，所以该投资者会选择乙方案。

四、资本资产定价模型

（一）资本资产定价模型的基本原理

在资本资产定价模型中，所谓资本资产，主要指的是股票资产，而定价则试图解释资本市场如何决定股票收益率，进而决定股票价格。

资本资产定价模型是"必要收益率 = 无风险收益率 + 风险收益率"的具体化。资本资产定价模型的一个主要贡献是解释了风险收益率的决定因素和度量方法，在资本资产定价模型中，风险收益率 = $\beta \times (R_m - R_f)$，资本资产定价模型的完整表达式为：

$$R = R_f + \beta \times (R_m - R_f) \qquad (2-26)$$

式中，R 为某资产的必要收益率；β 为该资产的系统风险系数；R_f 为无风险收益率；R_m

为市场组合收益率，由于当 $\beta = 1$ 时，$R = R_m$，而 $\beta = 1$ 代表的是市场组合的平均风险，因此 R_m 还可以称为平均风险的必要收益率、市场组合的必要收益率等。

在式（2-26）中，$(R_m - R_f)$ 称为市场风险溢价，由于市场组合的 $\beta = 1$，所以，$(R_m - R_f)$ 又可以称为市场组合的风险收益率或股票市场的风险收益率。由于 $\beta = 1$ 代表的是市场平均风险，因此 $(R_m - R_f)$ 还可以表述为平均风险的风险收益率。它是附加在无风险收益率之上的，由于承担了市场平均风险所要求获得的补偿，它反映的是市场作为整体对风险的平均"容忍"程度，也就是市场整体对风险的厌恶程度。市场整体对风险越是厌恶和回避，要求的补偿就越高，因此市场风险溢价的数值就越大。反之，如果市场的抗风险能力强，则对风险的厌恶和回避就不是很强烈，因此，要求的补偿就低，市场风险溢价的数值就小。

在资本资产定价模型中，计算风险收益率时只考虑了系统风险，没有考虑非系统风险，这是因为非系统风险可以通过资产组合消除，一个充分的投资组合几乎没有非系统风险。财务管理研究中假设投资人都是理智的，都会选择充分投资组合，非系统风险与资本市场无关。资本市场不会对非系统风险给予任何价格补偿。

资本资产定价模型对任何公司、任何资产（包括资产组合）都是适合的。只要将公司或资产的 β 系数代入式（2-26）中，就能得到该公司或资产的必要收益率。

【例2-24】 假设平均风险的风险收益率为5%，平均风险的必要收益率为8%，计算例2-23中乙方案的风险收益率和必要收益率。

由于乙方案的 β 系数为1.01，因此乙方案的风险收益率 $= 1.01 \times 5\% = 5.05\%$。

本题中，$R_m = 8\%$，$R_m - R_f = 5\%$，所以 $R_f = 3\%$。

乙方案的必要收益率 $= 3\% + 5.05\% = 8.05\%$

（二）资本资产定价模型的有效性和局限性

资本资产定价模型最大的贡献在于它提供了对收益与风险之间关系的一种实质性的表述，资本资产定价模型首次将"高收益伴随着高风险"这样一种直观认识，用这样简单的关系式表达出来。到目前为止，资本资产定价模型是对现实中风险与收益关系最为贴切的表述，因此长期以来，被财务人员、金融从业者及经济学家作为处理风险问题的主要工具。

然而，将复杂的现实简化了的这一模式，必定会遗漏许多有关因素，也必定会限制在许多假设条件之下，因此也受到了一些质疑。直到现在，关于资本资产定价模型有效性的争论还在继续，拥护和批驳的辩论相当激烈和生动。人们也一直在寻找更好的理论或方法，但尚未取得突破性进展。

尽管资本资产定价模型已经得到了广泛的认可，但在实际运用中，仍存在明显的局限，主要表现在：① 某些资产或企业的 β 值难以估计，特别是对一些缺乏历史数据的新兴行业；② 经济环境的不确定性和不断变化，使得依据历史数据估算出来的 β 值对未来的指导作用必然要打折扣；③ 资本资产定价模型是建立在一系列假设之上的，其中一些假设与实际情况有较大偏差，使得资本资产定价模型的有效性受到质疑。这些假设包括：

市场是均衡的，市场不存在摩擦，市场参与者都是理性的，不存在交易费用，税收不影响资产的选择和交易等。

由于以上局限，资本资产定价模型只能大体描绘出证券市场运动的基本情况，而不能确切地揭示证券市场的一切。因此，在运用这一模型时，应该更注重它所揭示的规律。

第三节　股票及其估价

股票是股份有限公司为筹措股权资本而发行的有价证券，是公司签发的证明股东持有公司股份的凭证。股票作为一种所有权凭证，代表对发行公司净资产的所有权。股票只能由股份有限公司发行。股票投资是公司进行证券投资的一个重要方面，随着我国股票市场的发展，股票投资已变得越来越重要。

一、股票的构成要素

为了更好地理解股票估值模型，我们有必要介绍股票的一些要素。

（1）股票价值。投资股票通常是为了在未来能够获得一定的现金流入。这种现金流入包括两部分：每期将要获得的股利和出售股票时得到的价格收入。有时为了将股票的价值与价格相区别，也把股票的价值称为"股票内在价值"。

（2）股票价格。股票价格是指其在市场上的交易价格，分为开盘价、收盘价、最高价和最低价等。股票的价格会受到各种因素的影响而出现波动。

（3）股利。股利是股份有限公司以现金的形式从公司净利润中分配给股东的投资报酬，又称"红利"或"股息"。公司发放股利必须通过股东大会投票表决来决定将利润分给股东还是将利润留在公司进行后续再投资。

二、股票的类别

股票有两种基本类型：普通股和优先股。普通股股东是公司的所有者，他们可以参与选举公司的董事，但是当公司破产时，普通股股东只能最后得到偿付。普通股股东可以从公司分得股利，但是发放股利并不是公司必须履行的义务。因此，普通股股东与公司债权人相比，要承担更大的风险，其报酬也具有更大的不确定性。

优先股则是公司发行的求偿权介于债券和普通股之间的一种混合证券。优先股相对于普通股的优先权是指清算时的优先求偿权，但是这种优先权的获得使优先股股东通常丧失了与普通股股东一样的投票权，从而限制了其参与公司事务的能力。优先股的现金股利是固定的，且先于普通股股利发放，每期支付的股利类似于债券支付利息。不同的是，如果公司未能按时发放股利，优先股股东不能请求公司破产。当然，公司为保持良好的财务声誉，总是会想方设法满足优先股的股利支付要求。

三、优先股的估值

优先股的支付义务很像债券，每期支付的股利与债券每期支付的利息类似，因此债券的估值方法也可用于优先股估值。如果优先股每年支付的股利为 D, n 年后被公司以每股价格 P 回购,股东要求的必要收益率为 R,则优先股的价值为:

$$V = D \times (P/A, i, n) + P \times (P/F, i, n) \tag{2-27}$$

式中,V 为优先股的价值;$(P/A, i, n)$ 为年金现值系数;$(P/F, i, n)$ 为复利现值系数。

【例 2-25】 B 公司的优先股每季度每股分红 2 元,5 年后,B 公司必须以每股 100 元的价格回购这些优先股,股东要求的必要收益率为 8%,则该优先股当前的市场价值是多少?

$$V = 2 \times (P/A, 8\%/4, 20) + 100 \times (P/F, 8\%/4, 20)$$
$$= 2 \times 16.3514 + 100 \times 0.6730 = 100.0028 \text{(元)}$$

多数优先股永远不会到期,除非企业破产,因此这样的优先股估值可进一步简化为永续年金的估值,即 $V = D/R$。

【例 2-26】 南方航空公司对外流通的优先股每季度支付股利每股 0.60 美元,每年必要收益率为 12%,则该公司优先股的价值是多少?

$$V = 0.60/(12\%/4) = 20 \text{(美元)}$$

四、普通股的估值

普通股的估值与债券的估值本质上都是未来现金流的折现,但是由于普通股的未来现金流是不确定的,依赖于公司的股利政策,因此普通股的估值与债券的估值存在差异。

普通股股票持有者的现金收入由两部分构成:一部分是在股票持有期间收到的现金股利,另一部分是出售股票时得到的变现收入。以 D_1, D_2, $\cdots$, D_n 表示各期股利收入,以 P_n 表示出售股票时得到的变现收入(变现时的股票价格),必要收益率用 R 表示,则股票当前的价值计算公式为:

$$V = \frac{D_1}{1+R} + \frac{D_2}{(1+R)^2} + \frac{D_3}{(1+R)^3} + \frac{P_3}{(1+R)^3} \tag{2-28}$$

【例 2-27】 一只股票预期未来 3 年每年每股可获现金股利 3 元,3 年后该只股票的预期售价为每股 20 元,必要收益率为 18%,则该股票目前的价值是多少?

$$V = \frac{D_1}{1+R} + \frac{D_2}{(1+R)^2} + \frac{D_3}{(1+R)^3} + \frac{P_3}{(1+R)^3}$$
$$= \frac{3}{1+18\%} + \frac{3}{(1+18\%)^2} + \frac{3}{(1+18\%)^3} + \frac{20}{(1+18\%)^3} \approx 18.7 \text{(元)}$$

如果投资者永久持有股票,股票的价值是未来股利的折现值,则该股票的价值为:

$$V = \frac{D_1}{1+R} + \frac{D_2}{(1+R)^2} + \frac{D_3}{(1+R)^3} + \cdots = \sum_{t=1}^{\infty} \frac{D_t}{(1+R)^t} \tag{2-29}$$

因此,要给一只股票估值,就需要预测未来无穷期的所有现金股利,这显然是不可能的,需要对未来的现金股利做一些假设,才能进行股票估值。

(1) 股利稳定不变。在每年股利稳定不变,投资者持有期间很长的情况下,股票的估值模型可简化为:

$$V = \frac{D}{(1+R)} + \frac{D}{(1+R)^2} + \frac{D}{(1+R)^3} + \cdots = \frac{D}{R} \qquad (2\text{-}30)$$

【例2-28】 某只股票采取固定股利政策,每年每股发放现金股利2元,必要收益率为10%,则该只股票的价值是多少?

$$V = D/R = 2/10\% = 20 \text{(元)}$$

(2) 股利固定增长。如果一只股票的现金股利在基期 D 的基础上以速度 g 不断增长,则:

$$V = \frac{D_0(1+g)}{(1+R)} + \frac{D_0(1+g)^2}{(1+R)^2} + \cdots + \frac{D_0(1+g)^n}{(1+R)^n} + \cdots \qquad (2\text{-}31)$$

$$= D_0 \sum_{t=1}^{\infty} \frac{(1+g)^t}{(1+R)^t} = \frac{D_0(1+g)}{R-g}$$

或:

$$V = \frac{D_1}{R-g} \qquad (2\text{-}32)$$

【例2-29】 时代公司准备投资购买东方信托投资股份有限公司的股票,该股票去年每股股利为2元,预计以后每年以4%的增长率增长。时代公司经分析后认为,必须得到10%的收益率,才能购买东方信托投资股份有限公司的股票。该种股票的价格为多少时时代公司才能购买?

$$V = \frac{2 \times (1+4\%)}{10\% - 4\%} \approx 34.67 \text{(元)}$$

即只有当东方信托投资股份有限公司的股票价格低于或等于34.67元/股时,时代公司才能购买。

五、股票投资的优缺点

(1) 股票投资的优点。股票投资是一种最具挑战性的投资,其报酬和风险都比较高。股票投资的优点主要有:① 能获得比较高的报酬。普通股的价格虽然变动频繁,但从长期来看,优质股票的价格总是上涨的居多,只要选择得当,一般都能获得优厚的投资报酬。② 能适当降低购买力风险。普通股的股利不固定,在通货膨胀率比较高时,由于物价普遍上涨,股份公司盈利增加,股利的支付也随之增加,因此,与固定报酬证券相比,普通股能有效地降低购买力风险。③ 拥有一定的经营控制权。普通股股东属于股份公司的所有者,有权监督和控制公司的生产经营情况,因此,欲控制一家公司,最好的途径就是收购这家公司的股票。

(2) 股票投资的缺点。股票投资的缺点主要是风险大,这是因为:① 普通股对公司资产和盈利的求偿权均居最后。公司破产时，股东原来的投资可能得不到全数补偿，甚至可能血本无归。② 普通股的价格受众多因素影响，很不稳定。政治因素、经济因素、投资者心理因素、企业的盈利情况、风险情况等，都会影响股票价格，这也使股票投资具有较高的风险。③ 普通股的收入不稳定。普通股股利的多少，视企业经营状况和财务状况而定，其有无、多寡均无法律上的保证，其收入的风险也远远大于固定收益证券。

第四节　债券及其估价

债券是由公司、金融机构或政府发行的，表明发行人对其承担还本付息义务的一种债务性证券，是公司对外进行债务筹资的主要方式之一。作为一种有价证券，其发行者和购买者之间的权利和义务是通过债券契约固定下来的。

一、债券的主要特征

尽管不同公司的债券往往在发行的时候订立了不同的债券契约，如有的债券到期可以转换成公司的普通股，有的债券在约定的条件下可能提前偿付等，但是典型的债券契约至少包括以下条款。

（1）票面价值。债券票面价值又称面值，是指债券发行人借入并且承诺于债券到期时偿付持有人的金额。例如，美国公司发行的大多数债券面值是 1 000 美元，而我国公司发行的企业债券面值大多为 100 元。

（2）票面利率。债券的票面利率是债券持有人定期获取的利息与债券面值的比率。例如，中国铝业公司 2009 年 5 月发行的 5 年期企业债券面值为 100 元，每年支付 3.8 元的利息，债券的票面利息是 3.8 元，债券的票面利率是 3.8%。3.8 元是 100 元借款的利息，该支付额在债券发行时就确定了，在债券的流通期限内固定不变。多数债券的票面利率在债券持有期间不会改变，也有一些债券在发行时不明确规定票面利率，而是规定利率水平根据某一标准（如银行存款利率）的变化同方向调整，这种债券的利率一般称为浮动利率。

还有一些债券根本不支付利息，但是会以大大低于面值的折价方式发行，因而会提供资本利得而不是利息收入，这类债券称为零息债券。零息债券在美国应用较多，如 IBM、洛克希德·马丁公司，甚至美国财政部都发行过零息债券。我国企业很少发行零息债券，2002 年 6 月，中国进出口银行发行了名为"02 进出 04"的金融债券，该债券期限为 2 年，面值为 100 元，当时发行价格为 96.24 元，这是我国第一只真正意义上的零息债券。

（3）到期日。债券一般都有固定的偿还期限，到期日即指期限终止之时。债券期限有的短至 3 个月，有的则长达 30 年。往往到期时间越长，其风险越大，债券的票面利率也越高。

二、债券的估值方法

任何金融资产的估值都是资产预期创造现金流的现值，债券也不例外。债券的现金流依赖于债券的主要特征。对于一只典型的公司债券而言，如中国铝业公司发行的企业债券，其现金流由 5 年的债券利息支付加上债券到期时需偿还的本金（100 元面值）组成。如果是浮动利率债券，利息支付随时间变化而变化。如果是零息债券，则没有利息支付，只在债券到期时按面额支付。

债券价值的计算公式为：

$$V_B = \frac{I}{(1+R_d)^1} + \frac{I}{(1+R_d)^2} + \cdots + \frac{I}{(1+R_d)^n} + \frac{M}{(1+R_d)^n}$$

$$= \sum_{t=1}^{n} \frac{I}{(1+R_d)^t} + \frac{M}{(1+R_d)^n} \quad (2\text{-}33)$$

$$= I \times (P/A, R_d, n) + M \times (P/F, R_d, n)$$

式中，I = 每年的利息额 = 票面利率 × 面值；R_d 为债券的市场利率，这既是计算债券现金流现值的折现率，也是投资者投资债券所要求的必要收益率；M 为面值，该数额是到期时必须支付的；n 为债券的到期期限。

债券发行以后，n 逐年减少。如果债券按年支付利息，n 以年为单位来衡量，则发行到期年限为 15 年的债券（初始到期时间 = 15），一年以后 n = 14，两年以后 n = 13，以此类推。

如果债券为半年付息债券，则 I 为年利息额的一半。如果公司发行的是零息债券，那么 I 为 0；如果是浮动利率债券，则 I 也是变动的。

【例 2-30】 A 公司拟购买另一家公司发行的公司债券，该债券面值为 100 元，期限为 5 年，票面利率为 10%，按年计息，当前市场利率为 8%。求该债券市场价格为多少时，A 公司才能购买？

$$V_B = 100 \times 10\% \times (P/A, 8\%, 5) + 100 \times (P/F, 8\%, 5) = 107.99 （元）$$

即只有在债券价格低于或等于 107.99 元时，A 公司才能购买。

三、债券投资的优缺点

1. 债券投资的优点

公司进行债券投资的优点主要表现在以下三个方面。

（1）本金安全性高。与股票相比，债券投资风险比较小。政府发行的债券有国家财力做后盾，其本金的安全性非常高，通常视为无风险证券。公司债券的持有者拥有优先求偿权，即当公司破产时，优先于股东分得公司资产，因此其本金损失的可能性较小。

（2）收入比较稳定。债券票面一般都标有固定利息率，债券的发行人有按时支付利息的法定义务，因此在正常情况下，投资于债券都能获得比较稳定的收入。

（3）许多债券都具有较好的流动性。政府及大公司发行的债券一般都可在金融市场上迅速出售，流动性很好。

2. 债券投资的缺点

公司进行债券投资的缺点主要表现在以下三个方面。

（1）购买力风险比较大。债券的面值和利息率在发行时就已确定，如果投资期间的通货膨胀率比较高，则本金和利息的购买力将不同程度地受到侵蚀，在通货膨胀率非常高时，投资者虽然名义上有收益，实际上却遭受了损失。

（2）没有经营管理权。投资于债券只是获得报酬的一种手段，无权对债券发行单位加以影响和控制。

（3）需要承受利率风险。市场利率随时间上下波动，市场利率的上升会导致流通在外的债券价格下降。市场利率上升导致的债券价格下降的风险称为利率风险。假如以 100 元的价格购买面值为 100 元的 A 公司债券，期限为 5 年，票面利率为 10%，第二年市场利率升至 15%，则债券的价格会下跌到 85.73 元，因此每张债券将损失 14.27 元，上升的市场利率导致了债券持有者的损失。因此，投资债券的个人或公司承受着市场利率变化的风险。

本章小结

本章学习的重点是理解货币时间价值的概念，掌握复利终值与复利现值、年金终值与现值的计算方法及实践运用；风险与收益的概念及度量方法也是本章的重点内容，在此基础上还需要理解和掌握资本资产定价模型，以及股票、债券的估价计算公式与运用。从总体上来说，本章学习有助于学生较为系统地掌握基本的财务管理工具，为后续的学习打好基础。

练习题

一、单项选择题

1. 将 100 元钱存入银行，利息率为 10%，计算 5 年后的终值应用（　　）来计算。

    A. 复利终值系数　　B. 复利现值系数　　C. 年金终值系数　　D. 年金现值系数

2. W 方案在 3 年中每年年初付款 100 元，T 方案在 3 年中每年年末付款 100 元，若利率为 10%，则 W、T 两方案在第 3 年年末时的终值之差为（　　）元。

    A. 33.1　　　　　B. 31.3　　　　　C. 133.1　　　　D. 13.31

3. 已知某证券的 β 系数等于 2，则该证券（　　）。

    A. 无风险

    B. 有非常低的风险

    C. 风险与金融市场所有证券的平均风险一致

    D. 风险是金融市场所有证券平均风险的 2 倍

4. 无风险收益率为 6%，市场上所有股票的平均收益率为 10%，某种股票的 β 系数为 1.5，则该股票的收益率为（　　）。

    A. 7.5%　　　　B. 12%　　　　　C. 14%　　　　　D. 16%

5. 下列项目中被称为普通年金的是（　　）。

    A. 先付年金　　B. 后付年金　　　C. 递延年金　　　D. 永续年金

二、计算题

1. 假设利民工厂有一笔 123 600 元的资金,准备存入银行,希望在 7 年后利用这笔款项的本利和购买一套生产设备,当时的银行存款利率为复利 10%,7 年后预计该设备的价格为 240 000 元。

要求:试判断 7 年后利民工厂能否用这笔款项的本利和购买生产设备。

2. 某合营企业于年初向银行借款 50 万元购买设备,第 1 年年末开始还款,每年还款一次,等额偿还,分 5 年还清,银行借款利率为 12%。

要求:计算每年应还款额。

3. 无风险收益率为 7%,市场上所有证券的平均收益率为 13%,现有 4 种证券,如表 2-3 所示。

表 2-3 4 种证券的 β 值

证券	β 值
A	1.5
B	1.0
C	0.6
D	2.0

要求:计算上述 4 种证券各自的必要收益率。

4. 某股票投资者拟购买甲公司的股票,该股票刚支付的每股股利为 2.4 元,现行国库券的利率为 12%,股票市场的平均风险收益率为 16%,该股票的 β 系数为 1.5。

要求:

(1) 假定股票股利保持不变,目前该股票的市价为 15 元/股,该投资者是否应购买?

(2) 假定该股票股利固定增长,增长率为 4%,则该股票的价值为多少?

第三章 Chapter3

预算管理

学习目标

1. 了解预算的作用分类。
2. 掌握预算编制的方法与程序。
3. 熟悉预算的编制。
4. 理解预算的执行和考核。

导入案例

巨人大厦的轰然倒下

1989年8月,在深圳大学软件科学管理系硕士毕业的史玉柱和三个伙伴,用借来的4 000元承包了天津大学深圳科技工贸发展公司电脑部,并用手头仅有的4 000元在《计算机世界》利用先打广告后付款的方式做了8 400元的广告,将其开发的M-6401桌面排版印刷系统推向市场。广告打出后13天,史玉柱的银行账户第一次收到三笔汇款共15 820元。巨人事业由此起步。到9月下旬,史玉柱将收到的款项全部再次投入广告。4个月后,M-6401的销售额一举突破百万大关,从而奠定了巨人集团创业的基石。1991年4月,珠海巨人新技术公司注册成立,公司共15人,注册资金200万元,史玉柱任总经理。1992年7月,巨人公司实行战略转移,将管理机构和开发基地由深圳迁往珠海。9月,巨人公司升为珠海巨人高科技集团公司,注册资金1.19亿元。史玉柱任总裁,公司员工发展到100人。

1992年,巨人集团决定盖一座38层的巨人大厦作为自己的办公大楼,当时盖一座38层的大厦大约需要2亿元,这对当时的巨人集团来说并非不能承受之重。但在1992年下半年,巨人大厦设计不断加码,从38层升到了54层。1994年年初,有人提议史玉柱要为珠海争光,建全国第一高楼,54层又变成了64层,后来在准备宣布把楼层定为64层时,史玉柱想64层也没有和国内一些高楼拉开太大距离,最终决定巨人大厦要盖到72层,盖楼周期由2年变成6年。"这样盖72层的大厦预算陡增到12亿元,而当时巨人集团的资金仅有2亿元。由于所盖楼层较高,地基非常重要,巨人大厦一共打了68根地基桩,而且地下20米之后都是岩层,施工需要耗费更多的资金。在此之中巨人大厦设计这还要建2万多平方米的地下室,大堂高17米,也都是很花钱的,当时巨人大厦仅仅建到地上三层时就投入了25亿元。到底盖巨人大厦需要多少资金,巨人集团没有事前做出有效的预算,最终,巨人集团因资金链条断裂,企业破产。

资料来源:百度文库(https://wenku.baidu.com/view/f704988865ce0508763213c0.html)。有删改。

第一节 预算管理概述

一、预算的特征与作用

(一)预算的特征

预算是企业在预测、决策的基础上,用数量和金额以表格的形式反映企业未来一定时期内经营、投资、筹资等活动的具体计划,是为实现企业目标而对各种资源和企业活动所做的详细安排。资本预算是一种可据以执行和控制经济活动的、最为具体的计划,是对目标的具体化,是企业战略导向预定目标的有力工具。

预算具有两个特征:第一,预算与企业的战略目标保持一致,因为预算是为实现企业目标而对各种资源和企业活动所做的详细安排;第二,预算是数量化的并具有可执行性,因为预算作为一种数量化的详细计划,它是对未来活动的细致、周密安排,是未来经营活动的依据。数量化和可执行性是预算最主要的特征。

(二)预算的作用

预算的作用主要表现在以下三个方面。

1. 预算通过引导和控制经济活动,使企业经营达到预期目标

通过预算指标,企业可以控制实际活动过程,随时发现问题,采取必要的措施,纠正不良偏差,避免经营活动漫无目的、随心所欲,通过有效的方式实现预期目标。因此,预算具有规划、控制、引导企业经济活动有序进行、以最经济有效的方式实现预期目标的功能。

2. 预算可以实现企业内部各个部门之间的协调

从系统论的观点来看,局部计划的最优化,对全局来说不一定是最合理的。为了使各个职能部门向着共同的战略目标前进,它们的经济活动必须密切配合,相互协调,统筹兼顾,全面安排,搞好综合平衡。各部门预算的综合平衡,能促使各部门管理人员清楚地了解本部门在全局中的地位和作用,尽可能地做好部门之间的协调工作。各级各部门因其职责不同,往往会出现相互冲突的现象。各部门之间只有协调一致,才能最大限度地实现企业整体目标。例如,企业的销售、生产、财务等各部门可以分别编制出对自己来说是最好的计划,但该计划在其他部门却不一定能行得通。销售部门根据市场预测提出了一个庞大的销售计划,生产部门可能没有那么大的生产能力;生产部门可能编制一个充分利用现有生产能力的计划,但销售部门可能无力将这些产品销售出去;销售部门和生产部门都认为应该扩大生产能力,财务部门却认为无法筹到必要的资金。全面预算经过综合平衡后可以提供解决各级各部门冲突的最佳办法,代表企业的最优方案,可以使各级各部门的工作在此基础上协调地进行。

3. 预算可以作为业绩考核的标准

预算作为企业财务活动的行为标准，使各项活动的实际执行有章可循。预算标准可以作为各部门责任考核的依据。经过分解落实的预算规划目标，能与部门、责任人的业绩考评结合起来，成为奖勤罚懒、评估优劣的准绳。

二、预算的分类

1. 根据内容不同，企业预算可以分为业务预算（经营预算）、专门决策预算和财务预算

业务预算是指与企业日常经营活动直接相关的经营业务的各种预算。它主要包括销售预算、生产预算、直接材料预算、直接人工预算、制造费用预算、产品成本预算、销售费用预算和管理费用预算等。

专门决策预算是指企业不经常发生的、一次性的重要决策预算。专门决策预算直接反映相关决策的结果，是实际中选方案的进一步规划。如资本支出预算，其编制依据可以追溯到决策之前收集到的有关资料，只不过预算比决策估算更细致、更精确一些。例如，企业对一切固定资产购置都必须在事先做好可行性分析的基础上来编制预算，具体反映投资额需要多少、何时进行投资、资金从何筹得、投资期限多长、何时可以投产、未来每年的现金流量是多少。

财务预算是指企业在计划期内反映有关预计现金收支、财务状况和经营成果的预算，主要包括现金预算和预计财务报表。财务预算作为全面预算体系的最后环节，它从价值方面总括地反映企业业务预算与专门决策预算的结果，故亦称为总预算，其他预算则相应称为辅助预算或分预算。显然，财务预算在全面预算中占有举足轻重的地位。

2. 按预算指标覆盖的时间长短，企业预算可分为长期预算和短期预算

通常将预算期在 1 年以内（含 1 年）的预算称为短期预算，预算期在 1 年以上的预算称为长期预算。预算的编制时间可以视预算的内容和实际需要而定，可以是 1 周、1 月、1 季、1 年或若干年等。在预算编制过程中，往往应结合各项预算的特点，将长期预算和短期预算结合使用。在一般情况下，企业的业务预算和财务预算多为 1 年期的短期预算，年内再按季或月细分，而且预算期间往往与会计期间保持一致。

三、预算体系

各种预算是一个有机联系的整体。一般将由业务预算、专门决策预算和财务预算组成的预算体系，称为全面预算体系（见图 3-1）。

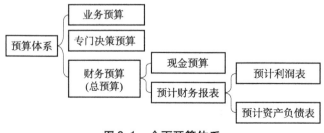

图 3-1　全面预算体系

四、预算工作的组织

预算工作的组织包括决策层、管理层、执行层和考核层,具体如下。

(1) 决策层。企业董事会或类似机构应当对企业预算的管理工作负总责。企业董事会或者经理办公会可以根据情况设立预算委员会或指定财务管理部门负责预算管理事宜,并对企业法定代表负责。

(2) 管理层。企业财务管理部门具体负责企业预算的跟踪管理,监督预算的执行情况,分析预算与实际执行的差异及原因,提出改进管理的意见与建议。

(3) 执行层。企业内部生产、投资、物资、人力资源、市场营销等职能部门具体负责本部门业务涉及的预算编制、执行、分析等工作,并配合预算委员会或财务管理部门做好企业总预算的综合平衡、协调、分析、控制与考核等工作。其主要负责人参与企业预算委员会的工作,并对本部门预算的执行结果承担责任。企业所属基层单位是企业预算的基本单位,在企业财务管理部门的指导下,负责本单位现金流量、经营成果和各项成本费用预算的编制、控制、分析工作,接受企业的检查、考核。其主要负责人对本单位财务预算的执行结果承担责任。

(4) 考核层。预算委员会或财务管理部门主要拟定预算的目标、政策,制定预算管理的具体措施和办法,审议、平衡预算方案,组织下达预算,协调解决预算编制和执行中的问题,组织审计、考核预算的执行情况,督促企业完成预算目标。

第二节 预算的编制方法与流程

一、预算的编制方法

企业全面预算的构成内容比较复杂,编制预算需要采用适当的方法。常见的预算方法主要包括增量预算法与零基预算法、固定预算法与弹性预算法、定期预算法与滚动预算法,这些方法广泛应用于营业活动有关预算的编制。

(一) 增量预算法与零基预算法

按其出发点的特征不同,编制预算的方法可分为增量预算法和零基预算法两大类。

1. 增量预算法

增量预算法是指以基期成本费用水平为基础,结合预算期业务量水平及有关降低成本的措施,通过调整有关费用项目而编制预算的方法。增量预算法以过去的费用发生水平为基础,主张不需在预算内容上做较大的调整,其编制遵循以下假定。

(1) 企业现有业务活动是合理的,不需要进行调整。
(2) 企业现有各项业务的开支水平是合理的,在预算期予以保持。
(3) 以现有业务活动和各项活动的开支水平,确定预算期各项活动的预算数。

增量预算法的缺陷是可能导致无效费用开支,项目无法得到有效控制,因为不加分析地保留或接受原有的成本费用项目,可能使原来不合理的费用继续开支而得不到控制，形成不必要开支合理化，造成预算上的浪费。

2. 零基预算法

零基预算法的全称为"以零为基础的编制计划和预算的方法"，它不考虑以往会计期间所发生的费用项目或费用数额，而是一切以零为出发点，根据实际需要逐项审议预算期内各项费用的内容及开支标准是否合理，在综合平衡的基础上编制费用预算。

零基预算法的程序如下。

（1）企业内部各级部门的员工，根据企业的生产经营目标，详细讨论计划期内应该发生的费用项目，并对每一费用项目编写一套方案，提出费用开支的目的及需要开支的费用数额。

（2）划分不可避免费用项目和可避免费用项目。在编制预算时，对不可避免费用项目必须保证资金供应；对可避免费用项目，则需要逐项进行成本与效益分析，尽量控制可避免项目纳入预算。

（3）划分不可避免费用项目和可延缓费用项目。在编制预算时，应把预算期内可供支配的资金在各费用项目之间进行分配，应优先安排不可延缓费用项目的支出，然后再根据需要按照费用项目的轻重缓急确定可延缓项目的开支。

零基预算的优点表现在：① 不受现有费用项目的限制；② 不受现行预算的束缚；③ 有利于调动各方面节约费用的积极性；④ 有利于促使各基层单位精打细算，合理使用资金。零基预算的缺点是编制工作量大。

（二）固定预算法与弹性预算法

编制预算的方法按其业务量基础的数量特征不同，可分为固定预算法和弹性预算法。

1. 固定预算法

固定预算法又称静态预算法，是指在编制预算时，只根据预算期内正常、可实现的某一固定的业务量（如生产量、销售量等）水平作为唯一基础来编制预算的方法。

固定预算法的缺点表现在两个方面。

（1）适应性差。因为编制预算的业务量基础是事先假定的某个业务量。在这种方法下，不论预算期内业务量水平实际可能发生哪些变动，都只按事先确定的某一个业务量水平作为编制预算的基础。

（2）可比性差。当实际的业务量与编制预算所依据的业务量发生较大差异时，有关预算指标的实际数与预算数就会因业务量基础不同而失去可比性。例如，某企业预计业务量为销售 100 000 件产品，按此业务量给销售部门的预算费用为 5 000 元。如果该销售部门实际销售量达到 120 000 件，超出预算业务量，则固定预算下的费用预算仍为 5 000 元。

2. 弹性预算法

弹性预算法又称动态预算法，是在成本性态分析的基础上，依据业务量、成本和利润之间的联动关系，按照预算期内可能的一系列业务量（如生产量、销售量、工时等）水平编制系列预算的方法。

从理论上来说，弹性预算法适用于编制全面预算中所有与业务量有关的预算，但实务中主要用于编制成本费用预算和利润预算，尤其是成本费用预算。

编制弹性预算，要选用一个最能代表生产经营活动水平的业务量计量单位。例如，以手工操作为主的车间，就应选用人工工时；制造单一产品或零件的部门，可以选用实物数量；修理部门可以选用直接修理工时等。

弹性预算法所采用的业务量范围，视企业或部门的业务量变化情况而定，务必使实际业务量不至于超出相关的业务量范围。一般来说，可定在正常生产能力的 70%～110%，或以历史上最高业务量和最低业务量为其上下限。弹性预算法编制预算的准确性，在很大程度上取决于成本性态分析的可靠性。

与按特定业务量水平编制的固定预算法相比，弹性预算法有两个显著特点：① 弹性预算是按一系列业务量水平编制的，从而扩大了预算的适用范围；② 弹性预算是按成本性态分类列示的，在预算执行中可以计算一定实际业务量的预算成本，以便于预算执行的评价和考核。

运用弹性预算法编制预算的基本步骤如下：

第一步：选择业务量的计量单位；

第二步：确定适用的业务量范围；

第三步：逐项研究并确定各项成本和业务量之间的数量关系；

第四步：计算各项预算成本，并用一定的方式来表达。

弹性预算法又分为公式法和列表法两种具体方法。

（1）公式法。公式法是运用总成本性态模型，测算预算期的成本费用数额，并编制成本费用预算的方法。根据成本性态，成本与业务量之间的数量关系可用公式表示为：

$$y = a + bx \qquad (3\text{-}1)$$

式中，y 为某项预算成本总额；a 为该项成本中的预算固定成本额；b 为该项成本中的预算单位变动成本额；x 为预计业务量。

【例 3-1】某企业制造费用中的修理费用与修理工时密切相关。经测算，预算期修理费用中的固定修理费用为 3 000 元，单位工时的变动修理费用为 2 元；预计预算期的修理工时为 3 500 小时。运用公式法，测算预算期的修理费用总额为 10 000（= 3 000 + 2 × 3 500）元。

因为任何成本都可用式（3-1）来近似地表示，所以只要在预算中列示 a（固定成本）和 b（单位变动成本），便可随时利用公式计算任一业务量（x）的预算成本（y）。

【例 3-2】A 企业经过分析得出某种产品的制造费用与人工工时密切相关，采用公式法编制的制造费用预算如表 3-1 所示。

表 3-1 制造费用预算（公式法）

业务量范围	420～660（人工工时）	
费用项目	固定费用（元/月）	变动费用（元/人工工时）
运输费用	—	0.20
电力费用	—	1.00
材料费用	—	0.10
修理费用	85	0.85
油料费用	108	0.20
折旧费用	300	—
人工费用	100	—
合　计	593	2.35
备　注	当业务量超过 600 工时后，修理费中的固定费用将由 85 元上升为 185 元	

本例中，针对制造费用而言，在业务量为 420～600 人工工时的情况下，$y = 593 + 2.35x$；在业务量为 600～660 人工工时的情况下，$y = 693 + 2.35x$。如果业务量为 500 人工工时，则制造费用预算为 1 768（593 + 2.35 × 500）元；如果业务量为 650 人工工时，则制造费用预算为 2 220.5（693 + 2.35 × 650）元。

公式法的优点是便于在一定范围内计算任何业务量的预算成本，可比性和适应性强，编制预算的工作量相对较小。缺点是按公式进行成本分解比较麻烦，对每个费用子项目甚至细目逐一进行成本分解，工作量很大。另外，对于阶梯成本和曲线成本只有先用数学方法修正为直线，才能应用公式法。必要时，还需在"备注"中说明适用不同业务量范围的固定费用和单位变动费用。

（2）列表法。列表法是在预计的业务量范围内将业务量分为若干个水平，然后按不同的业务量水平编制预算。

应用列表法编制预算，首先要在确定的业务量范围内，划分出若干个不同水平，然后分别计算各项预算值，汇总列入一个预算表格。

列表法的优点是不管实际业务量为多少，不必经过计算即可找到与业务量相近的预算成本；混合成本中的阶梯成本和曲线成本，可按总成本性态模型计算填列，不必用数学方法修正为近似的直线成本。但是，运用列表法编制预算，在评价和考核实际成本时，往往需要使用插值法来计算"实际业务量的预算成本"，比较麻烦。

【例 3-3】 A 企业采用列表法编制的 2019 年 6 月制造费用预算如表 3-2 所示。

表 3-2 分别列示了 5 种业务量水平的成本预算数据（根据企业情况，也可以按更多的业务量水平来列示）。这样，无论实际业务量达到何种水平，都有适用的一套成本数据来发挥控制作用。

表 3-2　制造费用预算（列表法）　　　　　（金额单位：元）

业务量（直接人工工时）	420	480	540	600	660
占正常生产能力百分比（%）	70	80	90	100	110
变动成本：					
运输费用（$b=0.2$）	84	96	108	120	132
电力费用（$b=1.0$）	420	480	540	600	660
材料费用（$b=0.1$）	42	48	54	60	66
合　计	546	624	702	780	858
混合成本					
修理费用	442	493	544	595	746
油料费用	192	204	216	228	240
合　计	634	697	760	823	986
固定成本					
折旧费用	300	300	300	300	300
人工费用	100	100	100	100	100
合　计	400	400	400	400	400
总　计	1 580	1 721	1 862	2 003	2 244

如果固定预算法是按 600 小时编制的，成本总额为 2 003 元。在实际业务量为 500 小时的情况下，不能用 2 003 元去评价实际成本的高低，也不能按业务量变动的比例调整后的预算成本 1 669（$=2\,003\times500/600$）元去考核实际成本，因为并不是所有的成本都一定与业务量成同比例关系。

如果采用弹性预算法，就可以根据各项成本与业务量的不同关系，采用不同方法确定"实际业务量的预算成本"，去评价和考核实际成本。实际业务量为 500 小时，运输费等各项变动成本可用实际工时数乘以单位业务量变动成本来计算，即变动总成本为 650（$=500\times0.2+500\times1+500\times0.1$）元。固定总成本不随业务量变动，仍为 400 元。混合成本可用插值法逐项计算：500 小时处在 480～540 小时，修理费应该在 493～544 元，设实际业务的预算修理费为 x 元，则：

$$(500-480)/(540-480)=(x-493)/(544-493)$$
$$x=510（元）$$

油料费用在 480 小时和 540 小时分别为 204 元和 216 元，用插值法计算 500 小时应为 208 元。可见：

$$500\text{ 小时预算成本}=(0.2+1+0.1)\times500+510+208+400=1\,768（元）$$

这样计算出来的预算成本比较符合成本的变动规律，可以用来评价和考核实际成本，比较确切并容易被考核人接受。

（三）定期预算法与滚动预算法

编制预算的方法按其预算期的时间特征不同，可分为定期预算法和滚动预算法。

1. 定期预算法

定期预算法是指在编制预算时，以不变的会计期间（如日历年度）作为预算期的一种编制预算的方法。这种方法的优点是能够使预算期间与会计期间相对应，便于将实际数与预算数进行对比，也有利于对预算执行情况进行分析和评价。但这种方法固定以 1 年为预算期，在执行一段时期之后，往往使管理人员只考虑剩下来的几个月的业务量，缺乏长远打算，导致一些短期行为的出现。

2. 滚动预算法

滚动预算法又称连续预算法或永续预算法，是指在编制预算时，将预算期与会计期间脱离开，随着预算的执行不断地补充预算，逐期向后滚动，使预算期始终保持为一个固定长度（一般为 12 个月）的一种预算方法。滚动预算的基本做法是使预算期始终保持 12 个月，每过 1 个月或 1 个季度，立即在期末增列 1 个月或 1 个季度的预算，逐期往后滚动，因而在任何一个时期都使预算保持为 12 个月的时间长度。这种预算能使企业各级管理人员对未来始终保持整整 12 个月时间的考虑和规划，从而保证企业的经营管理工作能够稳定而有序地进行。

采用滚动预算法编制预算，按照滚动的时间单位不同可分为逐月滚动、逐季滚动和混合滚动。

（1）逐月滚动。逐月滚动是指在预算编制过程中，以月份为预算的编制和滚动单位，每个月调整一次预算的方法。例如，在 2019 年 1 月至 12 月的预算执行过程中，需要在 1 月末根据当月预算的执行情况修订 2 月至 12 月的预算，同时补充下年 1 月的预算；到 2 月末可根据当月预算的执行情况，修订 3 月至 2020 年 1 月的预算，同时补充 2020 年 2 月的预算；以此类推。逐月滚动预算方式示意图如图 3-2 所示。

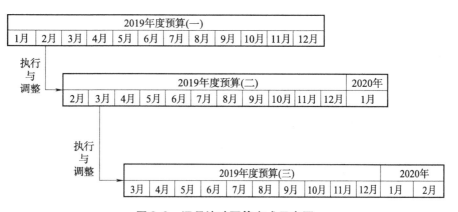

图 3-2 逐月滚动预算方式示意图

按照逐月滚动方式编制的预算比较精确，但工作量较大。

（2）逐季滚动。逐季滚动是指在预算编制过程中，以季度为预算的编制和滚动单位，每个季度调整一次预算的方法。逐季滚动编制的预算比逐月滚动的工作量小，但精确度较差。

【例3-4】 某公司甲车间采用滚动预算方法编制制造费用预算。已知2019年全年制造费用预算，具体如表3-3所示（其中间接材料费用忽略不计，间接人工费用预算工时分配率为4元/小时，水电与维修费用预算工时分配率为2.5元/小时）。

表3-3 2019年全年制造费用预算　　　　　　　　（金额单位：元）

项　目	第一季度	第二季度	第三季度	第四季度	合　计
直接人工预算总工时（小时）	52 000	51 000	51 000	46 000	200 000
变动制造费用					
间接人工费用	208 000	204 000	204 000	184 000	800 000
水电与维修费用	130 000	127 500	127 500	115 000	500 000
小　计	338 000	331 500	331 500	299 000	1 300 000
固定制造费用					
设备租金	180 000	180 000	180 000	180 000	720 000
管理人员工资	80 000	80 000	80 000	80 000	320 000
小　计	260 000	260 000	260 000	260 000	1 040 000
制造费用合计	598 000	591 500	591 500	559 000	2 340 000

2019年3月31日，公司在编制2019年第二季度至2020年第一季度滚动预算时，发现未来的4个季度中将出现以下情况。

（1）间接人工费用预算工时分配率将上涨10%，即上涨为4.4元/小时。

（2）原设备租赁合同到期，公司新签订的租赁合同中设备年租金将降20%，即降低为576 000元。

（3）2019年第二季度至2020年第一季度预计直接人工总工时分别为51 500小时、51 000小时、46 000小时和57 500小时。

由此编制的2019年第二季度至2020年第一季度制造费用预算如表3-4所示。

表3-4 2019年第二季度至2020年第一季度制造费用预算

（金额单位：元）

项　目	2019年度			2020年度	合　计
	第二季度	第三季度	第四季度	第一季度	
直接人工预算总工时（小时）	51 500	51 000	46 000	57 500	206 000
变动制造费用					
间接人工费用	226 600	224 400	202 400	253 000	906 400
水电与维修费用	128 750	127 500	115 000	143 750	515 000
小　计	355 350	351 900	317 400	396 750	1 421 400
固定制造费用					
设备租金	144 000	144 000	144 000	144 000	576 000
管理人员工资	80 000	80 000	80 000	80 000	320 000
小　计	224 000	224 000	224 000	224 000	896 000
制造费用合计	579 350	575 900	541 400	620 750	2 317 400

（3）混合滚动。混合滚动是指在预算编制过程中，同时以月份和季度作为预算的编制和滚动单位的方法。这种预算方法的理论依据是：人们对未来的了解程度具有对近期把握较大，对远期的预计把握较小的特征。混合滚动预算方式示意图如图3-3所示。

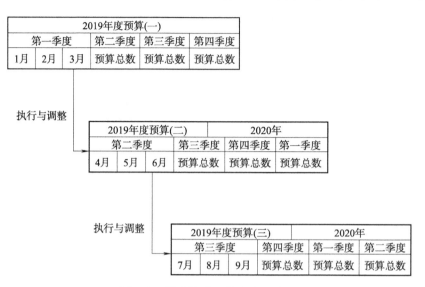

图3-3 混合滚动预算方式示意图

运用滚动预算法编制预算，使预算期间依时间顺序向后滚动，能够保持预算的持续性，有利于结合企业近期目标和长期目标，考虑未来业务活动。使预算随时间的推进不断加以调整和修订，能使预算与实际情况更加适应，有利于充分发挥预算的指导和控制作用。

二、预算的编制程序

企业编制预算，一般应按照"上下结合、分级编制、逐级汇总"的程序进行，具体包括下达目标、编制上报、审查平衡、审议批准和下达执行。

（一）下达目标

企业董事会或经理办公会根据企业发展战略和预算期经济形势的初步预测，在决策的基础上，提出下一年度企业预算目标，包括销售或营业目标、成本费用目标、利润目标和现金流量目标，并确定预算编制的政策，由预算委员会下达各预算执行单位。

（二）编制上报

各预算执行单位按照企业预算委员会下达的预算目标和政策，结合自身特点及预测的执行条件，提出详细的本单位预算方案，上报企业财务管理部门。

（三）审查平衡

企业财务管理部门对各预算执行单位上报的财务预算方案进行审查、汇总，提出综合平衡的建议。在审查、平衡过程中，预算委员会应当进行充分协调，对发现的问题提出初步调整意见，并反馈给有关预算执行单位予以修正。

（四）审议批准

企业财务管理部门在有关预算执行单位修正调整的基础上，编制出企业预算方案，报财务预算委员会讨论。对于不符合企业发展战略或者预算目标的事项，企业预算委员会应当责成有关预算执行单位进一步修订、调整。在讨论、调整的基础上，企业财务管理部门正式编制企业年度预算草案，提交董事会或经理办公会审议批准。

（五）下达执行

企业财务管理部门对董事会或经理办公会审议批准的年度总预算，一般在次年3月底以前，分解成一系列的指标体系，由预算委员会逐级下达各预算执行单位执行。

第三节　预算编制

一、业务预算的编制

（一）销售预算

销售预算是指在销售预测的基础上编制的，用于规划预算期销售活动的一种业务预算。销售预算是整个预算的编制起点，其他预算的编制都以销售预算作为基础。表3-5是M公司全年的销售预算（为方便计算，本章均不考虑增值税）。

表3-5　M公司全年的销售预算　　　　　　　　　　（金额单位：元）

项　目	第一季度	第二季度	第三季度	第四季度	全　年
预计销售量（件）	100	150	200	180	630
预计单位售价	200	200	200	200	200
销售收入	20 000	30 000	40 000	36 000	126 000
预计现金收入					
上年应收账款	6 200				6 200
第一季度销售收入回款	12 000	8 000	—	—	20 000
第二季度销售收入回款	—	18 000	12 000		30 000
第三季度销售收入回款	—		24 000	16 000	40 000
第四季度销售收入回款				21 600	21 600
现金收入合计	18 200	26 000	36 000	37 600	117 800

销售预算的主要内容是销量、单价和销售收入。销量是根据市场预测或销货合同并结合企业生产能力确定的，单价是通过价格决策确定的，销售收入是两者的乘积，在销售预算中计算得出。

销售预算通常要分品种、分月份、分销售区域、分推销员来编制。为了简化，本例只划分了季度销售数据。

销售预算中通常还包括预计现金收入的计算，其目的是为编制现金预算提供必要的资料。第一季度的现金收入包括两部分，即上年应收账款在本年第一季度收到的货款及本季度销售中可能收到的货款。本例中,假设在每季度销售收入中,本季度收到现金60%,另外的40%现金要到下季度才能收到。

(二) 生产预算

生产预算是为规划预算期生产规模而编制的一种业务预算,它是在销售预算的基础上编制的,并可以作为编制直接材料预算和产品成本预算的依据。其主要内容有销售量、期初和期末产成品存货、生产量。在生产预算中,只涉及实物量指标,不涉及价值量指标。表3-6是M公司全年的生产预算。

表3-6　M公司全年的生产预算　　　　　　　　　　　　(单位:件)

项　目	第一季度	第二季度	第三季度	第四季度	全　年
预计销售量	100	150	200	180	630
加:预计期末产成品存货	15	20	18	20	20
小计	115	170	218	200	650
减:预计期初产成品存货	10	15	20	18	10
预计生产量	105	155	198	182	640

通常,企业的生产和销售不宜做到"同步同量",需要设置一定的存货,以保证能在发生意外需求时按时供货,并可均衡生产,节省赶工的额外支出。期末产成品存货数量通常按下期销售量的一定百分比确定,本例按照10%安排期末产成品存货。年初产成品存货是编制预算时预计的,年末产成品存货根据长期销售趋势来确定。本例假设年初有产成品存货10件,年末留存20件。

生产预算的"预计销售量"来自销售预算,其他数据在表3-6中计算得出。

$$预计期末产成品存货 = 下季度销售量 \times 10\% \qquad (3-2)$$

$$预计期初产成品存货 = 上季度期末产成品存货 \qquad (3-3)$$

$$预计生产量 = 预计销售量 + 预计期末产成品存货 - 预计期初产成品存货 \qquad (3-4)$$

生产预算在实际编制时是比较复杂的,产量受到生产能力的限制,产成品存货数量受到仓库容量的限制,只能在此范围内来安排产成品存货数量和各期生产量。此外,有的季度可能销量很大,可以用赶工方法增产,为此要多付加班费。如果提前在淡季生产,会因增加产成品存货而多付资金利息。因此,要权衡两者得失,选择成本最低的方案。

(三) 直接材料预算

直接材料预算是为了规划预算期直接材料采购金额的一种业务预算。直接材料预算以生产预算为基础编制,同时要考虑原材料存货水平。

表3-7是M公司全年的直接材料预算。其主要内容有材料的单位产品用量、生产需用量、期初和期末存量等。"预计生产量"的数据来自生产预算,"单位产品材料用量"的数据来自标准成本资料或消耗定额资料,"生产需用量"是上述两项的乘积。年初和年末的材料存货量,是根据当前情况和长期销售预测估计的。各季度"期末材料存量"根据下季度生产需用量的一定百分比确定,本例按20%计算。各季度"期初材料存量"等于上季度的期末材料存量。预计各季度"采购量"根据下式计算确定:

$$预计采购量 = 生产需用量 + 期末存量 - 期初存量 \quad (3-5)$$

表 3-7　M 公司全年的直接材料预算

项　目	第一季度	第二季度	第三季度	第四季度	全　年
预计生产量（件）	105	155	198	182	640
单位产品材料用量（千克/件）	10	10	10	10	10
生产需用量（千克）	1 050	1 550	1 980	1 820	6 400
加：预计期末存量（千克）	310	396	364	400	400
减：预计期初存量（千克）	300	310	396	364	300
预计材料采购量（千克）	1 060	1 636	1 948	1 856	6 500
单价（元/千克）	5	5	5	5	5
预计采购金额（元）	5 300	8 180	9 740	9 280	32 500
预计现金支出					
上年应付账款（元）	2 350	—	—	—	2 350
第一季度采购支出	2 650	2 650	—	—	5 300
第二季度采购支出	—	4 090	4 090	—	8 180
第三季度采购支出	—	—	4 870	4 870	9 740
第四季度采购支出	—	—	—	4 640	4 640
合计	5 000	6 740	8 960	9 510	30 210

为了便于以后编制现金预算，通常要预计材料采购各季度的现金支出。每个季度的现金支出包括偿还上期应付账款和本期应支付的采购货款。本例假设材料采购的货款有 50% 在本季度内付清，另外 50% 在下季度付清。这个百分比一般是根据经验确定的。如果材料品种很多，则需要单独编制材料存货预算。

（四）直接人工预算

直接人工预算是一种既反映预算期内人工工时消耗水平，又规划人工成本开支的业务预算。直接人工预算也是以生产预算为基础编制的。其主要内容有预计产量、单位产品工时、人工总工时、每小时人工成本和人工总成本。"预计产量"数据来自生产预算，单位产品人工工时和每小时人工成本数据来自标准成本资料，人工总工时和人工总成本是在直接人工预算中计算出来的。由于人工工资都需要使用现金支付，因此不需要另外预计现金支出，可直接参加现金预算的汇总。M 公司全年的直接人工预算如表 3-8 所示。

表 3-8　M 公司全年的直接人工预算

项　目	第一季度	第二季度	第三季度	第四季度	全　年
预计产量（件）	105	155	198	182	640
单位产品工时（小时/件）	10	10	10	10	10
人工总工时（小时）	1 050	1 550	1 980	1 820	6 400
每小时人工成本（元/小时）	2	2	2	2	2
人工总成本（元）	2 100	3 100	3 960	3 640	12 800

（五）制造费用预算

制造费用预算通常分为变动制造费用预算和固定制造费用预算两部分。变动制造费用预算以生产预算为基础来编制。如果有完善的标准成本资料，用单位产品的标准成本与产量相乘，即可得到相应的预算金额。如果没有标准成本资料，就需要逐项预计计划产量需要的各项制造费用。固定制造费用，需要逐项进行预计，通常与本期产量无关，按每季度实际需要的支付额预计，然后求出全年数。表3-9是M公司全年的制造费用预算。

表3-9　M公司全年的制造费用预算　　　　　　（单位：元）

项　目	第一季度	第二季度	第三季度	第四季度	全　年
变动制造费用：					
间接人工（1元/件）	105	155	198	182	640
间接材料（1元/件）	105	155	198	182	640
修理费（2元/件）	210	310	396	364	1 280
水电费（1元/件）	105	155	198	182	640
小计	525	775	990	910	3 200
固定制造费用：					
修理费	1 000	1 140	900	900	3 940
折旧	1 000	1 000	1 000	1 000	4 000
管理人员工资	200	200	200	200	800
保险费	75	85	110	190	460
财产税	100	100	100	100	400
小计	2 375	2 525	2 310	2 390	9 600
合计	2 900	3 300	3 300	3 300	12 800
减：折旧	1 000	1 000	1 000	1 000	4 000
现金支出的费用	1 900	2 300	2 300	2 300	8 800

为了便于以后编制产品成本预算，需要计算小时费用率。

变动制造费用小时费用率 = 3 200/6 400 = 0.5（元/小时）

固定制造费用小时费用率 = 9 600/6 400 = 1.5（元/小时）

为了便于以后编制现金预算，需要预计现金支出。在制造费用中，除折旧费外都需支付现金，根据每个季度制造费用数额扣除折旧费后，即可得出"现金支出的费用"。

（六）产品成本预算

产品成本预算，是销售预算、生产预算、直接材料预算、直接人工预算、制造费用预算的汇总。其主要内容是产品的单位成本和总成本。单位产品成本的有关数据，来自前述三个预算。生产量、期末存货量来自生产预算，销售量来自销售预算。生产成本、存货成本和销货成本等数据，根据单位成本和有关数据计算得出。表3-10是M公司全年的产品成本预算。

表3-10　M公司全年的产品成本预算

项　目	单位成本			生产成本 (640件)	期末存货 (20件)	销货成本 (630件)
	元/千克或元/小时	投入量	成本（元）			
直接材料	5	10千克	50	32 000	1 000	31 500
直接人工	2	10小时	20	12 800	400	12 600
变动制造费用	0.5	10小时	5	3 200	100	3 150
固定制造费用	1.5	10小时	15	9 600	300	9 450
合计			90	57 600	1 800	56 700

（七）销售及管理费用预算

销售费用预算，是指为了实现销售预算所需支付的费用预算。它以销售预算为基础，分析销售收入、销售利润和销售费用的关系，力求实现销售费用的最有效使用。在安排销售费用时，要利用本量利分析方法，费用的支出应能获取更多的收益。在草拟销售费用预算时，要对过去的销售费用进行分析，考察过去销售费用支出的必要性和效果。销售费用预算应和销售预算相配合，应有按品种、按地区、按用途的具体预算数额。

管理费用是搞好一般管理业务所必需的费用。随着企业规模的扩大，一般管理职能日益重要，其费用也相应增加。在编制管理费用预算时，要分析企业的业务成绩和一般经济状况，务必做到费用合理化。管理费用多属于固定成本，所以，一般以过去的实际开支为基础，按预算期的可预见变化来调整。重要的是，必须充分考察每种费用是否必要，以便提高费用效率。表3-11是M公司全年的销售及管理费用预算。

表3-11　M公司全年的销售及管理费用预算　　　　　　　　（单位：元）

项　目	金　额
销售费用：	
销售人员工资	2 000
广告费	5 500
包装、运输费	3 000
保管费	2 700
折旧	1 000
管理费用：	
管理人员薪金	4 000
福利费	800
保险费	600
办公费	1 400
折旧	1 500
合计	22 500
减：折旧	2 500
每季度支付现金（20 000/4）	5 000

二、专门决策预算的编制

专门决策预算主要是长期投资预算（又称资本支出预算），通常是指与项目投资决策相关的专门预算,它往往涉及长期建设项目的资金投放与筹集,并经常跨越多个年度。编制专门决策预算的依据,是项目财务可行性分析资料及企业筹资决策资料。

专门决策预算的要点是准确反映项目资金投资支出与筹资计划,它同时也是编制现金预算和预计资产负债表的依据。表 3-12 是 M 公司全年的专门决策预算。

表 3-12　M 公司全年的专门决策预算　　　　　　　　　　（单位:元）

项　　目	第一季度	第二季度	第三季度	第四季度	全　年
投资支出预算	50 000	—	—	80 000	130 000
借入长期借款	30 000	—	—	60 000	90 000

三、财务预算的编制

（一）预计现金流量表

预计现金流量表是以业务预算和专门决策预算为依据编制的,专门反映预算期内预计现金收入与现金支出,以及为满足理想现金余额而进行筹资或归还借款等的预算。现金预算由可供使用现金、现金支出、现金余缺、现金筹措与运用 4 部分构成。M 公司全年的预计现金流量表如表 3-13 所示。

表 3-13　M 公司全年的预计现金流量表　　　　　　　　　　（单位:元）

项　　目	第一季度	第二季度	第三季度	第四季度	全　年
期初现金余额	8 000	3 200	3 060	3 040	8 000
加:现金收入（表 3-5）	18 200	26 000	36 000	37 600	117 800
可供使用现金	26 200	29 200	39 060	40 640	125 800
减:现金支出					
直接材料（表 3-7）	5 000	6 740	8 960	9 510	30 210
直接人工（表 3-8）	2 100	3 100	3 960	3 640	12 800
制造费用（表 3-9）	1 900	2 300	2 300	2 300	8 800
销售及管理费用（表 3-11）	5 000	5 000	5 000	5 000	20 000
所得税费用	4 000	4 000	4 000	4 000	16 000
购买设备（表 3-12）	50 000	—	—	80 000	130 000
股利	—	—	—	8 000	8 000
现金支出合计	68 000	21 140	24 220	112 450	225 810
现金余缺	(41 800)	8 060	14 840	(71 810)	(100 010)
现金筹措与运用					
借入长期借款（表 3-12）	30 000	—	—	60 000	90 000
取得短期借款	20 000	—	—	22 000	42 000
归还短期借款	—	—	6 800	—	6 800
短期借款利息（年利率10%）	500	500	500	880	2 380
长期借款利息（年利率12%）	4 500	4 500	4 500	6 300	19 800
期末现金余额	3 200	3 060	3 040	3 010	3 010

表中：
$$\text{可供使用现金} = \text{期初现金余额} + \text{现金收入} \tag{3-6}$$
$$\text{可供使用现金} - \text{现金支出} = \text{现金余缺} \tag{3-7}$$
$$\text{现金余缺} + \text{现金筹措} - \text{现金运用} = \text{期末现金余额} \tag{3-8}$$

其中：

"期初现金余额"是在编制预算时预计的，下一季度的期初现金余额等于上一季度的期末现金余额，全年的期初现金余额指的是年初的现金余额，所以等于第一季度的期初现金余额。

"现金收入"的主要来源是销货取得的现金收入，销货取得的现金收入数据来自销售预算。

"现金支出"部分包括预算期的各项现金支出。"直接材料""直接人工""制造费用""销售及管理费用""购买设备"的数据分别来自前述有关预算。此外，还包括所得税费用、股利分配等现金支出，有关的数据分别来自另行编制的专门预算（本教材略）。

财务管理部门应根据现金余缺与理想期末现金余额的比较，并结合固定的利息支出数额及其他的因素，来确定预算期现金运用或筹措的数额。本例中理想的现金余额是 3 000 元，如果资金不足，可以取得短期借款，银行的要求是，借款额必须是 1 000 元的整数倍。本例中借款利息按季支付，做现金预算时假设新增借款发生在季度的期初，归还借款发生在季度的期末（如果需要归还借款，先归还短期借款，归还的数额为 100 元的整数倍）。本例中，M 公司上年年末的长期借款余额为 120 000 元（见表 3-15），第一季度、第二季度、第三季度的长期借款利息均为 4 500（=(120 000 + 30 000) × 12%/4）元，第四季度的长期借款利息为 6 300（=(120 000 + 30 000 + 60 000) × 12%/4）元。

由于第一季度的长期借款利息支出为 4 500 元，理想的现金余额是 3 000 元，因此现金余缺 + 借入长期借款 30 000 元的结果只要小于 7 500 元，就必须取得短期借款。而第一季度的现金余缺是 -41 800 元，需要取得短期借款。本例中 M 公司上年年末不存在短期借款，假设第一季度需要取得的短期借款为 W 元，则根据理想的期末现金余额要求可知：$-41\,800 + 30\,000 + W - W \times 10\%/4 - 4\,500 = 3\,000$（元），解得 $W = 19\,794.88$（元）。由于按照要求必须是 1 000 元的整数倍，因此第一季度需要取得 20 000 元的短期借款，支付 500（20 000 × 10%/4）元短期借款利息，期末现金余额为 9 200（= -41 800 + 30 000 + 26 000 - 500 - 4 500）元。

第二季度的现金余缺是 8 060 元，如果既不增加短期借款也不归还短期借款，则需要支付 500 元的短期借款利息和 4 500 元的长期借款利息，期末现金余额为 3 060（= 8 060 - 500 - 4 500）元，刚好符合要求。如果归还借款，由于必须是 100 元的整数倍，必然导致期末现金余额小于 3 000 元，因此不能归还借款。期末现金余额为 3 060 元。

第三季度的现金余缺是 14 840 元，固定的利息支出为 5 000（= 500 + 4 500）元，所以，按照理想的现金余额是 3 000 元的要求，最多可以归还 6 840（= 14 840 - 5 000 - 3 000）元短期借款。由于必须是 100 元的整数倍，因此可以归还短期借款 6 800 元，期末现金余额为 3 040（= 14 840 - 5 000 - 6 800）元。

第四季度的现金余缺是 -71 810 元，固定的利息支出为 6 630（=(20 000 - 6 800) ×

10%/4＋6 300）元，第四季度的现金余缺加上借入的长期借款为－11 810（＝－71 810＋60 000）元，小于9 630元（固定的利息支出6 630元＋理想的现金余额3 000元），所以需要取得短期借款。假设需要取得的短期借款为W元，则根据理想的期末现金余额要求可知：－11 810＋W－W×10%/4－6 630＝3 000（元），解得W＝21 989.74（元），由于必须是1 000元的整数倍，因此第四季度应该取得短期借款22 000元，支付短期借款利息880（＝（20 000－6 800＋22 000）×10%/4）元，期末现金余额3 010（＝－71 810＋60 000＋22 000－880－6 300）元。

全年的期末现金余额指的是年末的现金余额，即第四季度末的现金余额，所以应该是3 010元。

（二）预计利润表的编制

预计利润表用来综合反映企业在计划期的预计经营成果，是企业最主要的财务预算表之一。通过编制利润表预算，可以了解企业预期的盈利水平。如果预算利润与最初编制方针中的目标利润有较大的不一致，就需要调整部门预算，设法达到目标，或者经企业领导同意后修改目标利润。编制预计利润表的依据是各业务预算、专门决策预算和现金预算。表3-14是M公司全年的预计利润表，它是根据上述各有关预算编制的。

表3-14　M公司全年的预计利润表　　　　　　（单位：元）

项　目	金　额
销售收入（表3-5）	126 000
销售成本（表3-10）	56 700
毛利	69 300
销售及管理费用（表3-11）	22 500
利息（表3-13）	22 180
利润总额	24 620
所得税费用（估计）	16 000
净利润	8 620

其中，"销售收入"项目的数据来自销售收入预算；"销售成本"项目的数据来自产品成本预算；"毛利"项目的数据是前两项的差额；"销售及管理费用"项目的数据来自销售费用及管理费用预算；"利息"项目的数据来自现金预算。

另外，"所得税费用"项目是在利润规划时估计的，并已列入现金预算。它通常不是根据"利润总额"和所得税税率计算出来的，因为有诸多纳税调整的事项存在。此外，从预算编制程序上看，如果根据"利润总额"和税率重新计算所得税，就需要修改"现金预算"，引起信贷计划修订，进而改变"利息"，最终又要修改"利润总额"，从而陷入数据的循环修改。

（三）预计资产负债表的编制

预计资产负债表用来反映企业在计划期末预计的财务状况。编制预计资产负债表的目的，在于判断预算反映的财务状况的稳定性和流动性。如果通过预计资产负债表的分析，发现某些财务比率不佳，必要时可修改有关预算，以改善财务状况。预计资产负债表的编制需以计划期开始日的资产负债表为基础，结合计划期间各项业务预算、专门决策预算、现金预算和预计利润表进行编制。它是编制全面预算的终点。表 3-15 是 M 公司全年的预计资产负债表。

表 3-15　M 公司全年的预计资产负债表　　　　　　　　（单位：元）

资　产	年初余额	年末余额	负债和股东权益	年初余额	年末余额
流动资产：			流动负债：		
货币资金（表 3-13）	8 000	3 010	短期借款	0	35 200
应收账款（表 3-5）	6 200	14 400	应付账款（表 3-7）	2 350	4 640
存货（表 3-7、表 3-10）	2 400	3 800	流动负债合计	2 350	39 840
流动资产合计	16 600	21 210	非流动负债：		
非流动资产：			长期借款	120 000	210 000
固定资产	43 750	37 250	非流动负债合计	120 000	210 000
在建工程	100 000	230 000	负债合计	122 350	249 840
非流动资产合计	143 750	267 250	股东权益		
			股本	20 000	20 000
			资本公积	5 000	5 000
			盈余公积	10 000	10 000
			未分配利润	3 000	3 620
			股东权益合计	38 000	38 620
资产总计	160 350	288 460	负债和股东权益合计	160 350	288 460

"货币资金"的数据来源于表 3-13 中的"现金"的年初余额和年末余额。

"应收账款"的年初余额 6 200 元来自表 3-5 的"上年应收账款"，年末余额为 14 400（=36 000 - 21 600）元或（=36 000×(1 - 60%)）元。

"存货"包括直接材料和产成品，直接材料年初余额为 1 500（=300×5）元，年末余额为 2 000（=400×5）元；产成品成本年初余额为 900[=(20 + 630 - 640)×90]元，年末余额为 1 800（=20×90）元。存货年初余额为 2 400（=1 500 + 900）元，年末余额为 3 800（=2 000 + 1 800）元。

"固定资产"的年末余额为 37 250（=43 750 - 6 500）元，其中的 6 500（=4 000 + 1 000 + 1 500）元，指的是本年计提的折旧，数字来源于表 3-9 和表 3-11。

"在建工程"的年末余额为 230 000（=100 000 + 130 000）元，本年的增加额 130 000 元来源于表 3-12（项目本年未完工）。

"固定资产""在建工程"的年初余额来源于 M 公司上年年末的资产负债表（略）。

"短期借款"本年的增加额为 35 200（=20 000 - 6 800 + 22 000）元，来源于表 3-13。

"应付账款"的年初余额 2 350 元来源于表 3-7 的"上年应付账款"，年末余额为 4 640（=9 280 - 4 640）元或（=9 280×(1 - 50%)）元。

"长期借款"本年的增加额 90 000 元来源于表 3-12 中"短期借款""长期借款"的

年初余额,来源于 M 公司上年末的资产负债表。

"未分配利润"本年的增加额为 620 元(= 本年的净利润 8 620 元(见表 3-14)- 本年的股利 8 000 元)(见表 3-13);股东权益各项目的期初余额均来源于 M 公司上年末的资产负债表。各项预算中都没有涉及股本和资本公积的变动,股本和资本公积的余额不变。M 公司没有计提任意盈余公积,由于"法定盈余公积"达到股本的 50% 时可以不再提取,因此 M 公司本年没有提取法定盈余公积,即"盈余公积"的余额不变。

第四节 预算的执行与考核

一、预算的执行

企业预算一经批复下达,各预算执行单位就必须认真组织实施,将预算指标层层分解,从横向到纵向落实到内部各部门、各单位、各环节和各岗位,形成全方位的预算执行责任体系。

企业应当将预算作为预算期内组织、协调各项经营活动的基本依据,将年度预算细分为月份和季度预算,以分期预算控制确保年度预算目标的实现。

企业应当强化现金流量的预算管理,按时组织预算资金的收入,严格控制预算资金的支付,调节资金收付平衡,控制支付风险。

对于预算内的资金拨付,按照授权审批程序执行;对于预算外的项目支出,应当按预算管理制度规范支付程序;对于无合同、无凭证、无手续的项目支出,不予支付。

企业应当严格执行销售、生产和成本费用预算,努力完成利润指标。在日常控制中,企业应当健全凭证记录,完善各项管理规章制度,严格执行生产经营月度计划和成本费用的定额、定率标准,加强适时监控。对预算执行中出现的异常情况,企业有关部门应及时查明原因,提出解决办法。

企业应当建立预算报告制度,要求各预算执行单位定期报告预算的执行情况。对于预算执行中发现的新情况、新问题及出现偏差较大的重大项目,企业财务管理部门以至预算委员会应当责成有关预算执行单位查找原因,提出改进经营管理的措施和建议。

企业财务管理部门应当利用财务报表监控预算的执行情况,及时向预算执行单位、企业预算委员会以及董事会或经理办公会提供财务预算的执行进度、执行差异及对企业预算目标的影响等财务信息,促进企业完成预算目标。

二、预算的调整

企业正式下达执行的预算,一般不予调整。预算执行单位在执行中市场环境、经营条件、政策法规等发生重大变化,致使预算的编制基础不成立,或者将导致预算执行结果产生重大偏差的,可以调整预算。

企业应当建立内部弹性预算机制,对于不影响预算目标的业务预算、资本预算、筹资预算之间的调整,企业可以按照内部授权批准制度执行,鼓励预算执行单位及时采取有效的经营管理对策,保证预算目标的实现。

企业调整预算,应当由预算执行单位逐级向企业预算委员会提出书面报告,阐述预算执行的具体情况、客观因素变化情况及其对预算执行造成的影响程度,提出预算指标的调整幅度。

企业财务管理部门应当对预算执行单位的预算调整报告进行审核分析,集中编制企业年度预算调整方案,提交预算委员会以至企业董事会或经理办公会审议批准,然后下达执行。

对于预算执行单位提出的预算调整事项,企业在进行决策时,一般应当遵循以下要求:

(1) 预算调整事项不能偏离企业发展战略。
(2) 预算调整方案应当在经济上能够实现最优化。
(3) 预算调整重点应当放在预算执行中出现的重要的、非正常的、不符合常规的关键性差异方面。

三、预算的分析与考核

企业应当建立预算分析制度,由预算委员会定期召开预算执行分析会议,全面掌握预算的执行情况,研究、解决预算执行中存在的问题,纠正预算的执行偏差。

开展预算执行分析,企业管理部门及各预算执行单位应当充分收集有关财务、业务、市场、技术、政策、法律等方面的信息资料,根据不同情况分别采用比率分析、比较分析、因素分析、平衡分析等方法,从定量与定性两个层面充分反映预算执行单位的现状、发展趋势及其存在的潜力。

针对预算的执行偏差,企业财务管理部门及各预算执行单位应当充分、客观地分析产生的原因,提出相应的解决措施或建议,提交董事会或经理办公会研究决定。

企业预算委员会应当定期组织预算审计,纠正预算执行中存在的问题,充分发挥内部审计的监督作用,维护预算管理的严肃性。

预算审计可以采用全面审计或者抽样审计的方式。在特殊情况下,企业也可组织不定期的专项审计。审计工作结束后,企业内部审计机构应当形成审计报告,直接提交预算委员会以至董事会或经理办公会,作为预算调整、改进内部经营管理和财务考核的一项重要参考。

预算年度终了,预算委员会应当向董事会或者经理办公会报告预算执行情况,并依据预算完成情况和预算审计情况对预算执行单位进行考核。

企业内部预算执行单位上报的预算执行报告,应经本部门、本单位负责人按照内部议事规范审议通过,作为企业进行财务考核的基本依据。企业预算按调整后的预算执行,预算完成情况以企业年度财务会计报告为准。

企业预算执行考核是企业绩效评价的主要内容,应当结合年度内部经济责任制进行考核,与预算执行单位负责人的奖惩挂钩,并作为企业内部人力资源管理的参考。

本章小结

本章学习的重点是在掌握预算的特征、分类、体系、概念与组织的基础上，掌握不同预算的方法及使用范围。预算的编制是从销售预算环节开始，以市场为导向，进而编制生产预算、直接材料预算、直接人工预算、制造费用预算、产品成本预算、销售管理费用预算，最终为编制现金流的财务预算提供数据信息，同时也为编制预计利润表和预计资产负债表提供有效的支撑，为下一步展开科学的决策提供参考依据。在此过程中预算的执行与考核也非常重要，其确保了预算的执行实现预期的经济后果。

练习题

一、单项选择题

1. 生产预算的主要内容有生产量、期初和期末产品存货及（　　）。
   A. 资金量　　　　B. 工时量　　　　C. 购货量　　　　D. 销货量
2. 直接人工预算额 =（　　）× 单位产品直接人工时 × 小时工资率。
   A. 预计生产量　　B. 预计工时量　　C. 预计材料消耗量　　D. 预计销售量
3. （　　）是其他预算的起点。
   A. 生产预算　　　B. 销售预算　　　C. 现金预算　　　　D. 财务预算
4. 预计期初存货为 50 件，期末存货为 40 件，本期销售 250 件，则本期生产量为（　　）件。
   A. 250　　　　　B. 240　　　　　C. 260　　　　　D. 230

二、多项选择题

1. 现金预算是各有关现金收支的预算的汇总，通常包括（　　）4 个部分。
   A. 现金收入　　　　B. 现金支出　　　　C. 现金多余或现金不足
   D. 资金的筹集与应用　　E. 资金的分配
2. 常用的预算编制方法包括（　　）。
   A. 固定预算　　　　B. 零基预算　　　　C. 全面预算
   D. 滚动预算　　　　E. 弹性预算
3. 全面预算中营业预算包括（　　）。
   A. 现金预算　　　　B. 销售预算　　　　C. 生产预算
   D. 成本预算　　　　E. 资本支出预算
4. 财务预算中的预计财务报表包括（　　）。
   A. 预计收入表　　　B. 预计成本表　　　C. 预计资产负债表
   D. 预计利润表　　　E. 预计现金流量表

三、计算题

1. 宏达公司经营一种商品，2019 年第一季度实际销售额、4 月和 5 月两个月的预计销售额分别为 1 月 111 000 元、2 月 93 000 元、3 月 107 000 元、4 月 100 000 元、5 月 110 000 元。另外：

（1）公司商品平均按成本加80%标价，销售价款当月收回60%，下月收回20%，剩余20%在下下月收回。

（2）采购商品时当月付款70%，余款在下月支付，商品需在销售的前一个月购进。

（3）2019年3月末现金余额为4 000元，预计4月底要保留库存现金7 500元，预计4月份需支付的款项还有工资14 000元、其他费用12 000元、应付票据20 000元。

要求：编制2019年4月的现金预算，并说明4月底是否增筹资金。

2. 宏达公司2019年11月现金收支的预计资料如下。

（1）11月1日的现金余额为10万元，已收到未入账支票4万元。

（2）产品售价为10元/件，9月销售2万件，10月销售3万件，11月预计销售4万件，12月预计销售5万件。根据经验，商品售出后当月可收回货款的60%，次月收回30%，再次月收回8%，另外2%为坏账。

（3）进货货款当月支付50%，下月支付30%，下下月支付20%，每月进货额为下月销售额的70%。

（4）11月的经营和管理费用预算为5.5万元，其中折旧为1.5万元，其余费用须当月用现金支付。

（5）11月预缴所得税2万元。

（6）年初长期负债为100万元，月利率为0.5%，按月支付利息，到10月底时，还有80万元本金未归还，计划2007年1月归还。

（7）10月因资金不足，借入短期借款20万元，年利率为3%。

（8）现金多余时归还短期借款，还款额为1万元的倍数，期初借入期末归还，利息在还款时支付。

（9）期末现金余额不少于5万元。

要求：编制11月预计现金流量表。

第四章 Chapter4

筹资管理

学习目标

1. 了解筹资管理的概念、内容、方式以及原则。
2. 掌握有价证券的类型及特征。
3. 熟悉资金需求量的预测方法。
4. 掌握不同类型资本成本的计算。
5. 学会选择和优化资本结构。
6. 掌握财务杠杆与经营杠杆的计算方法。
7. 学会运用杠杆原理分析企业风险。

导入案例

金立手机的陨落

金立公司成立于2002年，目前法定代表人为刘立荣。2012年，"GIONEE金立手机"被评为"全国市场放心消费品牌"和"2011年度中国手机行业十大品牌"。2016年，据Counterpoint的数据，金立全年出货量4 000万部，居国产手机第三位，金立还在当年的MWC上发布全新品牌形象。之后的2017年，金立手机出货量迅速下降，据媒体报道，根据一份供应商整理的数据，截至2017年12月31日，金立总资产和总负债约人民币201.2亿元和281.7亿元，净负债80.5亿元，出现资不抵债的情况。到2018年8月，据第一手机界研究院统计，金立的市场份额仅为0.6%。2018年12月10日，深圳中院公告称，接受广东华兴银行股份有限公司深圳分行对金立的破产清算申请，当月19日，指定深圳市正源清算事务有限公司和深圳市中天正清算事务有限公司为金立管理人。截至2019年3月21日，共通知了558家债权人申报债权，共372家进行了申报。申报人民币总额195.29亿元，2.34亿美元，339.6万港元。经管理人审查，截至2018年12月31日，金立的账面资产总额约为85.38亿元，清查后的资产总额约为38.39亿元，债权总额约为173.6亿元。

早在2018年年初，刘立荣承认公司存在资金链问题，但仍持比较乐观的态度，并给出了偿还债务的方案。按照他的计划，金立将分三个步骤来解决资金链问题：第一，引入合作伙伴,确保生产与销售,市场就有未来;第二,引入战略投资者,补充资金,增加公信力;第三,出售资产偿债,获取债权人支持。"刘立荣当时透露,引入战略投资者的工作已经有进展,整体方案仍在谈判中,必要时可以放弃控制权。此后,谁来接盘一直是外界揣测的话题。据悉,包括海信、TCL、传音甚至360在内的厂商都被传与金立洽谈过合作。但时至今日,金立依然没有融资和重组的迹象。金立手机负债筹资的经营方式最终使得企业负债高达近211亿元,这对企业的资金流的压力较大,企业经营过程中采取何种筹资方式及如何防范筹资风险尤为重要。

资料来源:腾讯网(http://new.qq.com/omn/20190414/20190414A00EUN.html/?PC)。有删改。

第一节 筹资管理概述

一、企业筹资的动机

企业筹资,是指企业为了满足经营活动、投资活动、资本结构管理和其他需要,运用一定的筹资方式,通过一定的筹资渠道,筹措和获取所需资金的一种财务行为。

企业筹资最基本的目的,是企业经营的维持和发展,为企业的经营活动提供资金保障,但每次具体的筹资行为,往往受特定动机的驱动。例如,为提高技术水平购置新设备而筹资,为对外投资活动而筹资,为产品研发而筹资,为解决资金周转临时需要而筹资等。各种具体的筹资原因,归纳起来表现为四类筹资动机:创立性筹资动机、支付性筹资动机、扩张性筹资动机和调整性筹资动机。

(一)创立性筹资动机

创立性筹资动机,是指企业设立时,为取得资本金并形成开展经营活动的基本条件而产生的筹资动机。资金,是设立企业的第一道门槛。根据《中华人民共和国公司法》《中华人民共和国合伙企业法》《中华人民共和国个人独资企业法》等相关法律的规定,任何一个企业或公司在设立时都要求有符合企业章程或公司章程规定的全体股东认缴的出资额。企业在创建时,要按照企业经营规模核定长期资本需要量和流动资金需要量,购建厂房设备等,安排铺底流动资金,形成企业的经营能力。这样,就需要筹措注册资本和资本公积等股权资金,股权资金不足部分需要筹集银行借款等债务资金。

(二)支付性筹资动机

支付性筹资动机,是指为了满足经营业务活动的正常波动所形成的支付需要而产生的筹资动机。企业在开展经营活动过程中,经常会出现超出维持正常经营活动资金需求的季节性、临时性的交易支付需要,如原材料购买的大额支付、员工工资的集中发放、银行借款的提前偿还、股东股利的发放等。这些情况要求除了正常经营活动的资金投入以外,还需要通过经常的临时性筹资来满足经营活动的正常波动需求,维持企业的支付能力。

(三)扩张性筹资动机

扩张性筹资动机,是指企业因扩大经营规模或对外投资需要而产生的筹资动机。企业维持简单再生产所需要的资金是稳定的，通常不需要或很少追加筹资。一旦企业扩大再生产，经营规模扩张、开展对外投资，就需要大量追加筹资。具有良好发展前景、处于成长期的企业，往往会产生扩张性的筹资动机。扩张性的筹资活动，在筹资的时间和数量上都要服从投资决策和投资计划的安排，避免资金的闲置和投资时机的贻误。扩张性筹资的直接结果，往往是企业资产总规模的增加和资本结构的明显变化。

（四）调整性筹资动机

调整性筹资动机，是指企业因调整资本结构而产生的筹资动机。资本结构调整的目的在于降低资本成本，控制财务风险，提升企业价值。企业产生调整性筹资动机的具体原因大致有以下两点。

（1）优化资本结构，合理利用财务杠杆效应。企业现有资本结构不尽合理的原因有：债务资本比例过高，有较大的财务风险；股权资本比例较大，企业的资本成本负担较重。这样可以通过筹资增加股权或债务资金，达到调整、优化资本结构的目的。

（2）偿还到期债务，债务结构内部调整。如流动负债比例过大，使得企业近期偿还债务的压力较大，企业可以举借长期债务来偿还部分短期债务。又如一些债务即将到期，企业虽然有足够的偿债能力，但为了保持现有的资本结构，可以举借新债以偿还旧债。

调整性筹资的目的，是调整资本结构，而不是为企业经营活动追加资金，这类筹资通常不会增加企业的资本总额。

在实务中，企业筹资的目的可能不是单纯和唯一的，通过追加筹资，既满足了经营活动、投资活动的资金需要，又达到了调整资本结构的目的。这类情况很多，可以归纳为混合性的筹资动机。如企业对外产权投资需要大额资金，其资金来源通过增加长期贷款或发行公司债券解决，这种情况既扩张了企业规模，又使得企业的资本结构有较大的变化。混合性筹资动机一般基于企业规模扩张和调整资本结构两种目的，兼具扩张性筹资动机和调整性筹资动机的特性，同时增加了企业的资产总额和资本总额，也导致企业的资产结构和资本结构同时变化。

二、筹资管理的内容

筹资活动是企业资金流转运动的起点，筹资管理要求解决企业为什么要筹资、需要筹集多少资金、从什么渠道以什么方式筹集，以及如何协调财务风险和资本成本，合理安排资本结构等问题。

（一）科学预计资金需求量

资金是企业的血液，是企业设立、生存和发展的财务保障，是企业开展生产经营业务活动的基本前提。任何一个企业，为了形成生产经营能力、保证生产经营正常运行，必须持有一定数量的资金。在正常情况下，企业资金的需求，来源于两个基本目的：一是满足经营运转的资金需要，二是满足投资发展的资金需要。企业在创立时，要按照规划的生产经营规模，核定长期资本需要量和流动资金需要量；企业正常营运时，要根据年度经营计划和资金周转水平，核定维持营业活动的日常资金需求量；企业扩张发展时，要根据扩张规模或对外投资对大额资金的需求，安排专项的资金。

(二) 合理安排筹资渠道、选择筹资方式

有了资金需求后，企业要解决的问题是资金从哪里来、以什么方式取得，这就是筹资渠道的安排和筹资方式的选择问题。

筹资渠道，是指企业筹集资金的来源方向与通道。一般来说，企业最基本的筹资渠道有两条：直接筹资和间接筹资。直接筹资，是企业与投资者协议或通过发行股票、债券等方式直接从社会取得资金；间接筹资，是企业通过银行等金融机构以信贷关系间接从社会取得资金。具体来说，企业的筹资渠道主要有：国家财政投资和财政补贴、银行与非银行金融机构信贷、资本市场筹集、其他法人单位与自然人投入、企业自身积累等。

对于不同渠道的资金，企业可以通过不同的筹资方式取得。筹资方式是企业筹集资金所采取的具体方式，企业筹资，总体来说是从企业外部和内部取得的，外部筹资是指从企业外部筹措资金，内部筹资主要依靠企业的利润留存积累。

安排筹资渠道和选择筹资方式是一项重要的财务工作，直接关系到企业所能筹措资金的数量、成本和风险，因此，需要深刻认识各种筹资渠道和筹资方式的特征、性质及与企业融资要求的适应性。在权衡不同性质资金的数量、成本和风险的基础上，按照不同的筹资渠道合理选择筹资方式，有效筹集资金。

(三) 降低资本成本、控制财务风险

资本成本是企业筹集和使用资金所付出的代价，包括资金筹集费用和使用费用。在资金筹集过程中，要发生股票发行费、借款手续费、证券印刷费、公证费、律师费等费用，这些属于资金筹集费用。在企业生产经营和对外投资活动中，要发生利息支出、股利支出、融资租赁的资金利息等费用，这些属于资金使用费用。

按不同方式取得的资金，其资本成本是不同的。一般来说，债务资金比股权资金的资本成本要低，而且其资本成本在签订债务合同时就已确定，与企业的经营业绩和盈亏状况无关。即使同是债务资金，由于借款、债券和租赁的性质不同，其资本成本也有差异。企业筹资的资本成本，需要通过资金使用所取得的收益来补偿，资本成本的高低，决定了企业资金使用的最低投资收益率要求。因此，企业在筹资管理中，要权衡债务清偿的财务风险，合理利用资本成本较低的资金种类，努力降低企业的资本成本率。

尽管债务资金的资本成本较低，但由于债务资金有固定合同还款期限，到期必须偿还，因此企业承担的财务风险比股份资金要大一些。财务风险，是指企业无法足额偿付到期债务的本金和利息、支付股东股利的风险，主要表现为偿债风险。无力清偿债权人的债务，可能会导致企业的破产。企业筹集资金在降低资本成本的同时，要充分考虑财务风险，防范企业破产的财务危机。

三、筹资方式

筹资方式，是指企业筹集资金所采取的具体形式，它受到法律环境、经济体制、融

资市场等筹资环境的制约，特别是受国家对金融市场和融资行为方面的法律法规制约。

一般来说，企业最基本的外部筹资方式有两种：股权筹资和债务筹资。股权筹资形成企业的股权资金，通过吸收直接投资、公开发行股票等方式取得；债务筹资形成企业的债务资金，通过向银行借款、发行公司债券、利用商业信用等方式取得。至于发行可转换债券等筹集资金的方式，属于兼有股权筹资和债务筹资性质的混合筹资方式。

（一）吸收直接投资

吸收直接投资，是指企业以投资合同、协议等形式定向地吸收国家、法人单位、自然人等投资主体资金的筹资方式。这种筹资方式不以股票这种融资工具为载体，通过签订投资合同或投资协议规定双方的权利和义务，主要适用于非股份制公司筹集股权资本。吸收直接投资，是一种股权筹资方式。

（二）发行股票

发行股票，是指企业以发售股票的方式取得资金的筹资方式，只有股份有限公司才能发行股票。股票是股份有限公司发行的，表明股东按其持有的股份享有权益和承担义务的可转让的书面投资凭证。股票的发售对象，可以是社会公众，也可以是定向的特定投资主体。这种筹资方式只适用于股份有限公司，而且必须以股票作为载体。发行股票，是一种股权筹资方式。

（三）发行债券

发行债券，是指企业以发售公司债券的方式取得资金的筹资方式。按照中国证券监督管理委员会颁布的《公司债券发行与交易管理办法》，除地方政府融资平台公司以外，所有公司制法人，均可以发行公司债券。公司债券是公司依照法定程序发行、约定还本付息期限、标明债权债务关系的有价证券。发行公司债券，适用于向法人单位和自然人两种渠道筹资。发行债券，是一种债务筹资方式。

（四）向金融机构借款

向金融机构借款，是指企业根据借款合同从银行或非银行金融机构取得资金的筹资方式。这种筹资方式适用于各类企业，它既可以筹集长期资金，也可以用于短期融通资金，具有灵活、方便的特点。向金融机构借款，是一种债务筹资方式。

（五）融资租赁

融资租赁，又称资本租赁或财务租赁，是指企业与租赁公司签订租赁合同，从租赁公司取得租赁物资产，通过对租赁物的占有、使用取得资金的筹资方式。融资租赁方式不直接取得货币性资金，通过租赁信用关系，直接取得实物资产，快速形成生产经营能力，然后通过向出租人分期交付租金的方式偿还资产的价款。

（六）商业信用

商业信用，是指企业之间在商品或劳务交易中，由于延期付款或延期交货所形成的借贷信用关系。商业信用是由于业务供销活动而形成的，它是企业短期资金的一种重要的和经常性的来源。利用商业信用，是一种债务筹资方式。

（七）留存收益

留存收益，是指企业从税后净利润中提取的盈余公积金及从企业可供分配利润中留存的未分配利润。留存收益，是企业将当年利润转化为股东对企业追加投资的过程，是一种股权筹资方式。

四、筹资的分类

企业采用不同方式所筹集的资金，按照不同的分类标准可分为不同的筹资类别。

（一）股权筹资、债务筹资及衍生工具筹资

按企业所取得资金的权益特性不同，企业筹资分为股权筹资、债务筹资及衍生工具筹资三类。

股权筹资是指以发行股票的方式进行筹资，是企业经济运营活动中一个非常重要的筹资手段。股权资本是股东投入的、企业依法长期拥有、能够自主调配运用的资本。股权资本在企业持续经营期间，投资者不得抽回，因而又称为企业的自有资本、主权资本或权益资本。股权资本是企业从事生产经营活动和偿还债务的基本保证，是代表企业基本资信状况的一个主要指标。企业的股权资本通过吸收直接投资、发行股票、内部积累等方式取得。股权资本一般不用偿还本金，形成了企业的永久性资本，因而财务风险小，但付出的资本成本相对较高。

股权资本包括实收资本（股本）、资本公积、盈余公积和未分配利润。其中：实收资本（股本）和其溢价部分形成的资本公积，是外部投资者原始投入的；盈余公积、未分配利润和部分资本公积，是原始投入资本在企业持续经营中形成的经营积累。通常，盈余公积、未分配利润共称为留存收益。股权资本在经济意义上形成了企业的所有者权益。所有者权益是指投资者在企业资产中享有的经济利益，其金额等于企业资产总额减去负债后的余额。

债务筹资是指以负债的形式筹集资金。债务资本是企业按合同向债权人取得的，在规定期限内需要清偿的债务。企业通过债务筹资形成债务资金，债务资金通过向金融机构借款、发行债券、融资租赁等方式取得。其中，随着金融改革的深入和金融创新的发展，永续债成为近年来债券融资的一种新生事物，并逐渐被接受。永续债与普通债券的主要区别在于：第一，不设定债券的到期日。第二，票面利率较高，据统计，永续债的利率主要在5%~9%，远远高于同期国债收益率。第三，含财务期权。大多数永续债的附加条款中包括赎回条款及利率调整条款。永续债由发行人自主确定，期限一般较长，由于其特殊属性正逐渐得到投融资人的认识和熟悉，越来越多的企业开始尝试采用发行永续债的方式进行融资。由于债务资金到期要归还本金和支付利息，债权人对企业的经营状况不承担责任，因而债务资金具有较大的财务风险，但付出的资本成本相对较低。从经济意义上来说，债务资金是债权人对企业的一种投资，债权人依法享有企业使用债务资金所取得的经济利益，因而债务资金形成了企业的债权人权益。

衍生工具筹资包括兼具股权与债务筹资性质的混合融资和其他衍生工具融资。我国上市公司目前最常见的混合融资方式是可转换债券融资，最常见的其他衍生工具融资方式是认股权证融资。

（二）直接筹资与间接筹资

按是否借助于金融机构为媒介来获取社会资金，企业筹资分为直接筹资和间接筹资两种类型。

直接筹资，是企业直接与资金供应者协商融通资金的筹资活动。直接筹资不需要通过金融机构来筹措资金，是企业直接从社会取得资金的方式。直接筹资方式主要有发行股票、发行债券、吸收直接投资等。直接筹资方式既可以筹集股权资金，也可以筹集债务资金。相对来说，直接筹资的筹资手续比较复杂，筹资费用较高；但筹资领域广阔，能够直接利用社会资金，有利于提高企业的知名度和资信度。

间接筹资，是企业借助于银行和非银行金融机构而筹集资金。在间接筹资方式下，银行等金融机构发挥中介作用，预先集聚资金，然后提供给企业。间接筹资的基本方式是银行借款，此外还有融资租赁等方式。间接筹资，形成的主要是债务资金，主要用于满足企业资金周转的需要。间接筹资手续相对比较简便，筹资效率高，筹资费用较低，但容易受金融政策的制约和影响。

（三）内部筹资与外部筹资

按资金的来源范围不同，企业筹资分为内部筹资和外部筹资两种类型。

内部筹资，是指企业通过利润留存而形成的筹资来源。内部筹资数额大小主要取决于企业可分配利润的多少和利润分配政策，一般无须花费筹资费用，从而降低了资本成本。

外部筹资，是指企业向外部筹措资金而形成的筹资来源。处于初创期的企业，内部筹资的可能性是有限的；处于成长期的企业，内部筹资往往难以满足需要，这就需要企业广泛地开展外部筹资，如发行股票、债券，取得商业信用、银行借款等。企业向外部筹资大多需要花费一定的筹资费用，从而提高了筹资成本。

（四）长期筹资与短期筹资

按所筹集资金的使用期限不同，企业筹资分为长期筹资和短期筹资两种类型。

长期筹资，是指企业筹集使用期限在1年以上的资金。长期筹资的目的主要在于形成和更新企业的生产和经营能力，或扩大企业生产经营规模，或为对外投资筹集资金。长期筹资通常采取吸收直接投资、发行股票、发行债券、长期借款、融资租赁等方式，所形成的长期资金主要用于购建固定资产、形成无形资产、进行对外长期投资、垫支铺底流动资金、产品和技术研发等。从资金权益性质来看，长期资金可以是股权资金，也可以是债务资金。

短期筹资，是指企业筹集使用期限在1年以内的资金。短期资金主要用于企业的流动资产和资金日常周转，一般在短期内需要偿还。短期筹资经常利用商业信用、短期借款、保理业务等方式来筹集。

五、筹资管理的原则

企业筹资管理的基本要求，是要在严格遵守国家法律法规的基础上，分析影响筹资的各种因素，权衡资金的性质、数量、成本和风险，合理选择筹资方式，提高筹资效果。

（一）筹措合法

筹措合法，是指企业筹资要遵循国家法律法规，合法筹措资金。不论是直接筹资还是间接筹资，企业最终都通过筹资行为向社会获取了资金。企业的筹资活动不仅为自身的生产经营提供了资金来源，也会影响投资者的经济利益，影响着社会经济秩序。企业的筹资行为和筹资活动必须遵循国家的相关法律法规，依法履行法律法规和投资合同约定的责任，合法合规筹资，依法披露信息，维护各方的合法权益。

（二）规模适当

规模适当，是指要根据生产经营及其发展的需要，合理安排资金需求。企业筹集资金，要合理预测确定资金的需求量。筹资规模与资金需求量应当匹配一致，既要避免因筹资不足，影响生产经营的正常进行；又要防止筹资过多，造成资金闲置。

（三）取得及时

取得及时，是指要合理安排筹资时间，适时取得资金。企业筹集资金，需要合理预测确定资金需求的时间。要根据资金需求的具体情况，合理安排资金的筹集到位时间，使筹资与用资在时间上相衔接。既避免过早筹集资金形成的资金投放前的闲置，又防止取得资金的时间滞后，错过资金投放的最佳时间。

（四）来源经济

来源经济，是指要充分利用各种筹资渠道，选择经济、可行的资金来源。企业所筹集的资金都要付出资本成本的代价，进而给企业的资金使用提出了最低报酬要求。不同筹资渠道和方式所取得的资金，其资本成本各有差异。企业应当在考虑筹资难易程度的基础上，针对不同来源资金的成本，认真选择筹资渠道，并选择经济、可行的筹资方式，力求降低筹资成本。

（五）结构合理

结构合理，是指筹资管理要综合考虑各种筹资方式，优化资本结构。企业筹资要综合考虑股份资金与债务资金的关系、长期资金与短期资金的关系、内部筹资与外部筹资的关系，合理安排资本结构，保持适当偿债能力，防范企业财务危机。

第二节 筹资方式

通常企业筹资采用股权和债务性质的混合筹资和其他衍生工具筹资。我国上市公司目前最常见的有股票、债券、混合筹资及其他衍生工具筹资，其中混合筹资方式是最常见的可转换债券筹资，其他衍生工具筹资是认股权证筹资。

一、股权筹资

股权筹资形成企业的股权资金，是企业最基本的筹资方式。吸收直接投资、发行股票和利用留存收益是股权筹资的三种基本形式。在此，主要介绍前两种基本形式。

（一）吸收直接投资

吸收直接投资，是指企业按照"共同投资、共同经营、共担风险、共享收益"的原则，直接吸收国家、法人、个人和外商投入资金的一种筹资方式。在吸收直接投资是非股份制企业筹集权益资本的基本方式，采用吸收直接投资的企业，资本不分为等额股份、无须公开发行股票。在吸收直接投资的实际出资额中，注册资本部分形成实收资本；超过注册资本的部分属于资本溢价，形成资本公积。

1. 吸收直接投资的种类

（1）吸收国家投资。国家投资是指有权代表国家投资的政府部门或机构，以国有资产投入公司，在这种情况下形成的资本叫国有资本。根据《企业国有资本与财务管理暂行办法》的规定，在公司持续经营期间，公司以盈余公积、资本公积转增实收资本的，国有公司和国有独资公司由公司董事会或经理办公会决定，并报主管财政机关备案；股份有限公司和有限责任公司由董事会决定，并经股东大会审议通过。吸收国家投资一般具有以下特点：① 产权归属国家；② 资金的运用和处置受国家约束较大；③ 在国有公司中采用比较广泛。

（2）吸收法人投资。法人投资是指法人单位以其依法可支配的资产投入公司，这种情况下形成的资本叫法人资本。吸收法人投资一般具有以下特点：① 发生在法人单位之间；② 以参与公司利润分配或控制为目的；③ 出资方式灵活多样。

（3）合资经营。合资经营是指两个或者两个以上的不同国家的投资者共同投资，创办企业，并且共同经营、共担风险、共负盈亏、共享利益的一种直接投资方式。在我国，中外合资经营企业又称股权式合营企业，它是外国公司、企业和其他经济组织或个人同中国的公司、企业或其他经济组织在中国境内共同投资举办的企业。中外合资经营一般具有以下特点：① 合资经营企业在中国境内，按中国法律规定取得法人资格，为中国法人；② 合资经营企业为有限责任公司；③ 注册资本中，外方合营者的出资比例一般不低于25%；④ 合资经营期限，遵循2020年1月1日起施行的《中华人民共和国外商投资法》相关法律规定，在本法施行后五年内原有合资企业可以继续保留原企业组织形式等，具体实施办法由国务院规定；⑤ 合资经营企业的注册资本与投资总额之间应依法保持适当比例关系，投资总额是指按照合营企业合同和章程规定的生产规模需要投入的基本建设资金和生产流动资金的总和。

（4）吸收社会公众投资。社会公众投资是指社会个人或本公司职工以个人合法财产投入公司，在这种情况下形成的资本称为个人资本。吸收社会公众投资一般具有以下特点：① 参加投资的人员较多；② 每人投资的数额相对较少；③ 以参与公司利润分配为目的。

2. 吸收直接投资的出资方式

（1）以货币资产出资。以货币资产出资是吸收直接投资中最重要的出资方式。企业有了货币资产，便可以获取其他物质资源，支付各种费用，满足企业创建开支和随后的日常周转需要。

（2）以实物资产出资。以实物资产出资是指投资者以房屋、建筑物、设备等固定资产和材料、燃料、商品产品等流动资产所进行的投资。实物投资应符合以下条件：① 适合企业生产、经营、研发等活动的需要；② 技术性能良好；③ 作价公平合理。

以实物资产出资中实物的作价，可以由出资各方协商确定，也可以聘请专业资产评估机构评估确定。国有及国有控股企业接受其他企业的非货币资产出资，必须委托有资格的资产评估机构进行资产评估。

（3）以土地使用权出资。土地使用权是指土地经营者对依法取得的土地在一定期限内有进行建筑、生产经营或其他活动的权利。土地使用权具有相对的独立性，在土地使用权存续期间，包括土地所有者在内的其他任何人和单位，不能任意收回土地和非法干预使用权人的经营活动。企业吸收土地使用权投资应符合以下条件：① 适合企业、生产、经营、研发等活动的需要；② 地理、交通条件适宜；③ 作价公平合理。

（4）以工业产权出资。工业产权通常是指专有技术、商标权、专利权、非专利技术等无形资产。投资者以工业产权出资应符合以下条件：① 有助于企业研究、开发和生产出新的高科技产品；② 有助于企业提高生产效率，改进产品质量；③ 有助于企业降低生产消耗、能源消耗等各种消耗；④ 作价公平合理。

吸收工业产权等无形资产出资的风险较大。因为以工业产权投资，实际上是把技术转化为资本，使技术的价值固定化了，而技术具有强烈的时效性，其不断老化落后会导致实际价值不断减少甚至完全丧失。

此外，国家相关法律法规对无形资产出资方式另有限制：股东或者发起人不得以劳务、信用、自然人姓名、商誉、特许经营权或者设定担保的财产等作价出资。

（5）以特定债权出资。特定债权是指企业依法发行的可转换债券及按照国家有关规定可以转为股权的债权。在实践中，企业可以将特定债权转为股权的情形主要有：① 上市公司依法发行的可转换债券；② 金融资产管理公司持有的国有及国有控股企业债权；③ 企业实行公司制改建时，经银行以外的其他债权人协商同意，可以按照有关协议和企业章程的规定，将其债权转为股权；④ 根据《利用外资改组国有企业暂行规定》，国有企业的境内债权人将持有的债权转给外国投资者，企业通过债转股改组为外商投资企业；⑤ 按照《企业公司制改建有关国有资本管理与财务处理的暂行规定》，国有企业改制时，账面原有应付工资余额中欠发职工工资部分，在符合国家政策、职工自愿的条件下，依法扣除个人所得税后可转为个人投资；未退还职工的集资款也可转为个人投资。

3. 吸收直接投资的程序

（1）确定筹资数量。企业在新建或扩大经营时，要先确定资金的需求量。资金的需求量根据企业的生产经营规模和供销条件等来核定，筹资数量与资金需求量应当相适应。

（2）寻找投资单位。企业既要广泛了解有关投资者的资信、财力和投资意向，又要通过信息交流和宣传，使出资方了解企业的经营能力、财务状况及未来预期，以便于公司从中寻找最合适的合作伙伴。

（3）协商和签署投资协议。找到合适的投资伙伴后，双方进行具体协商，确定出资数额和出资方式及出资时间。企业应尽可能吸收货币投资，如果投资方确有先进而适合需要的固定资产和无形资产，也可采取非货币投资方式。对实物投资、工业产权投资、土地使用权投资等非货币资产投资，双方应按公平合理的原则协商定价。当出资数额、资产作价确定后，双方签署投资的协议或合同，以明确双方的权利和责任。

（4）取得所筹集的资金。签署投资协议后，企业应按规定或计划取得资金。如果采取现金投资方式，通常还要编制拨款计划，确定拨款期限、每期数额及划拨方式，有时投资者还要规定拨款的用途，如把拨款区分为固定资产投资拨款、流动资金拨款、专项拨款等。如为实物、工业产权、非专利技术、土地使用权投资，一个重要的问题就是核实财产。财产数量是否准确，特别是价格有无高估或低估的情况，关系到投资各方的经济利益，必须认真处理，必要时可聘请资产评估机构来评定，然后办理产权的转移手续取得资产。

4. 吸收直接投资的筹资特点

（1）能够尽快形成生产能力。吸收直接投资不仅可以取得一部分货币资金，而且能够直接获得所需的先进设备和技术，尽快形成生产经营能力。

（2）容易进行信息沟通。吸收直接投资的投资者比较单一，股权没有社会化、分散化，投资者甚至直接担任公司管理层职务，公司与投资者易于沟通。

（3）资本成本较高。相对于股票筹资方式来说，吸收直接投资的资本成本较高。当企业经营较好、盈利较多时，投资者往往要求将大部分盈余作为红利分配，因为向投资者支付的报酬是按其出资数额和企业实现利润的比率来计算的。不过，吸收直接投资的手续相对比较简便，筹资费用较低。

（4）公司控制权集中，不利于公司治理。采用吸收直接投资方式筹资，投资者一般都要求获得与投资数额相适应的经营管理权。如果某个投资者的投资额比例较大，则该投资者对企业的经营管理就会有相当大的控制权，容易损害其他投资者的利益。

（5）不易进行产权交易。吸收投入资本由于没有证券为媒介，不利于产权交易，难以进行产权转让。

（二）发行股票

股票是股份有限公司为筹措股权资本而发行的有价证券，是公司签发的证明股东持有公司股份的凭证。股票作为一种所有权凭证，代表着对发行公司净资产的所有权。股票只能由股份有限公司发行。

1. 股票的特征与分类

（1）股票的特征。一是永久性。公司发行股票所筹集的资金属于公司的长期自有资金，没有期限，无须归还。换言之，股东在购买股票之后，一般情况下不能要求发行企业退还股金。

二是流通性。股票作为一种有价证券，在资本市场上可以自由流通，也可以继承、赠送或作为抵押品。股票特别是上市公司发行的股票具有很强的变现能力，流动性很强。

三是风险性。由于股票的永久性，股东成为企业风险的主要承担者。风险的表现形式有：股票价格的波动性、红利的不确定性、破产清算时股东处于剩余财产分配的最后顺序等。

四是参与性。股东作为股份公司的所有者，拥有参与企业管理的权利，包括重大决策权、经营者选择权、财务监控权、公司经营的建议和质询权等。此外，股东还有承担有限责任、遵守公司章程等义务。

（2）股东的权利。股东最基本的权利是按投入公司的股份额，依法享有公司收益获取权、公司重大决策参与权和选择公司管理者的权利，并以其所持股份为限对公司承担责任。

一是公司管理权。股东对公司的管理权主要体现在重大决策参与权、经营者选择权、财务监控权、公司经营的建议和质询权、股东大会召集权等方面。

二是收益分享权。股东有权通过股利方式获取公司的税后利润，利润分配方案由董事会提出并经过股东大会批准。

三是股份转让权。股东有权将其所持有的股票出售或转让。

四是优先认股权。原有股东拥有优先认购本公司增发股票的权利。

五是剩余财产要求权。当公司解散、清算时，股东有对清偿债务、清偿优先股股东以后的剩余财产索取的权利。

（3）股票的种类。一是按股东权利和义务，分为普通股股票和优先股股票。

普通股股票简称普通股，是公司发行的代表着股东享有平等的权利、义务，不加特别限制的，股利不固定的股票。普通股是最基本的股票，股份有限公司通常情况下只发行普通股。

优先股股票简称优先股，是公司发行的相对于普通股具有一定优先权的股票。其优先权利主要表现在股利分配优先权和分取剩余财产优先权上。优先股股东在股东大会上无表决权，在参与公司经营管理上受到一定限制，仅对涉及优先股权利的问题有表决权。

二是按票面是否记名，分为记名股票和无记名股票。

记名股票是在股票票面上记载有股东姓名或将名称记入公司股东名册的股票，无记名股票不登记股东名称，公司只记载股票数量、编号及发行日期。

《中华人民共和国公司法》规定，公司向发起人、国家授权投资机构、法人发行的股票，为记名股票；向社会公众发行的股票，可以为记名股票，也可以为无记名股票。

三是按发行对象和上市地点，分为A股、B股、H股、N股和S股等。

A股即人民币普通股票，由我国境内公司发行，境内上市交易，它以人民币标明面值，以人民币认购和交易。B股即人民币特种股票，由我国境内公司发行，境内上市交易，它以人民币标明面值，以外币认购和交易。H股是在内地注册、在香港上市的股票，以此类推，在纽约和新加坡上市的股票，就分别称为N股和S股。

2. 股份有限公司的设立、股票的发行与上市

（1）股份有限公司的设立。设立股份有限公司，应当有2人以上200人以下为发起人，其中须有半数以上的发起人在中国境内有住所。股份有限公司的设立，可以采取发起设立或者募集设立的方式。发起设立，是指由发起人认购公司应发行的全部股份而设立公司。募集设立，是指由发起人认购公司应发行股份的一部分，其余股份向社会公开募集或者向特定对象募集而设立公司。

以募集设立方式设立股份有限公司的，发起人认购的股份不得少于公司股份总数的35%；法律、行政法规另有规定的，从其规定。

股份有限公司的发起人应当承担下列责任：① 公司不能成立时，对设立行为所产生的债务和费用负连带责任；② 公司不能成立时，对认股人已交纳的股款，负返还股款并加算银行同期存款利息的连带责任；③ 在公司设立过程中，由于发起人的过失致使公司利益受到损害的，应当对公司承担赔偿责任

（2）股份有限公司首次发行股票的一般程序。一是发起人认足股份、交付股资。发起设立方式的发起人认购公司全部股份；募集设立方式的公司发起人认购的股份不得少于公司股份总数的35%。发起人可以用货币出资，也可以非货币资产作价出资。发起设立方式下，发起人交付全部股资后，应选举董事会、监事会，由董事会办理公司设立的登记事项；募集设立方式下，发起人认足其应认购的股份并交付股资后，其余部分向社会公开募集或者向特定对象募集。

二是提出公开募集股份的申请。以募集方式设立的公司，发起人向社会公开募集股份时，必须向国务院证券监督管理部门递交募股申请，并报送批准设立公司的相关文件，包括公司章程、招股说明书等。

三是公告招股说明书，签订承销协议。公开募集股份申请经国家批准后，应公告招股说明书。招股说明书应包括公司章程、发起人认购的股份数、本次每股票面价值和发行价格、募集资金的用途等。同时，与证券公司等证券承销机构签订承销协议。

四是招认股份，缴纳股款。发行股票的公司或其承销机构一般用广告或书面通知办法招募股份。认股者一旦填写了认股书，就要承担认股书中约定缴纳股款的义务。如果认股者总股数超过发起人拟招募总股数，可以采取抽签的方式确定哪些认股者有权认股。认股者应在规定的期限内向代收股款的银行交纳股款，同时交付认股书。股款收足后，发起人应委托法定的机构验资，出具验资证明。

五是召开创立大会，选举董事会、监事会。发行股份的股款募足后，发起人应在规定期限内（法定30天内）主持召开创立大会。创立大会由发起人、认股人组成，应有代表股份总数半数以上的认股人出席方可举行。创立大会通过公司章程，选举董事会和监事会成员，并有权对公司的设立费用进行审核，对发起人用于抵作股款的财产的作价进行审核。

六是办理公司设立登记，交割股票。经创立大会选举的董事会，应在创立大会结束后30天内，办理申请公司设立的登记事项。登记成立后，即向股东正式交付股票。

（3）股票的发行方式。一是公开间接发行。公开间接发行股票，是指股份公司通过中介机构向社会公众公开发行股票。采用募集方式成立的股份有限公司，向社会公开发行股票时，必须由有资格的证券经营中介机构，如证券公司、信托投资公司等承销。这

种发行方式的发行范围广，发行对象多，易于足额筹集资本。公开发行股票，同时还有利于提高公司的知名度，扩大其影响力，但公开发行方式审批手续复杂严格，发行成本高。

二是非公开直接发行。非公开直接发行股票，是指股份公司只向少数特定对象直接发行股票，不需要中介机构承销。用发起设立方式成立和向特定对象募集方式在发行新股的股份有限公司，向发起人和特定对象发行股票，采用直接将股票销售给认购者的自销方式。这种发行方式弹性较大，企业能控制股票的发行过程，节省发行费用。但发行范围小，不易及时足额筹集资本，发行后股票的变现性差。

（4）股票的上市交易。一是股票上市的目的。公司股票上市的目的是多方面的，主要包括：第一，便于筹措新资金。证券市场是一个资本商品的买卖市场，证券市场上有众多的资金供应者。同时，股票上市经过了政府机构的审查批准并接受严格的管理，执行股票上市和信息披露的规定，容易吸引社会资本投资者。另外，公司上市后，还可以通过增发、配股、发行可转换债券等方式进行再融资。第二，促进股权流通和转让。股票上市后便于投资者购买，提高了股权的流动性和股票的变现力，便于投资者认购和交易。第三，便于确定公司价值。股票上市后，公司股价有市价可循，便于确定公司的价值。对于上市公司来说，即时的股票交易行情，就是对公司价值的市场评价。同时，市场行情也能够为公司收购兼并等资本运作提供询价基础。

但股票上市也有对公司不利影响的一面，主要有：上市成本较高，手续复杂严格；公司将负担较高的信息披露成本；信息公开的要求可能会暴露公司商业机密；股价有时会歪曲公司的实际情况，影响公司声誉；可能会分散公司的控制权，造成管理上的困难。

二是股票上市的条件。公司公开发行的股票进入证券交易所交易，必须受到严格的条件限制。《中华人民共和国证券法》规定，股份有限公司申请股票上市，应当符合下列条件：第一，股票经国务院证券监督管理机构核准已公开发行；第二，公司股本总额不少于人民币3 000万元；第三，公开发行的股份达到公司股份总数的25%以上；公司股本总额超过人民币4亿元，公开发行股份的比例为10%以上；第四，公司最近3年无重大违法行为，财务会计报告无虚假记载。

（5）股票上市的暂停、终止与特别处理。当上市公司出现经营情况恶化、存在重大违法违规行为或其他原因导致不符合上市条件时，就可能被暂停或终止上市。

上市公司出现下列情形之一的，由交易所终止其股票上市：① 未能在法定期限内披露其暂停上市后第一个半年度报告的；② 在法定期限内披露了恢复上市后的第一个年度报告，但公司仍然出现亏损的；③ 未能在法定期限内披露恢复上市后的第一个年度报告的；④ 恢复上市申请未被受理的或者申请未被核准的。

上市公司出现财务状况或其他状况异常的，其股票交易将被交易所"**特别处理**"（special treatment，ST）。所谓"财务状况异常"，是指以下几种情况：① 最近2个会计年度的审计结果显示的净利润为负值；② 最近1个会计年度的审计结果显示其股东权益低于注册资本；③ 最近1个会计年度经审计的股东权益扣除注册会计师、有关部门不予确认的部分，低于注册资本；④ 注册会计师对最近1个会计年度的财产报告出具无法表示意见或否定意见的审计报告；⑤ 最近1份经审计的财务报告对上年度利润进行调整，导致连续两个会计年度亏损；⑥ 经交易所或中国证监会认定为财务状况异常的。所谓"其他状况异常"，是指自然灾害、重大事故等导致生产经营活动基本中止，公司涉及的可能赔偿金额超过公司净资产的诉讼等情况。

在上市公司的股票交易被实行特别处理期间，其股票交易遵循下列规则：① 股票报价日涨跌幅限制为5%；② 股票名称改为原股票名前加"ST"；③ 上市公司的中期报告必须经过审计。

3. 上市公司的股票发行

上市的股份有限公司在证券市场上发行股票包括公开发行和非公开发行两种类型。公开发行股票又分为首次公开发行和上市公开发行股票，非公开发行即向特定投资者发行，又叫定向发行。

（1）首次公开发行。**首次公开发行**（initial public offering，IPO），是指股份有限公司对社会公开发行股票并上市流通和交易。实施IPO的公司，自股份有限公司成立后，持续经营时间应当在3年以上（经国务院特别批准的除外），应当符合中国证监会《首次公开发行股票并上市管理办法》规定的相关条件，并经中国证监会核准。

实施IPO发行的基本程序是：① 公司董事会应当依法就本次股票发行的具体方案、本次募集资金使用的可行性及其他事项做出决议，并提请股东大会批准；② 公司股东大会就本次发行股票做出的决议；③ 由保荐人保荐并向证监会申报；④ 证监会受理，并审批核准；⑤ 自证监会核准发行之日起，公司应在6个月内公开发行股票，超过6个月未发行的，核准失效，须经证监会重新核准后方可发行。

（2）上市公开发行股票。上市公开发行股票，是指股份有限公司已经上市后，通过证券交易所在证券市场上对社会公开发行股票。上市公开发行股票，包括增发和配股两种方式。增发是指上市公司向社会公众发售股票的再融资方式，配股是指上市公司向原有股东配售股票的再融资方式。

（3）非公开发行股票。上市公司非公开发行股票，是指上市公司采用非公开方式，向特定对象发行股票的行为，又叫定向募集增发。定向增发的对象可以是老股东，也可以是新投资者，但发行对象不超过10名，发行对象为境外战略投资者的，应当经国务院相关部门事先批准。

上市公司定向增发的优势在于：① 有利于引入战略投资者和机构投资者；② 有利于利用上市公司的市场化估值溢价，将母公司资产通过资本市场放大，从而提升母公司的资产价值；③ 定向增发是一种主要的并购手段，特别是资产并购型定向增发，有利于集团企业整体上市，并同时减轻并购的现金流压力。

4. 引入战略投资者

（1）战略投资者的概念与要求。我国在新股发行中引入战略投资者，允许战略投资者在公司发行新股中参与配售。按中国证监会的规则解释，战略投资者是指与发行人具有合作关系或有合作意向和潜力，与发行公司业务联系紧密且欲长期持有发行公司股票的法人。从国外风险投资机构对战略投资者的定义来看，一般认为战略投资者是指能够通过帮助公司融资，提供营销与销售支持的业务或通过个人关系增加投资价值的公司或个人投资者。

一般来说，作为战略投资者的基本要求是：① 要与公司的经营业务联系紧密；② 要出于长期投资目的而较长时期地持有股票；③ 要具有相当的资金实力，且持股数量较多。

（2）引入战略投资者的作用。战略投资者具有资金、技术、管理、市场、人才等方面优势，能够增强企业核心竞争力和创新能力。上市公司引入战略投资者，能够和上市公司之间形成紧密的、伙伴式的合作关系，并由此增强公司经营实力、提高公司管理水平、改善公司治理结构。因此，对战略投资者的基本资质条件要求是：拥有比较雄厚的资金、核心的技术、先进的管理等，有较好的实业基础和较强的投融资能力。

一是提升公司形象，提高资本市场认同度。战略投资者往往都是实力雄厚的境内外大公司、大集团，甚至是国际、国内500强企业，其对公司股票的认购，是对公司潜在未来价值的认可和期望。

二是优化股权结构，健全公司法人治理。战略投资者占一定股权份额并长期持股，能够分散公司控制权，吸引战略投资者参与公司管理，改善公司治理结构。战略投资者带来的不仅是资金和技术，更重要的是能带来先进的管理水平和优秀的管理团队。

三是提高公司资源整合能力，增强公司的核心竞争力。战略投资者往往都有较好的实业基础，能够带来先进的工艺技术和广阔的产品营销市场，并致力于长期投资合作，能促进公司的产品结构、产业结构的调整升级，有助于形成产业集群，整合公司的经营资源。

四是达到阶段性的融资目标，加快实现公司上市融资的进程。战略投资者具有较强的资金实力，并与发行人签订有关配售协议，长期持有发行人股票，能够给新上市的公司提供长期稳定的资本，帮助上市公司用较低的成本融得较多的资金，提高了公司的融资效率。

从现有情况来看，目前我国上市公司确定战略投资者还处于募集资金最大化的实用原则阶段。谁的申购价格高，谁就能够成为战略投资者，管理型、技术型的战略投资者还很少见。资本市场中的战略投资者，目前多是追逐持股价差、有较大承受能力的股票持有者，一般都是大型证券投资机构。

5. 发行普通股股票的筹资特点

（1）两权分离，有利于公司自主经营管理。公司通过对外发行股票筹资，公司的所有权与经营权相分离，分散了公司控制权，有利于公司自主管理、自主经营。普通股筹资的股东众多，公司日常经营管理事务主要由公司的董事会和经理层负责。但公司的控制权分散，公司也容易被经理人控制。

（2）资本成本较高。由于股票筹资的风险较大，收益具有不确定性，投资者就会要求较高的风险补偿。因此，股票筹资的资本成本较高。

（3）能增强公司的社会声誉，促进股权流通和转让。普通股筹资，股东的大众化，为公司带来了广泛的社会影响。特别是上市公司，其股票的流通性强，有利于市场确认公司的价值。普通股筹资以股票作为媒介，便于股权的流通和转让，便于吸收新的投资者。但是，流通性强的股票交易，也容易在资本市场上被恶意收购。

（4）不易及时形成生产能力。普通股筹资吸收的一般都是货币资金，还需要通过购置和建造形成生产经营能力。相对吸收直接投资方式来说，不易及时形成生产能力。

（三）股权筹资的优缺点

1. 股权筹资的优点

（1）股权筹资是企业稳定的资本基础。股权资本没有固定的到期日，无须偿还，是企业的永久性资本，只有企业在清算时才有可能予以偿还。这对于保障企业对资本的最低需求、促进企业长期持续稳定经营具有重要意义。

（2）股权筹资是企业良好的信誉基础。股权资本作为企业最基本的资本，代表了公司的资本实力，是企业与其他单位组织开展经营业务、进行业务活动的信誉基础。同时，股权资本也是其他方式筹资的基础，尤其可为债务筹资，包括银行借款、发行公司债券等提供信用保障。

（3）企业的财务风险较小。股权资本不用在企业正常营运期内偿还，没有还本付息的财务压力。相对于债务资金而言，股权资本筹资限制少，资本使用上也无特别限制。另外，企业可以根据其经营状况和业绩的好坏，决定向投资者支付报酬的多少。

2. 股权筹资的缺点

（1）资本成本负担较重。一般而言，股权筹资的资本成本要高于债务筹资。这主要是由于投资者投资于股权特别是投资于股票的风险较高，投资者或股东相应要求得到较高的收益率。从企业成本开支的角度来看，股利、红利从税后利润中支付，而使用债务资金的资本成本允许税前扣除。此外，普通股的发行、上市等方面的费用也十分庞大。

（2）控制权变更可能影响企业长期稳定发展。利用股权筹资，由于引进了新的投资者或出售了新的股票，公司控制权结构必然会改变，而控制权变更过于频繁，又势必会影响公司管理层的人事变动和决策效率，影响公司的正常经营。

（3）信息沟通与披露成本较大。投资者或股东作为企业的所有者，有了解企业经营业务、财务状况、经营成果等的权利。企业需要通过各种渠道和方式加强与投资者的关系管理，保障投资者的权益。特别是上市公司，其股东众多而分散，只能通过公司的公开信息披露了解公司状况，这就需要公司花更多的精力，有些公司还需要设置专门的部门，进行公司的信息披露和投资者关系管理。

二、债务筹资

债务筹资形成企业的债务资金，债务资金是企业通过银行借款、向社会发行公司债券、融资租赁等方式筹集和取得的资金。银行借款、发行债券和融资租赁，是债务筹资的三种基本形式。商业信用也是一种债务资金，但它是企业间的商品或劳务交易形成的，故在第六章　营运资金管理中予以介绍。

（一）银行借款

银行借款是指企业向银行或其他非银行金融机构借入的、需要还本付息的款项，满足流动资金周转的需要。

1. 银行借款的种类

(1) 按提供贷款的机构，分为政策性银行贷款、商业银行贷款和其他金融机构贷款。

政策性银行贷款是指执行国家政策性贷款业务的银行向企业发放的贷款，通常为长期贷款。如国家开发政策性银行贷款是指执行国家政策性贷款业务的银行向企业发放的贷款，通常为长期贷款。如国家开发银行贷款，主要满足企业承建国家重点建设项目的资金需要，中国进出口信贷银行贷款，主要为大型设备的进出口提供买方信贷或卖方信贷；中国农业发展银行贷款，主要用于确保国家对粮、棉、油等政策性收购资金的供应。

商业银行贷款是指由各商业银行，如中国工商银行、中国建设银行、中国农业银行、中国银行等，向企业提供的贷款，用以满足企业生产经营的资金需要，包括短期贷款和长期贷款。

其他金融机构贷款，如从信托投资公司取得实物或货币形式的信托投资贷款，从财务公司取得的各种中长期贷款，从保险公司取得的贷款等。其他金融机构贷款一般较商业银行贷款的期限要长，要求的利率较高，对借款企业的信用要求和担保的选择比较严格。

(2) 按机构对贷款有无担保要求，分为信用贷款和担保贷款。

信用贷款是指以借款人的信誉或保证人的信用为依据而获得的贷款。企业取得这种贷款，无须以财产做抵押。对于这种贷款，由于风险较高，银行通常要收取较高的利息，往往还会附加一定的限制条件。

担保贷款是指由借款人或第三方依法提供担保而获得的贷款。担保包括保证责任、财产抵押、财产质押，由此，担保贷款包括保证贷款、抵押贷款和质押贷款三种基本类型。

保证贷款是指按《中华人民共和国担保法》规定的保证方式，以第三方作为保证人承诺在借款人不能偿还借款时，按约定承担一定保证责任或连带责任而取得的贷款。

抵押贷款是指按《中华人民共和国担保法》规定的抵押方式，以借款人或第三方的财产作为抵押物而取得的贷款。抵押，是指债务人或第三方并不转移对财产的占有，只将该财产作为对债权人的担保。债务人不能履行债务时，债权人有权将该财产折价或者以拍卖、变卖的价款优先受偿。作为贷款担保的抵押品，可以是不动产机器设备、交通运输工具等实物资产，可以是依法有权处分的土地使用权，也可以是股票、债券等有价证券等，它们必须是能够变现的资产。如果贷款到期借款企业不能或不愿偿还贷款，银行可取消企业对抵押品的赎回权。抵押贷款有利于降低银行贷款的风险，提高贷款的安全性。

质押贷款是指按《中华人民共和国担保法》规定的质押方式，以借款人或第三方的动产或财产权利作为质押物而取得的贷款。质押，是指债务人或第三方将其动产或财产权利移交给债权人占有，将该动产或财产权利作为债权的担保。债务人不履行债务时，债权人有权以该动产或财产权利折价或者以拍卖、变卖的价款优先受偿。作为贷款担保的质押品，可以是汇票、支票、债券、存款单、提单等信用凭证，可以是依法可以转让的股份、股票等有价证券，也可以是依法可以转让的商标专用权、专利权、著作权中的财产权等。

(3) 按企业取得贷款的用途，分为基本建设贷款、专项贷款和流动资金贷款。

基本建设贷款是指企业因从事新建、改建、扩建等基本建设项目需要资金而向银行申请借入的款项。

专项贷款是指企业因为专门用途而向银行申请借入的款项，包括更新改造技改贷款、大修理贷款、研发和新产品研制贷款、小型技术措施贷款、出口专项贷款、引进技术转让费周转金贷款、进口设备外汇贷款、进口设备人民币贷款及国内配套设备贷款等。

流动资金贷款是指企业为满足流动资金的需求而向银行申请借入的款项，包括流动资金借款、生产周转借款、临时借款、结算借款和卖方信贷。

2. 银行借款的程序

（1）提出申请，银行审批。企业根据筹资需求向银行提出书面申请，按银行要求的条件和内容填报借款申请书。银行按照有关政策和贷款条件，对借款企业进行信用审查，核准公司申请的借款金额和用款计划。银行审查的主要内容包括：公司的财务状况、信用情况、盈利的稳定性、发展前景、借款投资项目的可行性、抵押品和担保情况。

（2）签订合同，取得借款。借款申请获批准后，银行与企业进一步协商贷款的具体条件，签订正式的借款合同，规定贷款的数额、利率、期限和约束性条款。借款合同签订后，企业在核定的贷款指标范围内，根据用款计划和实际需要，一次或分次将贷款转入公司的存款结算户，以便使用。

3. 银行借款的筹资特点

（1）筹资速度快。与发行公司债券、融资租赁等债务筹资其他方式相比，银行借款的程序相对简单，所花时间较短，公司可以迅速获得所需资金。

（2）资本成本较低。利用银行借款筹资，一般都比发行债券和融资租赁的利息负担要低。而且，无须支付证券发行费用、租赁手续费用等筹资费用。

（3）筹资弹性较大。在借款之前，公司根据当时的资本需求与银行等贷款机构直接商定贷款的时间、数量和条件。在借款期间，若公司的财务状况发生变化，也可与债权人再协商，变更借款数量、时间和条件，或提前偿还本息。因此，借款筹资对公司具有较大的灵活性，特别是短期借款更是如此。

（4）限制条款多。与发行公司债券相比较，银行借款合同对借款用途有明确规定，通过借款的保护性条款，对公司资本支出额度、再筹资、股利支付等行为有严格的约束，以后公司的生产经营活动和财务政策必将受到一定程度的影响。

（5）筹资数额有限。银行借款的数额往往受到贷款机构资本实力的制约，难以像发行公司债券、股票那样一次筹集到大笔资金，无法满足公司大规模筹资的需要。

（二）发行公司债券

公司债券又称企业债券，是企业依照法定程序发行的、约定在一定期限内还本付息的有价证券。债券是债券持有者与债券发行人之间的债权债务关系。公司债权的书面证书，代表债券持券人与发债公司之间的债权债务关系。

1. 发行债券的条件

在我国，根据《中华人民共和国公司法》的规定，股份有限公司和有限责任公司，具有发行债券的资格。

根据《中华人民共和国证券法》的规定，公开发行公司债券，应当符合下列条件：① 股份有限公司的净资产不低于人民币3 000万元，有限责任公司的净资产不低于人民币6 000万元；② 累计债券余额不超过公司净资产的40%；③ 最近3年平均可分配利润足以支付公司债券1年的利息；④ 筹集的资金投向符合国家产业政策；⑤ 债券的利率不超过国务院限定的利率水平；⑥ 国务院规定的其他条件。

根据《中华人民共和国证券法》的规定，公司债券要上市交易，应当进一步符合下列条件：① 公司债券的期限为1年以上；② 公司债券实际发行额不少于人民币5 000万元；③ 公司申请债券上市时仍符合法定的公司债券发行条件。

2. 公司债券的种类

（1）按是否记名，分为记名债券和无记名债券。记名公司债券，应当在公司债券存根簿上载明债券持有人的姓名及住所、债券持有人取得债券的日期及债券的编号等信息。记名公司债券，由债券持有人以背书方式或者法律、行政法规规定的其他方式转让，转让后由公司将受让人的姓名或者名称及住所记载于公司债券存根簿上。

无记名公司债券，应当在公司债券存根簿上载明债券总额、利率、偿还期限和方式、发行日期及债券的编号。无记名公司债券的转让，由债券持有人将该债券交付给受让人后即发生转让的效力。

（2）按是否能够转换成公司股权，分为可转换债券与不可转换债券。可转换债券，是指债券持有者可以在规定的时间内按规定的价格转换为发债公司股票的一种债券。这种债券在发行时，对债券转换为股票的价格和比率等都做了详细规定。《中华人民共和国公司法》规定，可转换债券的发行主体是股份有限公司中的上市公司。

不可转换债券，是指不能转换为发债公司股票的债券，大多数公司债券属于这种类型。

（3）按有无特定财产担保，分为担保债券和信用债券。担保债券，是指以抵押方式担保发行人按期还本付息的债券，主要是指抵押债券。抵押债券按其抵押品的不同，又分为不动产抵押债券、动产抵押债券和证券信托抵押债券。

信用债券是无担保债券，是仅凭公司自身的信用发行的、没有抵押品做抵押担保的债券。在公司清算时，信用债券的持有人因无特定的资产做担保品，只能作为一般债权人参与剩余财产的分配。

3. 公司债券发行的程序

（1）做出发债决议。拟发行公司债券的公司，需要由公司董事会制订公司债券发行的方案，并由公司股东大会批准，做出决议。

（2）提出发债申请。根据《中华人民共和国证券法》的规定，公司申请发行债券由国务院证券监督管理部门批准。公司申请应提交公司登记证明、公司章程、公司募集办法、资产评估报告和验资报告等正式文件。

（3）公告募集办法。企业发行债券的申请经批准后，要向社会公告公司债券的募集办法。公司债券募集分为私募发行和公募发行。私募发行是以特定的少数投资者为指定对象发行债券，公募发行是在证券市场上以非特定的广大投资者为对象公开发行债券。

（4）委托证券经营机构发售。按照我国公司债券发行的相关法律规定，公司债券的公募发行采取间接发行方式。在这种发行方式下，发行公司与承销团签订承销协议。承销团由数家证券公司或投资银行组成，承销方式有代销和包销两种。代销是指承销机构代为推销债券，在约定期限内未售出的余额可退还发行公司，承销机构不承担发行风险。包销是由承销团先购入发行公司拟发行的全部债券，然后再售给社会上的投资者，如果约定期限内未能全部售出，余额要由承销团负责认购。

（5）交付债券，收缴债券款。债券购买人向债券承销机构付款购买债券，承销机构向购买人交付债券。然后，债券发行公司向承销机构收缴债券款，登记债券存根簿，并结算发行代理费。

4. 债券的偿还

债券的偿还按其实际发生与规定的到期日之间的关系，分为提前偿还与到期偿还，其中到期偿还又包括分批偿还和到期一次偿还。

（1）提前偿还。提前偿还又称提前赎回或收回，是指在债券尚未到期之前就予以偿还。只有在公司发行债券的条约中明确规定了有关允许提前偿还的条款，公司才可以进行此项操作。提前偿还所支付的价格通常要高于债券的面值，并随到期日的临近而逐渐下降。具有提前偿还条款的债券可使公司筹资有较大的弹性。当公司资金有结余时，可提前赎回债券；当预测利率下降时，也可提前赎回债券，而后以较低的利率来发行新债券。

（2）分批偿还。如果一个公司在发行同一种债券的当时就为不同编号或不同发行对象的债券规定了不同的到期日，这种债券就是分批偿还债券。因为各批债券的到期日不同，它们各自的发行价格和票面利率也可能不相同，从而导致发行费较高；但由于这种债券便于投资人挑选最合适的到期日，因而便于发行。

（3）到期一次偿还。在多数情况下，发行债券的公司在债券到期日，一次性归还债券本金，并结算债券利息。

5. 发行公司债券的筹资特点

（1）一次筹资数额大。利用发行公司债券筹资，能够筹集大额的资金，满足公司大规模筹资的需要。这是与银行借款、融资租赁等债务筹资方式相比，企业选择发行公司债券筹资的主要原因，大额筹资能够适应大型公司经营规模的需要。

（2）募集资金的使用限制条件少。与银行借款相比，发行债券募集的资金在使用上具有相对灵活性和自主性。特别是发行债券所筹集的大额资金，能够用于流动性较差的公司长期资产上。从资金使用的性质来看，银行借款一般期限短、额度小，主要用途为增加适量存货或增加小型设备等。反之，期限较长、额度较大，用于公司扩展、增加大固定资产和基本建设投资的需求多采用发行债券方式筹资。

（3）资本成本负担较高。相对于银行借款筹资，发行债券的利息负担和筹资费用都比较高，而且债券不能像银行借款一样进行债务展期，加上大额的本金和较高的利息，在固定的到期日，将会对公司现金流量产生巨大的财务压力。不过，尽管公司债券的利息比银行借款高，但公司债券的期限长、利率相对固定。在预计市场利率持续上升的金融市场环境下，发行公司债券筹资，能够锁定资本成本。

（4）提高公司的社会声誉。公司债券的发行主体，有严格的资格限制。发行公司债券，往往是股份有限公司和有实力的有限责任公司所为。通过发行公司债券，一方面筹集了大量资金，另一方面也扩大了公司的社会影响。

(三) 债务筹资的优缺点

1. 债务筹资的优点

(1) 筹资速度较快。与股权筹资相比,债务筹资不需要经过复杂的审批手续和证券发行程序,如银行借款、融资租赁等,可以迅速地获得资金。

(2) 筹资弹性较大。发行股票等股权筹资,一方面需要经过严格的政府审批,另一方面从企业的角度出发,由于股权不能退还,股权资本在未来永久性地给企业带来了资本成本的负担。利用债务筹资,可以根据企业的经营情况和财务状况,灵活地商定债务条件,控制筹资数量,安排取得资金的时间。

(3) 资本成本负担较轻。一般来说,债务筹资的资本成本要低于股权筹资。其一是取得资金的手续费用等筹资费用较低;其二是利息、租金等用资费用比股权资本要低;其三是利息等资本成本可以在税前支付。

(4) 可以利用财务杠杆。债务筹资不改变公司的控制权,因而股东不会因为控制权稀释而反对公司举债。债权人从企业那里只能获得固定的利息或租金,不能参加公司剩余收益的分配。当企业的资本收益率(息税前利润率)高于债务利率时,会增加普通股股东的每股收益,提高净资产收益率,提升企业价值。

(5) 稳定公司的控制权。债权人无权参加企业的经营管理,利用债务筹资不会改变和分散股东对公司的控制权。在信息沟通与披露等公司治理方面,债务筹资的代理成本也较低。

2. 债务筹资的缺点

(1) 不能形成企业稳定的资本基础。债务资本有固定的到期日,到期需要偿还,只能作为企业的补充性资本来源。再加上取得债务往往需要进行信用评级,没有信用基础的企业和新创企业,往往难以取得足额的债务资本。现有债务资本在企业的资本结构中达到一定比例后,往往由于财务风险而不容易再取得新的债务资金。

(2) 财务风险较大。债务资本有固定的到期日,有固定的债息负担,抵押、质押等担保方式取得的债务,资本使用上可能会有特别的限制。这些都要求企业必须保证有一定的偿债能力,要保持资产流动性及其资产收益水平,作为债务清偿的保障,对企业的财务状况提出了更高的要求,否则会给企业带来财务危机,甚至导致企业的破产。

(3) 筹资数额有限。债务筹资的数额往往受到贷款机构资本实力的制约,除发行债券方式外,一般难以像发行股票那样一次筹集到大笔资金,无法满足公司大规模筹资的需要。

三、可转换债券

可转换债券是一种混合型证券,是公司普通债券与证券期权的组合体。可转换债券的持有人在一定期限内,可以按照事先规定的价格或者转换比例,自由地选择是否转换为公司普通股。

一般来说,可转换债券可以分为两类:一类是不可分离的可转换债券,其转股权与债券不可分离,债券持有者直接按照债券面额和约定的转股价格,在规定的期限内将债券转换为股票；另一类是可分离交易的可转换债券，这类债券在发行时附有认股权证，是认股权证与公司债券的组合，发行上市后，公司债券和认股权证各自独立流通、交易。认股权证的持有者认购股票时，需要按照认购价格（行权价）出资购买股票。

（一）可转换债券的基本性质

1. 证券期权性

可转换债券给予了债券持有者未来的选择权，在事先约定的期限内，投资者可以选择将债券转换为普通股票，也可以放弃转换权利，持有至债券到期还本付息。由于可转换债券持有人具有在未来按一定的价格购买股票的权利，因此可转换债券实质上是一种未来的买入期权。

2. 资本转换性

可转换债券在正常持有期，属于债权性质；转换成股票后，属于股权性质。如果在债券的转换期内，持有人没有将其转换为股票，发行企业到期必须无条件地支付本金和利息。转换成股票后，债券持有人成为企业的股权投资者。资本双重性的转换，取决于投资者是否行权。

3. 赎回与回售

可转换债券一般都会有赎回条款，发债公司在可转换债券转换前，可以按一定条件赎回债券。通常，公司股票价格在一段时期内连续高于转股价格达到某一幅度时，公司会按事先约定的价格买回未转股的可转换公司债券。同样，可转换债券一般也会有回售条款，公司股票价格在一段时期内连续低于转股价格达到某一幅度时，债券持有人可按事先约定的价格将所持债券回售给发行公司。

（二）可转换债券的基本要素

可转换债券的基本要素是指构成可转换债券基本特征的必要因素，它们代表了可转换债券与一般债券的区别。

1. 标的股票

可转换债券转换期权的标的物是可转换成的公司股票。标的股票一般是发行公司自己的普通股票，不过也可以是其他公司的股票，如该公司的上市子公司的股票。

2. 票面利率

可转换债券的票面利率一般会低于普通债券的票面利率，有时甚至还低于同期银行存款利率。因为在可转换债券的投资收益中，除了债券的利息收益外，还附加了股票买入期权的收益部分。一个设计合理的可转换债券，在大多数情况下其股票买入期权的收益足以弥补债券利息收益的差额。

3. 转换价格

转换价格是指可转换债券在转换期内据以转换为普通股的折算价格，即将可转换债券转换为普通股的每股普通股的价格。如每股 30 元，即指可转换债券转股时，将债券金额按每股 30 元转换为相应股数的股票。由于可转换债券在未来可以行权转换成股票，在债券发售时，所确定的转换价格一般比发售日股票市场价格高出一定比例，如高出

10%~30%。

4. 转换比率

转换比率是指每一张可转换债券在既定的转换价格下能转换为普通股股票的数量。在债券面值和转换价格确定的前提下，转换比率为债券面值与转换价格之商。

5. 转换期

转换期指的是可转换债券持有人能够行使转换权的有效期限。可转换债券的转换期可以与债券的期限相同，也可以短于债券的期限。转换期间的设定通常有4种情形：债券发行日至到期日、发行日至到期前、发行后某日至到期日、发行后某日至到期前。至于选择哪种，要看公司的资本使用状况、项目情况、投资者要求等。由于转换价格高于公司发债时股价，投资者一般不会在发行后立即行使转换权。

6. 赎回条款

赎回条款是指发债公司按事先约定的价格买回未转股债券的条件规定，赎回一般发生在公司股票价格一段时期内连续高于转股价格达到某一幅度时。赎回条款通常包括：不可赎回期间与赎回期间、赎回价格（一般高于可转换债券的面值）、赎回条件（分为无条件赎回和有条件赎回）等。

发债公司在赎回债券之前，要向债券持有人发出赎回通知，要求他们在将债券转股与卖回给发债公司之间做出选择。在一般情况下，投资者大多会将债券转换为普通股。可见，设置赎回条款最主要的功能是强制债券持有者积极行使转股权，因此又被称为加速条款。同时也能使发债公司避免在市场利率下降后，继续向债券持有人按照较高的票面利率支付利息所蒙受的损失。

7. 回售条款

回售条款是指债券持有人有权按照事先约定的价格将债券卖回给发债公司的条件规定。回售一般发生在公司股票价格在一段时期内连续低于转股价格达到某一幅度时。回售对于投资者而言实际上是一种卖权，有利于降低投资者的持券风险。与赎回一样，回售条款也有回售时间、回售价格和回售条件等规定。

8. 强制性转换条款

强制性转换条款是指在某些条件具备之后，债券持有人必须将可转换债券转换为股票，无权要求偿还债券本金的条件规定。可转换债券发行之后，其股票价格可能出现巨大波动。如果股价长期低于转股价格，又未设计赎回条款，投资者不会转股。在这种情况下，公司可设置强制性转换条款保证可转换债券顺利地转换成股票，预防投资者到期集中挤兑引发公司破产的悲剧。

（三）可转换债券的发行条件

根据《上市公司证券发行管理办法》的规定，上市公司发行可转换债券，除了应当符合增发股票的一般条件之外，还应当符合以下条件。

（1）最近3个会计年度加权平均净资产收益率平均不低于6%。扣除非经常性损益后的净利润与扣除前的净利润相比，以低者作为加权平均净资产收益率的计算依据。

（2）本次发行后累计公司债券余额不超过最近一期期末净资产额的40%。

(3) 最近 3 个会计年度实现的年均可分配利润不少于公司债券 1 年的利息。

根据《上市公司证券发行管理办法》的规定，发行分离交易的可转换公司债券，除符合公开增发股票的一般条件外，还应当符合的规定包括：公司最近一期末经审计的净资产不低于人民币 15 亿元；最近 3 个会计年度实现的年均可分配利润不少于公司债券 1 年的利息；最近 3 个会计年度经营活动产生的现金流量净额平均不少于公司债券 1 年的利息；本次发行后累计公司债券余额不超过最近一期末净资产额的 40%，预计所附认股权全部行权后募集的资金总量不超过拟发行公司债券金额等。分离交易的可转换公司债券募集说明书应当约定，上市公司改变公告的募集资金用途的，赋予债券持有人一次回售的权利。

所附认股权证的行权价格应不低于公告募集说明书日前 20 个交易日公司股票均价和前 1 个交易日的均价；认股权证的存续期间不超过公司债券的期限，自发行结束之日起不少于 6 个月；募集说明书公告的权证存续期限不得调整；认股权证自发行结束至少已满 6 个月起方可行权，行权期间为存续期限届满前的一段期间，或者是存续期限内的特定交易日。

(四) 可转换债券的筹资特点

1. 筹资灵活性

可转换债券是将传统的债务筹资功能和股票筹资功能结合起来，筹资性质和时间上具有灵活性。债券发行企业先以债务方式取得资金，到了债券转换期，如果股票市价较高，债券持有人将会按约定的价格转换为股票，避免了企业还本付息的负担。如果公司股票长期低迷，投资者不愿意将债券转换为股票，企业及时还本付息清偿债务，也能避免未来长期的股东资本成本负担。

2. 资本成本较低

可转换债券的利率低于同一条件下普通债券的利率，降低了公司的筹资成本。此外，在可转换债券转换为普通股时，公司无须另外支付筹资费用，又节约了股票的筹资成本。

3. 筹资效率高

可转换债券在发行时，规定的转换价格往往高于当时本公司的股票价格。如果这些债券将来都转换成了股权，这相当于在债券发行之际，就以高于当时股票市价的价格新发行了股票，以较少的股份代价筹集了更多的股份资金。因此在公司发行新股时机不佳时，可以先发行可转换债券，以便其将来变相发行普通股。

4. 存在一定的财务压力

可转换债券存在不转换的财务压力。如果在转换期内公司股价处于恶化性的低位，持券者到期不会转股，会造成公司集中兑付债券本金而带来的财务压力。可转换债券还存在回售的财务压力。若可转换债券发行后，公司股价长期低迷，在设计有回售条款的情况下，投资者集中在一段时间内将债券回售给发行公司，加大了公司的财务支付压力。

【例 4-1】某特种钢股份有限公司为 A 股上市公司，20×7 年为调整产品结构，公司拟分两阶段投资建设某特种钢生产线,以填补国内空白。该项目第一期计划投资 20 亿元,第二期计划投资 18 亿元,公司制订了发行分离交易可转换公司债券的融资计划。

经有关部门批准,公司于 20×7 年 2 月 1 日按面值发行了 2 000 万张、每张面值为 100 元的分离交易可转换公司债券,合计 20 亿元,债券期限为 5 年,票面年利率为 1%(如果单独按面值发行一般公司债券,票面年利率需要设定为 6%),按年计息。同时,每张债券的认购人获得公司派发的 15 份认股权证,权证总量为 30 000 万份,该认股权证为欧式认股权证;行权比例为 2∶1(2 份认股权证可认购 1 股 A 股股票),行权价格为 12 元/股。认股权证存续期为 24 个月(20×7 年 2 月 1 日至 20×9 年 2 月 1 日),行权期为认股权证存续期最后 5 个交易日(行权期间权证停止交易)。假定债券和认股权证发行当日即上市。

公司 20×7 年年末 A 股总数为 20 亿股(当年未增资扩股),当年实现净利润 9 亿元。假定公司 20×8 年上半年实现基本每股收益 0.30 元,上半年公司股价一直维持在 10 元/股左右。预计认股权证行权期截止前夕,每份认股权证价格将为 1.5 元(公司市盈率维持在 20 倍的水平)。

根据上述资料,计算分析如下。

第一,发行分离交易的可转换公司债券后,20×7 年可节约的利息支出为:
$$20 \times (6\% - 1\%) \times 11/12 = 0.92（亿元）$$

第二,20×7 年公司基本每股收益为:
$$9/20 = 0.45（元/股）$$

第三,为实现第二次融资,必须促使权证持有人行权,为此股价应当达到的水平为 12 元。
$$20×8 年基本每股收益应达到的水平 = 12/20 = 0.60（元）$$

第四,公司发行分离交易可转换公司债券的主要目标是分两阶段融通项目第一期、第二期所需资金,特别是努力促使认股权证持有人行权,以实现发行分离交易可转换公司债券的第二次融资;主要风险是第二次融资时,股价低于行权价格,投资者放弃行权,导致第二次融资失败。

第五,公司为了实现第二次融资目标,应当采取的具体财务策略主要有:
(1) 最大限度地发挥生产项目的效益,改善经营业绩。
(2) 改善与投资者的关系及社会公众形象,提升公司股价的市场表现。

四、认股权证

认股权证是一种由上市公司发行的证明文件,持有人有权在一定时间内以约定价格认购该公司发行的一定数量的股票。广义的权证(warrant),是一种持有人有权于某一特定期间或到期日,按约定的价格认购或估出一定数量的标的资产的期权。按买或卖的不同权利,可分为认购权证和认估权证,又称为看涨权证和看跌权证。认股权证,属于认购权证。

(一) 认股权证的基本性质

1. 认股权证的期权性

认股权证本质上是一种股票期权，属于衍生金融工具，具有实现融资和股票期权激励的双重功能。但认股权证本身是一种认购普通股的期权，它没有普通股的红利收入，也没有普通股相应的投票权。

2. 认股权证是一种投资工具

投资者可以通过购买认股权证获得市场价与认购价之间的股票差价收益，因此它是一种具有内在价值的投资工具。

(二) 认股权证的筹资特点

1. 认股权证是一种融资促进工具

认股权证的发行人是发行标的股票的上市公司，认股权证通过以约定价格认购公司股票的契约方式，能保证公司在规定的期限内完成股票发行计划，顺利实现融资。

2. 有助于改善上市公司的治理结构

采用认股权证进行融资，融资的实现是缓期分批实现的。上市公司及其大股东的利益，与投资者是否在到期之前执行认股权证密切相关。因此，在认股权证有效期间，上市公司管理层及其大股东任何有损公司价值的行为，都可能降低上市公司的股价，从而降低投资者执行认股权证的可能性，这将损害上市公司管理层及大股东的利益。所以，认股权证能够约束上市公司的败德行为，并激励他们更加努力地提升上市公司的市场价值。

3. 有利于推进上市公司的股权激励机制

认股权证是常用的员工激励工具，通过给予管理者和重要员工一定的认股权证，可以把管理者和员工的利益与企业价值成长紧密联系在一起，建立一个管理者与员工通过提升企业价值实现自身财富增值的利益驱动机制。

五、优先股

优先股是指股份有限公司发行的具有优先权利、相对优先于一般普通种类股份的股份种类。在利润分配及剩余财产清偿分配的权利方面，优先股持有人优先于普通股股东。但在参与公司决策管理等方面，优先股的权利受到限制。

(一) 优先股的基本性质

1. 约定股息

相对于普通股而言，优先股的股利收益是事先约定的，也是相对固定的。由于优先股的股息率事先已做规定，因此优先股的股息一般不会根据公司经营情况而变化，而且优先股一般也不再参与公司普通股的利润分红。但优先股的固定股息率各年可以不同，另外，优先股也可以采用浮动股息率分配利润。公司章程中规定优先股采用固定股息率的，可以在优先股存续期内采取相同的固定股息率，或明确每年的固定股息率，各年度的股息率可以不同；公司章程中规定优先股采用浮动股息率的，应当明确优先股存续期内票面股息率的计算方法。

2. 权利优先

优先股在年度利润分配和剩余财产清偿分配方面，具有比普通股股东优先的权利。优先股可以先于普通股获得股息，公司的可分配利润先分给优先股，剩余部分再分给普通股。在剩余财产方面，优先股的清偿顺序先于普通股而次于债权人。一旦公司处于清算阶段，剩余财产先分给债权人，再分给优先股股东，最后分给普通股股东。

优先股的优先权利是相对于普通股而言的，与公司债权人不同，优先股股东不可以要求经营成果不佳、无法分配股利的公司支付固定股息；优先股股东也不可以要求无法支付股息的公司进入破产程序，不能向人民法院提出企业重整、和解或者破产清算申请。

3. 权利范围小

优先股股东一般没有选举权和被选举权，对股份公司的重大经营事项无表决权。仅在股东大会表决与优先股股东自身利益直接相关的特定事项时，具有有限表决权，例如，修改公司章程中与优先股股东利益相关的事项条款时，优先股股东有表决权。

（二）优先股的种类

1. 固定股息率优先股和浮动股息率优先股

优先股股息率在股权存续期内不做调整的，称为固定股息率优先股。优先股股息率根据约定的计算方法进行调整的，称为浮动股息率优先股。优先股采用浮动股息率的，在优先股存续期内票面股息率的计算方法在公司章程中要事先明确。

2. 强制分红优先股与非强制分红优先股

公司在章程中规定，在有可分配税后利润时必须向优先股股东分配利润的，称为强制分红优先股，否则即为非强制分红优先股。

3. 累积优先股和非累积优先股

根据公司因当年可分配利润不足而未向优先股股东足额派发股息，差额部分是否累积到下一会计年度，可分为累积优先股和非累积优先股。累积优先股是指公司在某一时期所获盈利不足，导致当年可分配利润不足以支付优先股股息时，则将应付股息累积到次年或以后某一年盈利时，在普通股的股息发放之前，连同本年优先股股息一并发放。非累积优先股则是指公司不足以支付优先股的全部股息时，对所欠股息部分，优先股股东不能要求公司在以后年度补发。

4. 参与优先股和非参与优先股

根据优先股股东按照确定的股息率分配股息后，是否有权同普通股股东一起参加剩余税后利润分配，可分为参与优先股和非参与优先股。持有人除可按规定的股息率优先获得股息外，还可与普通股股东分享公司的剩余收益的优先股，称为参与优先股。持有人只能获取一定股息但不能参加公司额外分红的优先股，称为非参与优先股。对于有权同普通股股东一起参加剩余利润分配的参与优先股，公司章程应明确优先股股东参与剩余利润分配的比例、条件等事项。

5. 可转换优先股和不可转换优先股

根据优先股是否可以转换成普通股，可分为可转换优先股和不可转换优先股。可转换优先股是指在规定的时间内，优先股股东或发行人可以按照一定的转换比率把优先股换成该公司普通股，否则是不可转换优先股。

6. 可回购优先股和不可回购优先股

根据发行人或优先股股东是否享有要求公司回购优先股的权利，可分为可回购优先股和不可回购优先股。可回购优先股是指允许发行公司按发行价加上一定比例的补偿收益回购的优先股。公司通常在认为可以用较低股息率发行新的优先股时，用此方法回购已发行的优先股股票。不附有回购条款的优先股，则被称为不可回购优先股。回购优先股包括发行人要求赎回优先股和投资者要求回售优先股两种情况，应在公司章程和招股文件中规定其具体条件。发行人要求赎回优先股的，必须完全支付所欠股息。

根据我国 2014 年起实行的《优先股试点管理办法》，优先股每股票面金额为 100 元；上市公司不得发行可转换为普通股的优先股；上市公司公开发行的优先股，应当在公司章程中规定以下事项：

（1）采取固定股息率。
（2）在有可分配税后利润的情况下必须向优先股股东分配股息。
（3）未向优先股股东足额派发股息的差额部分应当累积到下一会计年度。
（4）优先股股东按照约定的股息率分配股息后，不再同普通股股东一起参加剩余利润分配。

（三）优先股的特点

优先股既像公司债券，又像公司股票，优先股筹资属于混合筹资，其筹资特点兼有债务筹资和股权筹资性质。

1. 有利于丰富资本市场的投资结构

优先股有利于为投资者提供多元化投资渠道，增加固定收益型产品。看重现金红利的投资者可投资优先股，而希望分享公司经营成果成长的投资者则可以选择普通股。

2. 有利于股份公司股权资本结构的调整

发行优先股，是股份公司股权资本结构调整的重要方式。公司资本结构调整中，既包括债务资本和股权资本的结构调整，也包括股权资本的内部结构调整。

3. 有利于保障普通股收益和控制权

优先股的每股收益是固定的，只要净利润增加并且高于优先股股息，普通股的每股收益就会上升。另外，优先股股东无表决权，因此不影响普通股股东对企业的控制权，也基本上不会稀释原普通股的权益。

4. 有利于降低公司财务风险

优先股股利不是公司必须偿付的一项法定债务，如果公司财务状况恶化、经营成果不佳，这种股利可以不支付，从而相对避免了企业的财务负担。由于优先股没有规定最终到期日，它实质上是一种永久性借款。优先股的收回由企业决定，企业可以在有利条件下收回优先股，具有较大的灵活性。发行优先股，增加了权益资本，从而改善了公司的财务状况。对于高成长企业来说，承诺给优先股的股息与其成长性相比而言是比较低的。同时，由于发行优先股相当于发行无限期的债券，可以获得长期的低成本资金，但优先股又不是负债而是权益资本，能够提高公司的资产质量。总之，从财务角度来看，优先股属于股债联结产品。作为资本，可以降低企业整体负债率；作为负债，可以增加长期资金来源，有利于公司的长久发展。

5. 可能给股份公司带来一定的财务压力

首先是资本成本相对于债务较高。主要是由于优先股股息不能抵减所得税，而债务利息可以抵减所得税。这是利用优先股筹资的最大不利因素。其次是股利支付相对于普通股的固定性。针对固定股息率优先股、强制分红优先股、可累积优先股而言，股利支付的固定性可能成为企业的一项财务负担。

第三节 资金需求量预测

资金的需求量是筹资的数量依据，应当科学合理地进行预测。筹资数量预测的基本目的是保证筹集的资金既能满足生产经营的需要，又不会产生资金多余而闲置。

一、因素分析法

因素分析法又称分析调整法，是以有关项目基期年度的平均资金需求量为基础，根据预测年度的生产经营任务和资金周转加速的要求，进行分析调整，来预测资金需求量的一种方法。这种方法计算简便，容易掌握，但预测结果不太精确。它通常用于品种繁多、规格复杂、资金用量较小的项目。因素分析法的计算公式为：

资金需求量 =（基期资金平均占用额 - 不合理资金占用额）×（1 + 预测期销售增长率）×（1 - 预测期资金周转速度增长率） (4-1)

【例4-2】 甲企业上年度资金平均占用额为 2 200 万元，经分析，其中不合理部分为 200 万元，预计本年度销售增长 5%，资金周转加速 2%。则：

预测本年度资金需求量 =（2 200 - 200）×（1 + 5%）×（1 - 2%）= 2 058（万元）

二、销售百分比法

（一）基本原理

销售百分比法，是指假设某些资产和负债与销售额存在稳定的百分比关系，根据这个假设预计外部资金需求量的方法。企业的销售规模扩大时，要相应增加流动资产；如果销售规模增加很多，还必须增加长期资产。为取得扩大销售所需增加的资产，企业需要筹措资金。这些资金，一部分来自随销售收入同比例增加的流动负债，还有一部分来自预测期的收益留存，另一部分通过外部筹资取得。

销售百分比法，将反映生产经营规模的销售因素与反映资金占用的资产因素联结起来，根据销售与资产之间的数量比例关系来预计企业的外部筹资需求量。销售百分比法首先假设某些资产与销售额存在稳定的百分比关系，根据销售与资产的比例关系预计资产额，根据资产额预计相应的负债和所有者权益，进而确定筹资需求量。

（二）基本步骤

1. 确定随销售额变动而变动的资产和负债项目

随着销售额的变化，经营性资产项目将占用更多的资金。同时，随着经营性资产的增加，相应的经营性短期债务也会增加，如存货增加会导致应付账款增加，此类债务称为"自动性债务"，可以为企业提供暂时性资金。经营性资产与经营性负债的差额通常与销售额保持稳定的比例关系。这里，经营性资产项目包括库存现金、应收账款、存货等项目；而经营负债项目包括应付票据、应付账款等项目，不包括短期借款、短期融资券、长期负债等筹资性负债。

2. 确定有关项目与销售额的稳定比例关系

如果企业资金周转的营运效率保持不变，经营性资产项目与经营性负债项目将会随销售额的变动而呈正比例变动，保持稳定的百分比关系。企业应当根据历史资料和同业情况，剔除不合理的资金占用，寻找与销售额的稳定的百分比关系。

3. 确定需要增加的筹资数量

预计因销售增长而需要的资金需求增长额，扣除利润留存后，即为所需要的外部筹资额。即有：

$$外部融资需求量 = \frac{A}{S_1} \times \Delta S - \frac{B}{S_1} \times \Delta S - P \times E \times S_2 \tag{4-2}$$

式中，A 为随销售而变化的敏感性资产；B 为随销售而变化的敏感性负债；S_1 为基期销售额；S_2 为预测期销售额；ΔS 为销售变动额；P 为销售净利率；E 为利润留存率；$\frac{A}{S_1}$ 为敏感资产与销售额的关系百分比；$\frac{B}{S_1}$ 为敏感负债与销售额的关系百分比。

需要说明的是，如果非敏感性资产增加，则外部筹资需求量也应相应增加。

【例 4-3】 光华公司 20×8 年 12 月 31 日的简要资产负债及相关信息如表 4-1 所示。假定光华公司 20×8 年销售额为 10 000 万元，销售净利率为 10%，利润留存率为 40%。20×9 年销售额预计增长 20%，公司有足够的生产能力，无须追加固定资产投资。

表 4-1 光华公司资产负债及相关信息表

20×8 年 12 月 31 日　　　　　　　　　　　　　（单位：万元）

资产	金额	与销售关系	负债与权益	金额	与销售关系
现金	500	5%	短期借款	2 500	N
应收账款	1 500	15%	应付账款	1 000	10%
存货	3 000	30%	其他应付款	500	5%
固定资产	3 000	N	公司债券	1 000	N
			实收资本	2 000	N
			留存收益	1 000	N
合计	8 000	50%	合计	8 000	15%

首先，确定有关项目及其与销售额的关系百分比。在表 4-1 中，N 表示不变动，指该项目不随销售的变化而变化。

其次，确定需要增加的资金量。从表 4-1 可以看出，销售收入每增加 100 元，必须增加 50 元的资金占用，但同时自动增加 15 元的资金来源，两者差额的 35% 产生了资金需求。因此，每增加 100 元的销售收入，公司必须取得 35 元的资金来源，销售额从 10 000 万元增加到 12 000 万元，增加了 2 000 万元，按照 35% 的比率可预测将增加 700 万元的资金需求。

最后，确定外部融资需求的数量。20×9 年的净利润为 1 200（=12 000×10%）万元，利润留存率为 40%，则将有 480 万元利润被留存下来，还有 220 万元的资金必须从外部筹集。

根据光华公司的资料，可求得外部融资的需求量为：

外部融资需求量 = 50% × 2 000 − 15% × 2 000 − 10% × 40% × 12 000 = 220（万元）

销售百分比法的优点，是能为筹资管理提供短期预计的财务报表，以适应外部筹资的需要，且易于使用。但在有关因素发生变动的情况下，必须相应地调整原有的销售百分比。

三、资金习性预测法

资金习性预测法，是指根据资金习性预测未来资金需求量的一种方法。所谓资金习性，是指资金的变动同产销量变动之间的依存关系。按照资金同产销量之间的依存关系，可以把资金区分为不变资金、变动资金和半变动资金。

不变资金是指在一定的产销量范围内，不受产销量变动的影响而保持固定不变的那部分资金。也就是说，产销量在一定范围内变动，这部分资金保持不变。这部分资金包括为维持营业而占用的最低数额的现金、原材料的保险储备、必要的成品储备、厂房与机器设备等固定资产占用的资金。

变动资金是指随产销量的变动而同比例变动的那部分资金，一般包括直接构成产品实体的原材料、外购件等占用的资金。另外，在最低储备以外的现金、存货、应收账款等也具有变动资金的性质。

半变动资金是指虽然受产销量变化的影响，但不成同比例变动的资金，如一些辅助材料上占用的资金。半变动资金可采用一定的方法划分为不变资金和变动资金两部分。

（一）根据资金占用总额与产销量的关系预测

这种方式是根据历史上企业资金占用总额与产销量之间的关系，把资金分为不变和变动两部分，然后结合预计的销售量来预测资金需求量。

设产销量为自变量 x，资金占用为因变量 Y，它们之间的关系可用下式表示：

$$Y = a + bx \tag{4-3}$$

式中，a 为不变资金；b 为单位产销量所需变动资金。

可见，只要求出 a 和 b，并知道预测期的产销量，就可以用式（4-3）测算资金需求情况。a 和 b 可用回归直线方程组求出。

【例4-4】 某企业20×3年至20×8年历年产销量和资金变化情况如表4-2所示，根据表4-2整理出资金需求量预测表（见表4-3）。20×9年预计销售量为1 500万件，需要预计20×9年的资金需求量。

表4-2 产销量和资金变化情况表

年　度	产销量（X，万件）	资金占用（Y，万元）
20×3	1 200	1 000
20×4	1 100	950
20×5	1 000	900
20×6	1 200	1 000
20×7	1 300	1 050
20×8	1 400	1 100

表4-3 资金需求量预测表（按总额预测）

年　度	产销量（X，万件）	资金占用（Y，万元）	XY	X^2
20×3	1 200	1 000	1 200 000	1 440 000
20×4	1 100	950	1 045 000	1 210 000
20×5	1 000	900	900 000	1 000 000
20×6	1 200	1 000	1 200 000	1 440 000
20×7	1 300	1 050	1 365 000	1 690 000
20×8	1 400	1 100	1 540 000	1 960 000
合计 $n=6$	$\sum X = 7 200$	$\sum Y = 6 000$	$\sum XY = 7 250 000$	$\sum X^2 = 8 740 000$

$$a = \frac{\sum X^2 \times \sum Y - \sum X \times \sum XY}{n \sum X^2 - (\sum X)^2} = 400$$

$$b = \frac{n \sum XY - \sum X \sum Y}{n \sum X^2 - (\sum X)^2} = 0.5$$

解得：$Y = 400 + 0.5x$

把20×9年预计销售量1 500万件代入上式，得出20×9年资金需求量为：

$$400 + 0.5 \times 1 500 = 1 150（万元）$$

（二）采用逐项分析法预测

这种方式是根据各资金占用项目（如现金、存货、应收账款、固定资产）和资金来源项目同产销量之间的关系，把各项目的资金都分成变动和不变两部分，然后汇总在一起，求出企业变动资金总额和不变资金总额，进而来预测资金需求量。

【例4-5】 某企业20×3年至20×7年历年现金占用与销售额变化情况如表4-4所示，需要根据两者的关系，来计算现金占用项目中不变资金和变动资金的数额。

表 4-4 现金占用与销售额变化情况表 （单位：元）

年　度	销售收入（X）	现金占用（Y）
20×3	2 000 000	110 000
20×4	2 400 000	130 000
20×5	2 600 000	140 000
20×6	2 800 000	150 000
20×7	3 000 000	160 000

根据表 4-4 的资料，采用高低点法来计算现金占用项目中不变资金和变动资金的数额。

$$b = \frac{\text{最高收入期的资金占用量} - \text{最低收入期的资金占用量}}{\text{最高销售收入} - \text{最低销售收入}}$$

$$= \frac{160\,000 - 110\,000}{3\,000\,000 - 2\,000\,000} = 0.05$$

将 $b = 0.05$ 的数据代入 20×7 年 $Y = a + bx$，得：

$$a = 160\,000 - 0.05 \times 3\,000\,000 = 10\,000 \text{（元）}$$

存货、应收账款、流动负债、固定资产等也可根据历史资料做这样的划分，然后汇总列于表 4-5 中。

表 4-5 资金需求量预测表（分项预测） （单位：元）

项　目	年度不变资金（U）	每 1 元销售收入所需变动资金（b）
流动资产		
现金	10 000	0.05
应收账款	60 000	0.14
存货	100 000	0.22
小计	170 000	0.41
减：流动负债		
应付账款及应付费用	80 000	0.11
净资金占用	90 000	0.30
固定资产		
厂房、设备	510 000	0
所需资金合计	600 000	0.30

根据表 4-5 的资料得出预测模型为：

$$Y = 600\,000 + 0.30x$$

如果 20×8 年的预计销售额为 3 500 000 元，则：

20×8 年的资金需求量 = $600\,000 + 0.30 \times 3\,500\,000 = 1\,650\,000$（元）

进行资金习性分析，把资金划分为变动资金和不变资金两部分，从数量上掌握了资金同销售量之间的规律性，对准确地预测资金需求量有很大帮助。

运用线性回归法必须注意以下几个问题：① 资金需求量与营业业务量之间线性关系的假定应符合实际情况；② 确定 a、b 数值，应利用连续若干年的历史资料，一般要有 3 年以上的资料；③ 应考虑价格等因素的变动情况。

第四节 资本成本与资本结构

一、资本成本的含义与作用

资本成本是衡量资本结构优化程度的标准，也是对投资获得经济效益的最低要求，通常用资本成本率表示。企业所筹得的资本付诸使用以后，只有项目的投资收益率高于资本成本率，才能表明所筹集的资本取得了较好的经济效益。

（一）资本成本的含义

资本成本是指企业为筹集和使用资本而付出的代价，包括筹资费用和占用费用。资本成本是资本所有权与资本使用权分离的结果。对出资者而言，由于让渡了资本使用权，必须要求取得一定的补偿，资本成本表现为让渡资本使用权所带来的投资收益。对筹资者而言，由于取得了资本使用权，必须支付一定代价，资本成本表现为取得资本使用权所付出的代价。资本成本可以用绝对数表示，也可以用相对数表示。用绝对数表示的资本成本，主要由以下两个部分构成。

1. 筹资费

筹资费是指企业在资本筹措过程中为获取资本而付出的代价，如向银行支付的借款手续费，因发行股票、公司债券而支付的发行费等。筹资费用通常在资本筹集时一次性发生，在资本使用过程中不再发生，因此，视为筹资数额的一项扣除。

2. 占用费

占用费是指企业在资本使用过程中因占用资本而付出的代价，如向银行等债权人支付的利息，向股东支付的股利等。占用费用是因为占用了他人资金而必须支付的，是资本成本的主要内容。

（二）资本成本的作用

1. 资本成本是比较筹资方式、选择筹资方案的依据

各种资本的资本成本率，是比较、评价各种筹资方式的依据。在评价各种筹资方式时，一般会考虑的因素包括对企业控制权的影响、对投资者吸引力的大小、融资的难易和风险、资本成本的高低等，而资本成本是其中的重要因素。当其他条件相同时，企业筹资应选择资本成本率最低的方式。

2. 平均资本成本是衡量资本结构是否合理的重要依据

企业财务管理目标是企业价值最大化，企业价值是企业资产带来的未来现金流量的贴现值。计算企业价值时，经常采用企业的平均资本成本作为贴现率，当平均资本成本最小时，企业价值最大，此时的资本结构是企业理想的资本结构。

3. 资本成本是评价投资项目可行性的主要标准

任何投资项目，如果它预期的投资收益率超过该项目使用资金的资本成本率，则该项目在经济上就是可行的。因此，资本成本率是企业用以确定项目要求达到的投资收益率的最低标准。

4. 资本成本是评价企业整体业绩的重要依据

一定时期企业资本成本率的高低，不仅反映企业筹资管理的水平，还可作为评价企业整体经营业绩的标准。企业的生产经营活动，实际上就是所筹集资本经过投放后形成资产的营运，企业的总资产税后收益率应高于其平均资本成本率，这样才能带来剩余收益。

二、影响资本成本的因素

（一）总体经济环境

一个国家或地区的总体经济环境状况，表现在国民经济发展水平、预期的通货膨胀等方面，这些都会对企业筹资的资本成本产生影响。如果国民经济保持健康、稳定、持续增长，整个社会经济的资金供给和需求相对均衡且通货膨胀水平低，资金所有者投资的风险小，预期收益率低，筹资的资本成本率相应就比较低。相反，如果经济过热，通货膨胀持续居高不下，投资者投资的风险大，预期收益率高，筹资的资本成本率就高。

（二）资本市场条件

资本市场条件包括资本市场的效率和风险。如果资本市场缺乏效率，证券的市场流动性低，投资者投资风险大，要求的预期收益率高，那么通过资本市场融通的资本，其成本水平就比较高。

（三）企业经营状况和融资状况

企业的经营风险和财务风险共同构成企业总体风险，如果企业经营风险高，财务风险大，则企业总体风险水平高，投资者要求的预期收益率高，企业筹资的资本成本相应就大。

（四）企业对筹资规模和时限的需求

在一定时期内，国民经济体系中资金供给总量是一定的，资本是一种稀缺资源。因此企业一次性需要筹集的资金规模大、占用资金时限长，资本成本就高。当然，融资规模、时限与资本成本的正向相关性并非线性关系，一般来说，融资规模在一定限度内，并不会引起资本成本的明显变化，当融资规模突破一定限度时，才会引起资本成本的明显变化。

三、个别资本成本的计算

个别资本成本是指单一融资方式本身的资本成本，包括银行借款资本成本、公司债券资本成本、融资租赁资本成本、优先股资本成本、普通股资本成本和留存收益成本等,其中前三类是债务资本成本,后三类是权益资本成本。个别资本成本的高低,用相对数即资本成本率表达。

(1) 一般模式。为了便于分析比较,资本成本通常用不考虑货币时间价值的一般通用模型计算。计算时,将初期的筹资费用作为筹资额的一项扣除,扣除筹资费用后的筹资额称为筹资净额,一般模式通用的计算公式为:

$$资本成本率 = \frac{年资金占用费用}{筹资总额 - 筹资费用} = \frac{年资金占用费}{筹资总额 \times (1 - 筹资费用率)} \quad (4-4)$$

(2) 贴现模式。对于金额大、时间超过1年的长期资本,更为准确一些的资本成本计算方式是采用贴现模式,即将债务未来还本付息或股权未来股利分红的贴现值与目前筹资净额相等时的贴现率作为资本成本率。即:

由　　　　　　筹资净额现值 - 未来资本清偿额现金流量现值 = 0
得　　　　　　　　　　资本成本率 = 所采用的贴现率

(一) 银行借款的资本成本率

银行借款资本成本包括借款利息和借款手续费用,手续费用是筹资费用的具体表现。利息费用在税前支付,可以起抵税作用,一般计算税后资本成本率,以便与权益资本成本率具有可比性。银行借款的资本成本率按一般模式计算公式为:

$$K_b = \frac{年利率 \times (1 - 所得税税率)}{1 - 手续费率} = \frac{i(1-T)}{1-f} \quad (4-5)$$

式中,K_b为银行借款资本成本率;i为银行借款年利率;f为筹资费用率;T为所得税税率。

对于长期借款,考虑货币时间价值问题,还可以用贴现模式计算资本成本率。

【例4-6】 某企业取得5年期长期借款200万元,年利率10%,每年付息一次,到期一次还本,借款费用率0.2%,企业所得税税率20%,该项借款的资本成本率为:

$$K_b = \frac{10\% \times (1 - 20\%)}{1 - 0.2\%} = 8.02\%$$

考虑时间价值,该项长期借款的资本成本计算如下(M为名义借款额):

$$M(1-f) = \sum_{t=1}^{n} \frac{I \times (1-T)}{(1+K_b)^t} + \frac{M}{(1+K_b)^n}$$

即:$200 \times (1 - 0.2\%) = 200 \times 10\% \times (1 - 20\%) \times (P/A, K_b, 5) + 200 \times (P/F, K_b, 5)$
按插值法计算,得:$K_b = 8.05\%$

(二) 公司债券的资本成本率

公司债券资本成本,包括债券利息和借款发行费用。债券可以溢价发行,也可以折价发行,其资本成本率按一般模式计算公式为:

$$K_b = \frac{年利息 \times (1 - 所得税税率)}{债券筹资总额 \times (1 - 手续费率)} = \frac{I(1-T)}{L(1-f)} \quad (4-6)$$

式中,L为公司债券筹资的总额;I为公司债券年利息。

【例4-7】 某企业以1 100元的价格,溢价发行面值为1 000元、期限为5年、票面利率为7%的公司债券一批。每年付息一次,到期一次还本,发行费用率为3%,所得税税率为20%,该批债券的资本成本率为:

$$K_b = \frac{1\,000 \times 7\% \times (1-20\%)}{1\,100 \times (1-3\%)} \approx 5.25\%$$

考虑时间价值,该项公司债券的资本成本计算如下:
$1\,100 \times (1-3\%) = 1\,000 \times 7\% \times (1-20\%) \times (P/A, K_b, 5) + 1\,000 \times (P/F, K_b, 5)$
按插值法计算,得:$K_b \approx 4.09\%$

(三) 优先股的资本成本率

优先股的资本成本主要是向优先股东支付的各期股利。对于固定股息率优先股而言,如果各期股利是相等的,优先股的资本成本率按一般模式计算公式为:

$$K_c = \frac{D}{P_n(1-f)} \tag{4-7}$$

式中,K_s 为优先股资本成本率;D 为优先股年固定股息;P_n 为优先股发行价格;f 为筹资费用率。

【例4-8】 某上市公司发行面值为100元的优先股,规定的年股息率为9%。该优先股溢价发行,发行价格为120元;发行时筹资费用率为发行价的3%,则该优先股的资本成本率为:

$$K_c = \frac{100 \times 9\%}{120 \times (1-3\%)} \approx 7.73\%$$

由本例可见,该优先股票面股息率为9%,但实际资本成本率只有7.73%,主要是因为该优先股溢价1.2倍发行。

如果是浮动股息率优先股,则优先股的浮动股息率将根据约定的方法计算,并在公司章程中事先明确。由于浮动优先股各期股利是波动的,因此其资本成本率只能按照贴现模式计算,并假定各期股利的变化呈一定的规律性。此类浮动股息率优先股的资本成本率计算,与普通股资本成本的股利增长模型法计算方式相同。

(四) 普通股的资本成本率

普通股资本成本主要是向股东支付的各期股利。由于各期股利并不一定固定,随企业各期收益波动,因此普通股的资本成本只能按贴现模式计算,并假定各期股利的变化呈一定规律性。如果是上市公司普通股,其资本成本还可以根据该公司股票收益率与市场收益率的相关性,按资本资产定价模型法估计。

(1) 股利增长模型法。假定资本市场有效,股票市场价格与价值相等。假定某股票本期支付的股利为 D,未来各期股利按 g 速度增长,目前股票市场价格为 P,则普通股资本成本为:

$$K_s = \frac{D_0(1+g)}{P_0(1-f)} + g = \frac{D_1}{P_0(1-f)} + g \qquad (4-8)$$

【例 4-9】 某公司普通股市价为 30 元，筹资费用率 2%，本年发放现金股利每股 0.6 元，预期股利年增长率为 10%。则：

$$K_s = \frac{0.6 \times (1+10\%)}{30 \times (1-2\%)} + 10\% \approx 12.24\%$$

（2）资本资产定价模型法。假定资本市场有效，股票市场价格与价值相等。假定无风险收益率为 R_f，市场平均收益率为 R_m，某股票贝塔系数为 P，则普通股资本成本率为：

$$K_s = R_f + \beta(R_m - R_f) \qquad (4-9)$$

【例 4-10】 某公司普通股 β 系数为 1.5，此时一年期国债利率为 5%，市场平均收益率为 15%，则该普通股资本成本率为：

$$K_s = 5\% + 1.5 \times (15\% - 5\%) = 20\%$$

（五）留存收益的资本成本率

留存收益是由企业税后净利润形成的，是一种所有者权益，其实质是所有者向企业的追加投资。企业利用留存收益筹资无须发生筹资费用。如果企业将留存收益用于再投资，所获得的收益率低于股东自己进行一项风险相似的投资项目的收益率，企业就应该将其分配给股东。留存收益的资本成本率，表现为股东追加投资要求的收益率，其计算与普通股成本相同，也分为股利增长模型法和资本资产定价模型法，不同点在于不考虑筹资费用。

四、平均资本成本的计算

平均资本成本是指多元化融资方式下的综合资本成本，反映企业资本成本整体水平的高低。在衡量和评价单一融资方案时，需要计算个别资本成本；在衡量和评价企业筹资总体的经济性时，需要计算企业的平均资本成本。平均资本成本用于衡量企业资本成本水平，确立企业理想的资本结构。

企业平均资本成本，是以各项个别资本在企业总资本中的比重为权数，对各项个别资本成本率进行加权平均而得到的总资本成本率，其计算公式为：

$$K_w = \sum_{j=1}^{n} K_j W_j \qquad (4-10)$$

式中，K_w 为平均资本成本；K_j 为第 j 种个别资本成本率；W_j 为第 j 种个别资本在全部资本中的比重。

平均资本成本率的计算，存在权数价值的选择问题，即各项个别资本按什么权数来确定资本比重。通常，可供选择的价值形式有账面价值、市场价值、目标价值等。

（一）账面价值权数

账面价值权数即以各项个别资本的会计报表账面价值为基础来计算资本权数，确定各类资本占总资本的比重。其优点是：资料容易取得，可以直接从资产负债表中得到，而且计算结果比较稳定。其缺点是：当债券和股票的市价与账面价值差距较大时，导致按账面价值计算出来的资本成本不能反映目前从资本市场上筹集资本的现时机会成本，不适合评价现时的资本结构。

（二）市场价值权数

市场价值权数即以各项个别资本的现行市价为基础来计算资本权数，确定各类资本占总资本的比重。其优点是能够反映现时的资本成本水平，有利于进行资本结构决策。但现行市价处于经常变动之中，不容易取得，而且现行市价反映的只是现时的资本结构，不适合未来的筹资决策。

（三）目标价值权数

目标价值权数即以各项个别资本预计的未来价值为基础来确定资本权数，确定各类资本占总资本的比重。目标价值是目标资本结构要求下的产物，是公司筹措和使用资金对资本结构的一种要求。对于公司筹措新资金，需要反映期望的资本结构来说，目标价值是有益的，适用于未来的筹资决策，但目标价值的确定难免具有主观性。

以目标价值为基础计算资本权重，能体现决策的相关性。目标价值权数的确定，可以选择未来的市场价值，也可以选择未来的账面价值。选择未来的市场价值，与资本市场现状联系比较紧密，能够与现时的资本市场环境状况结合起来，目标价值权数的确定一般以现时市场价值为依据。但市场价值波动频繁，可行方案是选用市场价值的历史平均值，如30日、60日、120日均价等。总之，目标价值权数是主观愿望和预期的表现，依赖于财务经理的价值判断和职业经验。

【例4-11】万达公司本年年末长期资本账面总额为1 000万元，其中：银行长期贷款400万元，占40%；长期债券150万元，占15%；股东权益450万元（共200万股，每股面值1元，市价8元），占45%。个别资本成本占总资本的比重分别为：5%、6%、9%。则该公司的平均资本成本占总资本的比重为：

按账面价值计算：
$$K_w = 5\% \times 40\% + 6\% \times 15\% + 9\% \times 45\% = 6.95\%$$

按市场价值计算：
$$K_w = \frac{5\% \times 400 + 6\% \times 150 + 9\% \times 1\,600}{400 + 150 + 1\,600} = \frac{173}{2\,150} \approx 8.05\%$$

五、边际资本成本的计算

边际资本成本是企业追加筹资的成本。企业的个别资本成本和平均资本成本，是企业过去筹集的单项资本的成本或目前使用全部资本的成本。然而，企业在追加筹资时，不能仅仅考虑目前所使用资本的成本，还要考虑新筹集资金的成本，即边际资本成本。边际资本成本，是企业进行追加筹资的决策依据。筹资方案组合时，边际资本成本的权数采用目标价值权数。

六、资本结构

资本结构及其管理是企业筹资管理的核心问题。如果企业现有资本结构不合理，应通过筹资活动优化调整资本结构，使其趋于科学合理。

（一）资本结构的含义

在筹资管理中，资本结构有广义和狭义之分。广义资本结构是指全部债务与股东权益的构成比例；狭义的资本结构则是指长期负债与股东权益的构成比例。本书所指的资本结构，是指狭义的资本结构。

资本结构是在企业多种筹资方式下筹集资金形成的，各种筹资方式不同的组合决定着企业资本结构及其变化。企业筹资方式虽然很多，但总的来看分为债务资本和权益资本两大类。权益资本是企业必备的基础资本，因此资本结构问题实际上也就是债务资本的比例问题，即债务资金在企业全部资本中所占的比重。

不同的资本结构会给企业带来不同的后果。企业利用债务资本进行举债经营具有双重作用，既可以发挥财务杠杆效应，也可能带来财务风险。因此企业必须权衡财务风险和资本成本的关系，确定最佳的资本结构。评价企业资本结构最佳状态的标准应该是既能够提高股权收益或降低资本成本，又能控制财务风险，最终目的是提升企业价值。

股权收益，表现为净资产收益率或普通股每股收益；资本成本，表现为企业的平均资本成本率。根据资本结构理论，当公司平均资本成本最低时，公司价值最大。所谓最佳资本结构，是指在一定条件下使企业平均资本成本率最低、企业价值最大的资本结构。资本结构优化的目标，是降低平均资本成本率或提高普通股每股收益。

从理论上来讲，最佳资本结构是存在的，但由于企业内部条件和外部环境的经常性变化，动态地保持最佳资本结构十分困难。因此在实践中，目标资本结构通常是企业结合自身实际进行适度负债经营所确立的资本结构，是根据满意化原则确定的资本结构。

（二）影响资本结构的因素

资本结构，是一个产权结构问题，是社会资本在企业经济组织形式中的资源配置结果。资本结构的变化，将直接影响社会资本所有者的利益。

1. 企业经营状况的稳定性和成长率

企业产销业务量的稳定程度对资本结构有重要影响：如果产销业务稳定，企业可较多地负担固定的财务费用；如果产销业务量和盈余有周期性，则要负担固定的财务费用将承担较大的财务风险。经营发展能力表现为未来产销业务量的增长率，如果产销业务量能够以较高的水平增长，企业可以采用高负债的资本结构，以提升权益资本的收益。

2. 企业的财务状况和信用等级

企业财务状况良好，信用等级高，债权人愿意向企业提供信用，企业容易获得债务资金。相反，如果企业财务状况欠佳，信用等级不高，债权人投资风险大，这样会降低企业获得信用的能力，加大债务资金筹资的资本成本。

3. 企业的资产结构

资产结构是企业筹集资本后进行资源配置和使用后的资金占用结构，包括长短期资产构成和比例，以及长短期资产内部的构成和比例。资产结构对企业资本结构的影响主要包括：拥有大量固定资产的企业主要通过发行股票融通资金；拥有较多流动资产的企业更多地依赖流动负债融通资金，资产适用于抵押贷款的企业负债较多，以技术研发为主的企业则负债较少。

4. 企业投资人和管理当局的态度

从企业所有者的角度看，如果企业股权分散，企业可能更多地采用权益资本筹资以分散企业风险。如果企业为少数股东控制，股东通常重视企业控股权问题，为防止控股权稀释，企业一般尽量避免普通股筹资，而是采用优先股或债务资金筹资。从企业管理当局的角度看，高负债资本结构的财务风险高，一旦经营失败或出现财务危机，管理当局将面临市场接管的威胁或者被董事会解聘。因此，稳健的管理当局偏好于选择低负债比例的资本结构。

5. 行业特征和企业发展周期

不同行业的资本结构差异很大。产品市场稳定的成熟产业经营风险低，因此可提高债务资金比重，发挥财务杠杆作用。高新技术企业产品、技术、市场尚不成熟，经营风险高，因此可降低债务资金比重，控制财务杠杆风险。同一企业不同发展阶段上，资本结构安排不同。企业初创阶段，经营风险高，在资本结构安排上应控制负债比例；企业发展成熟阶段，产品产销业务量稳定和持续增长，经营风险低，可适度增加债务资金比重，发挥财务杠杆效应；企业收缩阶段，产品市场占有率下降，经营风险逐步加大，应逐步降低债务资金比重，保证经营现金流量能够偿付到期债务，保持企业持续经营能力，降低破产风险。

6. 经济环境的税务政策和货币政策

资本结构决策必然要研究理财环境因素，特别是宏观经济状况。政府调控经济的手段包括财政税收政策和货币金融政策，当所得税税率较高时，债务资金的抵税作用大，企业充分利用这种作用以提高企业价值。货币金融政策影响资本供给，从而影响利率水平的变动，当国家执行紧缩的货币政策时，市场利率较高，企业债务资金成本增大。

（三）资本结构优化

资本结构优化，要求企业权衡负债的低资本成本和高财务风险的关系，确定合理的资本结构。资本结构优化的目标，是降低平均资本成本率或提高企业价值。

1. 每股收益分析法

我们可以用每股收益的变化来判断资本结构是否合理，即能够提高普通股每股收益的资本结构，就是合理的资本结构。在资本结构管理中，利用债务资本筹资的目的之一,就在于债务资本能够带来财务杠杆效应,利用负债筹资的财务杠杆作用来增加股东财富。

每股收益受到经营利润水平、债务资本成本水平等因素的影响,分析每股收益与资本结构的关系,可以找到每股收益无差别点。所谓每股收益无差别点,是指不同筹资方式下每股收益都相等时的息税前利润或业务量水平。根据每股收益无差别点,可以分析判断在什么样的息税前利润水平或产销业务量水平前提下,适用于何种筹资组合方式,进而确定企业的资本结构安排。

在每股收益无差别点上,无论是采用债务还是股权筹资方案,每股收益都是相等的。当预期息税前利润或业务量水平大于每股收益无差别点时,应当选择债务筹资方案,反之选择股权筹资方案。在每股收益无差别点时,不同筹资方案的每股收益是相等的,用公式表示为:

$$\frac{(\overline{EBIT}-I_1)\times(1-T)-DP_1}{N_1}=\frac{(\overline{EBIT}-I_2)\times(1-T)-DP_2}{N_2} \quad (4-11)$$

式中,$\overline{EBIT}$为息税前利润平衡点,即每股收益无差别点;I_1,I_2为两种筹资方式下的债务利息;DP_1,DP_2为两种筹资方式下的优先股股利;N_1,N_2为两种筹资方式下普通股股数;T为所得税税率。

【例4-12】 光华公司目前的资本结构为:总资本1 000万元,其中债务资金400万元(年利息40万元);普通股资本600万元(600万股,面值1元,市价5元)。企业由于有一个较好的新投资项目,需要追加筹资300万元,有两种筹资方案。

甲方案:增发普通股100万股,每股发行价3元。

乙方案:向银行取得长期借款300万元,利息率16%。

根据财务人员测算,追加筹资后销售额可望达到1 200万元,变动成本率60%,固定成本为200万元,所得税税率为20%,不考虑筹资费用因素。根据上述数据,代入式(4-11):

$$\frac{(\overline{EBIT}-40)\times(1-20\%)}{600+100}=\frac{(\overline{EBIT}-40-48)\times(1-20\%)}{600}$$

得$\overline{EBIT}=376$(万元)

这里,$\overline{EBIT}$为376万元是两个筹资方案的每股收益无差别点。在此点上,两个方案的每股收益相等,均为0.384元。企业预期追加筹资后销售额为1 200万元,预期获利280万元,低于无差别点376万元,应当采用财务风险较小的甲方案,即增发普通股方案。在1 200万元销售额水平上,甲方案的EPS为0.274元,乙方案的EPS为0.256元。

当企业需要的资本额较大时,可能会采用多种筹资方式组合融资。这时,需要详细比较分析各种组合筹资方式下的资本成本负担及其对每股收益的影响,选择每股收益最高的筹资方式。

【例4-13】 光华公司目前资本结构为：总资本1 000万元，其中债务资金400万元（年利息40万元）；普通股资本600万元（600万股，面值1元，市价5元）。企业由于扩大经营规模，需要追加筹资800万元，所得税税率为20%，不考虑筹资费用因素，有以下三种筹资方案。

甲方案：增发普通股200万股，每股发行价3元；同时向银行借款200万元，利率保持原来的10%。

乙方案：增发普通股100万股，每股发行价3元；同时溢价发行500万元面值为300万元的公司债券，票面利率15%。

丙方案：不增发普通股，溢价发行600万元面值为400万元的公司债券，票面利率15%；由于受债券发行数额的限制，需要补充向银行借款200万元，利率10%。

三种方案各有优劣：增发普通股能够减轻资本成本的固定性支出，但股数增加会摊薄每股收益；采用债务筹资方式能够提高每股收益，但增加了固定性资本成本负担，受到的限制较多。基于上述原因，筹资方案需要两两比较。

甲、乙方案的比较：

$$\frac{(\overline{EBIT}-40-20)\times(1-20\%)}{600+200}=\frac{(\overline{EBIT}-40-45)\times(1-20\%)}{600+100}$$

得 $\overline{EBIT}=260$（万元）

乙、丙方案的比较：

$$\frac{(\overline{EBIT}-40-45)\times(1-20\%)}{600+100}=\frac{(\overline{EBIT}-40-80)\times(1-20\%)}{600}$$

得 $\overline{EBIT}=330$（万元）

甲、丙方案的比较：

$$\frac{(\overline{EBIT}-40-20)\times(1-20\%)}{600+200}=\frac{(\overline{EBIT}-40-80)\times(1-20\%)}{600}$$

得 $\overline{EBIT}=300$（万元）

筹资方案两两比较时，产生了三个筹资分界点，上述分析结果可用图4-1表示。从图4-1中可以看出：企业 $\overline{EBIT}$ 预期为260万元以下时，应当采用甲方案；$\overline{EBIT}$ 预期为260万~330万元时，应当采用乙方案；$\overline{EBIT}$ 预期为330万元以上时，应当采用丙方案。

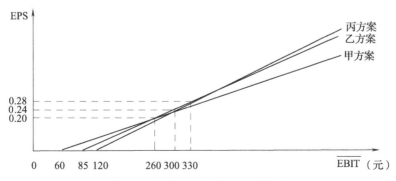

图4-1 每股收益无差别点分析图

2. 平均资本成本比较法

平均资本成本比较法,是通过计算和比较各种可能的筹资组合方案的平均资本成本,选择平均资本成本率最低的方案。即能够降低平均资本成本的资本结构,就是合理的资本结构。这种方法侧重于从资本投入的角度对筹资方案和资本结构进行优化分析。

【例 4-14】 长达公司需筹集 100 万元长期资本,可以从贷款、发行债券、发行普通股三种方式筹集,其个别资本成本率已分别测定,相关数据如表 4-6 所示。

表 4-6 长达公司资本成本与资本结构数据表 (%)

筹资方式	资本结构			个别资本成本率
	A 方案	B 方案	C 方案	
贷款	40	30	20	6
发行债券	10	15	20	8
发行普通股	50	55	60	9
合计	100	100	100	

首先,分别计算三个方案的综合资本成本 K。

A 方案: $K = 40\% \times 6\% + 10\% \times 8\% + 50\% \times 9\% = 7.7\%$

B 方案: $K = 30\% \times 6\% + 15\% \times 8\% + 55\% \times 9\% = 7.95\%$

C 方案: $K = 20\% \times 6\% + 20\% \times 8\% + 60\% \times 9\% = 8.2\%$

其次,根据企业筹资评价的其他标准,考虑企业的其他因素,对各个方案进行修正;之后,再选择其中成本最低的方案。在本例中,假设其他因素对方案选择影响甚小,则 A 方案的综合资本成本最低。这样,该公司筹资的资本结构为贷款 40 万元,发行债券 10 万元,发行普通股 50 万元。

3. 公司价值分析法

以上两种方法都是从账面价值的角度进行资本结构优化分析,没有考虑市场反应,没有考虑风险因素。公司价值分析法,是在考虑市场风险的基础上,以公司市场价值为标准,进行资本结构优化。也就是说,能够提升公司价值的资本结构,就是合理的资本结构。这种方法主要用于对现有资本结构进行调整,适用于资本规模较大的上市公司资本结构优化分析。同时,在公司价值最大的资本结构下,公司的平均资本成本率也是最低的。

假定 V 表示公司价值,B 表示债务资金价值,S 表示权益资本价值。公司价值应该等于资本的市场价值,即:

$$V = S + B \tag{4-12}$$

为简化分析,假设公司各期的 $EBIT$ 保持不变,债务资金的市场价值等于其面值,权益资本的市场价值可通过下式计算:

$$S = \frac{(EBIT - I) \times (1 - T)}{K_s} \tag{4-13}$$

且
$$K_s = R_f + \beta \times (R_m - R_f) \quad (4\text{-}14)$$

此时
$$K_w = K_b \times \frac{B}{V} \times (1 - T) + K_s \times \frac{S}{V} \quad (4\text{-}15)$$

式中，K_w 表示公司综合资本成本率；K_b 表示公司长期债务税前资本成本率；K_s 表示公司普通股资本成本率；其他符号含义同前。

【例 4-15】 某公司息税前利润为 400 万元，资本总额账面价值为 2 000 万元。假设无风险收益率为 6%，证券市场平均收益率为 10%，所得税税率为 40%。债务市场价值等于面值，经测算，不同债务水平下的权益资本成本率和税前债务利息率（假设税前债务利息率等于税前债务资本成本）如表 4-7 所示。

表 4-7 税前债务利息率和权益资本成本率资料表

债务市场价值（万元）	税前债务利息率（%）	股票 β 系数	权益资本成本率 K_s（%）
0	—	1.50	12.0%
200	8.0	1.55	12.2
400	8.5	1.65	12.6
600	9.0	1.80	13.2
800	10.0	2.00	14.0
1 000	12.0	2.30	15.2
1 200	15.0	2.70	16.8

根据表 4-7 资料，可计算出不同资本结构下的企业总价值和平均资本成本率（见表 4-8）。

表 4-8 公司总价值和平均资本成本率　　　　（金额单位：万元）

债务市场价值	股票市场价值	公司总价值	税后债务资本成本率（%）	普通股资本成本率（%）	平均资本成本率（%）
0	2 000	2 000	—	12.0	12.0
200	1 888	2 088	4.80	12.2	11.5
400	1 743	2 143	5.10	12.6	11.2
600	1 573	2 173	5.40	13.2	11.0
800	1 371	2 171	6.00	14.0	11.1
1 000	1 105	2 105	7.20	15.2	11.4
1 200	786	1 986	9.00	16.8	12.1

可以看出，在没有债务资本的情况下，公司的总价值等于股票的账面价值。当公司增加一部分债务时，财务杠杆开始发挥作用，股票市场价值大于其账面价值，公司总价值上升，平均资本成本率下降。在债务资本达到 600 万元时，公司总价值最高，平均资本成本率最低。债务资本超过 600 万元后，随着利息率的不断上升，财务杠杆作用逐步减弱甚至出现反作用，公司总价值下降，平均资本成本率上升。因此，债务资本为 600 万元时的资本结构是该公司的最优资本结构。

第五节 杠杆效应

财务管理中存在类似于物理学中的杠杆效应，表现为：由于特定固定支出或费用的存在，当某一财务变量以较小幅度变动时，另一相关变量会以较大幅度变动。财务管理中的杠杆效应，包括经营杠杆、财务杠杆和总杠杆三种效应形式。杠杆效应既可以产生杠杆利益，也可能带来杠杆风险。

一、经营杠杆效应

（一）经营杠杆

经营杠杆，是指由于固定性经营成本的存在，而使得企业的资产收益（息税前利润）变动率大于业务量变动率的现象。经营杠杆反映了资产收益的波动性，用以评价企业的经营风险。用 $EBIT$（息税前利润）表示资产总收益，则：

$$EBIT = S - V - F = (P - V_c) \times Q - F = M - F \tag{4-16}$$

式中，S 为销售额；V 为变动性经营成本；F 为固定性经营成本；Q 为产销业务量；P 为销售单价；V_c 为单位变动成本；M 为边际贡献。

在式（4-16）中，影响 $EBIT$ 的因素包括产品售价、产品需求、产品成本等因素。当产品成本中存在固定成本时，如果其他条件不变，产销业务量的增加虽然不会改变固定成本总额，但会降低单位产品分摊的固定成本，从而提高单位产品利润，使息税前利润的增长率大于产销业务量的增长率，进而产生经营杠杆效应。当不存在固定性经营成本时，所有成本都是变动性经营成本，边际贡献等于息税前利润，此时息税前利润变动率与产销业务量的变动率完全一致。

（二）经营杠杆系数

只要企业存在固定性经营成本，就存在经营杠杆效应。但以不同产销业务量为基础，其经营杠杆效应的大小程度是不一致的。测算经营杠杆效应程度，常用指标为 DOL（经营杠杆系数）。经营杠杆系数是息税前利润变动率与产销业务量变动率的比值，其计算公式为：

$$DOL = \frac{\Delta EBIT}{EBIT} \bigg/ \frac{\Delta Q}{Q} = \frac{息税前利润变动率}{产销业务量变动率} \tag{4-17}$$

式中，$\Delta EBIT$ 为息税前利润变动额；ΔQ 为产销业务量变动值。

经整理，式（4-17）经营杠杆系数的计算也可以简化为：

$$DOL = \frac{M_0}{M_0 - F_0} = \frac{EBIT_0 + F_0}{EBIT_0} = \frac{基期边际贡献}{基期息税前利润} \tag{4-18}$$

【例 4-16】泰华公司产销某种服装，固定成本为 500 万元，变动成本率为 70%。年产销额为 5 000 万元时，变动成本为 3 500 万元，固定成本为 500 万元，息税前利润为 1 000 万元；年产销额为 7 000 万元时，变动成本为 4 900 万元，固定成本仍为 500 万元,息税前利润为 1 600 万元。可以看出,该公司产销量增长了 40%,息税前利润增长了 60%,产生了 1.5 倍的经营杠杆效应。

$$DOL = \frac{\Delta EBIT}{EBIT} \bigg/ \frac{\Delta Q}{Q} = \frac{600}{1\,000} \bigg/ \frac{2\,000}{5\,000} = 1.5 \text{(倍)}$$

(三) 经营杠杆与经营风险

经营风险是指企业由于生产经营上的原因而导致的资产收益波动的风险。引起企业经营风险的主要原因是市场需求和生产成本等因素的不确定性,经营杠杆本身并不是资产收益不确定的根源,只是资产收益波动的表现。但是,经营杠杆放大了市场和生产等因素变化对利润波动的影响。经营杠杆系数越高,表明息税前利润受产销量变动的影响程度越大,经营风险也就越大。根据经营杠杆系数的计算公式,有:

$$DOL = \frac{EBIT_0 + F_0}{EBIT_0} = 1 + \frac{\text{基期固定成本}}{\text{基期息税前利润}} \quad (4-19)$$

式(4-19)表明,在息税前利润为正的前提下,经营杠杆系数最低为 1,不会为负数;只要有固定性经营成本存在,经营杠杆系数总是大于 1。

从式(4-19)可知,影响经营杠杆的因素包括企业成本结构中的固定成本比重和息税前利润水平。其中,息税前利润水平又受产品销售数量、销售价格、成本水平(单位变动成本和固定成本总额)高低的影响。固定成本比重越高,成本水平越高,产品销售数量和销售价格水平越低,经营杠杆效应越大,反之亦然。

【例 4-17】 某企业生产 A 产品,固定成本为 100 万元,变动成本率为 60%,当销售额分别为 1 000 万元、500 万元、250 万元时,经营杠杆系数分别为:

$$DOL_{1\,000} = \frac{1\,000 - 1\,000 \times 60\%}{1\,000 - 1\,000 \times 60\% - 100} = 1.33$$

$$DOL_{500} = \frac{500 - 500 \times 60\%}{500 - 500 \times 60\% - 100} = 2$$

$$DOL_{250} = \frac{250 - 250 \times 60\%}{250 - 250 \times 60\% - 100} \to \infty$$

例 4-17 的计算结果表明,在其他因素不变的情况下,销售额越小,经营杠杆系数越大,经营风险也就越大,反之亦然。如果销售额为 1 000 万元,DOL 为 1.33;销售额为 500 万元,DOL 为 2。显然,后者的不稳定性大于前者,经营风险也大于前者。在销售额处于盈亏临界点 250 万元时,经营杠杆系数趋于无穷大,此时企业销售额稍有减少,便会导致更大的亏损。

二、财务杠杆效应

(一) 财务杠杆

财务杠杆,是指由于固定性资本成本的存在,而使得企业的普通股收益(或每股收益）变动率大于息税前利润变动率的现象。财务杠杆反映了权益资本收益的波动性，用以评价企业的财务风险。用普通股收益或每股收益表示普通股权益资本收益，则：

$$TE = (EBIT - I) \times (1 - T) - D \tag{4-20}$$

$$EPS = [(EBIT - I) \times (1 - T) - D]/N \tag{4-21}$$

式中，TE 为普通股盈余；EPS 为每股收益；I 为债务资金利息；D 为优先股股利；T 为所得税税率；N 为普通股股数。

式（4-21）中，影响普通股收益的因素包括资产收益、资本成本、所得税税率等因素。当有利息费用等固定性资本成本存在时，如果其他条件不变，息税前利润的增加虽然不改变固定利息费用总额，但会降低每元息税前利润分摊的利息费用，从而提高每股收益，使得普通股收益的增长率大于息税前利润的增长率，进而产生财务杠杆效应。当不存在固定利息、股息等资本成本时，息税前利润就是利润总额，此时利润总额变动率与息税前利润变动率完全一致。如果两期所得税税率和普通股股数保持不变，每股收益的变动率与利润总额变动率也完全一致，进而与息税前利润变动率一致。

（二）财务杠杆系数

只要企业融资方式中存在固定性资本成本，就存在财务杠杆效应。测算财务杠杆效应程度，常用指标为财务杠杆系数。DFL（财务杠杆系数），是普通股收益变动率与息税前利润变动率的比值，其计算公式为：

$$DFL = \frac{\text{普通股每股收益变动率}}{\text{息税前利润变动率}} = \frac{EPS \text{变动率}}{EBIT \text{变动率}} \tag{4-22}$$

在不存在优先股股息的情况下，上式经整理，财务杠杆系数的计算公式也可以简化为：

$$DFL = \frac{\text{基期息税前利润}}{\text{基期利润总额}} = \frac{EBIT_0}{EBIT_0 - I_0} \tag{4-23}$$

如果企业既存在固定利息的债务，也存在固定股利的优先股，则财务杠杆系数的计算公式进一步调整为：

$$DFL = \frac{EBIT_0}{EBIT_0 - I_0 - \dfrac{D_0}{1 - T}} \tag{4-24}$$

式中，D_0 为优先股股利；T 为所得税税率。

【例 4-18】 有 A、B、C 三个公司，资本总额均为 1 000 万元，所得税税率均为 30%，每股面值均为 1 元。A 公司资本全部由普通股组成；B 公司债务资金 300 万元（利率 10%），普通股 700 万元；C 公司债务资金 500 万元（利率 10.8%），普通股 500 万元。三个公司 20×8 年 EBIT 均为 200 万元，20×9 年 EBIT 均为 300 万元，EBIT 增长了 50%。有关财务指标如表 4-10 所示。

表 4-10 普通股盈余及财务杠杆的计算

利润项目		A 公司	B 公司	C 公司
普通股股数（万股）		1 000	700	500
利润总额（万元）	20×8 年	200	170	146
	20×9 年	300	270	246
	增长率（%）	50	58.82	68.49
净利润（万元）	20×8 年	140	119	102.2
	20×9 年	210	189	172.2
	增长率（%）	50	58.82	68.49
普通股盈余（万元）	20×8 年	140	119	102.2
	20×9 年	210	189	172.2
	增长率（%）	50	58.82	68.49
每股收益（元）	20×8 年	0.14	0.17	0.20
	20×9 年	0.21	0.27	0.34
	增长率（%）	50	58.82	68.49
财务杠杆系数		1.000	1.176	1.370

可见，资本成本固定型的资本所占比重越高，财务杠杆系数就越大。A 公司由于不存在有固定资本成本的资本，没有财务杠杆效应；B 公司存在债务资本，其普通股收益增长幅度是息税前利润增长幅度的 1.176 倍；C 公司不仅存在债务资本，而且债务资本的比重比 B 公司高，其普通股收益增长幅度是息税前利润增长幅度的 1.370 倍。

（三）财务杠杆与财务风险

财务风险是指企业由于筹资原因产生的资本成本负担而导致的普通股收益波动的风险。引起企业财务风险的主要原因是资产收益的不利变化和资本成本的固定负担。由于财务杠杆的作用，当企业的息税前利润下降时，企业仍然需要支付固定的资本成本，导致普通股剩余收益以更快的速度下降。

财务杠杆放大了资产收益变化对普通股收益的影响，财务杠杆系数越高，表明普通股收益的波动程度越大，财务风险也就越大。在不存在优先股股息的情况下，根据财务杠杆系数的计算公式，有：

$$DFL = 1 + \frac{基期利息}{基期息税前利润 - 基期利息} \qquad (4-25)$$

上式（4-25）中，分子是企业筹资产生的固定性资本成本负担，分母是归属于股东的收益。式（4-25）表明，在企业有正的税后利润的前提下，财务杠杆系数最低为 1，不会为负数；只要有固定性资本成本存在，财务杠杆系数总是大于 1。

从式（4-25）可知，影响财务杠杆的因素包括企业资本结构中债务资金比重、普通股盈余水平、所得税税率水平。其中，普通股收益水平又受息税前利润、固定性资本成本高低的影响。债务成本比重越高、固定性资本成本支付额越高、息税前利润水平越低，财务杠杆效应越大，反之亦然。

【例4-19】 A、B、C三个公司20×8年的财务杠杆系数分别为A公司1.000、B公司1.176、C公司1.370。这意味着，如果EBIT下降，A公司的EPS与之同步下降，而B公司和C公司的EPS会以更大的幅度下降。A、B、C公司DFL及EPS不为负数的EBIT最大降幅如表4-11所示。

表4-11　DFL和EPS不为负数的EBIT最大降幅

公司	DFL	EPS 降幅（%）	EBIT 最大降幅（%）
A	1.000	100	100
B	1.176	100	85.03
C	1.370	100	72.99

上述结果表明，20×9年在20×8年的基础上，EBIT只要降低72.99%，C公司普通股收益就会出现亏损；EBIT降低85.03%，B公司普通股收益会出现亏损；EBIT降低100%，A公司普通股收益会出现亏损。显然，C公司不能支付利息、不能满足普通股股利要求的财务风险远高于其他公司。

三、总杠杆效应

（一）总杠杆

经营杠杆和财务杠杆可以独自发挥作用，也可以综合发挥作用，总杠杆是用来反映二者之间共同作用结果的，即权益资本收益与产销业务量之间的变动关系。固定性经营成本的存在，产生经营杠杆效应，导致产销业务量变动对息税前利润变动有放大作用；同样，由于固定性资本成本的存在，产生财务杠杆效应，导致息税前利润变动对普通股每股收益变动有放大作用。两种杠杆共同作用，将导致产销业务量稍有变动，就会引起普通股每股收益更大的变动。

总杠杆，是指由于固定经营成本和固定资本成本的存在，导致普通股每股收益变动率大于产销业务量的变动率的现象。

（二）总杠杆系数

只要企业同时存在固定性经营成本和固定性资本成本，就存在总杠杆效应。产销量变动通过息税前利润的变动，传导至普通股收益，使得每股收益发生更大的变动。用DTL（总杠杆系数）表示总杠杆效应程度，可见，总杠杆系数是经营杠杆系数和财务杠杆系数的乘积，是普通股收益变动率与产销量变动率的倍数，其计算公式为：

$$DTL = \frac{普通股收益变动率}{产销量变动率} \quad (4\text{-}26)$$

在不存在优先股股利的情况下，经整理，式（4-26）总杠杆系数的计算公式也可以简化为：

$$DTL = DOL \times DFL = \frac{基期边际贡献}{基期利润总额} = \frac{基期税后边际贡献}{基期税后利润} \quad (4\text{-}27)$$

【例4-20】 某企业杠杆效应计算表如表4-12所示，请分别计算其20×8年和20×9年的经营杠杆系数、财务杠杆系数和总杠杆系数。

表4-12 杠杆效应计算表　　　　　　（金额单位：万元）

项　目	20×8年	20×9年	变动率（%）
销售额（售价10元）	1 000	1 200	+20
边际贡献（单位4元）	400	480	+20
固定成本	200	200	—
息税前利润（EBIT）	200	280	+40
利息	50	50	—
利润总额	150	230	+53.33
净利润（税率20%）	120	184	+53.33
每股收益（200万股）	0.60	0.92	+53.33
经营杠杆系数（DOL）			2.000
财务杠杆系数（DFL）			1.333
总杠杆系数（DTL）			2.667

（三）总杠杆与公司风险

公司风险包括企业的经营风险和财务风险，反映了企业的整体风险。总杠杆系数反映了经营杠杆和财务杠杆之间的关系，用以评价企业的整体风险水平。在总杠杆系数一定的情况下，经营杠杆系数与财务杠杆系数此消彼长。总杠杆效应的意义在于：第一，能够说明产销业务量变动对普通股收益的影响，据以预测未来的每股收益水平；第二，揭示了财务管理的风险管理策略，即要保持一定的风险状况水平，需要维持一定的总杠杆系数，经营杠杆和财务杠杆可以有不同的组合。

一般来说，固定资产比重较大的资本密集型企业，经营杠杆系数高，经营风险大，企业筹资主要依靠权益资本，以保持较小的财务杠杆系数和财务风险；变动成本比重较大的劳动密集型企业，经营杠杆系数低，经营风险小，企业筹资可以主要依靠债务资金，保持较大的财务杠杆系数和财务风险。

一般来说，在企业初创阶段，产品市场占有率低，产销业务量小，经营杠杆系数大，此时企业筹资主要依靠权益资本，在较低程度上使用财务杠杆；在企业扩张成熟期，产品市场占有率高，产销业务量大，经营杠杆系数小，此时，企业资本结构中可扩大债务资本比重，在较高程度上使用财务杠杆。

本章小结

本章学习的重点是在理解筹资管理的概念、内容、方式及原则的基础上，掌握商业信用筹资、银行借款、发行股票与债券等常见的筹资方式的概念、内容、程序和各自的优缺点。在此过程中需要掌握资金需求量预测的方法，熟悉不同筹资方式下的资本结构的理论，灵活运用资本成本计算公式为筹资提供决策依据，明确杠杆效应所发挥的作用与所面临的风险，较好地服务于企业生产经营的需求。

练习题

一、简答题

1. 简述筹资的方式。
2. 简述普通股股票筹资的特点。
3. 简述总杠杆与公司风险的关系。

二、案例分析题

华侨城短期负债管理案例

隶属国务院国资委的华侨城集团成立于1985年11月11日，是一家跨区域、跨行业经营的大型中央国有企业集团。旗下拥有华侨城控股（000069.SZ）、华侨城（亚洲）控股（3366.HK）、康佳集团（000016.SZ）等三家境内外上市公司，连续6年入选中国500强企业，连续多年入选"世界旅游景区集团八强"。

华侨城是最早列为国务院国资委大力扶持发展房地产业的全国五大中央企业之一。华侨城以旅游和房地产业为主营业务，在20多年的发展中形成了"以旅游主题地产为特色的成片综合开发和运营"模式，发展成为"中国旅游主题地产第一品牌"。华侨城集团坚持市场导向、客户至上和科技领先，做强做大三项核心业务，各项业务均分别位居行业前列，培育了主题公园品牌——锦绣中华、中国民俗文化村、世界之窗、欢乐谷等，主题酒店品牌华侨城洲际大酒店、华侨城茵特拉根酒店、威尼斯皇冠假日酒店、城市客栈等，大型发展项目品牌深圳东部华侨城、北京华侨城、上海华侨城等。

2010年4月，号称史上最严厉的"限购令"实施，房地产和银行信贷持续收紧，房地产行业进入了一个"量跌价滞"阶段。华侨城控股2010年中报显示，其短期借款为78.72亿元，远超过45.08亿元的货币资金结余；经营活动现金流入62.7亿元，现金流出121.3亿元，经营活动产生的现金流量净额58.6亿元，经营现金流量明显紧张，流动负债占总负债的71.84%。高盛高华证券分析师认为，华侨城的开发重点是高端市场，更易受到政府紧缩政策的冲击。在项目销售吃紧的情况下，华侨城资金捉襟见肘，公司日常经营所需流动资金不得不依赖银行借款和资金周转中形成的应付账款等短期负债，"举新债还旧债"成为华侨城一项重要的财务举措。

而在2010年2月11日，华侨城以70.2亿元拍得上海苏河湾1号地块，创下当年全国单价"地王"。根据中国指数研究院的监测，华侨城2010年在上海、天津、深圳等地拿地的总价约为133亿元。"受地产调控政策影响，且地产产品结构与上年同期有所区别，经营业绩略有下降。"在土地储备方面，截至2010年年末，华侨城旅游综合业务配套地产储备面积662.8万平方米，房地产业务储备面积33.76万平方米，随着大量项目同时开发，土地储备的大幅增加，再加上房地产调控政策的影响，项目销售难度加大，华侨城的资金压力将不断增大。

要求：

（1）2010年华侨城的控股短期负债管理可能存在什么隐患？

（2）结合华侨城控股的行业特点，分析该公司在利用银行借款和应付账款进行流动资金筹资的利弊。

Chapter5 第五章

投资管理

学习目标

1. 了解投资的意义、分类、原则。
2. 掌握投资项目财务评价指标的计算与运用。
3. 掌握证券投资管理的特点、风险。
4. 掌握债券投资、股票投资的股价计算公式与运用。

导入案例

联想集团的多元化投资战略

联想集团有限公司是一家计算机制造企业,是1984年中国科学院计算技术研究所投资20万元人民币,由11名科技人员创办的,其总部位于中国香港。公司主要产品有台式电脑、笔记本电脑、打印机等商品。1994年,联想在香港证券交易所上市。联想已经不是过去的只做IT的联想,而是承载着投资、IT、房地产、化工、消费诸多业务的综合性企业。

联想一直在求变。2016年3月18日,联想集团董事长兼CEO杨元庆发表内部信,宣布对四大业务集团进行重组,调整关键组织架构和领导层,重构后的四大业务集团分别聚焦企业业务、移动业务、创投业务和个人计算机业务。对于联想而言,这是继2000年的多元化转型、2006年开始的大规模海外并购之后的第三次结构调整。通过前两次转型,联想完成了从单一PC企业、国字号企业向多元化、国际品牌企业的成功过渡。但此次转型前后备受质疑,联想的每一次转型似乎都伴随着生与死的考验。

时至今日,多元化的路仍不好走。比如在2012年,多元化玩法已经纯熟的联想计划走向服务器市场,并打出3年内占据中国市场20%和全球市场10%的旗号。尽管在当年6月就推出了服务器品牌——ThinkServer及一系列产品,但在联想内部,也不得不承认联想的研发实力并不足以在短期内弥补自己的短板。2006年,联想斥资12.5亿美元收购IBM的PC业务,这成为联想大规模并购和走向国际化的开始。因为并购,联想在PC市场的排名一跃成为全球第一。其实,联想从2014年起便斥资23亿美元并购了IBM的X86服务器业务,一举拿下全球14%以上的X86服务器市场份额,跃居中国市场的第一位和全球市场的第三位,在此之前,联想只有可怜的3%的市场份额;同年,联想又斥资29亿美元收购摩托罗拉移动业务,让联想成为全球第三大智能手机厂商。

可市场份额的瞬间暴涨并不意味着联想多元化战略的成功。仅以IBM为例,其抛弃"劣质"资产赢得资金,去进攻更有前景的市场,一直就是它的拿手好戏,而联想则成了IBM最受欢迎的"接盘侠"。连柳传志也承认,当年联想并购IBM的PC部门时有99%的死亡可能。而且那次接盘之后,全球PC市场萎缩,成为全球老大的联想当然首当其冲,多年之后才恢复元气。2014年的那两次大并购也是如此,当联想在2015年公布第二季度财报时,其净亏损高达7.14亿美元,是6年来的首次亏损,而且数额巨大,外界认为这是接盘IBM服务器和摩托罗拉所致。多元化投资战略收益与风险并存的现状值得我们思考。

资料来源:百度文库(https://wenku.baidu.com/view/abc84dcfec3a87c24d8c40a.html)。有删改。

第一节 投资管理概述

投资,广义地讲,是指特定经济主体(包括政府、企业和个人)以本金回收并获利为基本目的,将货币、实物资产等作为资本投放于某一个具体对象,以在未来较长期间内获取预期经济利益的经济行为。企业投资,简言之,是企业为获取未来长期收益而向一定对象投放资金的经济行为。例如,购建厂房设备、兴建电站、购买股票或债券等经济行为,均属于投资行为。

一、企业投资的意义

企业需要通过投资配置资产,才能形成生产能力,取得未来的经济利益。

(一)投资是企业生存与发展的基本前提

企业的生产经营,就是企业资产的运用和资产形态的转换过程。投资是一种资本性支出的行为,通过投资支出,企业购建流动资产和长期资产,形成生产条件和生产能力。实际上,不论是新建一个企业,还是建造一条生产流水线,都是一种投资行为。通过投资,确立企业的经营方向,配置企业的各类资产,并将它们有机地结合起来,形成企业的综合生产经营能力。如果企业想要进军一个新兴行业,或者开发一种新产品,都需要先行投资。因此,投资决策的正确与否,直接关系到企业的兴衰成败。

(二)投资是获取利润的基本前提

企业投资的目的,是要通过预先垫付一定数量的货币或实物形态的资本,购建和配置形成企业的各类资产,从事某类经营活动,获取未来的经济利益。通过投资形成了生产经营能力,企业才能开展具体的经营活动,获取经营利润。那些以购买股票、债券等有价证券方式向其他单位进行的投资,可以通过取得股利或债息来获取投资收益,也可以通过转让证券来获取资本利得。

(三)投资是企业风险控制的重要手段

企业的经营面临各种风险,有来自市场竞争的风险,有资金周转的风险,还有原材料涨价、费用居高不下等成本的风险。投资，是企业风险控制的重要手段。通过投资，可以将资金投向企业生产经营的薄弱环节，使企业的生产经营能力配套、平衡、协调。通过投资，可以实现多元化经营，将资金投放于经营相关程度较低的不同产品或不同行业，分散风险，稳定收益来源，降低资产的流动性风险、变现风险，增强资产的安全性。

二、企业投资的分类

将企业投资的类型进行科学分类，有利于分清投资的性质，进行投资决策，加强投资管理。

（一）直接投资和间接投资

按投资活动与企业本身的生产经营活动的关系，企业投资可划分为直接投资和间接投资。

直接投资是指将资金直接投放于形成生产经营能力的实体性资产，从中直接谋取经营利润的企业投资。通过直接投资，购买并配置劳动力、直接投资，将资金直接投放于形成生产经营能力的实体劳动资料和劳动对象等具体生产要素，从而开展生产经营活动。

间接投资是指将资金投放于股票、债券等权益性资产上的企业投资。之所以称为间接投资，是因为股票、债券的发行方，在筹集到资金后，再把这些资金投放于形成生产经营能力的实体性资产，获取经营利润。而间接投资方不直接介入具体生产经营过程，通过股票、债券上所约定的收益分配权利，获取股利或利息收入，分享直接投资的经营利润。

（二）项目投资和证券投资

按投资对象的存在形态和性质，企业投资可以划分为项目投资和证券投资。

企业可以通过投资，购买具有实质内涵的经营资产，包括有形资产和无形资产，形成具体的生产经营能力，开展实质性的生产经营活动，谋取经营利润。这类投资，称为项目投资。项目投资的目的在于改善生产条件、扩大生产能力，以获取更多的经营利润。项目投资属于直接投资。

企业可以通过投资，购买证券资产，通过证券资产上所赋予的权利，间接控制被投资企业的生产经营活动，获取投资收益。这类投资，称为证券投资，即购买属于综合生产要素的权益性权利资产的企业投资。

证券，是一种金融资产，即以经济合同契约为基本内容、以凭证票据等书面文件为存在形式的权利性资产。如债券投资代表的是未来按契约规定收取债息和收回本金的权利，股票投资代表的是对发行股票企业的经营控制权、财务控制权、收益分配权、剩余财产追索权等股东权利。证券投资的目的，在于通过持有权益性证券，获取投资收益，或控制其他企业的财务或经营政策，并不直接从事具体生产经营过程。因此，证券投资属于间接投资。

直接投资与间接投资、项目投资与证券投资，两种投资分类方式的内涵和范围是一致的，只是分类的角度不同。直接投资与间接投资强调的是投资的方式，项目投资与证券投资强调的是投资的对象。

（三）发展性投资和维持性投资

按投资活动对企业未来生产经营前景的影响，企业投资可以划分为发展性投资和维持性投资。

发展性投资又称战略性投资，是指对企业未来的生产经营发展全局有重大影响的企业投资，如企业间兼并合并的投资、转换新行业和开发新产品投资、大幅度扩大生产规模的投资等。发展性投资项目实施后，往往可以改变企业的经营方向和经营领域，或者明显地扩大企业的生产经营能力，或者实现企业的战略重组。

维持性投资又称战术性投资，是指为了维持企业现有的生产经营正常顺利进行，不改变企业未来生产经营发展全局的企业投资，如更新替换旧设备的投资、配套流动资金投资、生产技术革新的投资等。维持性投资项目所需要的资金不多，对企业生产经营的前景影响不大，投资风险相对也较小。

（四）对内投资和对外投资

按投资活动资金投出的方向，企业投资可以划分为对内投资和对外投资。

对内投资，是指在本企业范围内部的资金投放，用于购买和配置各种生产经营所需的经营性资产。对外投资，是指向本企业范围以外的其他单位的资金投放。对外投资多以现金、有形资产、无形资产等资产形式，通过联合投资、合作经营、换取股权、购买证券资产等投资方式，向企业外部其他单位投放资金。

对内投资都是直接投资，对外投资主要是间接投资，也可能是直接投资。

（五）独立投资和互斥投资

按投资项目之间的相互关联关系，企业投资可以划分为独立投资和互斥投资。

独立投资是相容性投资，各个投资项目之间互不关联、互不影响，可以同时并存。例如，建造一个饮料厂和建造一个纺织厂，它们之间并不冲突，可以同时进行。对于一个独立投资项目而言，其他投资项目是否被采纳，对本项目的决策并无显著影响。因此，独立投资项目决策考虑的是方案本身是否满足某种决策标准。例如，可以规定凡提交决策的投资方案，其预期投资收益率都要求达到20%才能被采纳。这里，预期投资收益率达到20%，就是一种预期的决策标准。

互斥投资是非相容性投资，各个投资项目之间相互关联、相互替代，不能同时并存，如对企业现有设备进行更新，购买新设备就必须处置旧设备，它们之间是互斥的。对于一个互斥投资项目而言，其他投资项目是否被采纳或放弃，直接影响本项目的决策，其他项目被采纳，本项目就不能被采纳。因此，互斥投资项目决策考虑的是各方案之间的排斥性，也许每个方案都是可行方案，但互斥决策需要从中选择最优方案。

三、投资管理的原则

为了适应投资项目的特点和要求，实现投资管理的目标，做出合理的投资决策，要制定投资管理的基本原则，据以保证投资活动的顺利进行。

（一）可行性分析原则

投资项目的金额大，资金占用时间长，一旦投资后具有不可逆转性，对企业的财务状况和经营前景影响重大。因此，在投资决策时，必须建立严密的投资决策程序，进行科学的可行性分析。

投资项目可行性分析是投资管理的重要组成部分，其主要任务是对投资项目实施的可行性进行科学的论证，主要包括环境可行性、技术可行性、市场可行性、财务可行性等方面。项目可行性分析将对项目实施后未来的运行和发展前景进行预测，通过定性分析和定量分析比较项目的优劣，为投资决策提供参考。

财务可行性分析的主要方面和内容包括：收入、费用和利润等经营成果指标的分析，资产、负债、所有者权益等财务状况指标的分析，资金筹集和配置的分析，资金流转和回收等资金运行过程的分析，项目现金流量、净现值、内部收益率等项目经济性效益指标的分析，项目收益与风险关系的分析等。

（二）结构平衡原则

投资往往是一个综合性的项目，不仅涉及固定资产等生产能力和生产条件的购建，还涉及使生产能力和生产条件正常发挥作用所需要的流动资产的配置。同时，受资金来源的限制，投资也常常会遇到资金需求超过资金供应的矛盾。如何合理配置资源，使有限的资金发挥最大的效用，是投资管理中资金投放所面临的重要问题。

投资项目在实施后，资金就较长期地固化在具体项目上，退出和转向都不太容易。只有遵循结构平衡原则，投资项目实施后才能正常顺利地运行，才能避免资源的闲置和浪费。

（三）动态监控原则

投资的动态监控是指对投资项目实施进程进行控制。特别是对于那些工程量大、工期长的建造项目来说，有一个具体的投资过程，需要按工程预算实施有效的动态投资控制。

第二节 投资项目财务评价指标

投资决策，是对各个可行方案进行分析和评价，并从中选择最优方案的过程。投资项目决策的分析评价，需要采用一些专门的评价指标和方法。常用的财务可行性评价指标有净现值、年金净流量、现值指数、内部收益率和回收期等指标，围绕这些评价指标进行评价也产生了净现值法、内部收益率法、回收期法等评价方法。同时，按照是否考虑了货币时间价值来分类，这些评价指标可以分为静态评价指标和动态评价指标。考虑了货币时间价值因素的评价指标称为动态评价指标，没有考虑货币时间价值因素的评价指标称为静态评价指标。

一、项目现金流量

现金流量是投资项目财务可行性分析的主要分析对象，净现值、内部收益率、回收期等财务评价指标，均是以现金流量为对象进行可行性评价的。利润只是期间财务报告的结果，对于投资方案财务可行性来说，项目的现金流量状况比会计期间盈亏状况更为重要。一个投资项目能否顺利进行，有无经济上的效益，不仅取决于有无会计期间利润，还取决于能否带来正现金流量，即整个项目能否获得超过项目投资的现金回收。

由一项长期投资方案所引起的在未来一定期间所发生的现金收支，叫作现金流量（cash flow）。其中，现金收入称为现金流入量，现金支出称为现金流出量，现金流入量与现金流出量相抵后的余额，称为现金净流量（net cash flow，NCF）。

在一般情况下，投资决策中的现金流量通常是指现金净流量（NCF）。这里，所谓的现金既可以指库存现金、银行存款等货币性资产，也可以指相关非货币性资产（如原材料、设备等）的变现价值。

投资项目从整个经济生命周期来看，大致可以分为三个阶段：投资期、营业期、终结期，现金流量的各个项目也可归属于各个阶段之中。

（一）投资期

投资阶段的现金流量主要是现金流出量，即在该投资项目上的原始投资，包括在长期资产上的投资和垫支的营运资金。如果该项目的筹建费、开办费较高，也可作为初始阶段的现金流出量计入递延资产。在一般情况下，初始阶段中固定资产的原始投资通常在年内一次性投入（如购买设备），如果原始投资不是一次性投入（如工程建造），则应把投资归属于不同投入年份之中。

1. 长期资产投资

长期资产投资包括在固定资产、无形资产、递延资产等长期资产上的购入、建造、运输、安装、试运行等方面所需的现金支出，如购置成本、运输费、安装费等。在投资实施后因固定资产性能改进而发生的改良支出，属于固定资产的后期投资。

2. 营运资金垫支

营运资金垫支是指投资项目形成了生产能力，需要在流动资产上追加的投资。由于扩大了企业生产能力，原材料、在产品、产成品等流动资产规模也随之扩大，需要追加投入日常营运资金。同时，企业营业规模扩充后，应付账款等结算性流动负债也随之增加，自动补充了一部分日常营运资金的需要。因此，为该投资垫支的营运资金是追加的流动资产扩大量与结算性流动负债扩大量的净差额。

（二）营业期

营业阶段是投资项目的主要阶段，该阶段既有现金流入量，也有现金流出量。现金流入量主要是营运各年的营业收入，现金流出量主要是营运各年的付现营运成本。

另外，营业期内某一年发生的大修理支出，如果会计处理在本年内一次性作为收益性支出，则直接作为该年付现成本；如果跨年摊销处理，则本年作为投资性的现金流出量,摊销年份以非付现成本形式处理。营业期内某一年发生的改良支出是一种投资,应作为该年的现金流出量,以后年份通过折旧收回。

在正常营业阶段,由于营运各年的营业收入和付现营运成本数额比较稳定,因此营业阶段各年现金流量一般为:

$$\text{营业现金净流量}(NCF) = \text{营业收入} - \text{付现成本} \qquad (5\text{-}1)$$
$$= \text{营业利润} + \text{非付现成本}$$

式中,非付现成本主要是固定资产年折旧费用、长期资产摊销费用、资产减值准备等。其中,长期资产摊销费用主要有跨年的大修理摊销费用、改良工程折旧摊销费用、筹建开办费摊销费用,等等。

所得税是投资项目的现金支出,即现金流出量。考虑所得税对投资项目现金流量的影响,投资项目正常营运阶段所获得的营业现金流量,可按下列公式进行测算:

$$\text{营业现金净流量}(NCF) = \text{营业收入} - \text{付现成本} - \text{所得税}$$
$$\text{或营业现金净流量}(NCF) = \text{税后营业利润} + \text{非付现成本} \qquad (5\text{-}2)$$
$$= \text{收入} \times (1 - \text{所得税税率}) - \text{付现成本} \times$$
$$(1 - \text{所得税税率}) + \text{非付现成本} \times \text{所得税税率}$$

(三) 终结期

终结阶段的现金流量主要是现金流入量,包括固定资产变价净收入、固定资产变现净损益对现金净流量的影响和垫支营运资金的收回。

1. 固定资产变价净收入

投资项目在终结阶段,原有固定资产将退出生产经营,企业对固定资产进行清理处置。固定资产变价净收入,是指固定资产出售或报废时的出售价款或残值收入扣除清理费用后的净额。

2. 固定资产变现净损益对现金净流量的影响

固定资产变现净损益对现金净流量的影响用公式表示为:

$$\text{固定资产变现净损益对现金净流量的影响} \qquad (5\text{-}3)$$
$$= (\text{账面价值} - \text{变价净收入}) \times \text{所得税税率}$$

如果(账面价值-变价净收入)>0,则意味着发生了变现净损失,可以抵税,减少现金流出,增加现金净流量;如果(账面价值-变价净收入)<0,则意味着实现了变现净收益,应该纳税,增加现金流出,减少现金净流量。

变现时,固定资产账面价值指的是固定资产账面原值与变现时按照税法规定计提的累计折旧的差额。如果在变现时按照税法的规定,折旧已经全部计提,则固定资产账面价值等于税法规定的净残值;如果在变现时,按照税法的规定,折旧没有全部计提,则固定资产账面价值等于税法规定的净残值与剩余的未计提折旧之和。

3. 垫支营运资金的收回

伴随着固定资产的出售或报废,投资项目的经济生命周期结束,企业将与该项目相关的存货出售,应收账款收回,应付账款也随之偿付。营运资金恢复到原有水平,项目开始时垫支的营运资金在项目结束时得到回收。

在实务中，对某一投资项目在不同时点上现金流量数额的测算，通常通过编制"投资项目现金流量表"进行。通过该表，能测算出投资项目相关现金流量的时间和数额，以便进一步进行投资项目可行性分析。

【例5-1】 某公司计划增添一条生产流水线，以扩充生产能力。现有甲、乙两个方案可供选择。甲方案需要投资500 000元，乙方案需要投资750 000元。两方案的预计使用寿命均为5年，折旧均采用直线法，甲方案预计残值为20 000元，乙方案预计残值为30 000元。甲方案预计年销售收入为1 000 000元，第一年付现成本为660 000元，以后在此基础上每年增加维修费10 000元。乙方案预计年销售收入为1 400 000元，年付现成本为1 050 000元。项目投入营运时，甲方案需垫支营运资金200 000元，乙方案需垫支营运资金250 000元。公司所得税税率为20%。

根据上述资料，两个方案的现金流量计算如表5-1和表5-2所示。表5-1列示了甲、乙两个方案的营业期间现金流量的具体测算过程，相比于甲方案，乙方案营业期间的现金流量的测算数据比较有规律。

表5-1 营业期现金流量计算表　　　　　　　　（单位：元）

年限 项目	1	2	3	4	5
甲方案：					
销售收入(1)	1 000 000	1 000 000	1 000 000	1 000 000	100 000
付现成本(2)	660 000	670 000	680 000	690 000	700 000
折旧(3)	96 000	96 000	96 000	96 000	96 000
营业利润(4)=(1)-(2)-(3)	244 000	234 000	224 000	214 000	204 000
所得税(5)=(4)×20%	48 800	46 800	44 800	42 800	40 800
税后营业利润(6)=(4)-(5)	195 200	187 200	179 200	171 200	163 200
营业现金净流量(7)=(3)+(6)	291 200	283 200	275 200	267 200	259 200
乙方案：					
销售收入(1)	1 400 000	1 400 000	1 400 000	1 400 000	1 400 000
付现成本(2)	1 050 000	1 050 000	1 050 000	1 050 000	1 050 000
折旧(3)	144 000	144 000	144 000	144 000	144000
营业利润(4)=(1)-(2)-(3)	206 000	206 000	206 000	206 000	206 000
所得税(5)=(4)×20%	41200	41 200	41 200	41 200	41 200
税后营业利润(6)=(4)-(5)	164 800	164 800	164 800	164 800	164 800
营业现金净流量(7)=(3)+(6)	308 800	308 800	308 800	308 800	308 800

表5-2 投资项目现金流量计算表　　　　　　　　（单位：元）

年限 项目	0	1	2	3	4	5
甲方案：						
固定资产投资	-500 000					
营运资金垫支	-200 000					
营业现金流量		291 200	283 200	275 200	267 200	259 200
固定资产残值						20 000
营运资金收回						200 000
现金流量合计	-700 000	291 200	283 200	275 200	267 200	479 200

（续）

年限 项目	0	1	2	3	4	5
乙方案：						
固定资产投资	-750 000					
营运资金垫支	-250 000					
营业现金流量		308 800	308 800	308 800	308 800	308 800
固定资产残值						30 000
营运资金收回						250 000
现金流量合计	-1 000 000	308 800	308 800	308 800	308 800	588 800

乙方案营业现金净流量 = 税后营业利润 + 非付现成本
$$= (1\,400\,000 - 1\,050\,000 - 144\,000) \times (1 - 20\%) + 144\,000$$
$$= 308\,800（元）$$

或乙方案营业现金净流量 = 收入 × (1 - 所得税税率) - 付现成本 × (1 - 所得税税率) + 非付现成本 × 所得税税率
$$= 1\,400\,000 \times 80\% - 1\,050\,000 \times 80\% + 144\,000 \times 80\%$$
$$= 308\,800（元）$$

二、净现值

（一）基本原理

一个投资项目，其未来现金净流量现值与原始投资额现值之间的差额，称为净现值（net present value，NPV），其计算公式为：

$$净现值（NPV）= 未来现金净流量现值 - 原始投资额现值 \tag{5-4}$$

计算净现值时，要按预定的贴现率对投资项目的未来现金流量和原始投资额进行贴现。预定贴现率是投资者所期望的最低投资收益率。净现值为正，方案可行，说明方案的实际收益率高于所要求的收益率；净现值为负，方案不可行，说明方案的实际投资收益率低于所要求的收益率。

当净现值为零时，说明方案的投资收益刚好达到所要求的投资收益，方案也可行。所以，净现值的经济含义是投资方案收益超过基本收益后的剩余收益。其他条件相同时，净现值越大，方案越好。采用净现值法来评价投资方案，一般有以下步骤。

（1）测定投资方案各年的现金流量，包括现金流出量和现金流入量。

（2）设定投资方案采用的贴现率。确定贴现率的参考标准如下。

① 以市场利率为标准。资本市场的市场利率是整个社会投资收益率的最低水平，可以视为一般最低收益率要求。

② 以投资者希望获得的预期最低投资收益率为标准。这就考虑了投资项目的风险补偿因素及通货膨胀因素。

③ 以企业平均资本成本率为标准。企业投资所需要的资金，都或多或少地具有资本成本，企业筹资承担的资本成本率水平，给投资项目提出了最低收益率要求。

（3）按设定的贴现率，分别将各年的现金流出量和现金流入量折算成现值。

（4）第四，将未来的现金净流量现值与投资额现值进行比较，若前者大于或等于后者，方案可行；若前者小于后者，方案不可行，说明方案的实际收益率达不到投资者所要求的收益率。

【例5-2】 沿用例5-1的资料，假设折现率为10%，则：

$$\begin{aligned}
甲方案的净现值 &= 479\,200 \times (P/F,10\%,5) + 267\,200 \times (P/F,10\%,4) \\
&\quad + 275\,200 \times (P/F,10\%,3) + 283\,200 \times (P/F,10\%,2) \\
&\quad + 291\,200 \times (P/F,10\%,1) - 700\,000 \\
&= 479\,200 \times 0.620\,9 + 267\,200 \times 0.683\,0 + 275\,200 \times 0.751\,3 \\
&\quad + 283\,200 \times 0.826\,4 + 291\,200 \times 0.909\,1 - 700\,000 \\
&= 485\,557.04 （元）
\end{aligned}$$

由于方案的净现值大于0，因此甲方案可行。

$$\begin{aligned}
乙方案的净现值 &= 588\,800 \times (P/F,10\%,5) + 308\,800 \times (P/A,10\%,4) - 1\,000 \\
&= 588\,800 \times 0.620\,9 + 308\,800 \times 3.169\,9 - 1\,000\,000 \\
&= 344\,451.04 （元）
\end{aligned}$$

由于乙方案的净现值大于0，因此乙方案也可行。

（二）对净现值法的评价

净现值法简便易行，其主要优点如下。

第一，适用性强，能基本满足项目年限相同的互斥投资方案决策。如有A、B两个项目，资本成本率为10%，A项目投资50 000元可获净现值10 000元，B项目投资20 000元可获净现值8 000元。尽管A项目投资额大，但在计算净现值时已经考虑了实施该项目所承担的还本付息负担，因此净现值大的A项目优于B项目。

第二，能灵活地考虑投资风险。净现值法在设定的贴现率中包含投资风险收益率的要求，因此能有效地考虑投资风险。例如，某投资项目期限15年，资本成本率18%，由于投资项目时间长，风险也较大，所以投资者认定，在投资项目的有效使用期限15年中第一个5年期内以18%折现，第二个5年期内以20%折现，第三个5年期内以25%折现，以此来体现投资风险。

净现值也具有明显的缺陷，主要表现如下。

第一，所采用的贴现率不易确定。如果两方案采用不同的贴现率贴现，采用净现值法无法得出正确结论。在同一方案中，如果要考虑投资风险，要求的风险收益率不易确定。

第二，不适用于独立投资方案的比较决策。如果各方案的原始投资额现值不相等，有时无法做出正确决策。独立投资方案，是指两个以上投资项目互不依赖，可以同时并存。如对外投资购买甲股票或购买乙股票，它们之间并不冲突。在独立投资方案比较中，尽管某项目净现值大于其他项目，但所需投资额大，获利能力可能低于其他项目，而该项目与其他项目又是非互斥的，因此只凭净现值大小无法做出决策。

第三，净现值不能直接用于对寿命期不同的互斥投资方案进行决策。某项目尽管净现值小，但其寿命期短；另一项目尽管净现值大，但它是在较长的寿命期内取得的。两项目由于寿命期不同，因而净现值是不可比的。要采用净现值法对寿命期不同的投资方案进行决策，需要将各方案均转化为相等寿命期进行比较。

三、年金净流量

投资项目的未来现金净流量与原始投资额的差额，构成该项目的现金净流量总额。项目期间内全部现金净流量总额的总现值或总终值折算为等额年金的平均现金净流量，称为年金净流量（annual net cash flow，ANCF），其计算公式为：

$$年金净流量（ANCF）= \frac{现金净流量总现值}{年金现值系数} = \frac{现金净流量总终值}{年金终值系数} \tag{5-5}$$

与净现值指标一样，年金净流量指标大于零，说明每年平均的现金流入能抵补现金流出，投资项目的净现值（或净终值）大于零，方案的收益率大于所要求的收益率，方案可行。在两个以上寿命期不同的投资方案比较时，年金净流量越大，方案越好。

【例5-3】 甲、乙两个投资方案，甲方案需一次性投资10 000元，可用8年，残值2 000元，每年取得税后营业利润3 500元；乙方案需一次性投资10 000元，可用5年，无残值，第1年获利3 000元，以后每年递增10%。如果资本成本率为10%，应采用哪个方案？

两个方案使用年限不同，净现值是不可比的，应考虑它们的年金净流量。

甲方案营业期每年 $NCF = 3\,500 + (10\,000 - 2\,000)/8 = 4\,500$（元）

乙方案营业期各年 NCF：

第1年 $= 3\,000 + 10\,000/5 = 5\,000$（元）

第2年 $= 3\,000 \times (1 + 10\%) + 10\,000/5 = 5\,300$（元）

第3年 $= 3\,000 \times (1 + 10\%)^2 + 10\,000/5 = 5\,630$（元）

第4年 $= 3\,000 \times (1 + 10\%)^3 + 10\,000/5 = 5\,993$（元）

第5年 $= 3\,000 \times (1 + 10\%)^4 + 10\,000/5 = 6\,392.3$（元）

甲方案净现值 $= 4\,500 \times 5.335 + 2\,000 \times 0.467 - 10\,000 = 14\,941.5$（元）

乙方案净现值 $= 5\,000 \times 0.909 + 5\,300 \times 0.826 + 5\,630 \times 0.751 + 5\,993 \times 0.683 + 6\,392.30 \times 0.621 - 10\,000 = 11\,213.77$（元）

甲方案年金净流量 $= \dfrac{14\,941.5}{(P/A, 10\%, 8)} \approx 2\,801$（元）

乙方案年金净流量 $= \dfrac{11\,213.77}{(P/A, 10\%, 5)} \approx 2\,958$（元）

尽管甲方案净现值大于乙方案，但它是8年内取得的。而乙方案年金净流量高于甲方案，如果按8年计算可取得15 780.93（$=2\,958 \times 5.335$）元的净现值，高于甲方案。因此，乙方案优于甲方案。在本例中，用终值进行计算也可得出同样的结果。

从投资收益的角度来看，甲方案投资额为10 000元，扣除残值现值934（$=2\,000 \times 0.467$）元，按8年年金现值系数5.335计算，每年应回收1 699（$=9\,066/535$）元这样，每年现金流量4 500元中，扣除投资回收1 699元，投资收益为2 801元。按同样方法计算，乙方案年投资收益为 2 958 元。所以，年金净流量的本质是各年现金流量中的超额投资收益额。

年金净流量法是净现值法的辅助方法，在各方案寿命期相同时，实质上就是净现值法。因此它适用于期限不同的投资方案决策。但同时，它也具有与净现值法同样的缺点，即不便于对原始投资额不相等的独立投资方案进行决策。

四、现值指数

现值指数（present value index，PVI）是投资项目的未来现金净流量现值与原始投资额现值之比，其计算公式为：

$$现值指数(PVI) = \frac{未来现金净流量现值}{原始投资额现值} \tag{5-6}$$

从式（5-6）可见，现值指数的计算结果有三种：大于1，等于1，小于1。若现值指数大于或等于1，方案可行，说明方案实施后的投资收益率高于或等于必要收益率；若现值指数小于1，方案不可行，说明方案实施后的投资收益率低于必要收益率。现值指数越大，方案越好。

【例5-4】 有两个独立投资方案，有关资料如表5-3所示。

表5-3　净现值计算表　　　　　　　　　　（单位：元）

项　目	方案 A	方案 B
原始投资额现值	30 000	3 000
未来现金净流量现值	31 500	4 200
净现值	1 500	1 200

从净现值的绝对数来看，方案 A 大于方案 B，似乎应采用方案 A；但从投资额来看，方案 A 的原始投资额现值大大超过了方案 B。所以，在这种情况下，如果仅用净现值来判断方案的优劣，就难以做出正确的比较和评价。这时，可按现值指数法进行计算：

A 方案现值系数 = 31 500/30 000 = 1.05

B 方案现值系数 = 4 200/3 000 = 1.40

计算结果表明，方案 B 的现值指数大于方案 A，应当选择方案 B。

现值指数法也是净现值法的辅助方法，在各方案原始投资额现值相同时，实质上就是净现值法。由于现值指数法是未来现金流量现值与所需投资额现值之比，是一个相对数指标，反映了投资效率，所以，用现值指数指标来评价独立投资方案，可以克服净现值指标不便于对原始投资额现值不同的独立投资方案进行比较和评价的缺点，从而使对方案的分析评价更加合理、客观。

五、内部收益率

(一) 基本原理

内部收益率(internal rate of return, IRR),是指对投资方案未来的每年现金净流量进行贴现,使所得的现值恰好与原始投资额现值相等,从而使净现值等于零时的贴现率。

内部收益率法的基本原理是:在计算方案的净现值时,以必要投资收益率作为贴现率计算,净现值的结果往往是大于或小于零,这就说明方案实际可能达到的投资收益率大于或小于必要投资收益率;而当净现值为零时,说明两种收益率相等。根据这个原理,内部收益率法就是要计算出使净现值等于零时的贴现率,这个贴现率就是投资方案实际可能达到的投资收益率。

1. 未来每年现金净流量相等时

每年现金净流量相等是一种年金形式,通过查年金现值系数表,可计算出未来现金净流量现值,令其净现值为零,有:

$$未来每年现金净流量 \times 年金现值系数 - 原始投资额现值 = 0 \quad (5-7)$$

计算出净现值为零时的年金现值系数后,通过查年金现值系数表,即可找出相应的贴现率 i,该贴现率就是方案的内部收益率。

【例 5-5】 大安化工厂拟购入一台新型设备,购价为 160 万元,使用年限为 10 年,无残值。该方案的最低投资收益率要求为 12%(以此作为贴现率)。使用新设备后,估计每年产生现金净流量 30 万元。要求:用内部收益率指标评价该方案是否可行?

令:

$$300\,000 \times (P/A, i, 10) - 1\,600\,000 = 0$$

得:

$$(P/A, i, 10) = 5.333$$

现已知方案的使用年限为 10 年,查年金现值系数表,可查得:时期 10,系数 5.333 3 所对应的贴现率在 12% ~ 14%。采用插值法求得,该方案的内部收益率为 13.46%,高于最低投资收益率 12%,方案可行。

2. 未来每年现金净流量不相等时

如果投资方案的未来每年现金净流量不相等,各年现金净流量的分布就不是年金形式,不能采用直接查年金现值系数表的方法来计算内部收益率,而需采用逐次测试法。

逐次测试法的具体做法是:根据已知的有关资料,先估计一次贴现率,来试算未来现金净流量的现值,并将这个现值与原始投资额现值相比较。如果净现值大于零,为正数,表示估计的贴现率低于方案实际可能达到的投资收益率,需要重估一个较高的贴现率进行试算;如果净现值小于零,为负数,表示估计的贴现率高于方案实际可能达到的投资收益率,需要重估一个较低的贴现率进行试算。如此反复试算,直到净现值等于零或基本接近零,这时所估计的贴现率就是希望求得的内部收益率。

【例5-6】 兴达公司有一投资方案，需一次性投资 120 000 元，使用年限为 4 年，每年现金净流量分别为 30 000 元、40 000 元、50 000 元、35 000 元。要求：计算该投资方案的内部收益率，并据以评价该方案是否可行。

由于该方案每年的现金净流量不相同，需逐次测试计算方案的内含报酬率。测算过程如表 5-4 所示。

表 5-4　净现值的逐次测算　　　　　　　　（单位：元）

年　份	每年现金净流量	第一次测算8%		第二次测算12%		第三次测算10%	
1	30 000	0.926	27 780	0.893	26 790	0.909	27 270
2	40 000	0.857	34 280	0.797	31 880	0.826	33 040
3	50 000	0.794	39 700	0.712	35 600	0.751	37 550
4	35 000	0.735	25 725	0.636	22 260	0.683	23 905
未来现金净流量现值合计			127 485		116 530		121 765
减：原始投资额现值			120 000		120 000		120 000
净现值			7 485		(3470)		1 765

第一次测算，采用折现率8%，净现值为正数，说明方案的内部收益率高于8%。第二次测算，采用折现率12%，净现值为负数，说明方案的内部收益率低于12%。第三次测算，采用折现率10%，净现值仍为正数，但已较接近于零。因而可以估算，方案的内部收益率为10%~12%。进一步运用插值法，得出方案的内部收益率为10.67%。

（二）对内部收益率法的评价

内含报酬率法的主要优点如下：

第一，内部收益率反映了投资项目可能达到的收益率，易于被高层决策人员所理解。

第二，对于独立投资方案的比较决策，如果各方案原始投资额现值不同，可以通过计算各方案的内部收益率，反映各独立投资方案的获利水平。

内部收益率法的主要缺点如下：

第一，计算复杂，不易直接考虑投资风险大小。

第二，在互斥投资方案决策时，如果各方案的原始投资额现值不相等，有时无法做出正确的决策。某方案原始投资额低，净现值小，但内部收益率可能较高；而另一方案原始投资额高，净现值大，但内部收益率可能较低。

六、回收期

回收期（payback period，PP），是指投资项目的未来现金净流量与原始投资额相等时所经历的时间，即原始投资额通过未来现金流量回收所需要的时间。

投资者希望投入的资本能以某种方式尽快地收回来，收回的时间越长，所担风险就越大。因而，投资方案回收期的长短是投资者十分关心的问题，也是评价方案优劣的标准之一。用回收期指标评价方案时，回收期越短越好。

(一) 静态回收期

静态回收期没有考虑货币时间价值，直接用未来现金净流量累计到原始投资数额时所经历的时间作为静态回收期。

1. 未来每年现金净流量相等时

这种情况是一种年金形式，因此：

$$静态回收期 = \frac{原始投资额}{每年现金净流量} \tag{5-8}$$

【例5-7】 大威矿山机械厂准备从甲、乙两种机床中选购一种。甲机床购价为35 000元，投入使用后，每年现金净流量为7 000元；乙机床购价为36 000元，投入使用后，每年现金流量为8 000元。要求：用回收期指标决策该厂应选购哪种机床。

$$甲机床回收期 = \frac{35\,000}{7\,000} = 5 \text{（年）}$$

$$乙机床回收期 = \frac{36\,000}{8\,000} = 4.5 \text{（年）}$$

计算结果表明，乙机床的回收期比甲机床短，该厂应选择乙机床。

2. 未来每年现金净流量不相等时

在这种情况下，应把未来每年的现金净流量逐年加总，根据累计现金流量来确定回收期。

【例5-8】 迪力公司有一投资项目，需投资150 000元，使用年限为5年，每年的现金流量不相等，资本成本率为5%，有关资料如表5-5所示。要求：计算该投资项目的回收期。

表5-5 项目现金流量表 （单位：元）

年份	现金净流量	累计现金净流量	净流量现值	累计现值
1	30 000	30 000	28 560	28 560
2	35 000	65 000	31 745	60 305
3	60 000	125 000	51 840	112 145
4	50 000	175 000	41 150	153 295
5	40 000	215 000	31 360	184 655

从表5-5中的累计现金净流量栏中可见，该投资项目的回收期大概在3～4年。为了较为准确地计算项目回收期，可采用以下方法：

$$项目回收期 = 3 + \frac{150\,000 - 125\,000}{50\,000} = 3.5 \text{（年）}$$

(二) 动态回收期

动态回收期需要将投资引起的未来现金净流量进行贴现，以未来现金净流量的现值等于原始投资额现值时所经历的时间为动态回收期。

1. 未来每年现金净流量相等时

在这种年金形式下,假定动态回收期为 n 年,则:

$$(P/A, i, n) = \frac{\text{原始投资额现值}}{\text{每年现金净流量}} \quad (5\text{-}9)$$

计算出年金现值系数后,通过查年金现值系数表,利用插值法,即可推算出动态回收期 n。

在例 5-7 中,假定资本成本率为 9%,查表得知当 $i=9\%$ 时,第 6 年年金现值系数为 4.486,第 7 年年金现值系数为 5.033。由于甲机床的年金现值系数为 5,乙机床的年金现值系数为 4.5,相应的回收期运用插值法计算,得出甲机床动态回收期 $n=6.94$ 年,乙机床动态回收期 $n=6.03$ 年。

2. 未来每年现金净流量不相等时

在这种情况下,应把每年的现金净流量逐一贴现并加总,根据累计现金流量现值来确定回收期。在例 5-8 中,迪力公司投资项目的动态回收期为:

$$\text{项目回收期} = 3 + \frac{150\,000 - 112\,145}{41\,150} \approx 3.92 \text{(年)}$$

回收期法的优点是计算简便,易于理解。这种方法是以回收期的长短来衡量方案的优劣,收回投资所需的时间越短,所冒的风险就越小。可见,回收期法是种较为保守的方法。回收期法中静态回收期的不足之处是没有考虑货币的时间价值。

【例 5-9】 A、B 两个投资方案的相关资料如表 5-6 所示。

表 5-6 项目现金流量表

项 目	年 份	A 方案	B 方案
原始投资额(元)	0	(1 000)	(1 000)
现金净流量(元)	1	100	600
	2	300	300
	3	600	100
静态回收期(年)	—	3	3

从表 5-6 中的资料可以看出,A、B 两个投资方案的原始投资额相同,回收期也相同,以静态回收期来评价两个方案,似乎并无优劣之分。但如果考虑货币的时间价值,用动态回收期分析,则 B 方案显然要好得多。

静态回收期和动态回收期还有一个共同局限,就是它们计算回收期时只考虑了未来现金净流量(或现值)总和中等于原始投资额(或现值)的部分,没有考虑超过原始投资额(或现值)的部分。显然,回收期长的项目,其超过原始投资额(或现值)的现金流量并不一定比回收期短的项目少。

第三节 项目投资管理

项目投资,是指将资金直接投放于生产经营实体性资产,以形成生产能力,如购置设备、建造工厂、修建设施等。项目投资一般是企业的对内投资，也包括以实物性资产投资于其他企业的对外投资。

一、独立投资方案的决策

独立投资方案，是指两个或两个以上项目互不依赖，可以并存，各方案的决策也是独立的。独立投资方案的决策属于筛分决策，评价各方案本身是否可行，即方案本身是否达到某种可行性标准。独立投资方案之间比较时，决策要解决的问题是如何确定各种可行方案的投资顺序，即各独立方案之间的优先次序。排序分析时，以各独立方案的获利程度作为评价标准，一般采用内部收益率法进行比较决策。

【例5-10】 某企业有足够的资金准备投资于三个独立投资项目。A项目原始投资额10 000元，期限5年；B项目原始投资额18 000元，期限5年；C项目原始投资额18 000元，期限8年。贴现率为10%，其他有关资料如表5-7所示。问：如何安排投资顺序？

表5-7 项目现金流量表

项 目	A项目	B项目	C项目
原始投资（元）	(10 000)	(18 000)	(18 000)
每年NCF（元）	4 000	6 500	5 000
期限（年）	5	5	8
净现值（NPV，元）	5 164	6 642	8 675
现值指数（PVI，元）	1.52	1.37	1.48
内部收益率（IRR,%)	28.68	23.61	22.28
年金净流量（ANCF，元）	1 362	1 752	1 626

将上述三个方案的各种决策指标加以对比，结果如表5-8所示。从两表数据可以看出：

表5-8 独立投资方案的比较决策

净现值（NPV）	C > B > A
现值指数（PVI）	A > C > B
内部收益率（IRR）	A > B > C
年金净流量（ANCF）	B > C > A

（1）A项目与B项目比较：两项目原始投资额不同但期限相同，尽管B项目净现值和年金净流量均大于A项目，但B项目原始投资额高，获利程度低。因此，应优先安排内部收益率和现值指数较高的A项目。

（2）B项目与C项目比较：两项目原始投资额相等但期限不同，尽管C项目净现值和现值指数高，但它需要经历8年才能获得。B项目5年项目结束后，所收回的投资可以进一步投资于其他后续项目。因此，应该优先安排内部收益率和年金净流量较高的B项目。

（3）A 项目与 C 项目比较：两项目的原始投资额和期限都不相同，A 项目内部收益率较高，但净现值和年金净流量都较低。C 项目净现值高，但期限长；C 项目年金净流量也较高，但它是依靠较大的投资额取得的。因此，从获利程度的角度来看，A 项目是优先方案。

综上所述，在独立投资方案比较性决策时，内部收益获利程度在各种情况下的决策结论都是正确的。在本例中，投资决策指标综合反映了各方案的获利顺序应该按 A、B、C 顺序实施投资。现值指数指标也反映了方案的获利程度，除了期限不同的情况外，其结论也是正确的。但在项目的原始投资额相同而期限不同的情况下（如 B 和 C 的比较），现值指数实质上就是净现值的表达形式。至于净现值指标和年金净流量指标，它们反映的是各方案的获利数额，要结合内部收益率指标进行决策。

二、互斥投资方案的决策

互斥投资方案，方案之间互相排斥，不能并存，因此决策的实质在于选择最优方案，属于选择决策。选择决策要解决的问题是应该淘汰哪个方案，即选择最优方案。从选定经济效益最大的要求出发，互斥决策以方案的获利数额作为评价标准。因此，一般采用净现值法和年金净流量法进行选优决策。但由于净现值指标受投资项目寿命期的影响，因而年金净流量法是互斥方案最恰当的决策方法。

（一）项目的寿命期相等时

从例 5-10 可知，A、B 两项目寿命期相同，而原始投资额不等；B、C 两项目原始投资额相等，而寿命期不同。如果例 5-10 这三个项目是互斥投资方案，则三个项目只能采纳一个，不能同时并存。

A 项目与 B 项目比较，两项目原始投资额不等。尽管 A 项目的内部收益率和现值指数都较高，但互斥方案应考虑获利数额，因此净现值高的 B 项目是最优方案。两项目的期限是相同的，年金净流量指标的决策结论与净现值指标的决策结论是一致的。

B 项目比 A 项目投资额多 8 000 元，按 10% 的贴现率水平要求，分 5 年按年金形式回收，每年应回收 2 110（≈8 000/3.790 8）元。但 B 项目每年现金净流量比 A 项目多 2 500 元，扣除增加的回收额 2 110 元后，每年还可以多获得投资收益 390 元。这个差额，正是两项目年金净流量指标值的差额（1 752 - 1 362）。所以，在原始投资额不等、寿命期相同的情况下，净现值与年金净流量指标的决策结论一致，应采用年金净流量较大的 B 项目。

事实上，互斥方案的选优决策，各方案本身都是可行的，均有正的净现值，表明各方案均收回了原始投资，并有超额收益。进一步在互斥方案中选优，方案的获利数额作为选优的评价标准。在项目的寿命期相等时，不论方案的原始投资额大小如何，能够获得更大的获利数额即净现值的，即为最优方案。所以，在互斥投资方案的选优决策中，原始投资额的大小并不影响决策的结论，无须考虑原始投资额的大小。

（二）项目的寿命期不相等时

B 项目与 C 项目比较，寿命期不等。尽管 C 项目净现值较大，但它是 8 年内取得的。按每年平均的获利数额来看，B 项目的年金净流量（1 752 元）高于 C 项目（1 626 元）。如果 B 项目 5 年寿命期届满后，所收回的投资重新投入原有方案，达到与 C 项目同样的投资年限，取得的经济效益也高于 C 项目。

实际上，在对两个寿命期不等的互斥投资项目进行比较时，需要将两个项目转化成同样的投资期限以使二者具有可比性。针对各项目寿命期不等的情况，可以找出各项目寿命期的最小公倍数，作为共同的有效寿命期。

【例 5-11】 现有甲、乙两个机床购置方案，所要求的最低投资收益率为 10%。甲机床的投资额为 10 000 元，可用 2 年，无残值，每年产生 8 000 元现金净流量。乙机床的投资额为 20 000 元，可用 3 年，无残值，每年产生 10 000 元现金净流量。问：两方案何者为优？

将两方案的期限调整为最小公倍数 6 年，即甲方案的机床 6 年内周转 3 次，乙方案的机床 6 年内周转 2 次。未调整之前，两方案的相关评价指标如表 5-9 所示。

表 5-9　互斥投资方案的评价指标

项　目	甲方案	乙方案
净现值（NPV，元）	3 888	4 870
年金净流量（ANCF，元）	2 238	1 958
内部收益率（IRR，%）	38	23.39

尽管甲方案净现值低于乙方案，但年金净流量和内含报酬率均高于乙方案。按最小公倍数测算，甲方案经历了 3 次投资循环，乙方案经历了 2 次投资循环。各方案的相关评价指标如下。

(1) 甲方案。

净现值 = 8 000 × 4.355 3 − 10 000 × 0.683 0 − 100 000 × 0.826 4 − 10 000
　　　　= 9 748.4（元）

年金净流量 = 9 748.4/4.355 3 ≈ 2 238.28（元）

(2) 乙方案。

净现值 = 10 000 × 4.355 3 − 20 000 × 0.751 3 − 20 000
　　　　= 8 527（元）

年金净流量 = 8 527/4.355 3 ≈ 1 958（元）

上述计算说明，延长寿命期后，两方案投资期限相等，甲方案净现值 9 748 元高于乙方案净现值 8 527 元，故甲方案优于乙方案。

至于内部收益率指标，可以测算出：当 $i=38\%$ 时，甲方案净现值 = 0；当 $i=23.39\%$ 时，乙方案净现值 = 0。这说明，只要方案的现金流量状态不变，按两方案寿命期的最小公倍数延长寿命后，方案的内部收益率并不会变化。

同样，只要方案的现金流量状态不变，按公倍年限延长寿命后，方案的年金净流量指标也不会改变。甲方案仍为 2 238 元，乙方案仍为 1 958 元。由于寿命期不同的项目，换算为最小公倍期数比较麻烦，而按各方案本身期限计算的年金净流量与换算公倍期限后的结果一致。因此，实务中对于期限不等的互斥方案比较，无须换算寿命期限，直接按原始期限的年金净流量指标决策。

综上所述，互斥投资方案的选优决策中，年金净流量全面反映了各方案的获利数额，是最佳的决策指标。净现值指标在寿命期不同的情况下，需要按各方案寿命期的最小公倍数调整计算，在其余情况下的决策结论也是正确的。

第四节 证券投资管理

证券资产是企业进行金融投资所形成的资产。证券投资不同于项目投资，项目投资的对象是实体性经营资产，经营资产是直接为企业生产经营服务的资产，如固定资产、无形资产等，它们往往是一种服务能力递减的消耗性资产。证券投资的对象是金融资产，金融资产是一种以凭证、票据或者合同合约形式存在的权利性资产，如股票、债券及其衍生证券等。

一、证券资产的特点

（一）价值虚拟性

证券资产不能脱离实体资产而完全独立存在，但证券资产的价值不是完全由实体资产的现实生产经营活动决定的，而是取决于契约性权利所能带来的未来现金流量，是一种未来现金流量折现的资本化价值。如债券投资代表的是未来按合同规定收取债息和收回本金的权利，股票投资代表的是对发行股票企业的经营控制权、财务控制权、收益分配权、剩余财产追索权等股东权利。证券资产的服务能力在于它能带来未来的现金流量，按未来现金流量折现即资本化价值，是证券资产价值的统一表达。

（二）可分割性

实体项目投资的经营资产一般具有整体性要求，如购建新的生产能力，往往是厂房、设备、配套流动资产的结合。证券资产可以分割为一个最小的投资单位，如一股股票、一份债券，这就决定了证券资产投资的现金流量比较单一，往往由原始投资、未来收益或资本利得、本金回收所构成。

（三）持有目的多元性

实体项目投资的经营资产往往是为消耗而持有，为流动资产的加工提供生产条件。证券资产的持有目的是多元的，既可能是为未来积累现金即为未来变现而持有，也可能是为谋取资本利得即为销售而持有，还有可能是为取得对其他企业的控制权而持有。

(四) 强流动性

证券资产具有很强的流动性,其流动性表现在:第一,变现能力强。证券资产往往都是上市证券,一般都有活跃的交易市场可供及时转让。第二,持有目的可以相互转换。当企业急需现金时,可以立即将为其他目的而持有的证券资产变现。证券资产本身的变现能力虽然较强,但其实际周转速度取决于企业对证券资产的持有目的。作为长期投资的形式,企业持有的证券资产的周转一次一般都会经历一个会计年度以上。

(五) 高风险性

证券资产是一种虚拟资产,决定了金融投资受公司风险和市场风险的双重影响,不仅发行证券资产的公司业绩影响着证券资产投资的报酬率,资本市场的市场平均报酬率变化也会给金融投资带来直接的市场风险。

二、证券投资的目的

(一) 分散资金投向,降低投资风险

投资分散化,即将资金投资于多个相关程度较低的项目,实行多元化经营,能够有效地分散投资风险。当某个项目经营不景气而利润下降甚至导致亏损时,其他项目可能会获取较高的收益。将企业的资金分成内部经营投资和对外证券投资两个部分,实现了企业投资的多元化。而且,与对内投资相比,对外证券投资不受地域和经营范围的限制,投资选择面非常广,投资资金的退出和收回也比较容易,是多元化投资的主要方式。

(二) 利用闲置资金,增加企业收益

企业在生产经营过程中,由于各种因素,有时会出现资金闲置、现金结余较多的情况。这些闲置的资金可以投资于股票、债券等有价证券上,谋取投资收益,这些投资收益主要表现在股利收入、债息收入、证券买卖差价等方面。同时,有时企业资金的闲置是暂时性的,可以投资于在资本市场上流通性和变现能力较强的有价证券,这类证券能够随时变卖,收回资金。

(三) 稳定客户关系,保障生产经营

在企业生产经营环节中,供应和销售是企业与市场相联系的重要通道。没有稳定的原材料供应来源,没有稳定的销售客户,都会使企业的生产经营中断。为了保持与供销客户良好而稳定的业务关系,可以对业务关系链的供销企业进行投资,保持对它们一定的债权或股权,甚至控股。这样,能够以债权或股权对关联企业的生产经营施加影响和控制,保障本企业的生产经营顺利进行。

(四) 提高资产的流动性,增强偿债能力

资产流动性强弱是影响企业财务安全性的主要因素。除现金等货币资产外,有价证券投资是企业流动性最强的资产,是企业速动资产的主要构成部分。在企业需要支付大

量现金，而现有现金储备又不足时，可以通过变卖有价证券迅速取得大量现金，保证企业的及时支付。

三、证券资产投资的风险

由于证券资产的市价波动频繁，证券投资的风险往往较大。获取投资收益是证券投资的主要目的，证券投资的风险是投资者无法获得预期投资收益的可能性。按风险性质划分，证券投资的风险分为系统性风险和非系统性风险两大类别。

（一）系统性风险

证券资产的系统性风险，是指由于外部经济环境因素变化引起整个资本市场不确定性加强，从而对所有证券都产生影响的共同性风险。系统性风险影响到资本市场上的所有证券，无法通过投资多元化的组合而加以避免，又称为不可分散风险。系统性风险波及所有证券资产，最终会反映在资本市场平均利率的提高上，所有的系统性风险几乎都可以归结为利率风险。利率风险是由于市场利率变动引起证券资产价值变化的可能性。市场利率反映了社会平均收益率，投资者对证券资产投资收益率的预期总是在市场利率基础上进行的，只有当证券资产投资收益率大于市场利率时，证券资产的价值才会高于其市场价格。一旦市场利率提高，就会引起证券资产价值的下降，投资者就不易得到超过社会平均收益率的超额收益。市场利率的变动会造成证券资产价格的普遍波动，两者呈反向变化：市场利率上升，证券资产价格下跌；市场利率下降，证券资产价格上升。

1. 价格风险

价格风险是指由于市场利率上升，使证券资产价格普遍下跌的可能性。价格风险来自资本市场买卖双方资本供求关系的不平衡，资本需求量增加，市场利率上升；资本供应量增加，市场利率下降。

资本需求量增加，引起市场利率上升，也意味着证券资产发行量的增加，引起整个资本市场所有证券资产价格的普遍下降。需要说明的是，这里的证券资产价格波动并不是指证券资产发行者的经营业绩变化而引起的个别证券资产的价格波动，而是由于资本供应关系引起的全部证券资产的价格波动。

当证券资产持有期间的市场利率上升，证券资产价格就会下跌，证券资产期限越长，投资者遭受的损失越大。到期风险附加率，就是对投资者承担利率变动风险的一种补偿，期限越长的证券资产，要求的到期风险附加率就越大。

2. 再投资风险

再投资风险是由于市场利率下降，造成的无法通过再投资而实现预期收益的可能性。根据流动性偏好理论，长期证券资产的收益率应当高于短期证券资产，这是因为：① 期限越长，不确定性就越强。证券资产投资者一般喜欢持有短期证券资产，因为它们较易变现而收回本金。因此，投资者愿意接受短期证券资产的低收益率。② 证券资产发行者一般喜欢发行长期证券资产，因为长期证券资产可以筹集到长期资金，而不必经常面临筹集不到资金的困境。因此，证券资产发行者愿意为长期证券资产支付较高的收益率。

为了避免市场利率上升的价格风险，投资者可能会投资于短期证券资产，但短期证券资产又会面临市场利率下降的再投资风险，即无法按预定收益率进行再投资而实现所要求的预期收益。

3. 购买力风险

购买力风险是指由于通货膨胀而使货币购买力下降的可能性。在持续而剧烈的物价波动环境下，货币性资产会产生购买力损益：当物价持续上涨时，货币性资产会遭受购买力损失；当物价持续下跌时，货币性资产会带来购买力收益。

证券资产是一种货币性资产，通货膨胀会使证券资产投资的本金和收益贬值，名义收益率不变而实际收益率降低。购买力风险对具有收款权利性质的资产影响很大，债券投资的购买力风险远大于股票投资。如果通货膨胀长期延续，投资人会把资本投向实体性资产以求保值，对证券资产的需求量减少，引起证券资产价格下跌。

（二）非系统性风险

证券资产的非系统性风险，是指由特定经营环境或特定事件变化引起的不确定性，从而对个别证券资产产生影响的特有风险。非系统性风险源于每个公司自身特有的营业活动和财务活动，与某个具体的证券资产相关联，同整个证券资产市场无关。非系统性风险可以通过持有证券资产的多元化来抵消，又称为可分散风险。

非系统性风险是公司特有风险，从公司内部管理的角度考察，公司特有风险的主要表现形式是公司经营风险和财务风险。从公司外部的证券资产市场投资者的角度考察，公司经营风险和财务风险的特征无法明确区分，公司特有风险是以违约风险、变现风险、破产风险等形式表现出来的。

1. 违约风险

违约风险是指证券资产发行者无法按时兑付证券资产利息和偿还本金的可能性。有价证券资产本身就是一种契约性权利资产，经济合同的任何一方违约都会给另一方造成损失。违约风险是投资于收益固定型有价证券资产的投资者经常面临的，多发生于债券投资中。违约风险产生的原因可能是公司产品经销不善，也可能是公司现金周转不灵。

2. 变现风险

变现风险是指证券资产持有者无法在市场上以正常的价格平仓出货的可能性。持有证券资产的投资者，可能会在证券资产持有期限内出售现有证券资产投资于另一项目，但在短期内找不到愿意出合理价格的买主，投资者就会丧失新的投资机会或面临降价出售的损失。在同一证券资产市场上，各种有价证券资产的变现力是不同的，交易越频繁的证券资产，其变现能力越强。

3. 破产风险

破产风险是指在证券资产发行者破产清算时投资者无法收回应得权益的可能性。当证券资产发行者由于经营管理不善而持续亏损、现金周转不畅而无力清偿债务或其他原因导致难以持续经营时，他可能会申请破产保护。破产保护会导致债务清偿的豁免、有限责任的退资，使得投资者无法取得应得的投资收益，甚至无法收回投资的本金。

四、债券投资

(一) 债券要素

债券是依照法定程序发行的约定在一定期限内还本付息的有价证券,它反映证券发行者与持有者之间的债权债务关系。债券一般包含以下几个基本要素。

1. 债券面值

债券面值,是指债券设定的票面金额,它代表发行人借入并且承诺于未来某一特定日偿付债券持有人的金额,债券面值包括两方面的内容:① 票面币种。即以何种货币作为债券的计量单位,一般而言,在国内发行的债券,发行的对象是国内有关经济主体,则选择本国货币;若在国外发行,则选择发行国家或地区的货币或国际通用货币(如美元)作为债券的币种。② 票面金额。票面金额对债券的发行成本、发行数量和持有者的分布具有影响,票面金额小,有利于小额投资者购买,从而有利于债券发行,但发行费用可能增加;票面金额大,会降低发行成本,但可能减少发行量。

2. 债券票面利率

债券票面利率,是指债券发行者预计一年内向持有者支付的利息占票面金额的比率。票面利率不同于实际利率,实际利率是指按复利计算的一年期的利率,债券的计息和付息方式有多种,可能使用单利或复利计算,利息支付可能半年一次、一年一次或到期一次还本付息,这使得票面利率可能与实际利率发生差异。

3. 债券到期日

债券到期日,是指偿还债券本金的日期,债券一般都有规定到期日,以便到期时归还本金。

(二) 债券的价值

将在债券投资上未来收取的利息和收回的本金折为现值,即可得到债券的内在价值。债券的内在价值又称为债券的理论价格,只有债券价值大于其购买价格时,该债券才值得投资。影响债券价值的因素主要有债券的面值、期限、票面利率和所采用的贴现率等因素。

1. 债券估价基本模型

典型的债券类型,是有固定的票面利率、每期支付利息、到期归还本金的债券,这种债券模式下债券价值计量的基本模型是:

$$V_b = \sum_{t=1}^{n} \frac{I_t}{(1+R)^t} + \frac{M}{(1+R)^n} \tag{5-10}$$

式中,V_b 为债券的价值;I_t 为债券各期的利息;M 为债券的面值;R 为债券价值评估时所采用的贴现率即所期望的最低投资收益率。一般来说,经常采用市场利率作为评估债券价值时所期望的最低投资收益率。

从债券价值基本计量模型中可以看出,债券面值、债券期限、票面利率、市场利率是影响债券价值的基本因素。

【例5-12】 某债券面值为1 000元,期限为20年,每年支付一次利息,到期归还本金,以市场利率作为评估债券价值的贴现率,目前的市场利率为10%,如果票面利率分别为8%、10%和12%,有:

$V_b = 80 \times (P/A, 10\%, 20) + 1\,000 \times (P/F, 10\%, 20) = 829.69$(元)

$V_b = 100 \times (P/A, 10\%, 20) + 1\,000 \times (P/F, 10\%, 20) = 1\,000$(元)

$V_b = 120 \times (P/A, 10\%, 20) + 1\,000 \times (P/F, 10\%, 20) = 1\,170.23$(元)

综上可知,债券的票面利率可能小于、等于或大于市场利率,因而债券价值就可能小于、等于或大于债券票面价值,因此在债券实际发行时就要折价、平价或溢价发行。折价发行是为了对投资者未来少获利息而给予的必要补偿;平价发行是因为票面利率与市场利率相等,此时票面价值和债券价值是一致的,所以不存在补偿问题;溢价发行是为了对债券发行者未来多付利息而给予的必要补偿。

2. 债券期限对债券价值的敏感性

选择长期债券还是短期债券,是公司财务经理经常面临的投资选择问题。由于票面利率的不同,当债券期限发生变化时,债券的价值也会随之波动。

【例5-13】 假定市场利率为10%,面值为1 000元,每年支付一次利息,到期归还本金,票面利率分别为8%、10%和12%的三种债券,债券价值对债券期限变化的敏感性如表5-10所示。

表5-10 债券价值对债券期限变化的敏感性 (单位:元)

债券期限	债券价值				
	票面利率为10%	票面利率为8%	环比差异	票面利率为12%	环比差异
0年期	1 000	1 000	—	1 000	—
1年期	1 000	981.72	-18.28	1 018.08	+18.08
2年期	1 000	964.88	-16.84	1 034.32	+16.24
5年期	1 000	924.28	-40.60	1 075.92	+41.60
10年期	1 000	877.60	-46.68	1 123.40	+47.48
15年期	1 000	847.48	-30.12	1 151.72	+28.32
20年期	1 000	12 830.121 5	-17.36	1 170.68	+18.96

将表5-11中债券价值与债券期限的函数描述在图5-1中,并结合表5-10的数据,可以得出以下结论。

(1) 引起债券价值随债券期限的变化而波动的原因,是债券票面利率与市场利率的不一致。如果债券票面利率与市场利率之间没有差异,债券期限的变化不会引起债券价值的变动。也就是说,只有溢价债券或折价债券,才产生不同期限下债券价值有所不同的现象。

(2) 债券期限越短,债券票面利率对债券价值的影响越小。不论是溢价债券还是折价债券,当债券期限较短时,票面利率与市场利率的差异,不会使债券的价值过于偏离债券的面值。

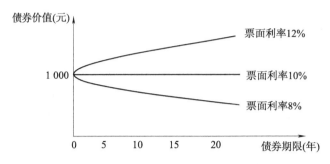

图 5-1 债券价值对债券期限的敏感性

(3) 在票面利率偏离市场利率的情况下,债券期限越长,债券价值越偏离于债券面值。
(4) 随着债券期限延长,债券的价值会越偏离债券的面值,但这种偏离的变化幅度最终会趋于平稳。或者说,超长期债券的期限差异,对债券价值的影响不大。

3. 市场利率对债券价值的敏感性

债券的发行,其面值、期限、票面利率都相对固定了,市场利率成为债券持有期间影响债券价值的主要因素。市场利率是决定债券价值的贴现率,市场利率的变化会造成系统性的利率风险。

【例 5-14】 假定现有面值为 1 000 元、票面利率为 15% 的 2 年期和 20 年期两种债券,每年付息一次,到期归还本金。债券价值对市场利率变化的敏感性如表 5-11 所示。

表 5-11 债券价值对市场利率变化的敏感性 (单位:元)

市场利率(%)	债券价值	
	2 年期债券	20 年期债券
5	1 185.85	2 246.30
10	1 086.40	1 426.10
15	1 000.00	1 000.00
20	923.20	756.50
25	856.00	605.10
30	796.15	502.40

将表 5-11 中债券价值对市场利率的函数描述可以得出以下结论。
(1) 市场利率的上升会导致债券价值的下降,市场利率的下降会导致债券价值的上升。
(2) 长期债券对市场利率的敏感性会大于短期债券,在市场利率较低时,长期债券的价值远高于短期债券;在市场利率较高时,长期债券的价值远低于短期债券。
(3) 市场利率低于票面利率时,债券价值对市场利率的变化较为敏感,市场利率稍有变动,债券价值就会发生剧烈的波动;市场利率超过票面利率后,债券价值对市场利率变化的敏感性减弱,市场利率的提高,不会使债券价值过分降低。

根据上述分析结论,财务经理在债券投资决策中应当注意:长期债券的价值波动较大,特别是票面利率高于市场利率的长期溢价债券,容易获取投资收益但安全性较低,利率风险较大。如果市场利率波动频繁,利用长期债券来储备现金显然是不明智的,为较高的收益率而付出安全性的代价。

(三) 债券投资的收益率

1. 债券收益的来源

债券投资的收益是投资于债券所获得的全部投资收益,这些投资收益来源于三个方面。

(1) 名义利息收益。债券各期的名义利息收益是其面值与票面利率的乘积。

(2) 利息再投资收益。债券投资评价时,有两个重要的假定:第一,债券本金是到期收回的,而债券利息是分期收取的;第二,将分期收到的利息重新投资于同一项目,并取得与本金同等的利息收益率。

例如,某 5 年期债券面值为 1 000 元,票面利率为 12%,如果每期的利息不进行再投资,5 年共获利息收益 600 元。如果将每期利息进行再投资,第一年获利息 120 元;第二年 1 000 元本金获利息 120 元,第一年的利息 120 元在第二年又获利息收益 14.4 元,第二年共获利息收益 134.4 元;以此类推,到第五年年末累计获利息 762.34 元。事实上,按 12% 的利率水平,1 000 元本金在第五年年末的复利终值为 1 762.34 元,按货币时间价值的原理计算债券投资收益,就已经考虑了再投资因素。在取得再投资收益的同时,承担着再投资风险。

(3) 价差收益。价差收益是指债券尚未到期时投资者中途转让债券,在卖价和买价之间的价差上所获得的收益,又称为资本利得收益。

2. 债券的内部收益率

债券的内部收益率,是指按当前市场价格购买债券并持有至到期日或转让日所产生的预期收益率,也就是债券投资项目的内部收益率。在债券价值估价基本模型中,如果用债券的购买价格 P,代替内在价值 V,就能求出债券的内部收益率。也就是说,用该内部收益率贴现所决定的债券内在价值,刚好等于债券的目前购买价格。

债券真正的内在价值是按市场利率贴现所决定的内在价值,当按市场利率贴现所计算的内在价值大于按内部收益率贴现所计算的内在价值时,债券的内部收益率才会大于市场利率,这正是投资者所期望的。

【例 5-15】 假定投资者目前以 1 075.92 元的价格,购买一份面值为 1 000 元、每年付息一次、到期归还本金,票面利率为 12% 的 5 年期债券,投资者将该债券持有至到期日,有:

$$1\,075.92 = 120 \times (P/A, R, 5) + 1\,000 \times (P/F, R, 5)$$

解得内部收益率 $R = 10\%$

同理,如果债券目前购买价格为 1 000 元或 899.24 元,有:

内部收益率 $R = 12\%$

或内部收益率 $R = 15\%$

可见，溢价债券的内部收益率低于票面利率，折价债券的内部收益率高于票面利率，平价债券的内部收益率等于票面利率。

通常，也可以用简便算法对债券投资收益率近似估算，其计算公式为：

$$R = \frac{I + (B - P)/N}{(B + P)/2} \times 100\% \tag{5-11}$$

式中，P 为债券的当前购买价格；B 为债券面值；N 为债券持有期限，分母是平均资金占用，分子是平均收益，将例 5-15 中数据代入式（5-11）：

$$R = \frac{120 + (1\,000 - 1\,075.92)/5}{(1\,000 + 1\,075.92)/2} \times 100\% = 10.098\%$$

五、股票投资

（一）股票的价值

投资于股票预期获得的未来现金流量的现值，即为股票的价值或内在价值、理论价格。股票是一种权利凭证，它之所以有价值，是因为它能给持有者带来未来的收益，这种未来的收益包括各期获得的股利、转让股票获得的价差收益、股份公司的清算收益等。价格小于内在价值的股票，是值得投资者投资购买的。股份公司的净利润是决定股票价值的基础。股票给持有者带来未来的收益一般是以股利形式出现的，因此也可以说股利决定了股票价值。

1. 股票估价基本模型

从理论上来说，如果股东中途不转让股票，股票投资没有到期日，投资于股票所得到的未来现金流量是各期的股利。假定某股票未来各期股利为 D_t（t 为期数），R_s 为估价所采用的贴现率即所期望的最低收益率，则股票价值的估价模型为：

$$\begin{aligned} V_s &= \frac{D_1}{(1 + R_s)} + \frac{D_2}{(1 + R_s)^2} + \cdots + \frac{D_n}{(1 + R_s)^n} + \cdots \\ &= \sum_{t=1}^{\infty} \frac{D_t}{(1 + R_s)^t} \end{aligned} \tag{5-12}$$

优先股是特殊的股票，优先股股东每期在固定的时点上收到相等的股利，优先股没有到期日，未来的现金流量是一种永续年金，其价值计算公式为：

$$V_s = \frac{D}{R_s} \tag{5-13}$$

2. 常用的股票估价模式

与债券不同的是，持有期限、股利、贴现率是影响股票价值的重要因素。如果投资者准备永久持有股票，未来的贴现率也是固定不变的，那么未来各期不断变化的股利成为评价股票价值的难题。为此，我们不得不假定未来的股利按一定的规律变化，从而形成几种常用的股票估价模式。

（1）固定增长模式。一般来说，公司并没有把每年的盈余全部作为股利分配出去，留存的收益扩大了公司的资本额，不断增长的资本会创造更多的盈余，又进一步引起下期股利的增长。如果公司本期的股利为 D，未来各期的股利按上期股利的 g 速度呈几何级数增长，根据股票估价基本模型，股票价值 V_s 为：

$$V_s = \sum_{t=1}^{\infty} \frac{D_0(1+g)^t}{(1+R_s)^t} \tag{5-14}$$

因为 g 是一个固定的常数，当 $R > g$ 时，式（5-14）可以化简为：

$$V_s = \frac{D_1}{R_s - g} \tag{5-15}$$

【例 5-16】假定某投资者准备购买 A 公司的股票，并且准备长期持有，要求达到 12% 的收益率，该公司今年每股股利为 0.8 元，预计未来股利会以 9% 的速度增长，则 A 股票的价值为：

$$V_s = \frac{0.8 \times (1+9\%)}{12\% - 9\%} = 29.07 \text{（元）}$$

如果 A 股票目前的购买价格低于 29.07 元，则该公司的股票是值得购买的。

（2）零增长模式。如果公司未来各期发放的股利都相等，并且投资者准备永久持有，那么这种股票与优先股是相类似的。或者说，当固定增长模式中 $g = 0$ 时，有：

$$V_s = \frac{D}{R_s} \tag{5-16}$$

（3）阶段性增长模式。许多公司的股利在某一阶段会有一个超常的增长率，这一阶段的增长率 g 可能大于 R 而后阶段公司的股利固定不变或正常增长。对于阶段性增长的股票，需要分段计算，才能确定股票的价值。

【例 5-17】假定某投资者准备购买 B 公司的股票，打算长期持有，要求达到 12% 的收益率。B 公司今年股利为 0.6 元，预计未来 3 年股利以 15% 的幅度增长，而后以 9% 的速度转入正常增长。则 B 股票的价值分两段计算：

首先，计算高速增长期股利的现值（见表 5-12）。

表 5-12 高速增长期股利的现值 （金额单位：元）

年份	股利	现值系数（12%）	股利现值
1	0.6 × (1 + 5%) = 0.69	0.893	0.616 2
2	0.69 × (1 + 5%) = 0.793 5	0.797	0.632 4
3	0.793 5 × (1 + 5%) = 0.912 5	0.712	0.649 7
合 计			1.898 3

其次，正常增长期股利在第三年年末的现值。

$$V_3 = \frac{D_4}{R_s - g} = \frac{0.912\,5 \times (1 + 9\%)}{12\% - 9\%} = 33.154\,2 \text{（元）}$$

最后，计算该股票的价值。

$$V_0 = 33.1542 \times 0.712 + 1.8983 = 25.50 \text{（元）}$$

（二）股票投资的收益率

1. 股票收益的来源

股票投资的收益由股利收益、股利再投资收益和转让价差三部分构成。只要按货币时间价值的原理计算股票投资收益，就无须单独考虑再投资收益的因素。

2. 股票的内部收益率

股票的内部收益率，是使得股票未来现金流量贴现值等于目前的购买价格时的贴现率，也就是股票投资项目的内部收益率。股票的内部收益率高于投资者所要求的最低收益率时，投资者才愿意购买该股票。在固定增长股票估价模型中，用股票的购买价格 P_s 代替内在价值 V_s，有：

$$R = \frac{D_1}{P_0} + g \tag{5-17}$$

从式（5-17）可以看出，股票投资内部收益率由两部分构成：一部分是预期股利收益率 D_1/P_0，另一部分是股利增长率 g。

如果投资者不打算长期持有股票，而将股票转让出去，则股票投资的收益由股利收益和资本利得（转让价差收益）构成。这时，股票内部收益率 R 是使股票投资净现值为零时的贴现率，其计算公式为：

$$NPV = \sum_{t=1}^{n} \frac{D_t}{(1+R)^t} + \frac{P}{(1+R)^n} - P_0 = 0 \tag{5-18}$$

【例5-18】某投资者2016年5月购入A公司股票1 000股，每股购价为3.2元；A公司2017年、2018年、2019年分别派分现金股利0.25元/股、0.32元/股、0.45元/股；该投资者2019年5月以每股3.5元的价格售出该股票，则A股票内部收益率的计算为：

$$NPV = \frac{0.25}{1+R} + \frac{0.32}{(1+R)^2} + \frac{0.45}{(1+R)^3} + \frac{3.5}{(1+R)^3} - 3.2 = 0$$

当 $R = 12\%$ 时，$NPV = 0.0898$

当 $R = 14\%$ 时，$NPV = -0.0682$

用插值法计算：

$$R = 12\% + 2\% \times \frac{0.0898}{0.0898 + 0.0682} = 13.14\%$$

本章小结

本章学习的重点是在理解投资的概念、分类、意义与原则的基础上，掌握投资现金流量分析、各种投资决策方法及其比较。其中现金流量分析是进行投资决策分析的基础，各种投资决策指标的计算和比较是本章学习的难点。在此过程中理解不同投资决策指标的优缺点及各自的使用范围，并在实践中熟练运用项目投资和证券投资管理的知识，实现企业期望的经济目标。

练习题

一、简答题

1. 简述企业投资的意义及投资管理的原则。
2. 简述投资决策现金流量的构成。
3. 简述净现值与内部收益率出现不一致的情况及原因。

二、案例题

嘉华公司的方案选择案例

嘉华快餐公司在一家公园内租用一间售货亭向游人出售快餐。嘉华快餐公司与公园签订的租赁合同的期限为 3 年，3 年后售货亭作为临时建筑将被拆除。经过一个月的试营业，嘉华快餐公司发现，每天的午饭和晚饭时间来买快餐的游客很多，但是因为售货亭很小，只有一个售货窗口，所以顾客不得不排长队，有些顾客因此而离开。为了解决这一问题，嘉华快餐公司设计了四种不同的方案，试图增加销售量，从而增加利润。

方案一：改装售货亭，增加窗口。这一方案要求对现有售货亭进行大幅度的改造，所以初始投资较多，但是因为增加窗口吸引了更多顾客，所以收入也会相应增加较多。

方案二：在现有售货窗口的基础上，更新设备，加快每份快餐的供应速度，缩短供应时间。

以上两个方案并不互斥，可以同时选择。但是，以下两个方案则要放弃现有的售货亭。

方案三：建造一个新的售货亭。此方案需要将现有的售货亭拆掉，在原来的地方建一个面积更大、售货窗口更多的新售货亭。此方案的投资需求最大，预期增加的收入也最多。

方案四：在公园内租一间更大的售货亭。此方案的初始支出是新售货亭的装修费用，以后每年的增量现金流出是当年的租金支出净额。

嘉华快餐公司可用于这项投资的资金需要从银行借入，资本成本率为 15%，与各个方案有关的现金流量如表 5-13 所示。

表 5-13　四个方案的预计现金流量　　　　　　　　　　　（单位：元）

方　　案	投资额	第 1 年	第 2 年	第 3 年
增加售货窗口	-75 000	44 000	44 000	44 000
更新现有设备	-50 000	23 000	23 000	23 000
建造新售货亭	-125 000	70 000	70 000	70 000
租赁更大的售货亭	-1 000	12 000	13 000	14 000

要求：

（1）如果内部收益率指标，嘉华快餐公司应该选择哪个方案？

（2）如果运用净现值指标，嘉华快餐公司应该选择哪个方案？

（3）如何解释用内部收益率指标嘉华快餐公司应该和净现值指标进行决策时所得到的不同结论？哪个指标更好？

第六章 Chapter 6

营运资金管理

学习目标

1. 了解营运资金管理的概念、特点、原则与策略。
2. 掌握目标现金管理的模式、计算公式与运用。
3. 掌握应收账款管理的功能、成本、监控与管理。
4. 掌握存货管理的目标、成本核算以及最优存货批量的模型与运用。
5. 掌握流动负债的种类与优缺点。

导入案例

三一重工的资金遭质疑

三一重工股份有限公司是一家机械制造企业，创建于1994年，总部位于北京，公司产品包括建筑机械、筑路机械、起重机械等25大类120多个品种。2003年7月3日，三一重工在上海证券交易所上市。2012年1月，三一重工收购"世界混凝土第一品牌"德国普茨迈斯特。

截至2018年6月末，三一集团在各银行贷款总额为393.8亿元，其中旗下三一重工的贷款占比接近67%，达到275亿元。三一重工持有货币资金为107亿元，其中银行存款91亿元，而同行业的中联重科的资产负债率为55.13%，徐工机械为60.32%。三一重工的应收账款在今年上半年达到229亿元，相比去年增加102.78%。三一重工采取无追索权保理方式向银行转让应收账款，终止确认应收账款金额20亿元。不少行业人士对在经济转型阶段三一重工采取激进销售模式所带来的隐患感到担忧。三一重工到底如何来管理自己的营运资金值得我们深思。

第一节 营运资金管理概述

一、营运资金的概念及特点

（一）营运资金的概念

营运资金是指在企业生产经营活动中占用在流动资产上的资金。营运资金有广义和狭义之分，广义的营运资金是指一个企业流动资产的总额；狭义的营运资金是指流动资产减去流动负债后的余额。这里指的是狭义的营运资金概念。营运资金的管理既包括流动资产的管理，也包括流动负债的管理。

1. 流动资产

流动资产是指可以在 1 年以内或超过 1 年的一个营业周期内变现或运用的资产。流动资产具有占用时间短、周转快、易变现等特点。企业拥有较多的流动资产，可在一定程度上降低财务风险。流动资产按不同的标准可进行不同的分类，常见分类方式如下。

（1）按占用形态不同，分为现金、以公允价值计量且其变动计入当期损益的金融资产、应收及预付款项和存货等。

（2）按在生产经营过程中所处的环节不同，分为生产领域中的流动资产、流通领域中的流动资产及其他领域中的流动资产。

2. 流动负债

流动负债是指需要在 1 年或者超过 1 年的一个营业周期内偿还的债务。流动负债又称短期负债，具有成本低、偿还期短的特点，必须加强管理。流动负债按不同标准可做不同分类，最常见的分类方式如下。

（1）以应付金额是否确定为标准，可以分成应付金额确定的流动负债和应付金额不确定的流动负债。应付金额确定的流动负债是指那些根据合同或法律规定到期必须偿付、并有确定金额的流动负债，如短期借款、应付票据、应付短期融资券等；应付金额不确定的流动负债是指那些要根据企业生产经营状况，到一定时期或具备一定条件时才能确定的流动负债，或应付金额需要估计的流动负债，如应交税费、应付产品质量担保债务等。

（2）以流动负债的形成情况为标准，可以分成自然性流动负债和人为性流动负债。自然性流动负债是指不需要正式安排，由于结算程序或有关法律法规的规定等原因而自然形成的流动负债；人为性流动负债是指由财务人员根据企业对短期资金的需求情况，通过人为安排所形成的流动负债，如短期银行借款等。

（3）以是否支付利息为标准，可以分为有息流动负债和无息流动负债。

（二）营运资金的特点

为了有效地管理企业的营运资金，必须研究营运资金的特点，以便有针对性地进行管理。营运资金一般具有以下特点。

（1）营运资金的来源具有多样性。企业筹集长期资金的方式一般较少，只有吸收直接投资、发行股票、发行债券等方式。与筹集长期资金的方式相比，企业筹集营运资金的方式较为灵活多样，通常有银行短期借款、短期融资券、商业信用、应交税费、应付股利、应付职工薪酬等多种内外部融资方式。

（2）营运资金的数量具有波动性。流动资产的数量会随企业内外条件的变化而变化，时高时低，波动很大。季节性企业如此，非季节性企业也如此。随着流动资产数量的变动，流动负债的数量也会相应发生变动。

（3）营运资金的周转具有短期性。企业占用在流动资产上的资金，通常会在 1 年或超过 1 年的一个营业周期内收回，对企业影响的时间比较短。根据这一特点，营运资金可以用商业信用、银行短期借款等短期筹资方式来加以解决。

（4）营运资金的实物形态具有变动性和易变现性。企业营运资金的占用形态是经常变化的，营运资金的每次循环都要经过采购、生产、销售等过程，一般按照现金、材料、在产品、产成品、应收账款、现金的顺序转化。为此，在进行流动资产管理时，必须在各项流动资产上合理配置资金数额，做到结构合理，以促进资金周转顺利进行。同时，以公允价值计量且其变动计入当期损益的金融资产、应收账款、存货等流动资产一般具有较强的变现能力，如果遇到意外情况，企业出现资金周转不灵、现金短缺时，便可迅速变卖这些资产，以获取现金，这对财务上应付临时性资金需求具有重要意义。

二、营运资金的管理原则

企业的营运资金在全部资金中占有相当大的比重，而且周转期短，形态易变，因此，营运资金管理是企业财务管理工作的一项重要内容。企业进行营运资金管理，应遵循以下原则。

（一）满足合理的资金需求

企业应认真分析生产经营状况，合理确定营运资金的需要数量。企业营运资金的需求数量与企业生产经营活动有直接关系。一般情况下，当企业产销两旺时，流动资产会不断增加，流动负债也会相应增加；而当企业产销量不断减少时，流动资产和流动负债也会相应减少。因此，企业财务人员应认真分析生产经营状况，采用一定的方法预测营运资金的需要数量，营运资金的管理必须把满足正常合理的资金需求作为首要任务。

（二）提高资金使用效率

营运资金的周转是指企业的营运资金从现金投入生产经营开始，到最终转化为现金的过程。加速资金周转是提高资金使用效率的主要手段之一。提高营运资金使用效率的关键是采取得力措施，缩短营业周期，加速变现过程，加快营运资金周转。因此，企业要千方百计地加速存货、应收账款等流动资产的周转，以便用有限的资金服务于更大的产业规模，为企业取得更优的经济效益提供条件。

（三）节约资金使用成本

在营运资金管理中，必须正确处理保证生产经营需要和节约资金使用成本两者之间的关系。要在保证生产经营需要的前提下，尽力降低资金使用成本。一方面，要挖掘资金潜力，加速资金周转，精打细算地使用资金；另一方面，积极拓展融资渠道，合理配置资源，筹措低成本资金，服务于生产经营。

（四）保持足够的短期偿债能力

偿债能力是企业财务风险高低的标志之一。合理安排流动资产与流动负债的比例关系，保持流动资产结构与流动负债结构的适配性，保证企业有足够的短期偿债能力是营运资金管理的重要原则之一。流动资产、流动负债及两者之间的关系能较好地反映企业的短期偿债能力。流动负债是在短期内需要偿还的债务，而流动资产则是在短期内可以转化为现金的资产。因此，如果一个企业的流动资产比较多，流动负债比较少，说明企业的短期偿债能力较强；反之，则说明短期偿债能力较弱。但如果企业的流动资产太多，流动负债太少，也不是正常现象，这可能是因流动资产闲置或流动负债利用不足所致。

三、营运资金管理策略

企业需要评估营运资金管理中的风险与收益，制定流动资产的投资策略和融资策略。实际上，财务管理人员在营运资金管理方面必须做两项决策：一是需要拥有多少流动资产，二是如何为需要的流动资产融资。在实践中，这两项决策一般同时进行，且相互影响。

（一）流动资产的投资策略

由于销售水平、成本、生产时间、存货补给时从订货到交货的时间、顾客服务水平、收款和支付期限等方面存在不确定性，流动资产的投资决策至关重要。企业经营的不确定性和风险忍受程度决定了流动资产的存量水平，表现为在流动资产账户上的投资水平。流动资产账户通常随着销售额的变化而立即变化。销售的稳定性和可预测性反映了流动资产投资的风险程度。销售额越不稳定，越不可预测，则投资于流动资产上的资金就应越多，以保证有足够的存货和应收账款占用来满足生产经营和顾客的需要。

稳定性和可预测性的相互作用非常重要。即使销售额是不稳定的，但可以预测，如属于季节性变化，那么将没有显著的风险。然而，如果销售额不稳定而且难以预测，如石油和天然气的开采及许多建筑企业，就会存在显著的风险，从而必须维持一个较高的流动资产存量水平，保持较高的流动资产与销售收入比率。如果销售既稳定又可预测，则只需维持较低的流动资产投资水平。

一个企业必须选择与其业务需要和管理风格相符合的流动资产投资策略。如果企业管理政策趋于保守，就会保持较高的流动资产与销售收入比率，保证更高的流动性（安全性），但盈利能力也更低；如果管理者偏向于为了更高的盈利能力而愿意承担风险，那么将保持一个低水平的流动资产与销售收入比率。

流动资产的投资策略有两种基本类型。

1. 紧缩的流动资产投资策略

在紧缩的流动资产投资策略下，企业维持低水平的流动资产与销售收入比率。需要说明的是，这里的流动资产通常只包括生产经营过程中产生的存货、应收款项及现金等生产性流动资产，而不包括股票、债券等金融性流动资产。

紧缩的流动资产投资策略可以节约流动资产的持有成本，例如节约持有资金的机会成本。但与此同时可能伴随着更高风险，这些风险表现为更紧的应收账款信用政策和较低的存货占用水平，以及缺乏现金用于偿还应付账款等。但是，只要不可预见的事件没有损坏企业的流动性而导致严重的问题发生，紧缩的流动资产投资策略就会提高企业效益。

采用紧缩的流动资产投资策略，无疑对企业的管理水平有较高的要求。因为一旦失控，由于流动资产的短缺，会对企业的经营活动产生重大影响。根据最近几年的研究，美国、日本等一些发达国家的流动资产与销售收入比率呈现越来越小的趋势。这并不意味着企业对流动性的要求越来越低，而主要是因为在流动资产管理方面，尤其是应收账款与存货管理方面，取得了一些重大进展。存货控制的JIT（just in time）系统，又称为准时管理系统，便是其中一个突出代表。

2. 宽松的流动资产投资策略

在宽松的流动资产投资策略下，企业通常会维持高水平的流动资产与销售收入比率。也就是说，企业将保持高水平的现金和有价证券、高水平的应收账款（通常给予客户宽松的付款条件）和高水平的存货（通常源于补给原材料或不愿意因为产成品存货不足而失去销售）。在这种策略下，由于较高的流动性，企业的财务与经营风险较小。但是，过多的流动资产投资，无疑会承担较大的流动资产持有成本，提高企业的资金成本，降低企业的收益水平。

制定流动资产投资策略时，首先需要权衡的是资产的收益性与风险性。增加流动资产投资会增加流动资产的持有成本，降低资产的收益性，但会提高资产的流动性。反之，减少流动资产投资会降低流动资产的持有成本，增加资产的收益性，但资产的流动性会降低，短缺成本会增加。因此，从理论上来说，最优的流动资产投资应该是使流动资产的持有成本与短缺成本之和最低。

其次，制定流动资产投资策略时还应充分考虑企业经营的内外部环境。通常，银行和其他借款人对企业流动性水平非常重视，因为流动性是这些债权人确定信用额度和借款利率的主要依据之一。他们还会考虑应收账款和存货的质量，尤其是当这些资产被用来当作一项贷款的抵押品时。有些企业因为融资困难，通常采取紧缩的流动资产投资策略。

此外，一个企业的流动资产投资策略可能还受产业因素的影响。在销售边际毛利较高的产业，如果从额外销售中获得的利润超过额外应收账款所增加的成本，宽松的信用政策可能为企业带来更为可观的收益。流动资产占用具有明显的行业特征。在机械行业，存货居于流动资产项目中的主要位置，通常占用全部流动资产的50%左右。其他行业的流动资产占用往往与机械行业会有很大不同。比如，在商业零售行业，其流动资产占用要超过机械行业。

流动资产投资策略的另一个影响因素是那些影响企业政策的决策者。保守的决策者更倾向于宽松的流动资产投资策略，而风险承受能力较强的决策者则倾向于紧缩的流动资产投资策略。生产经理通常喜欢高水平的原材料持有量，以便满足生产所需。销售经理喜欢高水平的产成品存货以便满足顾客的需要，而且喜欢宽松的信用政策以便刺激销售。相反，财务管理人员喜欢使存货和应收账款最小化，以便使流动资产融资的成本最低。

（二）流动资产的融资策略

一个企业对流动资产的需求数量，一般会随着产品销售的变化而变化。例如，产品销售季节性很强的企业，当销售处于旺季时，流动资产的需求一般会更旺盛，可能是平时的几倍；当销售处于淡季时，流动资产需求一般会减弱，可能是平时的几分之一；即使当销售处于最低水平时，也存在对流动资产最基本的需求。在企业经营状况不发生大的变化的情况下，流动资产最基本的需求具有一定的刚性和相对稳定性，我们可以将其界定为流动资产的永久性水平。当销售发生季节性变化时，流动资产将会在永久性水平的基础上增加。因此，流动资产可以被分解为两部分：永久性部分和波动性部分。永久性流动资产是指满足企业长期最低需求的流动资产，其占有量通常相对稳定；波动性流动资产或称临时性流动资产，是指那些由于季节性或临时性的原因而形成的流动资产，其占用量随当时的需求而波动。与流动资产的分类相对应，流动负债也可以分为临时性负债和自发性负债。一般来说，临时性负债，又称为筹资性流动负债，是指为了满足临时性流动资金需要所发生的负债，如商业零售企业春节前为满足节日销售需要，超量购入货物而举借的短期银行借款。临时性负债一般只能供企业短期使用。自发性负债，又称为经营性流动负债，是指直接产生于企业持续经营中的负债，如商业信用筹资和日常运营中产生的其他应付款，以及应付职工薪酬、应付利息、应交税费等，自发性负债可供企业长期使用。

一般来说，永久性流动资产的水平具有相对稳定性，需要通过长期来源解决；而波动性部分的融资则相对灵活，最经济的办法是通过低成本的短期融资解决，如采用 1 年期以内的短期借款或发行短期融资券等融资方式。

融资决策主要取决于管理者的风险导向，此外，还受短期、中期、长期负债的利率差异的影响。根据资产的期限结构与资金来源的期限结构的匹配程度差异，流动资产的融资策略可以划分为：期限匹配融资策略、保守融资策略和激进融资策略三种基本类型。这些可供选择的流动资产融资策略如图 6-1 所示。图 6-1 中的顶端方框将流动资产分为永久性和波动性两类，剩下的方框描述了短期融资和长期融资这三种策略的混合。任何一种方法在特定的时间内都可能是合适的，这取决于收益曲线的形状、利率的变化、未来利率的预测等，尤其是管理者的风险承受力。图 6-1 中融资的长期来源包括自发性流动负债、长期负债及股东权益资本。自发性流动负债指的是在经营活动中自发形成的流动负债，主要包括应付账款、应付票据等，自发性流动负债虽然属于流动负债，但是旧的自发性流动负债消失之后，随着经营活动的进行，又会产生新的自发性流动负债，所以属于长期来源；短期来源主要是指临时性流动负债，例如短期银行借款。

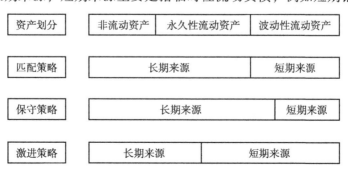

图 6-1 可供选择的流动资产融资策略

1. 期限匹配融资策略

在期限匹配融资策略中，永久性流动资产和非流动资产以长期融资方式（负债或股东权益）融通，波动性流动资产用短期来源融通。这意味着，在给定的时间内，企业的短期融资数量反映了当时的波动性流动资产的数量。当波动性流动资产扩张时，信贷额度也会增加，以便支持企业的扩张；当波动性流动资产收缩时，就会释放出资金，以偿付短期借款。

资金来源的有效期与资产的有效期的匹配，只是一种战略性的观念匹配，而不要求实际金额完全匹配。实际上，企业也做不到完全匹配，其原因有：① 企业不可能为每一项资产按其有效期配置单独的资金来源，只能分为短期来源和长期来源两大类来统筹安排筹资；② 企业必须有所有者权益筹资，它是无限期的资本来源，而资产总是有期限的，不可能完全匹配；③ 资产的实际有效期是不确定的，而还款期是确定的，必然会出现不匹配。

2. 保守融资策略

在保守融资策略中，长期融资支持非流动资产、永久性流动资产和部分波动性流动资产。企业通常以长期融资来源为波动性流动资产的平均水平融资，短期融资仅用于融通剩余的波动性流动资产，融资风险较低。这种策略通常最小限度地使用短期融资，但长期负债成本高于短期负债成本，就会导致融资成本较高，收益较低。

如果长期负债以固定利率为基础，而短期融资方式以浮动或可变利率为基础，则利率风险可能降低。因此，这是一种风险低、成本高的融资策略。

3. 激进融资策略

在激进融资策略中，企业以长期负债、自发性负债和股东权益资本为所有的非流动资产融资，仅对一部分永久性流动资产使用长期融资方式融资。短期融资方式支持剩下的永久性流动资产和所有的临时性流动资产。在这种策略观念下，通常使用更多的短期融资。

短期融资方式通常比长期融资方式具有更低的成本。然而，过多地使用短期融资会导致较低的流动比率和较高的流动性风险。

由于经济衰退、企业竞争环境的变化及其他因素，企业必须面对业绩惨淡的经营年度。当销售下跌时，存货将不会那么快就能转换成现金，这将导致现金短缺。曾经及时支付的顾客可能会延迟支付，这进一步加剧了现金短缺。企业可能会发现它对应付账款的支付已经超过信用期限。由于销售下降，会计利润将降低。

在这种环境下，企业需要与银行重新签订短期融资协议，但此时企业对于银行来说似乎很危险。银行可能会向企业索要更高的利率，从而导致企业在关键时刻筹集不到急需的资金。

企业依靠大量的短期负债来解决目前的困境，这会导致企业每年都必须更新短期负债协议进而产生更多的风险。有些协议可以弱化这种风险。例如，多年期（通常为3~5年）滚动信贷协议，这种协议允许企业以短期为基础进行借款。这种类型的借款协议不像传统的短期借款那样会降低流动比率。另外，企业还可以利用衍生融资产品来对紧缩投资政策的风险进行套期保值。

第二节 现金管理

现金有广义和狭义之分。广义的现金是指在生产经营过程中以货币形态存在的资金，包括库存现金、银行存款和其他货币资金等。狭义的现金仅指库存现金。这里所讲的现金是指广义的现金。

保持合理的现金水平是企业现金管理的重要内容。现金是变现能力最强的资产，代表着企业直接的支付能力和应变能力，可以用来满足生产经营开支的各种需要，也是还本付息和履行纳税义务的保证。拥有足够的现金对于降低企业的风险，增强企业资产的流动性和债务的可清偿性有着重要的意义。但现金收益性最弱，对其持有量不是越多越好。即使是银行存款，其利率也非常低。因此，现金存量过多，其所提供的流动性边际效益便会随之下降，从而使企业的收益水平下降。

除了应付日常的业务活动之外，企业还需要拥有足够的现金偿还贷款、把握商机及防止不时之需。企业必须建立一套管理现金的方法，持有合理的现金数额，使其在时间上继起，在空间上并存，在现金的流动性和收益性之间进行合理选择。企业必须编制现金预算，以衡量企业在某段时间内的现金流入量与流出量，以便在保证企业正常经营活动所需现金的同时，尽量减少企业的现金数量，从暂时闲置的现金中获得最大的收益，提高资金收益率。

一、持有现金的动机

持有现金是出于三种需求：交易性需求、预防性需求和投机性需求。

（一）交易性需求

企业的交易性需求是指企业为了维持日常周转及正常商业活动所需持有的现金额。

企业每天都在发生许多支出和收入，这些支出和收入在数额上不相等，在时间上不匹配，企业需要持有一定现金来调节，以使生产经营活动能继续进行。

在许多情况下，企业向客户提供的商业信用条件和它从供应商那里获得的信用条件不同，使企业必须持有现金。如供应商提供的信用条件是 30 天付款，而企业迫于竞争压力，则向顾客提供 45 天的信用期，这样，企业必须筹集满足 15 天正常运营的资金来维持企业运转。

另外，企业业务的季节性，要求企业逐渐增加存货以等待季节性的销售高潮。这时，一般会发生季节性的现金支出，企业现金余额下降，随后又随着销售高潮到来，存货减少，现金又逐渐恢复到原来的水平。

（二）预防性需求

预防性需求是指企业需要持有一定量的现金，以应付突发事件。这种突发事件可能是社会经济环境变化，也可能是企业的某大客户违约导致企业突发性偿付等。尽管财务人员试图利用各种手段来较准确地估算企业需要的现金数额，但这些突发事件会使原本很好的财务计划失去效果。因此，企业为了应付突发事件，有必要维持比日常正常运转所需金额更多的现金。

确定预防性需求的现金数额时，需要考虑以下因素：① 企业愿冒现金短缺风险的程度；② 企业预测现金收支可靠的程度；③ 企业临时融资的能力。希望尽可能减少风险的企业倾向于保留大量的现金余额，以应付其交易性需求和大部分预防性资金需求。现金收支预测可靠性程度较高，信誉良好，与银行关系良好的企业，预防性需求的现金持有量一般较低。

（三）投机性需求

投机性需求是企业需要持有一定量的现金以抓住突然出现的获利机会。这种机会大多是一闪即逝的，如证券价格的突然下跌，企业若没有用于投机的现金，就会错过这一机会。

企业的现金持有量一般小于三种需求下的现金持有量之和，因为某一需求持有的现金可以用于满足其他需求。

二、目标现金余额的确定

（一）成本模型

成本模型强调的是：持有现金是有成本的，最优的现金持有量是使得现金持有成本最小化的持有量。成本模型考虑的现金持有成本包括以下项目。

1. 机会成本

现金的机会成本，是指企业因持有一定现金余额丧失的再投资收益。再投资收益是企业不能同时用该现金进行有价证券投资所产生的机会成本，这种成本在数额上等于资金成本。例如，某企业的资本成本为10%，年均持有现金50万元，则该企业每年持有现金的机会成本为5（=50×10%）万元。放弃的再投资收益即机会成本属于变动成本，它与现金持有量的多少密切相关，即现金持有量越大，机会成本越大，反之就越小。

2. 管理成本

现金的管理成本，是指企业因持有一定数量的现金而发生的管理费用。例如，管理人员工资、安全措施费用等。一般认为这是一种固定成本，这种固定成本在一定范围内和现金持有量之间没有明显的比例关系。

3. 短缺成本

现金短缺成本是指在现金持有量不足，又无法及时通过有价证券变现加以补充所给企业造成的损失，包括直接损失和间接损失。现金的短缺成本随现金持有量的增加而下降，随现金持有量的减少而上升，即与现金持有量呈负相关。

成本分析模式是根据现金相关成本，分析预测其总成本最低时现金持有量的一种方法，其计算公式为：

最佳现金持有量下的现金相关成本 = min（管理成本 + 机会成本 + 短缺成本）　　(6-1)

其中,管理成本属于固定成本,机会成本是正相关成本,短缺成本是负相关成本。因此,成本分析模式是要找到机会成本、管理成本和短缺成本所组成的总成本曲线中最低点所对应的现金持有量,即最佳现金持有量(见图6-2)。

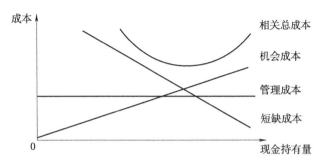

图6-2 成本分析模式中的最佳现金持有量

在实际工作中运用成本分析模式确定最佳现金持有量的具体步骤为:
(1)根据不同现金持有量测算并确定有关成本数值。
(2)按照不同现金持有量及其相关成本资料编制最佳现金持有量测算表。
(3)在测算表中找出总成本最低时的现金持有量,即最佳现金持有量。由成本分析模型可知,如果减少现金持有量,则增加短缺成本;如果增加现金持有量,则增加机会成本。改进上述关系的一种办法是:当拥有多余现金时,将现金转换为有价证券;当现金不足时,将有价证券转换成现金。但现金和有价证券之间的转换,也需要成本,称为转换成本。转换成本是指企业用现金购入有价证券及用有价证券换取现金时付出的交易费用,即现金同有价证券之间相互转换的成本,如买卖佣金、手续费、证券过户费、印花税、实物交割费等。转换成本可以分为两类:一是与委托金额相关的费用,如买卖佣金、印花税等;二是与委托金额无关,只与转换次数有关的费用,如委托手续费、过户费等。证券转换成本与现金持有量即有价证券变现额的多少,必然对有价证券的变现次数产生影响,即现金持有量越少,进行证券变现的次数越多,相应的转换成本就越大。

【例6-1】 某企业有四种现金持有方案,它们各自的现金持有量(平均)、机会成本、管理成本、短缺成本如表6-1和表6-2所示。假设现金的机会成本率为12%。要求确定现金最佳持有量。

表6-1 现金持有方案 (单位:元)

方案项目	甲	乙	丙	丁
现金持有量(平均)	25 000	50 000	75 000	100 000
机会成本	3 000	6 000	9 000	12 000
管理成本	20 000	20 000	20 000	20 000
短缺成本	12 000	6 750	2 500	0

这四种方案的现金持有总成本计算结果如表6-2所示。

表6-2 现金持有总成本 （单位：元）

方案项目	甲	乙	丙	丁
机会成本	3 000	6 000	9 000	12 000
管理成本	20 000	20 000	20 000	20 000
短缺成本	12 000	6 750	2 500	0
总成本	35 000	32 750	31 500	32 000

将以上各方案的总成本加以比较可知，丙方案的总成本最低，故75 000元是该企业的最佳现金持有量。

（二）存货模型

企业平时持有较多的现金，会降低现金的短缺成本，但也会增加现金占用的机会成本；平时持有较少的现金，则会增加现金的短缺成本，却能减少现金占用的机会成本。如果企业平时只持有较少的现金，在有现金需要时（如手头的现金用尽），通过出售有价证券换回现金（或从银行借入现金），既能满足现金的需要，避免短缺成本，又能减少机会成本。因此，适当的现金与有价证券之间的转换，是企业提高资金使用效率的有效途径。这与企业奉行的营运资金政策有关。采用宽松的流动资产投资政策时，保留较多的现金则转换次数少。如果经常进行大量的有价证券与现金的转换，则会加大转换交易成本，因此，如何确定有价证券与现金的每次转换量，是一个需要研究的问题。这可以应用现金持有量的存货模式解决。

有价证券转换回现金所付出的代价（如支付手续费用），被称为现金的交易成本。现金的交易成本与现金转换次数、每次的转换量有关。假定现金每次的交易成本是固定的，在企业一定时期现金使用量确定的前提下，每次以有价证券转换回现金的金额越大，企业平时持有的现金量便越高，转换的次数便越少，现金的交易成本就越低；反之，每次转换回现金的金额越低，企业平时持有的现金量便越低，转换的次数会越多，现金的交易成本就越高。可见，现金交易成本与持有量成反比。现金的交易成本与现金的机会成本所组成的相关总成本曲线。

现金的机会成本和交易成本是两条随现金持有量呈不同方向发展的曲线，两条曲线交叉点相应的现金持有量即为相关总成本最低的现金持有量。

于是，企业需要合理地确定现金持有量C，以使现金的相关总成本最低。解决这一问题先要明确三点。

（1）一定期间的现金需求量，用T表示。

（2）每次出售有价证券以补充现金所需的交易成本，用F表示；一定时期内出售有价证券的总交易成本为：

$$交易成本 = (T/C) \times F \tag{6-2}$$

（3）持有现金的机会成本率，用K表示；一定时期内持有现金的总机会成本表示为：

$$机会成本 = (C/2) \times K \tag{6-3}$$

则　　　　相关总成本 = 机会成本 + 交易成本 = $(C/2) \times K + (T/C) \times F$ 　　　(6-4)

最佳现金持有量 C^* 是机会成本线与交易成本线交叉点所对应的现金持有量，因此，C^* 应当满足：机会成本 = 交易成本，即 $(C^*/2) \times K = (T/C^*) \times F$，整理可知：

$$C^* = \sqrt{(2T \times F)/K} \quad\quad (6\text{-}5)$$

【例 6-2】 某企业每月现金需求总量为 5 200 000 元，每次现金转换的成本为 1 000 元，持有现金的机会成本率约为 10%，则该企业的最佳现金持有量为：

$$C^* = \sqrt{(2 \times 5\,200\,000 \times 1\,000)/10\%} = 322\,490 \text{（元）}$$

该企业最佳现金持有量为 322 490 元，当持有超过 322 490 元则会降低现金的投资收益，低于 322 490 元则会加大企业正常现金支付的风险。

三、现金管理模式

（一）收支两条线的管理模式

"收支两条线"原本是政府为了加强财政管理和整顿财政秩序对财政资金采取的一种管理模式。当前企业，特别是大型集团企业，也纷纷采用"收支两条线"资金管理模式。

1. 企业实行收支两条线管理模式的目的

企业作为追求价值最大化的营利组织，实施"收支两条线"主要出于两个目的：第一，对企业范围内的现金进行集中管理，减少现金持有成本，加速资金周转，提高资金使用效率；第二，以实施收支两条线为切入点，通过高效的价值化管理来提高企业效益。

2. 收支两条线资金管理模式的构建

构建企业"收支两条线"资金管理模式，可从规范资金的流向、流量和流程三个方面入手。

（1）资金的流向方面：企业"收支两条线"要求各部门或分支机构在内部银行或当地银行设立两个账户（收入户和支出户），并规定所有收入的现金都必须进入收入户（外地分支机构的收入户资金还必须及时、足额地回笼到总部），收入户资金由企业资金管理部门（内部银行或财务结算中心）统一管理，而所有的货币性支出都必须从支出户里支付，支出户里的资金只能根据一定的程序由收入户划拨而来，严禁现金坐支。

（2）资金的流量方面：在收入环节上要确保所有收入的资金都进入收入户，不允许有私设的"账外小金库"。另外，还要加快资金的结算速度，尽量压缩资金在结算环节的沉淀量；在调度环节上通过动态的现金流量预算和资金收支计划实现对资金的精确调度；在支出环节上，根据"以收定支"和"最低限额资金占用"的原则从收入户按照支出预算安排将资金定期划拨到支出户，支出户平均资金占用额应压缩到最低限度。有效的资金流量管理将有助于确保及时、足额地收入资金，合理控制各项费用支出和有效调剂内部资金。

（3）资金的流程方面：资金流程是指与资金流动有关的程序和规定。它是收支两条线内部控制体系的重要组成部分，主要包括以下几个部分：① 关于账户管理、货币资金安全性等规定；② 收入资金管理与控制；③ 支出资金管理与控制；④ 资金内部结算和信贷管理与控制；⑤ 收支两条线的组织保障等。

需要说明的是，收支两条线作为企业的一种内部资金管理模式，与企业的性质、战略、管理文化和组织架构都有很大的关系。因此，企业在构建收支两条线管理模式时，一定要注意与自己的实际相结合，以管理有效性为导向。

（二）集团企业资金集中管理模式

企业集团下属机构多，地域分布广，如果子公司或分公司多头开户，资金存放分散，会大大降低资金的使用效率。通过资金的集中管理，统一筹集、合理分配、有序调度，能够降低融资成本，提高资金使用效率，确保集团战略目标的实现，实现整体利益的最大化。

资金集中管理，又称司库制度，是指集团企业借助商业银行网上银行功能及其他信息技术手段，将分散在集团各所属企业的资金集中到总部，由总部统一调度、统一管理和统一运用。资金集中管理在各个集团的具体运用可能会有所差异，但一般包括以下主要内容：资金集中、内部结算、融资管理、外汇管理、支付管理等。其中资金集中是基础，其他各方面均建立在此基础之上。目前，资金集中管理模式逐渐被我国企业集团所采用。

资金集中管理模式的选择，实质上是集团管理是集权还是分权管理体制的体现，也就是说，在企业集团内部所属各子企业或分部是否有货币资金使用的决策权、经营权，这是由行业特点和本集团资金运行规律决定的。现行的资金集中管理模式大致可以分为以下几种：

1. 统收统支模式

在该模式下，企业的一切现金收入都集中在集团总部的财务部门，各分支机构或子企业不单独设立账号，一切现金支出都通过集团总部财务部门付出，现金收支的批准权高度集中。统收统支模式有利于企业集团实现全面收支平衡，提高资金的周转效率，减少资金沉淀，监控现金收支，降低资金成本。但是该模式不利于调动成员企业开源节流的积极性，影响成员企业经营的灵活性，以致降低整个集团经营活动和财务活动的效率，而且在制度的管理上欠缺一定的合理性，如果每笔收支都要经过总部财务部门之手，那么总部财务部门的工作量就大了很多。因此，这种模式通常适用于企业规模比较小的企业。

2. 拨付备用金模式

拨付备用金模式是指集团按照一定的期限统拨给所有所属分支机构或子企业备其使用的一定数额的现金。各分支机构或子企业发生现金支出后，持有关凭证到集团财务部门报销以补足备用金。拨付备用金模式相比统收统支模式具有一定的灵活性，但这种模式也通常适用于那些经营规模比较小的企业。

3. 结算中心模式

结算中心通常是企业集团内部设立的，办理内部各成员现金收付和往来结算业务的专门机构。结算中心通常设于财务部门内,是一个独立运行的职能机构。结算中心是企业集团发展到一定阶段,应企业内部资金管理需求而生的一个内部资金管理机构,是根据集团财务管理和控制的需要在集团内部设立的,为成员企业办理资金融通和结算,以降低企业成本、提高资金使用效率的服务机构。结算中心帮助企业集中管理各分子公司的现金收入和支出。分子公司收到现金后就直接转账存入结算中心在银行开立的账户。当需要资金的时候,再进行统一的拨付,有助于企业监控资金的流向。

4. 内部银行模式

内部银行是将社会银行的基本职能与管理方式引入企业内部管理机制而建立起来的一种内部资金管理机构,它将"企业管理""金融信贷""财务管理"三者融于一体,一般是将企业的自有资金和商业银行的信贷资金统筹运作,在内部银行统一调剂、融通运用。通过吸纳企业下属各单位闲散资金,调剂余缺,减少资金占用,活化与加速资金周转速度,提高资金使用效率、效益。内部银行通常具有三大职能:结算、融资信贷和监督控制。内部银行一般适用于具有较多责任中心的企事业单位。

5. 财务公司模式

财务公司是一种经营部分银行业务的非银行金融机构,它一般是集团公司发展到一定水平后,需要经过人民银行审核批准才能设立的。其主要职责是开展集团内部资金集中结算,同时为集团成员企业提供包括存贷款、融资租赁、担保、信用鉴证、债券承销、财务顾问等在内的全方位金融服务。集团设立财务公司是把一种市场化的企业关系或银企关系引入集团资金管理中,使得集团各子公司具有完全独立的财权,可以自行经营自身的现金,对现金的使用行使决策权。另外,集团对各子公司的现金控制是通过财务公司进行的,财务公司对集团各子公司进行专门约束,而且这种约束是建立在各自具有独立的经济利益基础上的。集团公司经营者(或最高决策机构)不再直接干预子公司的现金使用和取得。

四、现金收支日常管理

(一) 现金周转期

企业的经营周期是指从取得存货开始到销售存货并收回现金为止的时期。其中,从收到原材料,加工原材料,形成产成品,到将产成品卖出的这一时期,称为存货周转期;产品卖出后到收到顾客支付的货款的这一时期,称为应收账款周转期或收账期。

但是,企业购买原材料并不用立即付款,这一延迟的付款时间段就是应付账款周转期或收账期。现金周转期,是指介于企业支付现金与收到现金之间的时间段,它等于经营周期减去应付账款周转期。现金周转期的具体循环过程如图6-3所示。

上述周转过程用公式表示为:

$$经营周期 = 存货周转期 + 应收账款周转期 \tag{6-6}$$

$$现金周转期 = 经营周期 - 应付账款周转期 \tag{6-7}$$

其中,

$$存货周转期 = 存货平均余额 / 每天的销货成本 \tag{6-8}$$

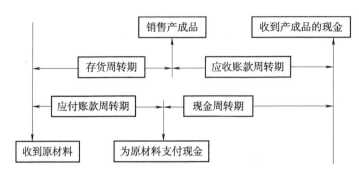

图6-3 现金周转期的具体循环过程

应收账款周转期 = 应收账款平均余额/每天的销货收入　　　　(6-9)

应付账款周转期 = 应付账款平均余额/每天的购货成本　　　　(6-10)

所以，如果要减少现金周转期，可以从以下方面着手：加快制造与销售产成品来减少存货周转期；加速应收账款的回收来减少应收账款周转期；减缓支付应付账款来延长应付账款周转期。

（二）收款管理

1. 收款系统

一个高效率的收款系统能够使收款成本和收款浮动期达到最小，同时能够保证与客户汇款及其他现金流入来源相关的信息的质量。

（1）收款成本。收款成本包括浮动期成本、管理收款系统的相关费用（例如银行手续费）及第三方处理费用或清算相关费用。在获得资金之前，收款在途项目使企业无法利用这些资金，也会产生机会成本。信息的质量包括收款方得到的付款人的姓名、付款的内容和付款时间。信息要求及时、准确地到达收款人一方，以便收款人及时处理资金，作出发货的安排。

（2）收款浮动期。收款浮动期是指从支付开始到企业收到资金的时间间隔。收款浮动期主要是由纸基支付工具导致的，有下列三种类型。① 邮寄浮动期：从付款人寄出支票到收款人或收款人的处理系统收到支票的时间间隔。② 处理浮动期：是指支票的接受方处理支票和将支票存入银行以收回现金所花的时间。③ 结算浮动期：是指通过银行系统进行支票结算所需的时间。

2. 收款方式的改善

电子支付方式对比纸基（或称纸质）支付方式是一种改进。电子支付方式具有以下优点：

（1）结算时间和资金可用性可以预计。

（2）向任何一个账户或任何金融机构的支付具有灵活性，不受人工干扰。

（3）客户的汇款信息可与支付同时传送，更容易更新应收账款。

（4）客户的汇款从纸质方式转向电子方式，减少或消除了收款浮动期，降低了收款成本，收款过程更容易控制，并且提高了预测精度。

(三) 付款管理

现金支出管理的主要任务是尽可能延缓现金的支出时间。当然，这种延缓必须是合理合法的。控制现金支出的目标是在不损害企业信誉条件下，尽可能推迟现金的支出。

1. 使用现金浮游量

现金浮游量是指由于企业提高收款效率和延长付款时间所产生的企业账户上的现金余额和银行账户上的企业存款余额之间的差额。

2. 推迟应付款的支付

推迟应付款的支付，是指企业在不影响自己信誉的前提下，充分运用供货方所提供的信用优惠，尽可能地推迟应付款的支付期。

3. 汇票代替支票

汇票分为商业承兑汇票和银行承兑汇票，与支票不同的是，承兑汇票并不是见票即付。这一方式的优点是它推迟了企业调入资金支付汇票的实际所需时间。这样企业就只需在银行中保持较少的现金余额。缺点是某些供应商可能并不喜欢用汇票付款，银行也不喜欢处理汇票，它们通常需要耗费更多的人力。同支票相比，银行会收取较高的手续费。

4. 改进员工工资支付模式

企业可以为支付工资专门设立一个工资账户，通过银行向职工支付工资。为了最大限度地减少工资账户的存款余额，企业要合理预测开出支付工资的支票到职工去银行兑现的具体时间。

5. 透支

企业开出支票的金额大于活期存款余额。它实际上是银行向企业提供的信用。透支的限额，由银行和企业共同商定。

6. 争取现金流出与流入同步

企业应尽量使现金流出与流入同步，这样，就可以降低交易性现金余额，同时可以减少有价证券转换为现金的次数，提高现金的利用效率，节约转换成本。

7. 使用零余额账户

使用零余额账户即企业与银行合作，保持一个主账户和一系列子账户。企业只在主账户保持一定的安全储备，而在一系列子账户不需要保持安全储备。当从某个子账户签发的支票需要现金时，所需要的资金立即从主账户划拨过来，从而使更多的资金可以用作他用。

第三节 应收账款管理

一、应收账款的功能

企业通过提供商业信用，采取赊销、分期付款等方式可以扩大销售，增强竞争力，获得利润。应收账款作为企业为扩大销售和盈利的一项投资，也会发生一定的成本，所以企业需要在应收账款所增加的盈利和所增加的成本之间做出权衡。应收账款管理就是分析赊销的条件，使赊销带来的盈利增加大于应收账款投资产生的成本费用增加，最终使企业利润增加，企业价值上升。

应收账款的功能是指其在生产经营中的作用，主要有以下两个方面。

1. 增加销售的功能

在激烈的市场竞争中，通过提供赊销可以有效地促进销售。因为企业提供赊销不仅向顾客提供了商品，也在一定时间内向顾客提供了购买该商品的资金，顾客将从赊销中得到好处。所以赊销会带来企业销售收入和利润的增加，特别是在企业销售新产品、开拓新市场时，赊销更具有重要的意义。

提供赊销所增加的产品一般不增加固定成本，因此，赊销所增加的收益等于增加的销量与单位边际贡献的乘积，其计算公式为：

$$增加的收益 = 增加的销售量 \times 单位边际贡献 \tag{6-11}$$

2. 减少存货的功能

企业持有一定产成品存货会相应地占用资金，形成仓储费用、管理费用等，产生成本，而赊销则可避免这些成本的产生。所以，无论是季节性生产企业还是非季节性生产企业，当产成品存货较多时，一般会采用优惠的信用条件进行赊销，将存货转化为应收账款，减少产成品存货，存货资金占用成本、仓储与管理费用等会相应减少，从而提高企业收益。

二、应收账款的成本

应收账款作为企业为增加销售和盈利进行的投资，会发生一定的成本。应收账款的成本主要如下。

1. 应收账款的机会成本

应收账款会占用企业一定量的资金，而企业若不把这部分资金投放于应收账款，便可以用于其他投资并可能获得收益，如投资债券获得利息收入。这种因投放于应收账款而放弃其他投资所带来的收益，即应收账款的机会成本，其计算公式如下：

$$应收账款平均余额 = 日销售额 \times 平均收现期 \tag{6-12}$$

$$应收账款占用资金 = 应收账款平均余额 \times 变动成本率 \tag{6-13}$$

$$\begin{aligned}
&应收账款占用资金的应计利息（机会成本）\\
&= 应收账款占用资金 \times 资本成本 \\
&= 应收账款平均余额 \times 变动成本率 \times 资本成本 \\
&= 日销售额 \times 平均收现期 \times 变动成本率 \times 资本成本 \\
&= 全年销售额/360 \times 平均收现期 \times 变动成本率 \times 资本成本 \\
&= (全年销售额 \times 变动成本率)/360 \times 平均收现期 \times 资本成本 \\
&= 全年变动成本/360 \times 平均收现期 \times 资本成本
\end{aligned} \tag{6-14}$$

2. 应收账款的管理成本

应收账款的管理成本主要是指在进行应收账款管理时，所增加的费用。主要包括：

调查顾客信用状况的费用、收集各种信息的费用、账簿的记录费用、收账费用、数据处理成本、相关管理人员成本和从第三方购买信用信息的成本等。

3. 应收账款的坏账成本

在赊销交易中，债务人由于种种原因无力偿还债务，债权人就有可能因无法收回应收账款而发生损失，这种损失就是坏账成本。可以说，企业发生坏账成本是不可避免的，而此项成本一般与应收账款发生的数量成正比。坏账成本一般用下列公式测算：

$$应收账款的坏账成本 = 赊销额 \times 预计坏账损失率 \tag{6-15}$$

三、信用政策

有许多因素会影响企业的信用政策。在许多行业，信用条件和政策已经成为标准化的惯例，因此，某一家企业很难采取与其竞争对手不同的信用条件。企业还必须考虑提供商业信用对现有贷款契约的影响。因为应收账款的变化可能会影响流动比率，可能会导致违反贷款契约中有关流动比率的约定。

企业的信用条件、销售额和收账方式决定了其应收账款的水平。应收账款的占用必须要有相应的资金来源，因此，企业对客户提供信用的能力与其自身的借款能力相关。不适当地管理应收账款可能会导致顾客延期付款进而导致流动性问题。然而，当应收账款被用于抵押贷款或作为债务担保工具出售时，应收账款也可以成为流动性的来源。

信用政策包括信用标准、信用条件和收账政策三个方面。

（一）信用标准

信用标准是指信用申请者获得企业提供信用所必须达到的最低信用水平，通常以预期的坏账损失率作为判别标准。如果企业执行的信用标准过于严格，可能会降低对符合可接受信用风险标准客户的赊销额，减少坏账损失，减少应收账款的机会成本，但不利于扩大企业销售量甚至会因此限制企业的销售机会；如果企业执行的信用标准过于宽松，可能会对不符合可接受信用风险标准的客户提供赊销，因此，会增加随后还款的风险及应收账款的管理成本与坏账成本。

1. 信息来源

企业进行信用分析时，必须考虑信息的类型、数量和成本。信息既可以从企业内部收集，也可以从企业外部收集。无论信用信息从哪儿收集，都必须将成本与预期的收益进行对比。企业内部产生的最重要的信用信息来源是信用申请人执行信用申请（协议）的情况和企业自己保存的有关信用申请人还款历史的记录。

企业可以使用各种外部信息来源来帮助其确定申请人的信誉。申请人的财务报表是该种信息主要来源之一，由于可以将这些财务报表及其相关比率与行业平均数进行对比，因此，它们都提供了有关信用申请人的重要信息。获得申请人付款状况的第二个信息来源是一些商业参考资料或申请人过去获得赊购的供货商。另外，银行或其他贷款机构（如商业贷款机构或租赁公司）可以提供申请人财务状况和可使用信用额度方面的标准化信息。最后，一些地方性和全国性的信用评级机构收集、评价和报告有关申请人信用状况的历史信息。这些信用报告包括诸如以下内容的信息：还款历史、财务信息、最高信用额度、可获得的最长信用期限和所有未了解的债务诉讼。

2. 信用的定性分析

信用的定性分析是指对申请人"质"的方面的分析。常用的信用定性分析法是 5C 信用评价系统,即评估申请人信用品质的五个方面:品质、能力、资本、抵押和条件。

(1) 品质(character):品质是指个人申请人或企业申请人管理者的诚实和正直表现。品质反映了个人或企业在过去的还款中所体现的还款意图和愿望,这是 5C 中最主要的因素。通常要根据过去的记录结合现状调查来进行分析,包括企业经营者的年龄、文化、技术结构、遵纪守法情况,开拓进取及领导能力,有无获得荣誉奖励或纪律处分,团结协作精神及组织管理能力。

(2) 能力(capacity):能力是指经营能力,通常通过分析申请者的生产经营能力及获利情况,管理制度是否健全,管理手段是否先进,产品生产销售是否正常,在市场上有无竞争力,经营规模和经营实力是否逐年增长等来评估。

(3) 资本(capital):资本是指如果企业或个人当前的现金流不足以还债,他们在短期和长期内可供使用的财务资源。企业资本雄厚,说明企业具有强大的物质基础和抗风险能力。因此,信用分析必须调查了解企业资本规模和负债比率,反映企业资产或资本对于负债的保障程度。

(4) 抵押(collateral):抵押是指当企业或个人不能满足还款条款时,可以用作债务担保的资产或其他担保物。信用分析必须分析担保抵押手续是否齐备,抵押品的估值和出售有无问题,担保人的信誉是否可靠等。

(5) 条件(condition):条件是指影响申请者还款能力和还款意愿的经济环境。经济环境对企业发展前途具有一定影响,也是影响企业信用的一项重要的外部因素。信用分析必须对企业的经济环境,包括企业发展前景、行业发展趋势、市场需求变化等进行分析,预测其对企业经营效益的影响。

3. 信用的定量分析

进行商业信用的定量分析可以从考察信用申请人的财务报表开始。通常使用比率分析法评价顾客的财务状况。常用的指标有:流动性和营运资本比率(如流动比率、速动比率及现金对负债总额比率)、债务管理和支付比率(利息保障倍数、长期债务对资本比率、带息债务对资产总额比率,以及负债总额对资产总额比率)和盈利能力指标(销售收益率、总资产收益率和净资产收益率)。这些指标和信用评级机构及其他协会发布的行业标准进行比较,可以观察申请人的信用状况。

(二) 信用条件

信用条件是销货企业要求赊购客户支付货款的条件,由信用期间、折扣条件两个要素组成,其中折扣条件又包含现金折扣和折扣期。

1. 信用期间

信用期间是企业允许顾客从购货到付款之间的时间,或者说是企业给予顾客的付款期间,一般简称为信用期。

信用期的确定,主要是分析改变现行信用期对收入和成本的影响。延长信用期,会使销售额增加，产生有利影响；与此同时，应收账款、收账费用和坏账损失增加，会产生不利影响。当前者大于后者时，可以延长信用期，否则不宜延长。如果缩短信用期，情况则与此相反。

【例6-3】 某 A 企业目前采用 30 天按发票金额（无现金折扣）付款的信用政策，拟将信用期间放宽至 60 天，仍按发票全额付款。假设风险投资的最低报酬率为 15%，其他有关数据如表 6-3 所示。

表6-3 信用期分析和决策数据

项 目	信用期间（30天）	信用期间（60天）
全年销售量（件）	100 000	120 000
全年销售额（单价5元）	500 000	600 000
变动成本（每件4元）	400 000	480 000
固定成本	50 000	52 000
可能发生的收账费用（元）	3 000	4 000
可能发生的坏账损失（元）	5 000	9 000

在分析时，先计算放宽信用期带来的盈利增加，然后计算增加应收账款投资产生的成本费用增加，最后计算放宽信用期增加的税前损益，并做出判断。

1. 计算盈利增加

$$盈利增加 = 增加的边际贡献 - 增加的固定成本$$
$$= (120\,000 - 100\,000) \times (5 - 4) - (52\,000 - 50\,000)$$
$$= 18\,000（元）$$

2. 计算增加的成本费用

(1) 计算应收账款机会成本的增加。

$$变动成本率 = 4/5 \times 100\% = 80\%$$

改变信用期间导致的机会成本增加
= 60 天信用期应计利息 - 30 天信用期应计利息
= 600 000/360 × 60 × 80% × 15% - 500 000/360 × 30 × 80% × 15%
= 7 000（元）

(2) 计算收账费用和坏账损失增加。

$$收账费用增加 = 4\,000 - 3\,000 = 1\,000（元）$$
$$坏账损失增加 = 9\,000 - 5\,000 = 4\,000（元）$$

3. 计算增加的税前损益

$$放宽信用期增加的税前损益 = 盈利增加 - 成本费用增加$$
$$= 18\,000 - 7\,000 - 1\,000 - 4\,000$$
$$= 6\,000（元）$$

由于放宽信用期增加的税前损益大于0，故应放宽信用期，即采用60天信用期。

上述信用期分析的方法比较简便，可以满足一般制定信用政策的需要。如有必要，也可以进行更细致的分析，如进一步考虑销售增加引起存货增加而占用的资金。

2. 折扣条件

折扣条件包括现金折扣和折扣期两个方面。如果企业给顾客提供现金折扣，那么顾客在折扣期付款时少付的金额所产生的"成本"将影响企业收益。当顾客利用了企业提供的现金折扣，而现金折扣又没有促使销售额增长时，企业的净收益则会下降。当然上述收入方面的损失可能会全部或部分地由应收账款持有成本的下降所补偿。

现金折扣是企业对顾客在商品价格上的扣减。向顾客提供这种价格上的优惠，主要目的在于吸引顾客为享受优惠而提前付款，缩短企业的平均收款期。另外，现金折扣也能招揽一些视折扣为减价出售的顾客前来购货，借此扩大销售量。

现金折扣的表示常用如"5/10、3/20、N/30"这样的符号。这三个符号的含义为：5/10表示10天内付款，可享受5%的价格优惠，即只需支付原价的95%，如原价为10 000元，只需支付9 500元；3/20表示20天内付款，可享受3%的价格优惠，即只需支付原价的97%，若原价为10 000元，则只需支付9 700元；N/30表示付款的最后期限为30天，此时付款无优惠。

企业采用什么程度的现金折扣，要与信用期间结合起来考虑。比如，要求顾客最迟不超过30天付款，若希望顾客20天、10天付款，能给予多大折扣？或者给予5%、3%的折扣，能吸引顾客在多少天内付款。不论是信用期间还是现金折扣，都可能给企业带来收益，但也会增加成本。现金折扣带给企业的好处前面已经讲过，它使企业增加的成本，则指的是价格折扣损失。当企业给予顾客某种现金折扣时，应当考虑折扣所能带来的收益与成本孰高孰低，权衡利弊。

因为现金折扣是与信用期间结合使用的，所以确定折扣程度的方法与程序实际上与前述确定信用期间的方法与程序一致，只不过要把所提供的延期付款时间和折扣综合起来，计算各方案的延期与折扣能取得多大的收益增量，再计算各方案带来的成本变化，最终确定最佳方案。

【例6-4】 沿用例6-3信用期决策的数据，假设该企业在放宽信用期的同时，为了吸引顾客尽早付款，提出0.8/30，N/60的现金折扣条件，估计会有一半的顾客（按60天信用期所能实现的销售量计算）将享受现金折扣优惠。

1. 计算盈利增加

    盈利增加 =（120 000 − 100 000）×（5 − 4）−（52 000 − 50 000）
    　　　　 = 18 000（元）

2. 计算应收账款占用资金的应计利息增加

    30天信用期应计利息 = 500 000/360 × 30 × 80% × 15% = 5 000（元）
    提供现金折扣的平均收现期 = 30 × 50% + 60 × 50% = 45（天）
    提供现金折扣的应计利息 = 600 000/360 × 45 × 80% × 15% = 9 000（元）
    应收账款占用资金的应计利息增加 = 9 000 − 5 000 = 4 000（元）

3. 计算收账费用和坏账损失增加

收账费用增加 = 4 000 - 3 000 = 1 000（元）
坏账损失增加 = 9 000 - 5 000 = 4 000（元）

4. 估计现金折扣成本的变化

现金折扣成本增加 = 新的销售水平 × 享受现金折扣的顾客比例 × 新的现金折扣率 -
旧的销售水平 × 享受现金折扣的顾客比例 × 旧的现金折扣率
= 600 000 × 50% × 0.8% - 500 000 × 0 × 0 = 2 400（元）

计算增加的税前损益。

增加的税前损益 = 盈利增加 - 成本费用增加
= 18 000 - (4 000 + 1 000 + 4 000 + 2 400)
= 6 600（元）

由于增加的税前损益大于 0，故应当放宽信用期并提供现金折扣。

（三）收账政策

收账政策是指信用条件被违反时，企业采取的收账策略。企业如果采取较积极的收账政策，可能会减少应收账款投资，减少坏账损失，但要增加收账成本。如果采用较消极的收账政策，则可能会增加应收账款投资，增加坏账损失，但会减少收账费。企业需要做出适当的权衡。一般来说，可以参照评价信用标准、信用条件的方法来评价收账政策。

四、应收账款的监控

实施信用政策时，企业需监督和控制每一笔应收账款和应收账款总额。例如，可以运用应收账款周转天数衡量企业需要多长时间收回应收账款，可以通过账龄分析表追踪每一笔应收账款，可以采用 ABC 分析法来确定重点监控的对象等。监督每一笔应收账款的理由是：第一，在开票或收款过程中可能会发生错误或延迟；第二，有些客户可能故意拖欠到企业采取追款行动才付款；第三，客户财务状况的变化可能会改变其按时付款的能力，并且需要缩减该客户未来的赊销额度。

企业也必须对应收账款的总体水平加以监督，因为应收账款的增加会影响企业的流动性，还可能导致额外融资的需要。此外，应收账款总体水平的显著变化可能表明业务方面发生了改变，这可能影响企业的融资需要和现金水平。企业管理部门需要分析这些变化以确定其起因并采取纠正措施。可能引起重大变化的事件包括销售量的变化、季节性、信用政策的修改、经济状况的波动及竞争对手采取的促销等行动。最后，对应收账款总额进行分析还有助于预测未来现金流入的金额和时间。

（一）应收账款周转天数

应收账款周转天数或平均收账期是衡量应收账款管理状况的一个指标。将企业当前的应收账款周转天数与规定的信用期限、历史趋势及行业正常水平进行比较，可以反映企业整体的收款效率。然而，应收账款周转天数可能会被销售量的变动趋势和剧烈的销售季节性所破坏。

【例6-5】 某企业2019年第一季度应收账款平均余额为285 000元，信用条件为在60天内按全额付清款项，3个月的赊销情况为：

1月：90 000元，

2月：105 000元，

3月：115 000元，

（1）应收账款周转天数的计算。

$$平均日销售额 = \frac{90\,000 + 105\,000 + 115\,000}{90} = 3\,444.44（元）$$

$$应收账款周转天数 = \frac{应收账款平均余额}{平均日销售额} = \frac{285\,000}{3\,444.44} = 82.74（元）$$

（2）平均逾期天数的计算。

平均逾期天数 = 应收账款周转天数 - 平均信用期天数 = 82.74 - 60 = 22.74（天）

（二）账龄分析表

账龄分析表将应收账款划分为未到信用期的应收账款和以30天为间隔的逾期应收账款，这是衡量应收账款管理状况的另外一种方法。企业既可以按照应收账款总额进行账龄分析，也可以分顾客进行账龄分析。账龄分析法可以确定逾期应收账款，随着逾期时间的增加，应收账款收回的可能性变小。假定信用期限为30天，表6-4中的账龄分析反映出30%的应收账款为逾期账款。

表6-4 账龄分析表

账龄（天）	应收账款金额（元）	占应收账款总额的百分比（%）
0~30	1 750 000	70
31~60	375 000	15
61~90	250 000	10
91以上	125 000	5
合计	2 500 000	100

账龄分析表比计算应收账款周转天数更能揭示应收账款变化趋势，因为账龄分析表给出了应收账款分布的模式，而不仅仅是一个平均数。应收账款周转天数有可能与信用期限相一致，但是有一些账户可能拖欠很严重。因此，应收账款周转天数不能明确地表现出账款拖欠情况。当各个月之间的销售额变化很大时，账龄分析表和应收账款周转天数都可能发出类似的错误信号。

（三）应收账款账户余额的模式

账龄分析表可以用于进一步建立应收账款余额的模式，这是重要的现金流预测工具。应收账款账户余额的模式反映一定期间（如1个月）的赊销额，在发生赊销的当月月末及随后的各月仍未偿还的百分比。企业收款的历史决定了其正常的应收账款余额的模式，企业管理部门通过将当前的模式和过去的模式进行对比来评价应收账款余额模式的任何变化。企业还可以运用应收账款账户余额的模式来计划应收账款金额水平，衡量应收账款的收账效率及预测未来的现金流。

【例 6-6】 表 6-5 说明了 1 月份的销售在 3 月末的在外（未收回）应收账款为 50 000 元。

表 6-5　各月份销售及收款情况　　　　　　　　　（单位：元）

1 月份销售：		250 000
1 月份收款（销售额的 5%）	$0.05 \times 250\,000$	12 500
2 月份收款（销售额的 40%）	$0.40 \times 250\,000$	100 000
3 月份收款（销售额的 35%）	$0.35 \times 250\,000$	87 500
收款合计：		200 000
1 月份的销售仍未收回的应收账款：	250 000 - 200 000	50 000

计算未收回应收账款的另外一个方法是将销售 3 个月后未收回销售额的百分比（20%）乘以销售额（250 000），即：

$$20\% \times 250\,000 = 50\,000（元）$$

上述例子假设能按时收回应收账。然而，在现实中，有一定比例的应收账款会逾期或者发生坏账，对应收账款账户余额的模式稍做调整可以反映这些项目。

（四）ABC 分析法

ABC 分析法是现代经济管理中广泛应用的一种"抓重点、照顾一般"的管理方法，又称重点管理法。它是将企业的所有欠款客户按其金额的多少进行分类排队，然后分别采用不同的收账策略的一种方法。它一方面能加快应收账款收回，另一方面能将收账费用与预期收益联系起来。

五、应收账款日常管理

应收账款的管理难度比较大，在确定合理的信用政策之后，还要做好应收账款的日常管理工作，包括对客户的信用调查和分析评价、应收账款的催收工作等。

（一）调查客户信用

信用调查是指收集和整理反映客户信用状况有关资料的工作。信用调查是企业应收账款日常管理的基础，是正确评价客户信用的前提条件。企业对顾客进行信用调查主要通过两种方法。

1. 直接调查

直接调查是指调查人员通过与被调查单位进行直接接触，通过当面采访、询问、观看等方式获取信用资料的一种方法。直接调查可以保证收集资料的准确性和及时性，但也有一定的局限，获得的往往是感性资料，同时若不能得到被调查单位的合作，则会使调查工作难以开展。

2. 间接调查

间接调查是以被调查单位及其他单位保存的有关原始记录和核算资料为基础，通过加工整理获得被调查单位信用资料的一种方法。这些资料主要来自以下几个方面。

（1）财务报表。通过财务报表分析，可以基本掌握一个企业的财务状况和信用状况。

（2）信用评估机构。专门的信用评估部门，因为它们的评估方法先进，评估调查细致，评估程序合理，所以可信度较高。在我国，目前的信用评估机构有三种形式：第一种是独立的社会评级机构，它们只根据自身的业务吸收有关专家参加，不受行政干预和集团利益的牵制，独立自主地开办信用评估业务；第二种是政策性银行、政策性保险公司负责组织的评估机构，一般由银行、保险公司有关人员和各部门专家进行评估；第三种是由商业银行、商业性保险公司组织的评估机构，由商业性银行、商业性保险公司组织专家对其客户进行评估。

（3）银行。银行是信用资料的一个重要来源，许多银行都设有信用部，为其顾客服务，并负责对其顾客信用状况进行记录、评估。但银行的资料一般仅愿意在内部及同行间进行交流，而不愿向其他单位提供。

（4）其他途径。如财税部门、工商管理部门、消费者协会等机构都可能提供相关的信用状况资料。

（二）评估客户信用

收集好信用资料以后，就需要对这些资料进行分析、评价。企业一般采用"SC"系统来评价，并对客户信用进行等级划分。在信用等级方面，目前主要有两种：一种是三类九等，即将企业的信用状况分为AAA、AA、A、BBB、BB、B、CCC、CC、C九等，其中AAA为信用最优等级，C为信用最低等级。另一种是三级制，即分为AAA、AA、A三个信用等级。

（三）收账的日常管理

应收账款发生后，企业应采取各种措施，尽量争取按期收回款项，否则会因拖欠时间过长而发生坏账，使企业蒙受损失。因此，企业必须在对收账的收益与成本进行比较分析的基础上，制定切实可行的收账政策。通常企业可以采取寄发账单、电话催收、派人上门催收、法律诉讼等方式进行催收应收账款，然而催收账款要发生费用，某些催款方式的费用还会很高。一般来说，收账的花费越大，收账措施越有力，可收回的账款应越多，坏账损失也就越小。因此制定收账政策，又要在收账费用和所减少坏账损失之间做出权衡。制定有效、得当的收账政策很大程度上是靠有关人员的经验。从财务管理的角度来讲，也有一些数量化的方法可以参照。根据应收账款总成本最小化的原则，可以通过比较各收账方案成本的大小对其加以选择。

（四）应收账款保理

保理是保付代理的简称，是指保理商与债权人签订协议，转让其对应收账款的部分或全部权利与义务，并收取一定费用的过程。

保理又称托收保付，是指卖方（供应商或出口商）与保理商间存在的一种契约关系。根据契约，卖方将其现在或将来的基于其与买方（债务人）订立的货物销售（服务）合同所产生的应收账款转让给保理商，由保理商提供下列服务中的至少两项：贸易融资、销售账户管理、应收账款的催收、信用风险控制与坏账担保。可见，保理是一项综合性的金融服务方式，其同单纯的融资或收账管理有本质区别。

应收账款保理是企业将赊销形成的未到期应收账款，在满足一定条件的情况下转让给保理商，以获得流动资金，加快资金的周转。保理可以分为有追索权保理（非买断型）和无追索权保理（买断型）、明保理和暗保理、折扣保理和到期保理。

有追索权保理是指供应商将债权转让给保理商，供应商向保理商融通货币资金后，如果购货商拒绝付款或无力付款，保理商有权向供应商要求偿还预付的货币资金，如购货商破产或无力支付，只要有关款项到期未能收回，保理商都有权向供应商进行追索，因而保理商具有全部"追索权"，这种保理方式在我国采用较多。无追索权保理是指保理商将销售合同完全买断，并承担全部的收款风险。

明保理是指保理商和供应商需要将销售合同被转让的情况通知购货商，并签订保理商、供应商、购货商之间的三方合同。暗保理是指供应商为了避免让客户知道自己因流动资金不足而转让应收账款，并不将债权转让情况通知客户，货款到期时仍由销售商出面催款，再向银行偿还借款。

折扣保理又称为融资保理，即在销售合同到期前，保理商将剩余未收款部分先预付给销售商，一般不超过全部合同额的70%~90%。到期保理是指保理商并不提供预付账款融资，而是在赊销到期时才支付，届时不管货款是否收到，保理商都必须向销售商支付货款。

应收账款保理对于企业而言，其财务管理作用主要体现在以下方面。

（1）融资功能。应收账款保理，其实质也是一种利用未到期应收账款这种流动资产作为抵押从而获得银行短期借款的一种融资方式。对于那些规模小、销售业务少的企业来说，向银行贷款将会受到很大限制，而自身的原始积累又不能支撑企业的高速发展，通过保理业务进行融资可能是企业较为明智的选择。

（2）减轻企业应收账款的管理负担。推行保理业务是市场分工思想的运用，面对市场的激烈竞争，企业可以把应收账款让与专门的保理商进行管理，使企业从应收账款的管理之中解脱出来，由专业的保理企业对销售企业的应收账款进行管理，他们具备专业技术人员和业务运行机制，会详细地对销售客户的信用状况进行调查，建立一套有效的收款政策，及时收回账款，使企业减轻财务管理负担，提高财务管理效率。

（3）减少坏账损失、降低经营风险。企业只要有应收账款就有发生坏账的可能性，以往应收账款的风险都是由企业单独承担，而采用应收账款保理后，一方面可以提供信用风险控制与坏账担保，帮助企业降低其客户违约的风险；另一方面可以借助专业的保理商去催收账款,能够在很大程度上降低坏账发生的可能性,有效地控制坏账风险。

(4)改善企业的财务结构。应收账款保理业务是将企业的应收账款与货币资金进行置换。企业通过出售应收账款,将流动性稍弱的应收账款置换为具有高度流动性的货币资金,增强了企业资产的流动性,提高了企业的债务清偿能力。

【例6-7】 H公司主要生产和销售冰箱、中央空调和液晶电视。20×8年全年实现的销售收入为14.44亿元。公司20×8年有关应收账款具体情况如表6-6所示。

表6-6 H公司20×8年应收账款账龄分析表　　　　（单位：亿元）

应收账款	冰　箱	中央空调	液晶电视	合　计
年初应收账款	2.93	2.09	3.52	8.54
年末应收账款				
(1) 6个月以内	1.46	0.80	0.58	2.84
(2) 6～12个月	1.26	1.56	1.04	3.86
(3) 1～2年	0.20	0.24	3.26	3.70
(4) 2～3年	0.08	0.12	0.63	0.83
(5) 3年以上	0.06	0.08	0.09	0.23
年末应收账款总额	3.06	2.80	5.60	11.46

在上述应收账款中,冰箱的欠款单位主要是机关和大型事业单位的后勤部门;中央空调的欠款单位均是国内知名厂家;液晶电视的主要欠款单位是美国Y公司。

20×9年H公司销售收入预算为18亿元,有6亿元资金缺口。为了加快资金周转速度,决定对应收账款采取以下措施。

(1)较大幅度提高现金折扣率,在其他条件不变的情况下,预计可使应收账款周转率由20×8年的1.44次提高至20×9年的1.74次,从而加快回收应收账款。

(2)成立专门催收机构,加大应收账款催收力度,预计可提前收回资金0.4亿元。

(3) 6～12个月应收账款转售给有关银行,提前获得周转所需货币资金。据分析,H公司销售冰箱和中央空调发生的6～12个月应收账款可平均以92折转售银行（且可无追索权）；销售液晶电视发生的6～12个月应收账款可平均以90折转售银行（但必须附追索权）。

(4) 20×9年以前,H公司给予Y公司一年期的信用政策;20×9年,Y公司要求将信用期限延长至两年。考虑到Y公司信誉好,且H公司资金紧张时应收账款可转售银行（但必须附追索权）,为了扩大外销,H公司接受了Y公司的条件。根据上述资料,可以计算分析如下：

首先,20×9年年末应收账款:(18/1.74)×2 - 11.46 = 9.23（亿元）

采取第(1)项措施,20×9年收回的资金数额:11.46 - 9.23 = 2.23（亿元）

其次,采取第(3)项措施,20×9年收回的资金数额:(1.26 + 1.56)×0.92 + 1.04×0.9 = 3.53（亿元）

然后,采取第(1)至(3)项措施预计20×9年收回的资金总额:2.23 + 0.4 +

3.53=6.16（亿元）

最后，对 H 公司 20×9 年所采取的各项措施进行评价。

首先，大幅度提高现金折扣，虽然可以提高公司货款回收速度，但也可能导致企业盈利水平降低甚至使企业陷入亏损。因此，公司应当在仔细分析计算后，适当提高现金折扣水平。

其次，成立专门机构催款，必须充分考虑成本效益原则，避免得不偿失。

再次，公司选择将收账期在 1 年以内、销售冰箱和中央空调的应收账款出售给有关银行，提前获得企业周转所需货币资金，应考虑折扣水平的高低，同时注意防范所附追索权带来的风险。

最后，销售液晶电视的账款，虽然可转售银行，但由于必须附追索权，风险仍然无法控制或转移，因此，应尽量避免以延长信用期限方式进行销售。

第四节　存货管理

一、存货管理的目标

存货是指企业在生产经营过程中为销售或者耗用而储备资源，包括材料、燃料、低值易耗品、在产品、半成品、产成品、协作件、商品等。存货管理水平的高低直接影响着企业的生产经营能否顺利进行，并最终影响企业的收益、风险等状况。因此，存货管理是财务管理的一项重要内容。

企业持有存货的原因一方面是为了保证生产或销售的经营需要，另一方面是出自价格的考虑，零购物资的价格往往较高，而整批购买在价格上有优惠。但是，过多的存货要占用较多资金，并且会增加包括仓储费、保险费、维护费、管理人员工资在内的各项开支，因此，存货管理的目标，就是在保证生产或销售经营需要的前提下，最大限度地降低存货，具体包括以下几个方面。

（一）保证生产正常进行

生产过程中需要的原材料和在产品，是生产的物质保证。为保障生产的正常进行，必须储备一定量的原材料，否则可能会造成生产中断、停工待料现象。尽管当前部分企业的存货管理已经实现计算机自动化管理，但要实现存货为零的目标实属不易。

（二）有利于销售

一定数量的存货储备能够增加企业在生产和销售方面的机动性和适应市场变化的能力。当企业市场需求量增加时，若产品储备不足就有可能失去销售良机。同时，由于顾客为节约采购成本和其他费用，一般可能成批采购，企业为了达到运输上的最优批量也会组织成批发运。所以保持一定量的存货是有利于市场销售的。

（三）便于维持均衡生产，降低产品成本

有些企业产品属于季节性产品或者需求波动较大的产品，此时若根据需求状况生

产，则可能有时生产能力得不到充分利用，有时又超负荷生产，造成产品成本的上升。为了降低生产成本，实现均衡生产，就要储备一定的产成品存货，并应相应地保持一定的原材料存货。

（四）降低存货取得成本

一般情况下，当企业进行采购时，进货总成本与采购物资的单价和采购次数有密切关系。而许多供应商为鼓励客户多购买其产品，往往在客户采购量达到一定数量时，给予价格折扣，所以企业通过大批量集中进货，既可以享受价格折扣，降低购置成本，也因减少订货次数，降低了订货成本，使总的进货成本降低。

（五）防止意外事件的发生

企业在采购、运输、生产和销售过程中，都可能发生意料之外的事故，保持必要的存货保险储备，可以避免意外事件的损失。

二、存货的成本

（一）取得成本

取得成本是指为取得某种存货而支出的成本，通常用 TC 来表示，其又分为订货成本和购置成本。

1. 订货成本

订货成本是指取得订单的成本，如办公费、差旅费、邮资、电话费、运输费等支出。订货成本中有一部分与订货次数无关，如常设采购机构的基本开支等，称为固定的订货成本，用 F_1 表示。另一部分与订货次数有关，如差旅费、邮资等，称为订货的变动成本，每次订货的变动成本用 K 表示。订货次数等于存货年需要量 D 与每次进货量 Q 之商。订货成本的计算公式为：

$$订货成本 = F_1 + \frac{D}{Q}K \tag{6-16}$$

2. 购置成本

购置成本是指为购买存货本身所支出的成本，即存货本身的价值，经常用数量与单价的乘积来确定。年需求量用 D 表示，单价用 U 表示，于是购置成本为 DU。

订货成本加上购置成本，就等于存货的取得成本，其公式可表达为：

$$\begin{aligned}取得成本 &= 订货成本 + 购置成本\\ &= 订货固定成本 + 订货变动成本 + 购置成本\end{aligned} \tag{6-17}$$

即：

$$TC_a = F_1 + \frac{D}{Q}K + DU$$

（二）储存成本

储存成本是指为保持存货而发生的成本，包括存货占用资金所应计的利息、仓库费用、保险费用、存货破损和变质损失等，通常用 TC_c 来表示。

储存成本也分为固定成本和变动成本。固定储存成本与存货数量的多少无关，如仓库折旧、仓库职工的固定工资等，常用 F_2 表示。变动储存成本与存货的数量有关，如存货资金的应计利息、存货的破损和变质损失、存货的保险费用等，单位变动储存成本用 K_c 来表示。用公式表达的储存成本为：

储存成本 = 固定储存成本 + 变动储存成本

$$TC_c = F_2 + K_c \frac{Q}{2} \qquad (6\text{-}18)$$

（三）缺货成本

缺货成本是指由于存货供应中断而造成的损失，包括材料供应中断造成的停工损失、产成品库存缺货造成的拖欠发货损失和丧失销售机会的损失及造成的商誉损失等。如果生产企业以紧急采购代用材料解决库存材料中断之急，那么缺货成本表现为紧急额外购入成本。缺货成本用 TC_s 表示。

如果用 TC 表示储备存货的总成本，其计算公式为：

$$TC = TC_a + TC_c + TC_s = F_1 + \frac{D}{Q}K + DU + F_2 + K_c \frac{Q}{2} + TC_s \qquad (6\text{-}19)$$

企业存货的最优化，就是使企业存货总成本，即式（6-19）中 TC 值最小。

三、最优存货量的确定

存货的决策涉及四项内容：决定进货项目、选择供应单位、决定进货时间和决定进货批量。按照存货管理的目的，需要通过合理的进货批量和进货时间，使存货的总成本最低，这个批量就是经济订货量或经济批量，主要采取经济订货模型加以计算。

（一）经济订货基本模型

经济订货基本模型是建立在一系列严格假设基础上的。这些假设包括：① 存货总需求量是已知常数；② 订货提前期是常数；③ 货物是一次性入库；④ 单位货物成本为常数，无批量折扣；⑤ 库存储存成本与库存水平呈线性关系；⑥ 货物是一种独立需求的物品，不受其他货物影响；⑦ 不允许缺货，即无缺货成本，TC_s 为零。

设立上述假设后，前述的总成本计算公式可以简化为：

$$TC = F_1 + \frac{D}{Q}K + DU + F_2 + K_c \frac{Q}{2} \qquad (6\text{-}20)$$

当 F_1、K、D、U、F_2、K_c 为常数时，TC 的大小取决于 Q。

为了求出 TC 的极小值，对其 Q 进行求一阶导数，令 $TC(Q)$ 的一阶导数 $=0$，可以得出经济订货基本模型，计算公式为：

$$EOQ = \sqrt{\frac{2KD}{K_c}} \qquad (6\text{-}21)$$

式中，EOQ 为经济订货批量；D 为存货年需要量；K 为每次订货的变动成本；K_c 为单位变动储存成本。

另外，还可以得出下列结论：

$$每年最佳订货次数 = 存货年需求总量/经济订货批量$$
$$最佳订货周期（年）= 360/每年最佳订货次数$$

由于存货是陆续耗用的，所以：
$$经济订货量平均占用资金 = 经济订货量/2 \times 存货单价$$

当 F_1、K、D、U、F_2、K_c 为常数时：

$$与批量相关的存货总成本 = 变动订货成本 + 变动储存成本 = \frac{D}{Q}K + K_c\frac{Q}{2}$$

把 $EOQ = \sqrt{2KD/K_c}$ 代入 $\frac{D}{Q}K + K_c\frac{Q}{2}$ 可得

$$与经济订货批量相关的存货总成本 \ TC(EOQ) = \sqrt{2KDK_c}$$

在经济订货批量下，变动订货成本 = 变动储存成本 = $\frac{\sqrt{2KDK_c}}{2}$

【例6-8】 假设某企业每年所需的原材料为 80 000 千克，单位成本为 15 元/千克，每次订货的变动成本为 20 元，单位变动储存成本为 0.8 元/千克。一年按 360 天计算。则：

$$经济订货量 = \sqrt{\frac{2 \times 80\,000 \times 20}{0.8}} = 2\,000（千克）$$

$$每年最佳订货次数 = 80\,000/2\,000 = 40（次）$$

$$最佳订货周期 = 360/40 = 9（天）$$

$$经济订货量平均占用资金 = 2\,000/2 \times 15 = 15\,000（元）$$

$$与经济订货批量相关的存货总成本 = \sqrt{2 \times 80\,000 \times 20 \times 0.8} = 1\,600（元）$$

$$在经济订货批量下，变动订货成本 = 40 \times 20 = 800（元）$$

$$变动储存成本 = 2\,000/2 \times 0.8 = 800（元）$$

（二）经济订货基本模型的扩展

放宽经济订货基本模型的相关假设，就可以扩展经济订货模型，以扩大其适用范围。

1. 再订货点

一般情况下，企业的存货不能做到随用随时补充，因此需要在没有用完时提前订货。再订货点就是在提前订货的情况下，为确保存货用完时订货刚好到达，企业再次发出订货单时应保持的存货库存量，它的数量等于平均交货时间和每日平均需用量的乘积，其计算公式为：

$$R = L \times d \tag{6-22}$$

式中，R 为再订货点；L 为平均交货时间；d 为每日平均需用量。

例如，企业订货日至到货期日的时间为 5 天，每日存货需用量为 20 千克，那么：

$$R = L \times d = 5 \times 20 = 100（千克）$$

企业在尚存 100 千克存货时，就应当再次订货，等到下批订货到达时（再次发出订货单 5 天后），原有库存刚好用完。此时，订货提前期的情形如图 6-4 所示。这就是说，订货提前期对经济订货量并无影响，每次订货批量、订货次数、订货间隔时间等与瞬时补充相同。

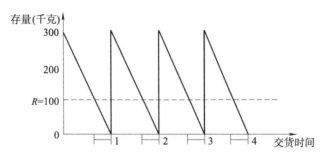

图 6-4 订货提前期

2. 存货陆续供应和使用模型

经济订货基本模型是建立在存货一次全部入库的假设之上的。事实上，各批存货一般都是陆续入库，库存量陆续增加。特别是产成品入库和在产品转移，几乎总是陆续供应和陆续耗用的。在这种情况下，需要对经济订货的基本模型做一些修正。

假设每批订货数为 Q，每日送货量为 p，则该批货全部送达所需日数即送货期为：

$$送货期 = \frac{Q}{p} \tag{6-23}$$

假设每日耗用量为 d，则送货期内的全部耗用量为：

$$送货期耗用量 = \frac{Q}{p} \times d \tag{6-24}$$

由于零件边送边用，所以每批送完时，送货期内平均库存量为：

$$送货期内平均库存量耗用量 = \frac{1}{2}\left(Q - \frac{Q}{p} \times d\right) \tag{6-25}$$

假设存货年需用量为 D，每次订货费用为 K，单位存货储存费率为 K_c，则与批量有关的总成本为：

$$TC(Q) = \frac{D}{Q}K + \frac{1}{2} \times \left(Q - \frac{Q}{p} \times d\right) \times K_c = \frac{D}{Q}K + \frac{Q}{2}\left(1 - \frac{d}{p}\right) \times K_c \tag{6-26}$$

在订货变动成本与储存变动成本相等时，TC（Q）有最小值，故存货陆续供应和使用的经济订货量计算公式为：

$$EOQ = \sqrt{\frac{2KD}{K_c} \times \frac{p}{p-d}} \tag{6-27}$$

将式（6-27）代入式（6-26），可得出存货陆续供应和使用的经济订货量相关总成本计算公式为：

$$TC(EOQ) = \sqrt{2KDK_c \times \left(1 - \frac{d}{p}\right)} \tag{6-28}$$

【例6-9】 某零件年需用量（D）为3 600件，每日送货量（p）为30件，每日耗用量（d）为10件，单价（U）为10元，一次订货成本（生产准备成本）（K）为25元，单位储存变动成本（K_c）为2元。要求计算该零件的经济订货量和相关总成本。

（1）计算经济订货量。

$$EOQ = \sqrt{\frac{2 \times 25 \times 3\,600}{2} \times \frac{30}{30-10}} = 367 \text{（件）}$$

（2）计算相关总成本。

$$TC(EOQ) = \sqrt{2 \times 25 \times 3\,600 \times 2 \times \left(1 - \frac{10}{30}\right)} = 490 \text{（元）}$$

（三）保险储备

前面讨论的经济订货量是以供需稳定为前提的。但实际情况并非完全如此，企业对存货的需求量可能发生变化，交货时间也可能会延误。在交货期内，如果发生需求量增大或交货时间延误，就会发生缺货。为防止由此造成的损失，企业应有一定的保险储备。图6-5显示了在具有保险储备时的存货水平。在图6-5中，在再订货点，企业按EOQ订货。在交货期内，如果对存货的需求量很大，或交货时间由于某种原因被延误，企业可能发生缺货。为防止存货中断，再订货点应等于交货期内的预计需求与保险储备之和，即：

$$\text{再订货点} = \text{预计交货期内的需求} + \text{保险储备} \tag{6-29}$$

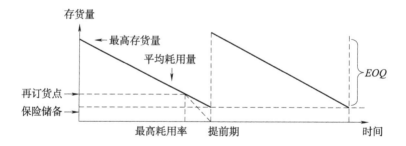

图6-5 不确定需求和保险储备下的存货水平

企业应保持多少保险储备才合适？这取决于存货中断的概率和存货中断的损失。较高的保险储备可降低缺货损失，但也增加了存货的储存成本。因此，最佳的保险储备应该是使缺货损失和保险储备的储存成本之和达到最低。

【例6-10】 信达公司计划年度耗用某材料100 000千克，材料单50元，经济订货量25 000千克，全年订货4（=100 000/25 000）次，预计交货期内的需求为1 200千克。单位材料年储存成本为材料单价的25%，单位材料缺货损失24元。在交货期内，生产需求量及其概率如表6-7所示。

表 6-7 交货期内生产需求量及其概率

生产需求量（千克）	概　率
1 000	0.1
1 100	0.2
1 200	0.4
1 300	0.2
1 400	0.1

信达公司的保险储备分析如表 6-8 所示。

表 6-8 信达公司的保险储备分析

保险储备量（千克）	缺货量（千克）	缺货概率	缺货损失（元）	保险储备的储存成本（元）	总成本（元）
0	0	0.1	0		
	0	0.2	0		
	0	0.4	0		
	100	0.2	4×100×0.2×24=1 920		
	200	0.1	4×200×0.1×24=1 920		
			缺货损失期望值=3 840	0	3 840
100	0	0.1	0		
	0	0.2	0		
	0	0.4	0		
	0	0.2	0		
	100	0.1	4×100×0.1×24=960	100×50×0.25=1 250	2 210
			缺货损失期望值=960		
200	0	0.1	0		
	0	0.2	0		
	0	0.4	0		
	0	0.2	0		
	0	0.1	0		
			缺货损失期望值=0	200×50×0.25=2 500	2 500

从表 6-8 可以看出，当保险储备为 100 千克时，缺货损失与储存成本之和最低。因此，该企业保险储备量为 100 千克比较合适。

例 6-10 说明了考虑交货期间生产需求量时的最佳保险储备量的确定方法。至于因延误供货引起的缺货可以通过估计延误时间和平均每日耗用量来计算增加的保险储备量。

四、存货的控制系统

存货管理不仅需要各种模型帮助确定适当的存货水平，还需要建立相应的存货控制系统。传统的存货控制系统有定量控制系统和定时控制系统两种。定量控制系统是指当存货下降到一定水平时即发出订货单，订货数量是固定的和事先决定的。定时控制系统是每隔一固定时期，无论现有存货水平多少，即发出订货申请。这两种系统都较简单和易于理解，但不够精确。现在许多大型企业都已采用了计算机存货控制系统。当存货数据输入计算机后，计算机即对这批货物开始跟踪。此后，每当有该货物被取出时，计算机就及时做出记录并修正库存余额。当存货下降到订货点时，计算机自动发出订单，并在收到订货时记下所有的库存量。计算机系统能对大量种类的存货进行有效管理，这也是为什么大型企业愿意采用这种系统的原因之一。对于大型企业而言，其存货种类数以十万计，要使用人力及传统方法来对如此众多的库存进行有效管理，及时调整存货水平，避免出现缺货或浪费现象简直是不可能的，但计算机系统对此却能做出迅速有效的反应。

伴随着业务流程重组的兴起及计算机行业的发展，存货管理系统也得到了很大的发展。从 MRP（物料资源规划）发展到 MRPⅡ（制造资源规划），再到 ERP（企业资源规划），以及后来的柔性制造和供应链管理，甚至是外包（outsourcing）等管理方法的快速发展，都大大地提高了企业存货管理方法的发展。这些新的生产方式把信息技术革命和管理进步融为一体，提高了企业的整体运作效率。以下将对两个典型的存货控制系统进行介绍。

（一）ABC 控制系统

ABC 控制系统就是把企业种类繁多的存货，依据其重要程度、价值大小或者资金占用等标准分为三大类：A 类高价值存货，品种数量占整个存货的 10%～15%，但价值占全部存货的 50%～70%；B 类中等价值存货，品种数量占全部存货的 20%～25%，价值占全部存货的 15%～20%；C 类低价值存货，品种数量多，占整个存货的 60%～70%，价值占全部存货的 10%～35%。针对不同类别的存货分别采用不同的管理方法，A 类存货应作为管理的重点，实行重点控制、严格管理；而对 B 类和 C 类存货的重视程度则可依次降低，采取一般管理。

（二）准时制库存控制系统

准时制库存控制系统又称零库存管理或看板管理系统。它最早是由丰田公司提出并将其应用于实践，是指制造企业事先与供应商和客户协调好；只有当制造企业在生产过程中需要原料或零件时，供应商才会将原料或零件送达；每当产品生产出来就被客户拉走。这样，制造企业的存货持有水平就可以大大下降，企业的物资供应、生产和销售形成连续的同步运动过程。显然，准时制库存控制系统需要的是稳定而标准的生产程序及诚信的供应商，否则，任何一环出现差错都将导致整个生产线的停止。目前，已有越来越多的企业利用准时制库存控制系统减少甚至消除对存货的需求，即实行零库存管理，如沃尔玛、丰田、海尔等。准时制库存控制系统进一步的发展被应用于企业整个生产管理的过程中，集开发、生产、库存和分销于一体，大大提高了企业运营管理效率。

第五节 流动负债管理

流动负债主要有三种主要来源：短期借款、短期融资券和商业信用，各种来源具有不同的获取速度、灵活性、成本和风险。

一、短期借款

企业的借款通常按其流动性或偿还时间的长短，划分为短期借款和长期借款。短期借款是指企业向银行或其他金融机构借入的期限在1年以内（含1年）的各种借款。

目前，我国短期借款按照目的和用途分为生产周转借款、临时借款、结算借款、票据贴现借款等。按照国际惯例，短期借款往往按偿还方式不同分为一次性偿还借款和分期偿还借款；按利息支付方式不同分为收款法借款、贴现法借款和加息法借款；按有无担保分为抵押借款和信用借款。

短期借款可以随企业的需要安排，便于灵活使用，但其突出的缺点是短期内要归还，且可能会附带很多附加条件。

（一）短期借款的信用条件

银行等金融机构对企业贷款时，通常会附带一定的信用条件。短期借款所附带的一些信用条件主要如下。

1. 信贷额度

信贷额度亦即贷款限额，是借款企业与银行在协议中规定的借款最高限额，信贷额度的有限期限通常为1年。在一般情况下，在信贷额度内，企业可以随时按需要支用借款。但是，银行并不承担必须支付全部信贷数额的义务。如果企业信誉恶化，即使在信贷限额内，企业也可能得不到借款。此时，银行不会承担法律责任。

2. 周转信贷协定

周转信贷协定是银行具有法律义务地承诺提供不超过某一最高限额的贷款协定。在协定的有效期内，只要企业借款总额未超过最高限额，银行必须满足企业任何时候提出的借款要求。企业要享用周转信贷协定，通常要对贷款限额的未使用部分付给银行一笔承诺费用。

【例6-11】某企业与银行商定的周转信贷额度为5 000万元，年度内实际使用了2 800万元，承诺率为0.5%，企业应向银行支付的承诺费为：

$$信贷承诺费 = (5\,000 - 2\,800) \times 0.5\% = 11（万元）$$

周转信贷协定的有效期通常超过1年，但实际上贷款每几个月发放一次，所以这种信贷具有短期借款和长期借款的双重特点。

3. 补偿性余额

补偿性余额是银行要求借款企业在银行中保持按贷款限额或实际借用额一定比例（通常为10%~20%）计算的最低存款余额。对于银行来说，补偿性余额有助于降低贷款风险，补偿其可能遭受的风险；对借款企业来说，补偿性余额则提高了借款的实际利率，加重了企业负担。

【例6-12】 某企业向银行借款800万元，利率为6%，银行要求保留10%的补偿性余额，则企业实际可动用的贷款为720万元，该借款的实际利率为：

$$借款实际利率 = \frac{800 \times 6\%}{720} = \frac{6\%}{1-10\%} = 6.67\%$$

4. 借款抵押

为了降低风险，银行发放贷款时往往需要有抵押品担保。短期借款的抵押品主要有应收账款、存货、应收票据、债券等。银行将根据抵押品面值的30%～90%发放贷款，具体比例取决于抵押品的变现能力和银行对风险的态度。

5. 偿还条件

贷款的偿还有到期一次偿还和在贷款期内定期（每月、季）等额偿还两种方式。一般来讲，企业不希望采用后一种偿还方式，因为这会提高借款的实际年利率。而银行不希望采用前一种偿还方式，因为这会加重企业的财务负担，增加企业的拒付风险，同时会降低实际贷款利率。

6. 其他承诺

银行有时还会要求企业为取得贷款而做出其他承诺，如及时提供财务报表、保持适当的财务水平（如特定的流动比率）等。如果企业违背所做出的承诺，银行可要求企业立即偿还全部贷款。

（二）短期借款的成本

短期借款的成本主要包括利息、手续费等。短期借款成本的高低主要取决于贷款利率的高低和利息的支付方式。短期贷款利息的支付方式有收款法、贴现法和加息法三种，付息方式不同，短期借款成本计算也有所不同。

1. 收款法

收款法是在借款到期时向银行支付利息的方法。银行向企业贷款一般都是采用这种方法收取利息。采用收款法时，短期贷款的实际利率就是名义利率。

2. 贴现法

贴现法又称折价法，是指银行向企业发放贷款时，先从本金中扣除利息部分，到期时借款企业偿还全部贷款本金的一种利息支付方法。在这种利息支付方式下，企业可以利用的贷款只是本金减去利息部分后的差额，因此，贷款的实际利率要高于名义利率。

【例6-13】 某企业从银行取得借款200万元，期限1年，利率6%，利息12万元。按贴现法付息，企业实际可动用的贷款为188万元，该借款的实际利率为：

$$借款实际利率 = \frac{800 \times 60\%}{720 \times (1-10\%)} = \frac{6\%}{9 \times (1-10\%)} = 6.67\%$$

3. 加息法

加息法是银行发放分期等额偿还贷款时采用的利息收取方法。在分期等额偿还贷款情况下，银行将名义利率计算的利息加到贷款本金上，计算出贷款的本息和，要求企业在贷款期内分期偿还本息之和。由于贷款本金分期均衡偿还，借款企业实际上只平均使用了贷款本金的一半，却支付了金额利息。这样企业所负担的实际利率便要高于名义利率大约 1 倍。

【例 6-14】 某企业借入（名义）年利率为 12% 的贷款 20 000 元，分 12 个月等额偿还本息。该项借款的实际年利率为：

$$实际年利率 = \frac{20\,000 \times 12\%}{20\,000/2} = 24\%$$

二、短期融资券

短期融资券是由企业依法发行的无担保短期本票。在我国，短期融资券是指企业依照《银行间债券市场非金融企业债务融资工具管理办法》的条件和程序，在银行间债券市场发行和交易并约定在一定期限内还本付息的有价证券，是企业筹措短期（1 年以内）资金的直接融资方式。

（一）发行短期融资券的相关规定

（1）发行人为非金融企业，发行企业均应经过在中国境内工商注册且具备债券评级能力的评级机构的信用评级，并将评级结果向银行间债券市场公示。

（2）发行和交易的对象是银行间债券市场的机构投资者，不向社会公众发行和交易。

（3）融资券的发行由符合条件的金融机构承销，企业不得自行销售融资券，发行融资券募集的资金用于本企业的生产经营。

（4）融资券采用实名记账方式在中央国债登记结算有限责任公司（以下简称"中央结算公司"）登记托管，中央结算公司负责提供有关服务。

（5）债务融资工具发行利率、发行价格和所涉费率以市场化方式确定，任何商业机构不得以欺诈、操纵市场等行为获取不正当利益。

（二）短期融资券的种类

（1）按发行人分类，短期融资券分为金融企业的融资券和非金融企业的融资券。在我国，目前发行和交易的是非金融企业的融资券。

（2）按发行方式分类，短期融资券分为经纪人承销的融资券和直接销售的融资券。非金融企业发行融资券一般采用间接承销方式进行，金融企业发行融资券一般采用直接发行方式进行。

（三）短期融资券的筹资特点

（1）短期融资券的筹资成本较低。相对于发行企业债券筹资而言，发行短期融资券的筹资成本较低。

（2）短期融资券筹资数额比较大。相对于银行借款筹资而言，短期融资券一次性的筹资数额比较大。

（3）发行短期融资券的条件比较严格。只有具备一定的信用等级的实力强的企业，才能发行短期融资券筹资。

三、商业信用

商业信用是指企业在商品或劳务交易中，以延期付款或预收货款方式进行购销活动而形成的借贷关系，是企业之间的直接信用行为，也是企业短期资金的重要来源。商业信用产生于企业生产经营的商品、劳务交易之中，是一种"自动性筹资"。

（一）商业信用的形式

1. 应付账款

应付账款是供应商给企业提供的一种商业信用。由于购买者往往在到货一段时间后才付款，商业信用就成为企业短期资金来源。如企业规定对所有账单均见票后若干日付款，商业信用就成为随生产周转而变化的一项内在的资金来源。当企业扩大生产规模时，其进货和应付账款相应增长，商业信用就提供了增产需要的部分资金。

商业信用条件通常包括以下两种：第一，有信用期，但无现金折扣，如"N/30"表示30天内按发票金额全数支付；第二，有信用期和现金折扣，如"2/10，N/30"表示10天内付款享受现金折扣2%，若买方放弃折扣，30天内必须付清款项。供应商在信用条件中规定有现金折扣，目的主要在于加速资金回收。企业在决定是否享受现金折扣时，应仔细考虑。通常，放弃现金折扣的成本是很高的。

（1）放弃现金折扣的信用成本。倘若买方企业购买货物后在卖方规定的折扣期内付款，可以获得免费信用，这种情况下企业没有因为取得延期付款信用而付出代价。例如，某应付账款规定付款信用条件为"2/10，N/30"，是指买方在10天内付款，可获得2%的付款折扣；若10天至30天内付款，则无折扣；允许买方付款期限最长为30天。放弃折扣的信用成本率计算公式为：

$$放弃折扣的信用成本率 = \frac{折扣\%}{1-折扣\%} \times \frac{360 天}{付款期 - 折扣期} \quad (6\text{-}30)$$

式（6-30）表明，放弃现金折扣的信用成本率与折扣百分比大小、折扣期长短和付款期长短有关系，与货款额和折扣额没有关系。企业在放弃折扣的情况下，推迟付款的时间越长，其信用成本便会越小，但展期信用的结果是企业信誉恶化导致信用度的严重下降，日后可能招致更加苛刻的信用条件。

【例6-15】 某企业按"2/10，N/30"的付款条件购入货物60万元。如果企业在10天以后付款，便放弃了现金折扣1.2万元（60×2%），信用额为58.8万元（60-1.2）。放弃现金折扣的信用成本率为：

$$放弃折扣的信用成本率 = \frac{折扣\%}{1-折扣\%} \times \frac{360 天}{付款期 - 折扣期} = \frac{2\%}{1-2\%} \times \frac{360}{30-10} = 36.73\%$$

（2）放弃现金折扣的信用决策。企业放弃应付账款现金折扣的原因，可能是企业资金暂时的缺乏，也可能是基于将应付的账款用于临时性短期投资，以获得更高的投资收益。如果企业将应付账款额用于短期投资，所获得的投资收益率高于放弃折扣的信用成本率，则应当放弃现金折扣。

【例6-16】 企业采购一批材料，供应商报价为10 000元，付款条件为：3/10、2.5/30、1.8/50、N/90。目前企业用于支付账款的资金需要在90天时才能周转回来，在90天内付款，只能通过银行借款解决。如果银行利率为12%，确定企业材料采购款的付款时间和价格。

根据式（6-29），10天付款方案，放弃折扣的信用成本率为13.92%；30天付款方案，放弃折扣的信用成本率为15.38%；50天付款方案，放弃折扣的信用成本率为16.50%。由于各种方案放弃折扣的信用成本率均高于借款利息率，因此初步结论是要取得现金折扣，借入银行借款以偿还货款。

10天付款方案，得折扣300元，用资9 700元，借款80天，利息258.67元，净收益41.33元；

30天付款方案，得折扣250元，用资9 750元，借款60天，利息195元，净收益55元；

50天付款方案，得折扣180元，用资9 820元，借款40天，利息130.93元，净收益49.07元。

总结论：第30天付款是最佳方案，其净收益最大。

2. 应付票据

应付票据是指企业在商品购销活动和对工程价款进行结算中，因采用商业汇票结算方式而产生的商业信用。商业汇票是指由付款人或存款人（或承兑申请人）签发，由承兑人承兑，并于到期日向收款人或被背书人支付款项的一种票据，它包括商业承兑汇票和银行承兑汇票。应付票据按是否带息分为带息应付票据和不带息应付票据两种。

3. 预收货款

预收货款是指销货单位按照合同和协议规定，在发出货物之前向购货单位预先收取部分或全部货款的信用行为。购买单位对于紧俏商品往往乐于采用这种方式购货；销货方对于生产周期长，造价较高的商品，往往采用预收货款方式销货，以缓和本企业资金占用过多的矛盾。

4. 应计未付款

应计未付款是企业在生产经营和利润分配过程中已经计提但尚未以货币支付的款项。主要包括应付职工薪酬、应交税费、应付利润或应付股利等。以应付职工薪酬为例，企业通常以半月或月为单位支付职工薪酬，在应付职工薪酬已计但未付的这段时间，就会形成应计未付款。它相当于职工给企业的一个信用。应交税费、应付利润或应付股利也有类似的性质。应计未付款随着企业规模扩大而增加，企业使用这些自然形成的资金无须付出任何代价。但企业不是总能控制这些款项，因为其支付是有一定时间的，企业不能总拖欠这些款项。所以，企业尽管可以充分利用应计未付款项，但并不能控制这些账目的水平。

（二）商业信用筹资的优缺点

1. 商业信用筹资的优点

（1）商业信用容易获得。商业信用的载体是商品购销行为，企业总有一批既有供需关系又有相互信用基础的客户，所以对大多数企业而言，应付账款和预收账款是自然的、持续的信贷形式。商业信用的提供方一般不会对企业的经营状况和风险做严格的考量，企业无须办理像银行借款那样复杂的手续便可取得商业信用，有利于应对企业生产经营之急需。

（2）企业有较大的机动权。企业能够根据需要，选择决定筹资的金额大小和期限长短，同样要比银行借款等其他方式灵活得多，甚至如果在期限内不能付款或交货，一般还可以通过与客户的协商，请求延长时限。

（3）企业一般不用提供担保。通常，商业信用筹资不需要第三方担保，也不会要求筹资企业用资产进行抵押。这样，在出现逾期付款或交货的情况时，可以避免像银行借款那样面临抵押资产被处置的风险，企业的生产经营能力在相当长的一段时间内不会受到限制。

2. 商业信用筹资的缺点

（1）商业信用筹资成本高。在附有现金折扣条件的应付账款融资方式下，其筹资成本与银行信用相比较高。

（2）容易恶化企业的信用水平。商业信用的期限短，还款压力大，对企业现金流量管理的要求很高。如果长期和经常性地拖欠账款，会造成企业的信誉恶化。

（3）受外部环境影响较大。商业信用筹资受外部环境影响较大，稳定性较差，即使不考虑机会成本，也是不能无限利用的。一是受商品市场的影响，如当求大于供时，卖方可能停止提供信用。二是受资金市场的影响，当市场资金供应紧张或有更好的投资方向时，商业信用筹资就可能遇到障碍。

四、流动负债的利弊

（一）流动负债的经营优势

理解流动负债（期限为365天甚至更少）和长期负债（期限在1年以上）的优势和劣势相当重要。除了成本和风险的不同外，为流动资产融资时使用短期和长期负债之间还存在经营上的不同。

流动负债的主要经营优势包括：容易获得，灵活性，有效地为季节性信贷需要融资的能力。这创造了需要融资和获得融资之间的同步性。另外，短期借款一般比长期借款具有更少的约束性条款。如果仅在一个短期内需要资金，以短期为基础进行借款可以使企业维持未来借款决策的灵活性。如果一个企业签订了长期借款协议，该协议具有约束性条款、大量的预付成本和（或）信贷合约的初始费用，那么流动负债所具有的那种灵活性通常不适用。

流动负债的一个主要作用是为季节性行业的流动资产进行融资。为了满足增长的需要，一个季节性企业必须增加存货和（或）应收账款。流动负债是为流动资产中的临时性的、季节性的增长进行融资的主要工具。

（二）流动负债的经营劣势

流动负债的一个经营劣势是需要持续地重新谈判或滚动安排负债。贷款人由于企业财务状况的变化，或整体经济环境的变化，可能在到期日不愿滚动贷款或重新设定信贷额度。而且，提供信贷额度的贷款人一般要求，用于为短期营运资金缺口而筹集的贷款，必须每年支付至少 1~3 个月的全额款项，这 1~3 个月被称为结清期。贷款人之所以这么做，是为了确认企业是否在长期负债是合适的融资来源时仍然使用流动负债。许多企业的实践证明，使用短期贷款来为永久性流动资产融资是一件危险的事情。

本章小结

本章学习重点是在理解营运资金管理的概念、特点、原则与策略的基础上，掌握目标现金管理的模式、计算公式及其运用。在此过程中应收账款管理的功能、成本、监控与管理的知识也尤为重要，并在实践中熟悉存货管理目标、成本与最优存货批量模型及运用等知识，最终充分考虑到流动负债的种类与优缺点，服务于企业的日常经营活动。

练习题

一、简答题

1. 简述营运资金管理的原则。
2. 简述现金管理的目标和内容。
3. 简述日常现金管理的模式。
4. 简述应收账款的功能和成本。

二、案例分析题

比亚迪公司巨额应收账款案例

比亚迪股份有限公司于 1955 年成立于广东深圳，主要从事充电电池、IT、燃油及新能源汽车三大板块业务。2003 年比亚迪公司正式从 IT 电池领域进入汽车制造与销售领域。2005 年比亚迪公司首款汽车 F3 上市，好评如潮；2007 年比亚迪公司推出 F6，进入中高级轿车市场。凭借在电池和汽车的强大技术，比亚迪公司迅速成长为中国汽车最具创新的新锐品牌。2008 年，比亚迪推出了全球第一款不依赖专业充电站的插电式混合动力汽车 F3DM。2010 年，公司推出了首款纯电动汽车 E6，用于公交行业。2011 年 2 月，比亚迪公司与戴姆勒成立合资公司，共同研究及开发电动车。2009~2011 年，比亚迪公司将公司战略方向确定为 LED、光伏发电等新能源产业，将公司大量资产投入新能源产业，由于过度依赖首款轿车 F3 的成功，比亚迪公司缺少对新车型的研发，姗姗来迟的 F6 的销量和评价也未达预期，比亚迪公司传统汽车的销售开始下降。同时，全球遭受全球光伏寒冬危机，光伏产品出口受阻，新能源开发成果迟迟未能转化成产品变现，使得比亚迪公司的发展遭遇到了极大的困难，三年的盈利状况处于下滑的趋势，比亚迪公司面临资金流断裂、公司破产危机。2012年比亚迪公司对财务战略进行了重大调整，顺利渡过了财务危机，2013年比亚迪公司开始进入"二次腾飞期"。2015年，比亚迪公司新能源汽车累计销售近6.2万台，同比增长234.7%，实现新能源汽车综合销量全球第一，呈现出全市场覆盖态势。比亚迪公司"7+4"战略布局初见成效，实现新能源汽车队道路交通运输的全覆盖，在沪深A股82家汽车制造企业中市值排名第二。至此，比亚迪公司完成了由汽车向新能源的转型。

截至2018年年末，比亚迪年末应收账款达到492.83亿元，在所有民营企业当中应收账款排名第二的金螳螂的应收账款仅有224.97亿元，还远不到比亚迪的一半。即便不考虑其中的200亿元政府补贴款，比亚迪的应收账款仍能排在所有A股中第14位。而近年来，比亚迪的应收账款也呈现出逐渐增大的趋势。与此同时，收入的增长却跟不上应收账款的增长，导致应收账款周转率逐渐下降。在与同行业公司对比中，比亚迪的应收账款周转率也显然处于较低的位置，且恶化速度明显更快，2017年的周转率不到2013年的1/3，具体见表6-9。

表6-9 我国汽车行业部分上市公司2013~2107年应收账款周转率　　　　（%）

	2013	2014	2015	2016	2017
广汽集团	18.4	21.5	32.8	52.4	56.3
长安汽车	94.0	92.9	81.7	66.2	48.4
上汽集团	32.5	31.4	26.4	24.9	26.3
比亚迪	7.6	5.4	4.5	3.3	2.3
宇通客车	6.1	4.0	3.4	2.9	2.1
金龙客车	3.8	3.1	2.7	1.8	1.4
中通客车	4.8	4.5	3.2	2.4	1.5

而在比亚迪2018半年报中就解释了公司的应收账款主要来自新能源汽车的销售，一部分来自政府补贴款的延迟发放，一部分来自一般货款。应收账款的账龄期间主要集中在一年至两年。比亚迪的应收账款客户来源并不集中，前五大客户的应收账款占比23.8%，因此也不存在说大客户质量非常优秀所以计提比例低的说法。巨大的应收账款占据了比亚迪大量的营运资金，而这部分是不计息的，同时恶化了公司的现金流，其不得不通过持续滚动借债的方式满足资金缺口，而这带来的巨额利息支出又降低了公司的净利润。同时应收账款高于收入的快速增长让我们不得不对比亚迪的增长质量感到担忧。

要求：

（1）比亚迪公司的应收账款管理可能出现了什么问题？

（2）你认为比亚迪公司可以从哪几个方面加强应收账款管理？

Chapter7 第七章

成本管理

学习目标

1. 了解成本管理的意义、目标和内容。
2. 掌握本量利分析的基本原理。
3. 掌握保本、保利的方法和利润的敏感性分析。
4. 掌握标准成本的概念、制定与差异计算分析。
5. 掌握作业成本的概念和应用。
6. 掌握责任成本的概念和应用。

导入案例

小米手机的低成本渗透型战略

小米公司成立于2010年4月，是一家专注于智能产品自主研发的移动互联网公司。小米手机、MIUI、米聊是小米公司旗下三大核心业务。"为发烧而生"是小米的产品理念。小米公司首创了用互联网模式开发手机操作系统、发烧友参与开发改进的模式。如今小米电视、小米路由器和小米盒子也成了小米的主要产品。

小米手机作为小米公司的主打产品，从战略成本管理的层面上看，所有的成本都能分摊到每一个价值活动之中。价值链分析的核心就是分析企业各项活动的成本，进而与竞争对手的各项活动成本进行比较，看是否具有竞争优势，进而采取相应的竞争战略。小米公司在分析华为、苹果公司的价值链的基础上结合成本动因，采取全球采购业务外包的模式进一步控制降低手机生产成本，以低成本低售价的战略成为我国手机销量排名第四位的手机厂商，2018年更是获得86亿元利润。

资料来源："小米去年利润86亿，雷军薪酬98.7亿元，官方回应了"，东方资讯网。有删改。

第一节 成本管理概述

一、成本管理的意义

成本管理是企业日常经营管理的一项中心工作，对企业生产经营有着重要的意义。

销售收入首先必须能够补偿成本耗费，这样才不至于影响再生产的进行。换言之，在一定的产品数量和销售价格条件下，产品成本水平的高低，不但影响简单再生产，威胁企业的生存，还可能影响企业扩大再生产，制约企业的发展。企业在努力提高收入的同时，降低成本同样有助于实现目标利润。成本管理的意义主要体现在以下几个方面。

（一）通过成本管理降低成本，为企业扩大再生产创造条件

降低成本一般通过两个阶段来实现。首先，在既定的经济规模、技术水平、质量标准等前提条件下，通过合理的组织管理提高生产效率、降低消耗；其次，当成本降低到这些条件许可的极限时，通过改变成本发生的基础条件，如采用新技术设备、新工艺流程、新产品设计、新材料等，使影响成本的结构性因素得到改善，为成本的进一步降低提供新的空间，使原来难以降低的成本在新的基础上进一步降低。

（二）通过成本管理增加企业利润，提高企业经济效益

利润是收入与成本费用匹配后的结果。成本降低与收入增加一样，都是企业效益提高的重要源泉。当成本变动与其他因素的变动相关联时，如何在成本降低与生产经营需要之间做出权衡取舍，是企业成本管理者无法回避的困难抉择。单纯以成本的降低为标准容易形成误区，成本管理要利用成本、质量、价格、销量等因素之间的相互关系，满足企业为维系质量、调整价格、扩大市场份额等对成本的需要，从而帮助企业最大限度地提高经济效益。

（三）通过成本管理能帮助企业取得竞争优势，增强企业的竞争能力和抗压能力

在竞争激烈的市场环境中，企业为了取得竞争优势，抵抗内外部压力，往往会制定和实施相应的发展战略，常见的有低成本战略和差异化战略。如果实施低成本战略，则通过成本管理降低单位产品成本，能明显且直接提高企业在市场上的主动性和话语权，提升企业的核心竞争力；如果实施差异化战略，则通过成本管理规范成本形成过程，适时进行流程优化或流程再造，在资源既定的前提下，生产出满足客户需求的产品。这些战略措施通常需要成本管理予以配合，不同发展战略下的成本管理需求与企业目标具有高度的一致性。

二、成本管理的目标

从成本管理活动所涉及的层面来看，成本管理的目标可以区分为总体目标和具体目标两个方面。

（一）总体目标

成本管理的总体目标服从于企业的整体经营目标。在竞争性经济环境中，成本管理系统的总体目标主要依据竞争战略而定：成本领先战略中，成本管理的总体目标是追求成本水平的绝对降低；差异化战略中，成本管理的总体目标则是在保证实现产品、服务等方面差异化的前提下，对产品全生命周期成本进行管理，实现成本的持续降低。

(二) 具体目标

成本管理的具体目标是对总体目标的进一步细分，主要包括成本计算的目标和成本控制的目标。

成本计算的目标是为所有内、外部信息使用者提供成本信息。外部信息使用者关注的信息主要是资产价值和盈亏情况。因此，成本计算的目标之一是确定存货等资产价值和企业盈亏状况，即按照成本会计制度的规定计算成本，满足编制会计报表的需要。内部信息使用者使用成本信息，除了了解资产价值及盈亏情况外，重点用于经营管理。因此，成本计算的目标又包括：通过向管理人员提供成本信息，借以提高人们的成本意识；通过成本差异分析，评价管理人员的业绩，促进管理人员采取改善措施；通过盈亏平衡分析等方法，提供成本管理信息，有效地满足现代经营决策对成本信息的需求。

成本控制的目标是降低成本水平。在成本管理的发展过程中，成本控制目标经历了通过提高工作效率和减少浪费来降低成本，通过提高成本效益比来降低成本和通过保持竞争优势来降低成本等几个阶段。在竞争性经济环境中，成本控制目标因竞争战略的不同而有所差异。实施成本领先战略的企业中，成本控制的目标是在保证一定产品质量和服务的前提下，最大限度地降低企业内部成本，表现为对生产成本和经营费用的控制。实施差异化战略的企业中，成本控制的目标则是在保证企业实现差异化战略的前提下，降低产品全生命周期成本，实现持续性的成本节省，表现为对产品所处生命周期不同阶段发生成本的控制，如对研发成本、供应商成本和消费成本等的控制。

三、成本管理的主要内容

一般来说，成本管理具体包括成本规划、成本核算、成本控制、成本分析和成本考核五项内容。

(一) 成本规划

成本规划是进行成本管理的第一步，主要是指成本管理的战略制定。它从总体上规划成本管理工作，并为具体的成本管理提供战略思路和总体要求。成本规划根据企业的竞争战略和所处的内外部环境制定，主要包括确定成本管理的重点、规划控制成本的战略途径、提出成本计算的精度和确定业绩评价的目的和标准。成本规划是企业发展的重要影响因素。进行成本规划时，不仅要洞悉质量和成本的关系，深入探讨各种质量特性发生变化时，成本应该如何进行相应变化，还要立足于生产者和消费者双方，对其经济性做出恰当评价，并在充分分析过去老产品的基础上，制定出更适合新形势、新产品的成本管理战略。

(二) 成本核算

成本核算是成本管理的基础环节，是指对生产费用发生和产品成本形成所进行的会计核算，它是成本分析和成本控制的信息基础。进行成本核算时，首先，要审核生产经营管理费用，看其是否已发生、是否应发生，已发生的是否应计入产品成本，从而实现对生产经营管理费用和产品成本的直接管理和控制；其次，要对已发生的费用按照用途进行分配和归集，计算各种产品的总成本和单位成本，为成本管理提供真实的成本资料。

成本核算分为财务成本核算和管理成本核算。财务成本核算采用历史成本计量，而管理成本核算则既可以用历史成本，又可以用现在成本或未来成本。成本核算的关键是核算方法的选择。财务成本核算方法包括品种法等基本方法和其他一些辅助方法，企业可以灵活选择；管理成本核算可以直接利用财务成本核算的结果，或者选择变动成本法、作业成本法等方法来单独核算。目前，两种核算模式所提供的相关信息与企业管理的需求差距都比较大。此外，成本核算的精度与企业发展战略相关，成本领先战略对成本核算精度的要求比差异化战略要高。

（三）成本控制

成本控制是成本管理的核心，是指企业采取经济、技术、组织等手段降低成本或改善成本的一系列活动。成本控制的关键是选取适用于本企业的成本控制方法，它决定着成本控制的效果。传统的成本控制基本上采用经济手段，通过实际成本与标准成本间的差异分析来进行，如标准成本法等；现代成本控制则突破了经济手段的限制，还使用了包括技术和组织手段在内的所有可能的控制手段，如作业成本法、责任成本法等。

成本控制的原则主要包括以下三方面。一是全面控制原则，即成本控制要全部、全员、全程控制。全部控制是指要对产品生产的全部费用加以控制；全员控制是指要发动全体员工树立成本意识，参与成本控制；全程控制是指要对产品设计、制造、销售的全流程进行控制。二是经济效益原则。提高经济效益不单单是依靠降低成本的绝对数，更重要的是实现相对的节约，以较少的消耗取得更多的成果，取得最佳的经济效益。三是例外管理原则，即成本控制要将注意力集中在不同寻常的情况上。因为实际发生的费用往往与预算有出入，也就没有必要逐一查明原因，而只需把注意力集中在非正常的例外事项上，并及时进行信息反馈。

（四）成本分析

成本分析是成本管理的重要组成部分，是指利用成本核算，结合有关计划、预算和技术资料，应用一定的方法对影响成本升降的各种因素进行科学的分析和比较，了解成本变动情况，系统地研究成本变动的因素和原因。通过成本分析，可以深入了解成本变动的规律，寻求成本降低的途径，为有关人员进行成本规划和经营决策提供参考依据。成本分析的方法主要有对比分析法、连环替代法和相关分析法。其中：对比分析法是对成本指标在不同时期（或不同情况）的数据进行对比来揭露矛盾，具体包括绝对数比较、增减数比较和指数比较三种形式；连环替代法是确定引起某经济指标变动的各个因素影响程度的一种方法，适用于几个相互联系的因素共同影响某一指标的情况；相关分析法主要利用数学方法对具有依存关系的各种指标进行相关分析，从而找出有关经济指标之间的规律性联系。

（五）成本考核

成本考核是定期对成本计划及有关指标实际完成情况进行总结和评价，对成本控制的效果进行评估。其目的在于改进原有的成本控制活动并激励约束员工和团体的成本行为，更好地履行经济责任，提高企业成本管理水平。成本考核的关键是评价指标体系的选择和评价结果与约束激励机制的衔接。考核指标可以是财务指标，也可以是非财务指标，如实施成本领先战略的企业应主要选用财务指标，而实施差异化战略的企业则大多选用非财务指标。

上述五项活动中，成本分析贯串成本管理的全过程，成本规划在战略上对成本核算、成本控制、成本分析和成本考核进行指导成本规划的变动是企业外部经济环境和企业内部竞争战略变动的结果，而成本核算、成本控制、成本分析和成本考核则通过成本信息的流动互相联系。

第二节　本量利分析与应用

一、本量利分析概述

利润是企业经营成果的一个重要衡量指标，而企业利润的高低取决于成本和收入的多少，其中收入主要由售价和销售量来决定。企业要想获利，必须尽可能地降低成本，提高售价，增加销售量，显而易见，成本、业务量和利润三者之间存在着密切关系。为了获得最大利润，必须客观分析这三者之间的内在规律，寻找三者之间的均衡点，为企业经营决策和目标控制提供有效的管理信息。

（一）本量利分析的含义

本量利分析（cost-volume-profit analysis），简称 CVP 分析，它是在成本性态分析和变动成本计算模式的基础上，通过研究企业在一定期间内的成本、业务量和利润三者之间的内在联系，揭示变量之间的内在规律性，为企业预测、决策、规划和业绩考评提供必要的财务信息的一种定量分析方法。本量利分析主要包括保本分析、安全边际分析、多种产品本量利分析、目标利润分析、利润的敏感性分析等内容。

本量利分析作为一种完整的方法体系，在企业经营管理工作中应用十分广泛。运用本量利分析可以预测在保本、保利条件下应实现的销售量或销售额；与风险分析相结合，可以为企业提供降低经营风险的方法和手段，以保证企业实现既定目标；与决策分析相联系，可以用于企业进行有关的生产决策、定价决策和投资项目的可行性分析，为全面预算、成本控制、责任会计应用等提供理论准备。

（二）本量利分析的基本假设

在本量利分析中，成本、业务量和利润之间的数量关系是建立在一系列假设基础上的。这些假设一方面有助于建立简单数学模型来反映成本、业务量和利润之间的关系；另一方面也使得本量利分析方法在实际运用中具有一定的局限性。一般来说，本量利分析主要基于以下四个假设前提。

1. 总成本由固定成本和变动成本两部分组成

该假设要求企业所发生的全部成本可以按其性态区分为变动成本和固定成本，并且变动成本总额与业务量呈正比例变动,固定成本总额保持不变。在进行本量利分析时,最通常的是依据业务量来规划目标利润,因为影响利润的诸因素中,除业务量外,销售单价通常受市场供求关系的影响,而成本则是企业内部可以控制的因素。在相关范围内,固定成本总额和单位变动成本通常是与业务量大小无关的。因此,按成本性态划分成本是本量利分析的基本前提条件,否则,便无法判断成本的升降是由于业务量规模变动引起的还是成本水平本身升降引起的。

2. 销售收入与业务量呈完全线性关系

该假设要求销售收入必须随业务量的变化而变化,两者之间应保持完全线性关系。因此,当销售量在相关范围内变化时,产品的单价不会发生变化。而在现实中,销售收入是随着销售量的增长而增长的,但是随着销售量的进一步增长,销售收入的增长速度会放慢。这主要是因为扩大销售量,通常需要通过降价才能实现。

3. 产销平衡

假设当期产品的生产量与业务量相一致,不考虑存货水平变动对利润的影响。即假定每期生产的产品总量总是能在当期全部销售出去,产销平衡。假设产销平衡,主要是在保本分析时不考虑存货的影响。因为保本分析是一种短期决策,仅仅考虑特定时期全部成本的收回,而存货中包含了以前时期的成本,所以不在考虑范围之内。

4. 产品产销结构稳定

假设同时生产销售多种产品的企业,其销售产品的品种结构不变。即在一个生产与销售多种产品的企业,以价值形式表现的产品的产销总量发生变化时,原来各产品的产销额在全部产品的产销额中所占的比重不会发生变化。这是因为在产销多种产品的情况下,保本点会受到多种产品贡献和产销结构的影响,只有在产销结构不变的基础上进行的保本分析才是有效的。

(三)本量利分析的基本原理

1. 本量利分析的基本关系式

本量利分析所考虑的相关因素主要包括销售量、单价、销售收入、单位变动成本、固定成本、营业利润等。这些因素之间的关系可以用下列基本公式来反映:

$$\begin{aligned}
利润 &= 销售收入 - 总成本 \\
&= 销售收入 - (变动成本 + 固定成本) \\
&= 销售量 \times 单价 - 销售量 \times 单位变动成本 - 固定成本 \\
&= 销售量 \times (单价 - 单位变动成本) - 固定成本
\end{aligned} \quad (7\text{-}1)$$

式(7-1)是明确表达本量利之间数量关系的基本关系式,它含有5个相互联系的变量,给定其中4个变量,便可求出另外一个变量的值。本量利分析的基本原理就是在假设单价、单位变动成本和固定成本为常量及产销一致的基础上,将利润、产销量分别作为因变量与自变量,给定产销量,便可以求出其利润,或者给定目标利润,计算出目标产量。

2. 边际贡献

边际贡献,又称为边际利润或贡献毛益等,是指产品的销售收入减去变动成本后的余额。边际贡献的表现形式有两种：一种是以绝对额表现的边际贡献，分为边际贡献总额和单位边际贡献；另一种是以相对数表示的边际贡献率，是边际贡献与销售额的比率。

边际贡献总额是产品销售收入减去变动成本后的余额；单位边际贡献是产品销售单价减去单位变动成本后的差额；边际贡献率是指边际贡献总额与销售收入的百分比，或单位边际贡献与单价的百分比。三者之间可以相互转换，计算公式及转换关系可以表示为：

$$\begin{aligned} 边际贡献总额 &= 销售收入 - 变动成本 \\ &= 销售量 \times 单位边际贡献 \\ &= 销售收入 \times 边际贡献率 \end{aligned} \quad (7\text{-}2)$$

$$\begin{aligned} 单位边际贡献 &= 单价 - 单位变动成本 \\ &= 单价 \times 边际贡献率 \end{aligned} \quad (7\text{-}3)$$

$$边际贡献率 = \frac{边际贡献总额}{销售收入} = \frac{单位边际贡献}{单价} \quad (7\text{-}4)$$

另外，还可以根据变动成本率计算边际贡献率：

$$变动成本率 = \frac{变动成本总额}{销售收入} = \frac{单位变动成本}{单价} \quad (7\text{-}5)$$

$$边际贡献率 = 1 - 变动成本率$$

根据本量利基本关系，利润、边际贡献及固定成本之间的关系可以表示为：

$$\begin{aligned} 利润 &= 边际贡献 - 固定成本 \\ &= 销售量 \times 单位边际贡献 - 固定成本 \\ &= 销售收入 \times 边际贡献率 - 固定成本 \end{aligned} \quad (7\text{-}6)$$

从式（7-2）至式（7-6）可以看出，企业的边际贡献与营业利润有着密切的关系：边际贡献首先用于补偿企业的固定成本，只有当边际贡献大于固定成本时才能为企业提供利润，否则企业将亏损。

【例7-1】 某企业生产甲产品，售价为60元/件，单位变动成本为24元，固定成本总额为100 000元，当年产销量为20 000件。试计算单位边际贡献、边际贡献总额、边际贡献率及利润。

单位边际贡献 = 单价 - 单位变动成本 = 60 - 24 = 36（元）
边际贡献总额 = 单位边际贡献 × 产销量 = 36 × 20 000 = 720 000（元）
边际贡献率 = 36/60 × 100% = 60%
利润 = 720 000 - 100 000 = 620 000（元）

二、单一产品本量利分析

（一）保本分析

所谓保本，是指企业在一定时期内的收支相等、损益平衡的一种状态，此时企业利润为零。当企业处于当期销售收入与当期成本费用刚好相等时，可称为达到了保本状态。保本是企业能持续经营的起码条件，企业经营必须首先保住成本，进而才能谈盈利。

保本分析，又称盈亏临界分析，是研究当企业恰好处于保本状态时本量利关系的一种定量分析方法，是本量利分析的核心内容。

1. 保本点

保本分析的关键是保本点的确定。保本点，又称盈亏临界点，是指企业达到保本状态的销售量或销售额，即企业一定时期的总收入等于总成本、利润为零时的销售量或销售额。

单一产品的保本点有两种表现形式：一种是以实物量来表现，称为保本点销售量；另一种是以货币单位表示，称为保本点销售额。根据本量利分析基本关系式：

$$\text{利润} = \text{销售量} \times \text{单价} - \text{销售量} \times \text{单位变动成本} - \text{固定成本} \tag{7-7}$$

当利润为零时，求出的销售量就是保本点销售量，即：

$$\text{保本点销售量} = \frac{\text{固定成本}}{\text{单价} - \text{单位变动成本}} = \frac{\text{固定成本}}{\text{单位边际贡献}} \tag{7-8}$$

若用销售额来表示，则保本点销售额的计算公式为：

$$\text{销售量} \times \text{单价} = \frac{\text{固定成本}}{1 - \dfrac{\text{单位变动成本}}{\text{单价}}} = \frac{\text{固定成本}}{\text{边际贡献率}} \tag{7-9}$$

保本分析的主要作用在于使企业管理者在经营活动发生之前，对该项经营活动的盈亏临界情况做到心中有数。企业经营管理者总是希望企业的保本点越低越好，保本点越低，企业的经营风险就越小。从式（7-8）可以看出，降低保本点的途径主要有三个。

一是降低固定成本总额。在其他因素不变时，保本点的降低幅度与固定成本的降低幅度相同。

二是降低单位变动成本。在其他因素不变时，可以通过降低单位变动成本来降低保本点，但两者降低的幅度并不一致。

三是提高销售单价。在其他因素不变时，可以通过提高单价来降低保本点，同降低单位变动成本一样，销售单价与保本点的变动幅度也不一致。

【例 7-2】 某企业销售甲产品，单价为 100 元/件，单位变动成本为 50 元，固定成本为 130 000 元，要求计算甲产品的边际贡献率、保本点销售量及保本点销售额。

$$\text{边际贡献率} = \frac{\text{单位边际贡献}}{\text{单价}} \times 100\% = \frac{100 - 50}{100} \times 100\% = 50\%$$

$$\text{保本点销售量} = \frac{\text{固定成本}}{\text{单价} - \text{单位变动成本}} = \frac{130\,000}{100 - 50} = 2\,600 \text{（件）}$$

$$\text{保本点销售额} = \frac{\text{固定成本}}{\text{边际贡献率}} = \frac{130\,000}{50\%} = 260\,000 \text{（元）}$$

2. 保本点作业率

以保本点为基础，还可以得到另一个辅助性指标，即保本点作业率，或称为盈亏临界点作业率。保本点作业率是指保本点销售量（额）占正常经营情况下的销售量（额）的百分比，或者是保本销售量（额）占实际或预计销售量（额）的百分比，其计算公式为：

$$保本点作业率 = \frac{保本点销售量}{正常销售量(或实际销售量、预计销售量)} \times 100\%$$

$$= \frac{保本点销售额}{正常销售额(或实际销售量、预计销售量)} \times 100\%$$

(7-10)

【例7-3】 沿用例7-2的资料及有关计算结果，并假定该企业正常经营条件下的销售量为5 000件。要求：计算该企业的保本点作业率。

$$保本点作业率 = \frac{2\,600}{5\,000} \times 100\% = 52\%$$

计算结果表明，该企业保本点作业率为52%，即正常销售量的52%用于保本，也即企业的生产能力利用率必须达到52%，可保本。

（二）本量利分析图

在进行本量利分析时，不仅可以通过数据计算出达到保本状态时的销售量与销售额，还可以通过绘制本量利分析图的方法进行分析。在本量利分析图上，可以描绘出影响利润的因素：单价、销售量、单位变动成本、固定成本。因此，借助本量利分析图不仅可以得出达到保本状态的销售量和销售额，还可以一目了然地观察到相关因素变动对利润的影响，从而有助于管理者进行各种短期经营决策。根据数据信息的差异和分析目的不同，本量利分析图有多种表现形式。

1. 基本的本量利分析图

基本的本量利分析图是根据本量利的基本关系绘制的，又称保本点图。在本量利分析图中，以横坐标代表销售量（可以是正常销售量、实际销售量、预计销售量等），以纵坐标代表收入和成本，则总收入线和总成本线的交叉点就是保本点（见图7-1）。

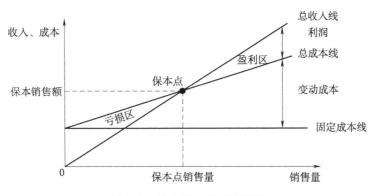

图7-1 基本的本量利分析图

基本的本量利分析图表达的意义如下。

（1）固定成本与横轴之间的区域为固定成本，它不因产量增减而变动，总成本线与固定成本线之间的区域为变动成本，它与产量呈正比例变化。

（2）总收入线与总成本线的交点是保本点，通过图示可以直观地看出保本点销售量和保本点销售额（如例7-2中甲产品的保本点销售量为2 600件，保本点销售额为260 000元）。

（3）在保本点以上的总收入线与总成本线相交的区域为盈利区，保本点以下的总收入线与总成本线相交的区域为亏损区。因此只要知道销售数量或销售金额信息，就可以在图上判明该销售状态下的结果是亏损还是盈利，易于理解，直观方便。

2. 边际贡献式本量利分析图

如图7-2所示，销售收入减去变动成本后形成边际贡献，而边际贡献在弥补固定成本后形成利润。此图的主要优点是可以表示边际贡献的数值。边际贡献随销量增加而扩大，当其达到固定成本值时（在保本点），企业处于保本状态；当边际贡献超过固定成本后，企业进入盈利状态。

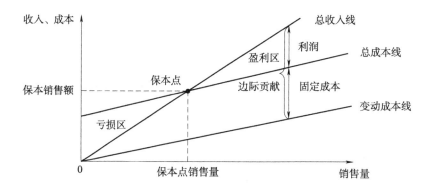

图7-2 边际贡献式的本量利分析图

（三）安全边际分析

保本点是企业经营成果允许下降的下限，作为经营者，总是希望企业在保本的基础上获取更大的利润。在企业经营活动开始前，根据企业的具体条件，通过分析制定出实现目标利润的销售数量（或销售金额），形成安全边际。

1. 安全边际

安全边际是指企业正常销售量（或实际销售量、预计销售量）与保本销售量之间的差额，或正常销售额（或实际销售额、预计销售额）与保本销售额之间的差额。它表明销售量、销售额下降多少，企业仍不至于亏损。

安全边际有两种表现形式：一种是绝对数即安全边际量（额）；另一种是相对数，即安全边际率。其计算公式为：

$$安全边际量 = 正常销售量（实际或预计销售量） - 保本点销售量 \quad (7\text{-}11)$$

$$\begin{aligned}安全边际额 &= 正常销售额（实际或预计销售额） - 保本点销售额 \\ &= 安全边际量 \times 单价\end{aligned} \quad (7\text{-}12)$$

$$安全边际率 = \frac{安全边际量}{正常销售量(实际或预计销售量)} \times 100\% \quad (7\text{-}13)$$

$$= \frac{安全边际额}{正常销售额(实际或预计销售额)} \times 100\%$$

一般来讲，安全边际体现了企业在生产经营中的风险程度大小。由于保本点是下限，所以，预计销售量（或销售金额）和实际正常销售量（或销售金额）与保本点销售量（或销售金额）差距越大，安全边际或安全边际率越大，反映出该企业经营风险越小；反之则经营风险越大。

通常采用安全边际率这一指标来评价企业经营是否安全。表7-1为西方国家企业经营安全程度评价标准，该标准可以作为企业评价经营安全与否的参考。

表7-1　西方国家企业经营安全程度评价标准

安全边际率	40%以上	30%~40%	20%~30%	10%~20%	10%以下
经营安全程度	很安全	安全	较安全	值得注意	危险

【例7-4】 沿用例7-3的资料，计算甲产品的安全边际量（额）及安全边际率。

安全边际量 = 实际销售量 − 保本点销售量 = 5 000 − 2 600 = 2 400（件）

安全边际额 = 实际销售额 − 保本点销售额 = 5 000 × 100 − 260 000 = 240 000（元）

$$安全边际率 = \frac{安全边际量}{实际或预计销售量} = \frac{2\,400}{5\,000} \times 100\% = 48\%$$

2. 保本点作业率与安全边际率的关系

$$保本点销售量 + 安全边际量 = 销售量 \quad (7\text{-}14)$$

将式（7-14）两边同时除以销售量，得到：

$$保本点作业率 + 安全边际率 = 1 \quad (7\text{-}15)$$

通过以上结论可以推导出以下公式：

$$利润 = 边际贡献 - 固定成本 \quad (7\text{-}16)$$
$$= 销售收入 \times 边际贡献率 - 保本销售额 \times 边际贡献率$$

所以：

$$利润 = 安全边际额 \times 边际贡献率 \quad (7\text{-}17)$$

若式（7-17）两边同时除以销售收入，得到：

$$销售利润率 = 安全边际率 \times 边际贡献率 \quad (7\text{-}18)$$

从上述关系式可以看出，要提高企业的销售利润率水平主要有两种途径：一是扩大现有销售水平，提高安全边际率；二是降低变动成本水平，提高边际贡献率。

三、多种产品本量利分析

在市场经济环境下，企业可能有多种产品，大多数企业都同时进行着多种产品的生产和经营。由于各种产品的销售单价、单位变动成本、固定成本不一样，从而造成各种产品的边际贡献或边际贡献率不一致。因此，对多种产品进行保本分析，在遵循单一产品的保本分析的基础上，应根据不同情况采用相应的具体方法来确定。目前，进行多种产品保本分析的方法包括加权平均法、联合单位法、分算法、顺序法、主要产品法等。

（一）加权平均法

加权平均法是指在各种产品边际贡献的基础上，以各种产品的预计销售收入占总收入的比重为权数，确定企业加权平均的边际贡献率，进而分析多品种条件下保本点销售额的一种方法。

采用加权平均法计算多种产品保本点销售额的关键，是根据各种产品的销售单价、单位变动成本和销售数量计算出一个加权平均的边际贡献率，然后根据固定成本总额和加权平均的边际贡献率计算出保本点销售额，其计算公式如下：

$$加权平均边际贡献率 = \frac{\sum(某种产品销售额 - 某种产品变动成本)}{\sum 各种产品销售额} \times 100\% \quad (7\text{-}19)$$

$$综合保本点销售额 = \frac{固定成本}{加权平均边际贡献率} \quad (7\text{-}20)$$

（二）联合单位法

联合单位法是指在事先确定各种产品间产销实物量比例的基础上，将各种产品产销实物量的最小比例作为一个联合单位，确定每一联合单位的单价、单位变动成本，进行本量利分析的一种分析方法。

所谓联合单位，是指固定实物比例构成的一组产品。例如，企业同时生产甲、乙、丙三种产品，且三种产品之间的产销量长期保持固定的比例关系，产销量比为 1:2:3。那么，1 件甲产品、2 件乙产品和 3 件丙产品就构成一组产品，简称联合单位。联合单位法将多种产品保本点的计算问题转换为单一产品保本点的计算问题。根据存在稳定比例关系的产销量比，可以计算出每一联合单位的联合单位边际贡献和联合单位变动成本，并以此计算整个企业的联合保本点销售量及各产品的保本点销售量，其计算公式为：

$$联合保本量 = \frac{固定成本总额}{联合单价 - 联合单位变动成本} \quad (7\text{-}21)$$

在式（7-21）中，联合单价等于一个联合单位的全部收入，联合单位变动成本等于一个联合单位的全部变动成本。在此基础上，计算出每种产品的保本量，其计算公式为：

$$某产品保本量 = 联合保本量 \times 一个联合单位中包含的该产品的数量 \quad (7\text{-}22)$$

四、目标利润分析

保本分析是假定企业在盈亏平衡、利润为零的状态下进行的本量利分析。虽然它有助于简化本量利分析的过程，了解企业最低生产条件及评价企业经营的安全程度，并且为企业的经营决策提供有用的信息，但是，保本并不是企业经营的最终目的。在竞争的市场经济中,企业经营的目的是追求利润,在不断盈利中扩大自身规模,求生存空间、求发展机会。因此,企业不会满足于利润为零的保本分析,更加注重于盈利条件下的本量利分析。

(一) 目标利润分析

目标利润分析将目标利润引进本量利分析的基本模型,在单价和成本水平既定、确保目标利润实现的前提下,揭示成本、业务量和利润三者之间的关系。目标利润分析是保本分析的延伸和拓展。如果企业在经营活动开始之前,根据有关收支状况确定了目标利润,那么,就可以计算为实现目标利润而必须达到的销售数量和销售金额,其计算公式为:

$$目标利润 = (单价 - 单位变动成本) \times 销售量 - 固定成本 \quad (7\text{-}23)$$

$$目标利润销售量 = \frac{固定成本 + 目标利润}{单位边际贡献} \quad (7\text{-}24)$$

$$目标利润销售额 = \frac{固定成本 + 目标利润}{边际贡献率} \quad (7\text{-}25)$$

或: $$目标利润销售额 = 目标利润销售量 \times 单价$$

【例7-5】 某企业生产和销售单一产品,产品的单价为50元,单位变动成本为25元,固定成本为50 000元。如果将目标利润定为40 000元,则有:

$$实现目标利润销售量 = \frac{50\,000 + 40\,000}{50 - 25} = 3\,600\,(件)$$

$$实现目标利润销售额 = \frac{50\,000 + 40\,000}{50\%} = 180\,000\,(元)$$

应该注意的是,目标利润销售量公式只能用于单种产品的目标利润控制;而目标利润销售额公式既可用于单种产品的目标利润控制,又可用于多种产品的目标利润控制。

还应注意的是,式(7-24)和式(7-25)中的目标利润一般是指息税前利润。其实,从税后利润来进行目标利润的规划和分析,更符合企业生产经营的需要。如果企业预测的目标利润是税后利润,则上述公式应做如下调整。

由于:税后利润 = (息税前利润 - 利息) × (1 - 所得税税率)

因此:

$$实现目标利润销售量 = \frac{固定成本 + \dfrac{税后利润}{1 - 所得税税率} + 利息}{单位边际贡献} \quad (7\text{-}26)$$

$$实现目标利润销售额 = \frac{固定成本 + \dfrac{税后利润}{1 - 所得税税率} + 利息}{边际贡献率} \quad (7\text{-}27)$$

(二) 实现目标利润的措施

目标利润是本量利分析的核心要素,它既是企业经营的动力和目标,也是本量利分析的中心。如果企业在经营中根据实际情况规划了目标利润,那么为了保证目标利润的实现,需要对其他因素做出相应的调整。通常情况下企业要实现目标利润,在其他因素不变时,销售数量或销售价格应当提高,而固定成本或单位变动成本则应下降。

【例 7-6】 沿用例 7-5 的资料,现在假定该公司将目标利润定为 58 000 元,问:从单个因素来看,影响目标利润的四个基本要素该做怎样的调整?

调整措施可选择以下方案中的任意一种。

(1) 实现目标利润销售量 = $\dfrac{\text{固定成本}+\text{目标利润}}{\text{单位边际贡献}} = \dfrac{50\,000+58\,000}{50-25} = 4\,320$(件)

(2) 实现目标利润的单位变动成本 = 单价 − $\dfrac{\text{固定成本}+\text{目标利润}}{\text{销售量}}$

$$= 50 - \dfrac{50\,000+58\,000}{3\,600} = 20\,(元)$$

(3) 实现目标利润的固定成本 = 边际贡献 − 目标利润

$$= (50-25)\times 3\,600 - 58\,000 = 32\,000\,(元)$$

(4) 实现目标利润的单价 = 单位变动成本 + $\dfrac{\text{固定成本}+\text{目标利润}}{\text{销售量}}$

$$= 25 + \dfrac{50\,000+58\,000}{3\,600} = 55\,(元)$$

计算结果表明,该公司目标利润定为 58 000 元,比原来的目标利润增加了 18 000 元。为确保现行目标利润的实现,从单个因素来看:销售量应上升到 4 320 件,比原来的销售量增加 720 件;或单位变动成本下降到 20 元,比原来的单位变动成本降低 5 元;或固定成本应下降到 32 000 元,比原来的固定成本降低 18 000 元;或销售单价上升为 55 元,比原来的售价增加 5 元。

五、利润敏感性分析

在计算保本点时,假定单价、固定成本、单位变动成本等诸多因素均不变动,但实际上,这种静态平衡不可能维持很久,这些因素也往往会发生变化,如价格波动、成本升降等。所谓利润敏感性分析,就是研究本量利分析的假设前提中诸因素发生微小变化时,对利润的影响的方向和程度。

本量利分析的基本内容是确定企业的保本点,并规划目标利润。因此,基于本量利分析的利润敏感性分析主要应解决两个问题:一是各因素的变化对最终利润变化的影响程度,二是当目标利润要求变化时允许各因素的升降幅度。

(一) 各因素对利润的影响程度

各相关因素变化都会引起利润的变化,但其影响程度各不相同。如有些因素虽然只发生了较小的变动,却导致利润很大的变动,利润对这些因素的变化十分敏感,称这些因素为敏感因素。与此相反,有些因素虽然变动幅度很大,却有可能只对利润产生较小

的影响,称为不敏感因素。反映各因素对利润敏感程度的指标为利润的敏感系数,其计算公式为:

$$敏感系数 = \frac{利润变动百分比}{因素变动百分比} \tag{7-28}$$

【例7-7】 某企业生产和销售单一产品,计划年度内有关数据预测如下:销售量100 000件,单价30元,单位变动成本为20元,固定成本为200 000元。假设销售量、单价、单位变动成本和固定成本均分别增长了10%,要求计算各因素的敏感系数。

预计的目标利润 = (30 - 20) × 100 000 - 200 000 = 800 000(元)

(1) 销售量的敏感程度。

销售量 = 100 000 × (1 + 10%) = 110 000(件)

利润 = (30 - 20) × 110 000 - 200 000 = 900 000(元)

$$利润变动百分比 = \frac{900\,000 - 800\,000}{800\,000} = 12.5\%$$

$$销售量的敏感系数 = \frac{12.5\%}{10\%} = 1.25$$

可见,销售变动10%,利润就会变动12.5%,当销售量增长时,利润会以更大的幅度增长,这是由于企业固定成本的存在而导致的。对销售量进行敏感分析,实质上就是分析经营杠杆现象,利润对销售量的敏感系数其实就是经营杠杆系数。

(2) 销售单价的敏感程度。

单价 = 30 × (1 + 10%) = 33(元)

利润 = (33 - 20) × 100 000 - 200 000 = 1 100 000(元)

$$利润变化的百分比 = \frac{1\,100\,000 - 800\,000}{800\,000} = 37.5\%$$

$$单价的敏感系数 = \frac{37.5\%}{10\%} = 3.75$$

可见,单价对利润的影响很大,从百分率来看,利润以3.75倍的这一比率随单价变化。涨价是提高盈利的有效手段,反之,价格下跌也将对企业构成很大威胁。经营者根据敏感系数分析可知,每降价1%,企业将失去3.75%的利润,必须格外予以关注。

(3) 单位变动成本的敏感程度。

单位变动成本 = 20 × (1 + 10%) = 22(元)

利润 = (30 - 22) × 100 000 - 200 000 = 600 000(元)

$$利润变化的百分比 = \frac{600\,000 - 800\,000}{800\,000} = -25\%$$

$$单位变动成本的敏感系数 = -\frac{25\%}{10\%} = -2.5$$

由此可见,单位变动成本对利润的影响比单价小,单位变动成本每上升1%,利润将减少2.5%。但是,敏感系数绝对值大于1,说明单位变动成本的变化会造成利润更大的变化,仍属于敏感因素。

(4) 固定成本的敏感程度。

$$固定成本 = 200\,000 \times (1 + 10\%) = 220\,000（元）$$

$$利润 = (30 - 20) \times 100\,000 - 220\,000 = 780\,000（元）$$

$$利润变化的百分比 = \frac{780\,000 - 800\,000}{800\,000} = -2.5\%$$

$$固定成本的敏感系数 = \frac{-2.5\%}{10\%} = -0.25$$

这说明，固定成本每上升1%，利润将减少0.25%。

由例7-7可以看出，将四个因素按敏感系数的绝对值排列，其顺序依次是单价、单位变动成本、销售量、固定成本。也就是说，影响利润最大的因素是单价，然后是单位变动成本、销售量和固定成本。上述各因素敏感系数的排序是在例题所设定的条件下得到的，如果条件发生变化，各因素敏感系数的排序也可能发生变化。

（二）目标利润要求变化时允许各因素的升降幅度

当目标利润有所变化时，只有通过调整各因素现有水平才能达到目标利润变动的要求。因此，对各因素允许升降幅度的分析，实质上是各因素对利润影响程度分析的反向推算，在计算上表现为敏感系数的倒数。

第三节 标准成本控制与分析

一、标准成本控制与分析的相关概念

（一）标准成本及其分类

标准成本是指通过调查分析、运用技术测定等方法制定的，在有效经营条件下所能达到的目标成本。标准成本主要用来控制成本开支，衡量实际工作效率。企业在确定标准成本时，可以根据自身的技术条件和经营水平，在以下类型中进行选择。

一是理想标准成本，这是一种理论标准，它是指在现有条件下所能达到的最优成本水平，即在生产过程无浪费、机器无故障、人员无闲置、产品无废品等假设条件下制定的成本标准。

二是正常标准成本，是指在正常情况下，企业经过努力可以达到的成本标准，这一标准考虑了生产过程中不可避免的损失、故障、偏差等。

通常来说，理想标准成本小于正常标准成本。由于理想标准成本要求异常严格，一般很难达到，而正常标准成本具有客观性、现实性、激励性等特点，所以，正常标准成本在实践中得到广泛应用。

（二）标准成本控制与分析

标准成本控制与分析，又称标准成本管理，是以标准成本为基础，将实际成本与标准成本进行对比，揭示成本差异形成的原因和责任，进而采取措施，对成本进行有效控制

的管理方法。它以标准成本的确定作为起点，通过差异的计算、分析等得出结论性报告，然后据此采取有效措施，巩固成绩或克服不足。标准成本控制与分析流程如图7-3所示。

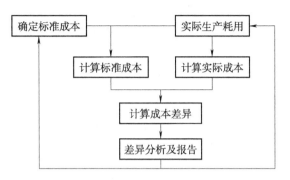

图7-3 标准成本控制与分析流程图

二、标准成本的制定

标准成本包括用量标准和价格标准两部分。

用量标准的潜在来源主要有历史经验、工艺研究及生产操作人员的意见。虽然历史经验能够为制定标准提供依据，但由于工序常常不能高效地运行，若采用依据历史数据得出的投入产出关系，很可能导致低效状况长期持续下去；工艺上的标准往往过于严格，操作人员很可能无法达到，仅能作为参考；操作人员负有达到标准的责任，理应在制定标准的过程中扮演重要角色。

制定价格标准是生产、采购、人事和会计部门的共同责任。生产部门确定对投入原材料的质量需求；采购部门有责任以最低的价格购买符合质量要求的原材料；人事部门必须考虑采购人员的薪酬和胜任资格等；会计部门负责记录价格标准并编制报告，以便将实际业绩与标准进行比较。

产品成本由直接材料、直接人工和制造费用三个项目组成。无论是确定哪一个项目的标准成本，都需要分别确定其用量标准和价格标准，两者的乘积就是每一成本项目的标准成本，将各项目的标准成本汇总，即得到单位产品的标准成本，其计算公式为：

$$\text{单位产品的标准成本} = \text{直接材料标准成本} + \text{直接人工标准成本} + \text{制造费用标准成本}$$
$$= \sum (\text{用量标准} \times \text{价格标准}) \tag{7-29}$$

（一）直接材料标准成本的制定

直接材料的标准成本，是由材料的用量标准和价格标准来确定的。材料的用量标准是指在现有生产技术条件下，生产单位产品所需的材料数量。它包括构成产品实体的材料和有助于产品形成的材料，以及生产过程中必要的损耗和难以避免的损失所起用的材料。材料的用量标准一般应根据科学的统计调查，以技术分析为基础计算确定。

材料的价格标准通常采用企业编制的计划价格，它通常是以订货合同的价格为基础，并考虑到未来物价、供求等各种变动因素后按材料种类分别计算的。一般由财务部门、采购部门等共同制定。

在制定直接材料标准成本时,其基本程序是:首先,区分直接材料的种类;其次,逐一确定它们在单位产品中的标准用量和标准价格;再次,按照种类分别计算各种直接材料的标准成本;最后,汇总得出直接材料标准成本,其计算公式为:

$$直接材料标准成本 = \sum(材料用量标准 \times 材料价格标准) \qquad (7\text{-}30)$$

【例7-8】 假定某企业A产品耗用甲、乙、丙三种直接材料,其直接材料标准成本的计算如表7-2所示。

表7-2　A产品直接材料标准成本

项目	标准		
	甲材料	乙材料	丙材料
价格标准①	45元/千克	15元/千克	30元/千克
用量标准②	3千克/件	6千克/件	9千克/件
标准成本③	135元/件	90元/件	270元/件
单位产品直接材料标准成本④=∑③	495元		

(二) 直接人工标准成本的制定

直接人工的标准成本,是由直接人工用量和直接人工的价格两项标准决定的。人工用量标准,即工时用量标准,它是指在现有的生产技术条件下,生产单位产品所起用的必要的工作时间,包括对产品直接加工工时、必要的间歇或停工工时,以及不可避免的废次品所耗用的工时等。一般由生产技术部门、劳动工资部门等运用特定的技术测定方法和分析统计资料后确定。

直接人工的价格标准就是标准工资率,它通常由劳动工资部门根据用工情况制定。当采用计时工资时,标准工资率就是小时标准工资率,是由标准工资总额与标准总工时的商来确定的,即:

$$标准工资率 = \frac{标准工资总额}{标准总工时} \qquad (7\text{-}31)$$

因此,直接人工标准成本 = 工时用量标准 × 标准工资率。

【例7-9】 沿用例7-8中的资料,A产品直接人工标准成本计算如表7-3所示。

表7-3　A产品直接人工标准成本

项目	标准
月标准总工时①	15 600小时
月标准总工资②	168 480元
标准工资率③=②/①	10.8元/小时
单位产品工时用量标准④	1.5小时/件
直接人工标准成本⑤=④×③	16.2元/件

(三) 制造费用标准成本

制造费用的标准成本,是由制造费用用量标准和制造费用价格标准两项因素决定的。制造费用的用量标准,即工时用量标准,其含义与直接人工用量标准相同。制造费用价格标准,即制造费用的分配率标准,其计算公式为:

$$标准制造费用分配率 = \frac{标准制造费用总额}{标准总工时} \qquad (7-32)$$

因此,制造费用标准成本 = 工时用量标准 × 标准制造费用分配率。

成本按其性态分为变动成本和固定成本。变动成本随着产量的变动而变动;固定成本相对固定,不随产量波动。所以,制定费用标准时,也应分别制定变动制造费用和固定制造费用的成本标准。

【例7-10】 沿用例7-8中的资料,A产品制造费用的标准成本计算如表7-4所示。

表7-4 A产品制造费用标准成本

项 目		标 准
工时	月标准总工时①	15 600 小时
	单位产品工时标准②	1.5 小时/件
变动制造费用	标准变动制造费用总额③	56 160 元
	标准变动制造费用分配率④ = ③/①	3.6 元/小时
	变动制造费用标准成本⑤ = ②×④	5.4 元/件
固定制造费用	标准固定制造费用总额⑥	187 200 元
	标准固定制造费用分配率⑦ = ⑥/①	12 元/小时
	固定制造费用标准成本⑧ = ②×⑦	18 元/件
单位产品制造费用标准成本⑨ = ⑤+⑧		23.4 元

三、成本差异的计算及分析

成本差异是指一定时期生产一定数量的产品所发生的实际成本与相关的标准成本之间的差额。凡实际成本大于标准成本的称为超支差异;凡实际成本小于标准成本的称为节约差异。

从标准成本的制定过程可以看出,任何一项费用的标准成本都是由用量标准和价格标准两个因素决定的。因此,差异分析就应该从这两个方面进行,其计算公式为:

$$\begin{aligned}
总差异 &= 实际产量下实际成本 - 实际产量下标准成本 \\
&= 实际用量 \times 实际价格 - 实际产量下标准用量 \times 标准价格 \\
&= (实际用量 - 实际产量下标准用量) \times 标准价格 \\
&\quad + 实际用量 \times (实际价格 - 标准价格) \\
&= 用量差异 + 价格差异
\end{aligned} \qquad (7-33)$$

其中: 用量差异 = 标准价格 × (实际用量 - 实际产量下标准用量)

价格差异 =（实际价格 - 标准价格）× 实际用量

（一）直接材料成本差异的计算分析

直接材料成本差异，是指直接材料的实际总成本与实际产量下标准总成本之间的差异。它可进一步分解为直接材料用量差异和直接材料价格差异两部分，有关计算公式如下：

直接材料成本差异 = 实际产量下实际成本 - 实际产量下标准成本
　　　　　　　　 = 实际用量 × 实际价格 - 实际产量下标准用量 × 标准价格
　　　　　　　　 = 直接材料用量差异 + 直接材料价格差异　　　　　　(7-34)

直接材料用量差异 =（实际用量 - 实际产量下标准用量）× 标准价格　(7-35)

直接材料价格差异 = 实际用量 ×（实际价格 - 标准价格）　　　　　　(7-36)

直接材料的用量差异形成的原因是多方面的，有生产部门原因，也有非生产部门原因。如产品设计结构、原料质量、工人的技术熟练程度、废品率的高低等都会导致材料用量的差异。材料用量差异的责任需要通过具体分析才能确定，但主要往往应由生产部门承担。

材料价格差异的形成受各种主客观因素的影响，较为复杂，如市场价格、供货厂商、运输方式、采购批量等的变动，都可以导致材料的价格差异。但由于它与采购部门的关系更为密切，所以其差异应主要由采购部门承担责任。

【例7-11】 沿用例7-8中的资料，A产品甲材料的标准价格为45元/千克，用量标准为3千克/件。假定企业本月投产A产品8 000件，领用甲材料32 000千克，其实际价格为40元/千克。其直接材料成本差异计算如下：

直接材料成本差异 = 32 000 × 40 - 8 000 × 3 × 45 = 200 000（元）（超支）

其中：材料用量差异 =（32 000 - 8 000 × 3）× 45 = 360 000（元）（超支）

材料价格差异 = 32 000 ×（40 - 45）= - 160 000（元）（节约）

通过以上计算可以看出，A产品本月耗用甲材料发生200 000元超支差异。由于生产部门耗用材料超过标准，导致超支360 000元，应该查明材料用量超标的具体原因，以便改进工作，节约材料。从材料价格而言，由于材料价格降低节约了160 000元，从而抵销了一部分由于材料超标耗用而形成的成本超支。这是材料采购部门的工作成绩，也应查明原因，巩固和发扬成绩。

（二）直接人工成本差异的计算分析

直接人工成本差异，是指直接人工的实际总成本与实际产量下标准总成本之间的差异。它可分为直接人工工资率差异和直接人工效率差异两部分，其有关计算公式如下：

直接人工成本差异 = 实际总成本 - 实际产量下标准成本
　　　　　　　　 = 实际工时 × 实际工资率 - 实际产量下标准工时 × 标准工资率
　　　　　　　　 = 直接人工效率差异 + 直接人工工资率差异　　　　(7-37)

直接人工效率差异 =（实际工时 - 实际产量下标准工时）× 标准工资率　(7-38)

直接人工工资率差异 = 实际工时 ×（实际工资率 − 标准工资率）　　　（7-39）

直接人工效率差异是用量差异，其形成原因也是多方面的，工人技术状况、工作环境和设备条件的好坏等，都会影响效率的高低，但其主要责任还是在生产部门。

工资率差异是价格差异，其形成原因比较复杂，工资制度的变动、工人的升降级、加班或临时工的增减等都将导致工资率差异。一般地，这种差异的责任不在生产部门，劳动人事部门更应对其承担责任。

【例7-12】 沿用例7-8中的资料，A产品标准工资率为10.8元/小时，工时标准为1.5小时/件，工资标准为16.2元/件。假定企业本月实际生产A产品8 000件，用工10 000小时，实际应付直接人工工资110 000元。其直接人工差异计算如下：

直接人工成本差异 = 110 000 − 8 000 × 16.2 = −19 600（元）（节约）

其中：直接人工效率差异 =（10 000 − 8 000 × 1.5）× 10.8 = −21 600（元）（节约）

直接人工工资率差异 =（110 000/10 000 − 10.8）× 10 000 = 2 000（元）（超支）

通过以上计算可以看出，该产品的直接人工成本总体上节约了19 600元。其中，人工效率差异节约21 600元，但工资率差异超支2 000元。工资率超过标准，可能是为了提高产品质量，调用了一部分技术等级和工资级别较高的工人，使小时工资率增加了0.2（= 110 000/10 000 − 10.8）元。但也因此在提高产品质量的同时，提高了效率，使工时的耗用由标准的12 000（= 8 000 × 1.5）小时降低为10 000小时，节约工时2 000小时，从而导致了最终的成本节约。可见生产部门在生产组织上的成绩是值得肯定的。

（三）变动制造费用成本差异的计算和分析

变动制造费用成本差异是指实际发生的变动制造费用总额与实际产量下标准变动费用总额之间的差异。它可以分解为耗费差异和效率差异两部分，其计算公式为：

变动制造费用成本差异 = 实际总变动制造费用 − 实际产量下标准变动制造费用
= 实际工时 × 实际变动制造费用分配率
　− 实际产量下标准工时 × 标准变动制造费用分配率
= 变动制造费用效率差异 + 变动制造费用耗费差异　　（7-40）

变动制造费用效率差异 =（实际工时 − 实际产量下标准工时）× 变动制造费用标准分配率
　　　　　　　　　　　　　　　　　　　　　　　　　　　　　　　　　　（7-41）

变动制造费用耗费差异 = 实际工时 ×（变动制造费用实际分配率　　（7-42）
　　　　　　　　　　　　　− 变动制造费用标准分配率）

其中，效率差异是用量差异，耗费差异属于价格差异。变动制造费用效率差异的形成原因与直接人工效率差异的形成原因基本相同。

【例7-13】 沿用例7-8中的资料，A产品标准变动制造费用分配率为3.6元/小时，工时标准为1.5小时/件。假定企业本月实际生产A产品8 000件，用工10 000小时，实际发生变动制造费用40 000元。其变动制造费用成本差异计算如下：

变动制造费用成本差异 = 40 000 − 8 000 × 1.5 × 3.6 = −3 200（元）（节约）
其中：变动制造费用效率差异 = (10 000 − 8 000 × 1.5) × 3.6 = −7 200（元）（节约）
变动制造费用耗费差异 = (40 000/10 000 − 3.6) × 10 000 = 4 000（元）（超支）

通过以上计算可以看出，A 产品变动制造费用节约 3 200 元，这是由于提高效率，工时由 12 000 小时（8 000 × 1.5）降为 10 000 小时的结果。由于费用分配率由 3.6 元提高到 4 元（40 000/10 000），使变动制造费用发生超支，从而抵销了一部分变动制造费用的节约额。应该查明费用分配率提高的具体原因。

（四）固定制造费用成本差异的计算分析

固定制造费用成本差异是指实际发生的固定制造费用与实际产量下标准固定制造费用的差异，其计算公式为：

$$
\begin{aligned}
\text{固定制造费用成本差异} &= \text{实际产量下实际固定制造费用} \\
&\quad - \text{实际产量下标准固定性制造费用} \\
&= \text{实际工时} \times \text{实际费用分配率} \\
&\quad - \text{实际产量下标准工时} \times \text{标准费用分配率}
\end{aligned} \tag{7-43}
$$

式中，标准费用分配率 = 固定性制造费用预算总额/预算产量下标准总工时。

由于固定制造费用相对固定，实际产量与预算产量的差异会对单位产品所应承担的固定制造费用产生影响，所以，固定制造费用成本差异的分析有其特殊性，分为两差异分析法和三差异分析法。

1. 两差异分析法

两差异分析法是指将总差异分为耗费差异和能量差异两部分。其中，耗费差异是指固定制造费用的实际金额与固定制造费用预算金额之间的差额；而能量差异则是指固定制造费用预算金额与固定制造费用标准成本的差额，其计算公式为：

$$
\begin{aligned}
\text{耗费差异} &= \text{实际固定制造费用} - \text{预算产量下标准固定制造费用} \\
&= \text{实际固定制造费用} - \text{工时标准} \times \text{预算产量} \times \text{标准分配率} \\
&= \text{实际固定制造费用} - \text{预算产量下标准工时} \times \text{标准分配率}
\end{aligned} \tag{7-44}
$$

$$
\begin{aligned}
\text{能量差异} &= \text{预算产量下标准固定制造费用} - \text{实际产量下标准固定制造费用} \\
&= \text{预算产量下标准工时} \times \text{标准分配率} \\
&\quad - \text{实际产量下标准工时} \times \text{标准分配率} \\
&= (\text{预算产量下标准工时} - \text{实际产量下标准工时}) \times \text{标准分配率}
\end{aligned} \tag{7-45}
$$

【例 7-14】 沿用例 7-8 中的资料，A 产品固定制造费用标准分配率为 12 元/小时，工时标准为 1.5 小时/件。假定企业 A 产品预算产量为 10 400 件，实际生产 A 产品 8 000 件，用工 10 000 小时，实际发生固定制造费用 190 000 元。其固定制造费用的成本差异计算如下：

固定制造费用成本差异 = 190 000 − 8 000 × 1.5 × 12 = 46 000（元）（超支）
其中：耗费差异 = 190 000 − 10 400 × 1.5 × 12 = 2 800（元）（超支）

能量差异＝(10 400×1.5－8 000×1.5)×12＝43 200（元）（超支）

通过以上计算可以看出，该企业 A 产品固定制造费用超支 46 000 元，主要是由于生产能力不足，实际产量小于预算产量。

2. 三差异分析法

三差异分析法是将两差异分析法下的能量差异进一步分解为产量差异和效率差异，即将固定制造费用成本差异分为耗费差异、产量差异和效率差异三个部分。其中耗费差异的概念和计算与两差异法下一致，相关计算公式为：

$$\text{耗费差异} = \text{实际固定制造费用} - \text{预算产量下标准固定制造费用}$$
$$= \text{实际固定制造费用} - \text{预算产量} \times \text{工时标准} \times \text{标准分配率} \quad (7\text{-}46)$$
$$= \text{实际固定制造费用} - \text{预算产量下标准工时} \times \text{标准分配率}$$

产量差异＝(预算产量下标准工时－实际产量下实际工时)×标准分配率效率差异

效率差异＝(实际产量下实际工时－实际产量下标准工时)×标准分配率 (7-47)

【例7-15】 沿用例7-14中的资料，计算其固定制造费用的成本差异如下：
固定制造费用成本差异＝190 000－8 000×1.5×12＝46 000（元）（超支）
其中：耗费差异＝190 000－10 400×1.5×12＝2 800（元）（超支）
产量差异＝(10 400×1.5－10 000)×12＝67 200（元）（超支）
效率差异＝(10 000－8 000×1.5)×12＝－24 000（元）（节约）

通过上述计算可以看出，采用三差异分析法，能够更好地说明生产能力利用程度和生产效率高低所导致的成本差异情况，便于分清责任。

（五）分析结果的反馈

标准成本差异分析是企业规划与控制的重要手段。通过差异分析，企业管理人员可以进一步揭示实际执行结果与标准不同的深层次原因。差异分析的结果，可以更好地凸显实际生产经营活动中存在的不足或在必要时修改成本标准，这对企业成本的持续降低、责任的明确划分及经营效率的提高具有十分重要的意义。

第四节 作业成本与责任成本

一、作业成本管理

作业成本计算法，最开始是作为一种产品成本的计算方法，对传统成本计算方法进行改进，主要表现在采用多重分配标准分配制造费用的变革上。随着成本计算方法的完善，开始兼顾对制造费用和销售费用的分析，以及对价值链成本的分析，并将成本分析的结果应用到战略管理中，从而形成了作业成本管理。

（一）作业成本计算法的相关概念

作业成本计算法不仅是一种成本计算方法，更是成本计算与成本管理的有机结合。

它认为，企业是一个为最终满足顾客需要而设计的"一系列作业"的有序集合体，也就是一个作业链。在这个作业链上，存在着"资源—作业—成本对象"的联结关系，即"作业耗用资源，产品耗用作业"。企业每完成一项作业活动，就有一定的资源被消耗，同时通过一定量的产出转移到下一作业，如此逐一进行，直至最终形成产品。因此，作业成本计算法基于资源耗用的因果关系进行成本分配：根据作业活动耗用资源的情况，将资源耗费分配给作业；再依照成本对象消耗作业的情况，把作业成本分配给成本对象。

在作业成本法下，对于直接费用的确认和分配与传统的成本计算方法一样，而间接费用的分配对象不再是产品，而是作业活动。成本分配时，首先根据作业中心的资源耗费情况，将资源耗费的成本（间接费用）分配到作业中心去，然后再将分配到作业中心的成本，依据作业活动的数量分配到各产品上去。

作业成本法较好地克服了传统成本方法中间接费用责任划分不清的缺点，使以往一些不可控的间接费用变为可控，这样可以更好地发挥决策、计划和控制的作用，以促进作业管理和成本控制水平的不断提高。要正确理解作业成本计算法，需要明确以下几个概念。

1. 资源

资源是企业生产耗费的原始形态，是成本产生的源泉。企业作业活动系统所涉及的人力、物力、财力都属于资源。

2. 作业

作业是指在一个组织内为了某一目的而进行的耗费资源动作，它是作业成本计算系统中最小的成本归集单元。作业贯串产品生产经营的全过程，从产品设计、原料采购、生产加工，直至产品的发运销售。在这一过程中，每个环节、每道工序都可以视为一项作业。

作业按其层次分类，可以分为单位作业、批次作业、产品作业和支持作业。其中，单位作业是指使单位产品受益的作业，作业的成本与产品的数量成正比，如加工零件、对每件产品进行的检验等。批次作业是指使一批产品受益的作业，作业的成本与产品的批次数量成正比，如设备调试、生产准备等作业活动。产品作业是指使某种产品的每个单位都受益的作业，如产品工艺设计作业等。支持作业是指为维持企业正常生产，而使所有产品都受益的作业，作业的成本与产品数量无相关关系，如厂房维修、管理作业等。通常认为单位作业、批次作业、产品作业以外的所有作业均是支持作业。

3. 成本动因

成本动因又称成本驱动因素，是指导致成本发生的因素，即成本的诱因。成本动因通常以作业活动耗费的资源来进行度量，如质量检查次数、用电度数等。在作业成本法下，成本动因是成本分配的依据。成本动因又可以分为资源动因和作业动因。

资源动因是引起作业成本变动的驱动因素，反映作业量与耗费之间的因果关系。资源动因被用来计量各项作业对资源的耗用，根据资源动因可以将资源成本分配给各有关作业。按照作业成本计算法，作业量的多少决定资源的起用量，但资源耗用量的高低与最终的产品数量没有直接关系。

作业动因是引起产品成本变动的驱动因素,反映产品产量与作业成本之间的因果关系。作业动因计量各种产品对作业耗用的情况,并被用来作为作业成本的分配基础,是沟通资源消耗与最终产出的中介。例如,材料搬运作业的衡量标准是搬运的零件数量,生产调度作业的衡量标准是生产订单数量,加工作业的衡量标准是直接人工工时,自动化设备作业的衡量标准是机器作业小时数等。

4. 作业中心

作业中心又称成本库,是指构成一个业务过程的相互联系的作业集合,用来汇集业务过程及其产出的成本。换言之,按照统一的作业动因,将各种资源耗费项目归结在一起,便形成了作业中心。作业中心有助于企业更明晰地分析一组相关的作业,以便进行作业管理及企业组织机构和责任中心的设计与考核。

(二) 作业成本计算法与传统成本计算法的比较

如图7-4所示,作业成本计算法与传统成本计算法下,直接材料成本与直接人工成本都可以直接归集到成本对象,两者的区别集中在对间接费用的分配上,主要是制造费用的分配。在传统成本计算法下,制造费用以直接人工工时或机器工时为分配依据,当企业生产多样性明显时,生产量小、技术要求高的产品成本分配偏低,而生产量大、技术要求低的产品成本分配偏高。在作业成本计算法下,首先确认发生制造费用的一个或多个作业环节,如维修机器作业、搬运作业、质量检验作业等;然后根据作业量的大小,将制造费用成本分配到各作业中;最后依据相应的成本动因,如维修工时、搬运数量、检查次数等将各作业中心的成本分配到成本对象。采用作业成本计算法,制造费用按照成本动因直接分配,避免了传统成本计算法下的成本扭曲。

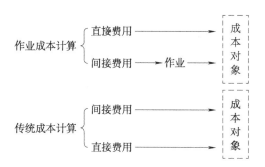

图7-4 作业成本计算法与传统成本计算法

(三) 作业成本计算法的成本计算

根据作业成本计算法"作业耗用资源,产品耗用作业"的基本指导思想,产品成本计算过程可以分为两个阶段:第一阶段,识别作业,根据作业消耗资源的方式,将作业执行中耗费的资源分派(追溯和间接分配)到作业,计算作业的成本。第二阶段,根据产品所消耗的成本动因,将第一阶段计算的作业成本分派(追溯和间接分配)到各有关成本对象。

传统的成本计算方法也是分两步进行,但成本中心是按部门建立的。第一步除了把直接成本追溯到产品以外，还要把不同性质的各种费用按照部门归集在一起；第二步是以产量为基础，将间接费用分配到各产品。在传统成本计算法下，间接成本的分配路径是"资源—部门—产品"。在作业成本计算法下，成本计算的第一阶段除了把直接成本追溯到产品以外，还要将各项间接费用分配到各有关作业，并把作业看成按照产品生产需求重新组合的"资源"；第二阶段按照作业消耗与产品之间不同的因果关系，将作业成本分配到产品。因此，作业成本法下间接成本的分配路径是"资源—作业—产品"。

作业成本计算法的具体步骤如下。

1. 设立资源库，并归集资源库价值

企业在生产产品或提供劳务过程中会消耗各种资源，如货币资金、原材料、人力、动力、厂房设备等。企业首先应为各类资源设置相应的资源库，并对一定期间内耗费的各种资源价值进行计量，将计量结果归入各资源库中。

2. 确认主要作业，并设立相应的作业中心

在进行作业确认时，理论上要求将有关费用划分得越细越好，但基于成本效益的考虑，一般按重要性和同质性的要求进行作业划分，纳入同一个作业组。纳入同一个作业组的作业应具备两个条件：一是属于同一类作业，二是对于不同产品来说，有着大致相同的消耗比率。例如，"材料搬运"是一项作业，也可以作为一个作业中心，所有与材料搬运相关的费用都归属到"材料搬运"这一作业中心。

3. 确定资源动因，并将各资源库汇集的价值分派到各作业中心

资源动因是把资源库价值分派到各作业中心的依据。首先，企业应根据不同的资源，选择合适的资源动因。如电力资源可以选择"消耗的电力度数"作为资源动因。然后，根据各项作业所消耗的资源动因数，将各资源库的价值分配到各作业中心。例如，"产品质量检验"作业消耗了 1 000 千瓦时电，而每千瓦时电的成本为 0.55 元。那么"产品质量检验"作业中所含的"电力成本"为 550 元。当然，该项作业还会消耗其他资源，将该作业所消耗的所有资源的价值，按照相应的资源动因，分别分配到该作业中心，汇总后就会得到该作业的作业成本。如果某项作业所消耗的资源具有专属性，那么该作业所消耗的资源部分的价值可直接计入该作业的作业中心。例如，"产品质量检验"作业中检验人员的工资、专用设备的折旧费等成本，一般可以直接归属检验作业。

4. 选择作业动因，并确定各作业成本的成本动因分配率

影响企业成本的因素有很多，但并非所有这些因素都要被确定为成本动因。在每个环节中，成本动因的数量不能太多，也不能太少，必须要选定一个比较适当的成本动因数量，使这些成本动因能充分合理地成为间接资源成本的分配基础。一般来说，成本动因的选择由企业工程技术人员和成本会计师等组成的专门小组讨论确定。选择成本动因时，要确保作业消耗量与成本动因消耗量相关，综合权衡收益与成本，并考虑确认成本动因后的行为结果。

当各作业中心已经建立，成本动因已经选定后，就可以将各作业成本除以成本动因单位数，计算出以成本动因为单位的分配率。作业成本分配率可以分为实际作业成本分配率和预算作业成本分配率两种形式。

(1) 实际作业成本分配率。实际作业成本分配率是根据各作业中心实际发生的成本和作业的实际产出，计算得出的单位作业产出的实际成本，其计算公式为：

$$实际作业成本分配率 = 当期实际发生的作业成本 / 当期实际作业产出 \quad (7\text{-}48)$$

实际作业成本分配率主要用于作业产出比较稳定的企业。其主要优点在于计算的成本是实际成本，无须分配实际成本与预算成本的差异。其主要缺点表现在三个方面：一是作业成本资料只能在会计期末才能取得，不能随时提供进行决策的有关成本信息；二是不同会计期间作业成本不同，作业需求量也不同。因此，计算出的成本分配率时高时低；三是容易忽视作业需求变动对成本的影响，不利于划清造成成本高低的责任归属。

(2) 预算作业成本分配率。预算作业成本分配率根据预算年度预计的作业成本和预计作业产出计算，其计算公式为：

$$预算作业成本分配率 = 预计作业成本 / 预计作业产出 \quad (7\text{-}49)$$

预算作业成本分配率可以克服实际作业成本分配率的缺点，能够随时提供决策所需的成本信息，可以避免因作业成本变动和作业需求不足而引起的产品成本波动，并且有利于及时查清成本升高的原因。

5. 计算作业成本和产品成本

根据每种产品所起用的成本动因单位数和该作业分配率，可以计算该产品应负担的作业成本和单位成本。

首先计算耗用的作业成本，其计算公式为：

$$某产品耗用的作业成本 = \sum (该产品耗用的作业量 \times 实际作业成本分配率) \quad (7\text{-}50)$$

然后计算当期发生成本，即产品成本。直接材料成本、直接人工成本和各项作业成本共同构成某产品当期发生的总成本，其计算公式为：

$$某产品当期发生成本 = 当期投入该产品的直接成本 + 当期该产品耗用的各项作业成本 \quad (7\text{-}51)$$

式中，直接成本 = 直接材料成本 + 直接人工成本。

（四）作业成本管理

作业成本管理是以提高客户价值、增加企业利润为目的，基于作业成本法的新型管理方法。它通过对作业及作业成本的确认、计量，最终计算产品成本，同时将成本计算深入作业层次，对企业所有作业活动进行追踪并动态反映。此外，还要进行成本链分析，包括动因分析、作业分析等，从而为企业决策提供准确的信息，指导企业有效地执行必要的作业，消除和精简不能创造价值的作业，以达到降低成本、提高效率的目的。作业成本管理是一种符合战略管理思想要求的现代成本计算和管理模式。它既是精确的成本计算系统，也是改进业绩的工具。作业成本管理的含义包含两个维度：成本分配观和流程观，如图 7-5 所示。

图 7-5 中垂直部分反映了成本分配观，它说明成本对象引起作业需求，而作业需求又引起资源的需求。因此，成本分配是从资源到作业，再从作业到成本对象，而这一流程正是作业成本计算的核心。

图 7-5 中水平部分反映了流程观，它为企业提供引起作业的原因（成本动因）及作

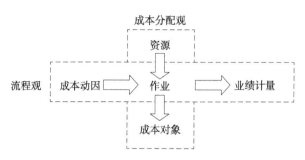

图 7-5 作业成本管理结构图

业完成情况（业绩计量）的信息。流程观关注的是确认作业成本的根源、评价已经完成的工作和已实现的结果。企业利用这些信息，可以改进作业链，提高从外部顾客获得的价值。

流程价值分析关心的是作业的责任，包括成本动因分析、作业分析和业绩考核三个部分。其基本思想是：以作业来识别资源，将作业分为增值作业和非增值作业，并把作业和流程联系起来，确认流程的成本动因，计量流程的业绩，从而促进流程的持续改进。

1. 成本动因分析

要进行作业成本管理，必须找出导致作业成本发生的原因。每项作业都有投入和产出。作业投入是为取得产出而由作业消耗的资源，而作业产出则是一项作业的结果或产品。比如说，原料搬运，搬运到指定地点的材料数量，则是该"搬运"作业的产出量，也可以称为作业动因。然而，产出量指标不一定是作业成本发生的根本原因，必须进一步进行动因分析，找出形成作业成本的根本原因。例如，搬运材料的根本原因，可能是车间布局不合理造成的。一旦得知了根本原因，就可以采取相应的措施改善作业，如改善车间布局，减少搬运成本。

2. 作业分析

作业分析的主要目标是认识企业的作业过程，以便从中发现持续改善的机会及途径。分析和评价作业、改进作业和消除非增值作业构成了流程价值分析与管理的基本内容。按照对顾客价值的贡献，作业可以分为增值作业和非增值作业。改进流程首先需要将每一项作业分为增值作业或非增值作业，明确增值成本和非增值成本，然后再进一步确定如何将非增值成本减至最小。

所谓增值作业，就是那些顾客认为可以增加其购买的产品或服务的有用性，有必要保留在企业中的作业。一项作业必须同时满足下列三个条件才可断定为增值作业：

（1）该作业导致了状态的改变。
（2）该状态的变化不能由其他作业来完成。
（3）该作业使其他作业得以进行。

例如，印刷厂的最后装订工序是先裁边再装订，那么裁边作业使所有纸张整齐划一，从而改变了原来的状态。这种状态之前的印刷或其他作业均不能实现该目的，而且只有在裁边以后，才能进行后续的装订作业。裁边作业符合上述全部条件，因此，为增值作业。增值作业又可分为高效作业和低效作业。增值成本即是那些以完美效率执行增值作业所发生的成本，或者说，是高效增值作业产生的成本。而那些增值作业中因为低效率所发生的成本则属于非增值成本。

非增值作业，是指即便消除也不会影响产品对顾客服务的潜能，不必要的或可消除的作业。如果一项作业不能同时满足增值作业的三个条件，就可断定其为非增值作业。例如，检验作业，只能说明产品是否符合标准，而不能改变其形态，不符合第一个条件；次品返工作业是重复作业，在其之前的加工作业本就应提供符合标准的产品。因此，也属于非增值作业。执行非增值作业发生的成本全部是非增值成本。持续改进和流程再造的目标就是寻找非增值作业，将非增值成本降至最低。

在区分了增值成本与非增值成本之后，企业要尽量消除或减少非增值成本，最大化利用增值作业，以减少不必要的耗费，提升经营效率。作业成本管理中进行成本节约的途径，主要有以下 4 种形式。

（1）作业消除。作业消除是指消除非增值作业或不必要的作业，降低非增值成本。例如，将原材料从集中保管的仓库搬运到生产部门，将某部门生产的零件搬运到下一个生产部门是非增值作业。如果条件许可，将原料供应商的交货方式改变为直接送达原料使用部门，将功能性的工厂布局转变为单元制造式布局，就可以缩短运输距离，削减甚至消除非增值作业。

（2）作业选择。作业选择是指对所有能够达到同样目的的不同作业，选取其中最佳的方案。不同的策略经常产生不同的作业，如不同的产品销售策略会产生不同的销售作业，而作业引发成本。因此，不同的产品销售策略引发不同的作业成本。在其他条件不变的情况下，选择作业成本最低的销售策略，可以降低成本。

（3）作业减少。作业减少是指以不断改进的方式降低作业消耗的资源或时间。如减少整备次数，就可以改善整备作业及其成本。

（4）作业共享。作业共享是指利用规模经济来提高增值作业的效率。如新产品在设计时，如果考虑到充分利用现有其他产品使用的零件，就可以免除新产品零件的设计作业，从而降低新产品的生产成本。

作业分析是流程价值分析的核心。通过对作业的分析研究，进而采取措施，消除非增值作业，改善低效作业，优化作业链，对于削减成本、提高效益具有非常重要的意义。

3. 作业业绩考核

实施作业成本管理，其目的在于找出并消除所有非增值作业，提高增值作业的效率，削减非增值成本。当利用作业成本计算系统识别出流程中的非增值作业及其成本动因后，就为业绩改善指明了方向。若要评价作业和流程的执行情况，必须建立业绩指标，可以是财务指标，也可以是非财务指标，以此来评价是否改善了流程。财务指标主要集中在增值成本和非增值成本上，可以提供增值与非增值报告，以及作业成本趋势报告。而非财务指标主要体现在效率、质量和时间三个方面，如投入产出比、次品率、生产周期等。

二、责任成本管理

(一) 责任成本管理的含义

责任成本管理,是指将企业内部划分成不同的责任中心,明确责任成本,并根据各责任中心的权、责、利关系来考核其工作业绩的一种成本管理模式。其中,责任中心又叫责任单位,是指企业内部具有一定权力并承担相应工作责任的部门或管理层次。责任成本管理的流程如图7-6所示。

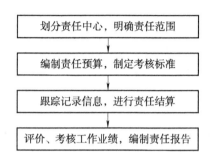

图7-6 责任成本管理流程图

(二) 责任中心及其考核

按照企业内部责任中心的权责范围及业务活动的不同特点,责任中心一般可以划分为成本中心、利润中心和投资中心三类。每一类责任中心均对应着不同的决策权力及不同的业绩评价指标。

1. 成本中心

成本中心是指有权发生并控制成本的单位。成本中心一般不会产生收入,通常只计量考核发生的成本。成本中心是责任中心中应用最为广泛的一种形式,只要是对成本的发生负有责任的单位或个人都可以成为成本中心。例如,负责生产产品的车间、工段、班组等生产部门或确定费用标准的管理部门等。成本中心具有以下特点。

(1) 成本中心不考核收入,只考核成本。在一般情况下,成本中心不能形成真正意义上的收入,故只需衡量投入,而不衡量产出,这是成本中心的首要特点。

(2) 成本中心只对可控成本负责,不负责不可控成本。可控成本是指成本中心可以控制的各种耗费,它应具备三个条件:第一,该成本的发生是成本中心可以预见的;第二,该成本是成本中心可以计量的;第三,该成本是成本中心可以调节和控制的。

凡不符合上述三个条件的成本都是不可控成本。可控成本和不可控成本的划分是相对的。它们与成本中心所处的管理层级别、管理权限与控制范围大小有关。对于一个独立企业而言,几乎所有的成本都是可控的。

(3) 责任成本是成本中心考核和控制的主要内容。成本中心当期发生的所有可控成本之和就是其责任成本。

成本中心考核和控制主要使用的指标包括预算成本节约额和预算成本节约率,其计算公式为:

$$预算成本节约额 = 实际产量预算责任成本 - 实际责任成本 \quad (7-52)$$
$$预算成本节约率 = 预算成本节约额/实际产量预算责任成本 \times 100\% \quad (7-53)$$

【例 7-16】 某企业内部某车间为成本中心，生产甲产品，预算产量 3 500 件，单位成本 150 元，实际产量 4 000 件，单位成本 145.5 元，那么，该成本中心的考核指标计算为：

$$预算成本节约额 = 150 \times 4\,000 - 145.5 \times 4\,000 = 18\,000（元）$$
$$预算成本节约率 = 18\,000/(150 \times 4\,000) \times 100\% = 3\%$$

结果表明，该成本中心的成本节约额为 18 000 元，节约率为 3%。

2. 利润中心

利润中心是指既能控制成本，又能控制收入和利润的责任单位。它不但有成本发生，而且还有收入发生。因此，它要同时对成本、收入及收入成本的差额即利润负责。利润中心有两种形式：一是自然利润中心，它是自然形成的，直接对外提供劳务或销售产品以取得收入的责任中心；二是人为利润中心，它是人为设定的，通过企业内部各责任中心之间使用内部结算价格结算半成品内部销售收入的责任中心。利润中心往往处于企业内部的较高层次，如分店或分厂等。利润中心与成本中心相比，其权利和责任都相对较大，它不仅要降低绝对成本，更要寻求收入的增长使之超过成本的增长，即更要强调相对成本的降低。

在通常情况下，利润中心采用利润作为业绩考核指标，分为边际贡献、可控边际贡献和部门边际贡献。相关计算公式为：

$$边际贡献 = 销售收入总额 - 变动成本总额 \quad (7-54)$$
$$可控边际贡献 = 边际贡献 - 该中心负责人可控固定成本 \quad (7-55)$$
$$部门边际贡献 = 可控边际贡献 - 该中心负责人不可控固定成本 \quad (7-56)$$

其中，边际贡献是将收入减去随生产能力的使用而变化的成本，反映了该利润中心的盈利能力，但它对业绩评价没有太大的作用。

可控边际贡献又称部门经理边际贡献，它衡量了部门经理有效运用其控制下的资源的能力，是评价利润中心管理者业绩的理想指标。但是，该指标有一个很大的局限，即难以区分可控和不可控的与生产能力相关的成本。如果部门经理有权处置固定资产，那么相关的折旧费是可控成本；反之，相关的折旧费用就是不可控成本。可控边际贡献忽略了应追溯但又不可控的生产能力成本，不能全面反映该利润中心对整个公司所做的经济贡献。

部门边际贡献又称部门毛利，它扣除了利润中心管理者不可控的间接成本，这是因为，对于公司最高层来说，所有成本都是可控的。部门边际贡献反映了部门为企业利润和弥补与生产能力有关的成本所做的贡献，它更多地用于评价部门业绩而不是利润中心管理者的业绩。

3. 投资中心

投资中心是指既能控制成本、收入和利润，又能对投入的资金进行控制的责任中心，如事业部、子公司等。其经理所拥有的自主权不仅包括制定价格、确定产品和生产方法等短期经营决策权，而且还包括投资规模和投资类型等投资决策权。投资中心是最高层次的责任中心，它拥有最大的决策权，也承担最大的责任。利润中心和投资中心的区别在于，利润中心没有投资决策权，而且在考核利润时也不考虑所占用的资产。

对投资中心的业绩进行评价时，不仅要使用利润指标，还需要计算、分析利润与投资的关系，主要有投资收益率和剩余收益等指标。

（1）投资收益率。投资收益率是投资中心获得的利润与投资额的比率，其计算公式为：

$$投资收益率 = 息税前利润 / 平均经营资产 \tag{7-57}$$

$$平均经营资产 = (期初经营资产 + 期末经营资产) / 2 \tag{7-58}$$

其中，息税前利润是指扣减利息和所得税之前的利润。由于利润是整个期间内实现并累积形成的，属于期间指标，而经营资产属于时点指标，故取其平均值。

投资收益率主要说明了投资中心运用公司的每单位资产对公司整体利润贡献的大小。它根据现有的会计资料计算，比较客观，可用于部门之间，以及不同行业之间的比较。因此，不仅可以促使经理人员关注经营资产运用效率，而且，尤为重要的是，它有利于资产存量的调节，优化资源配置。然而，过于关注投资利润率也会引起短期行为的产生，追求局部利益最大化而损害整体利益最大化目标，导致经理人员为眼前利益而牺牲长远利益。

（2）剩余收益。剩余收益是指投资中心的经营收益扣减经营资产按要求的最低投资收益率计算的收益额之后的余额，其计算公式为：

$$剩余收益 = 息税前利润 - (平均经营资产 \times 最低投资收益率) \tag{7-59}$$

式（7-59）中的最低投资收益率是根据资本成本来确定的，一般等于或大于资本成本，通常可以采用企业整体的最低预期投资收益率，也可以是企业为该投资中心单独规定的最低投资收益率。

剩余收益指标弥补了投资收益率指标会使局部利益与整体利益相冲突这一不足之处，但由于其是一个绝对指标，故而难以在不同规模的投资中心之间进行业绩比较。另外，剩余收益同样仅反映当期业绩，单纯使用这一指标也会导致投资中心管理者的短视行为。

（三）内部转移价格的制定

内部转移价格是指企业内部有关责任单位之间提供产品或劳务的结算价格。内部转移价格直接关系到不同责任中心的获利水平，其制定可以有效地防止成本转移引起的责任中心之间的责任转嫁，使每个责任中心都能够作为单独的组织单位进行业绩评价，并且可以作为一种价格信号引导下级采取正确决策，保证局部利益和整体利益的一致。

内部转移价格的制定，可以参照以下几种类型。

（1）市场价格，以产品或劳务的现行市场价格作为计价基础。市场价格具有客观真实的特点，能够同时满足分部和公司的整体利益，但是它要求产品或劳务有完全竞争的外部市场，以取得市价依据。

（2）协商价格，即内部责任中心之间以正常的市场价格为基础，并建立定期协商机制，共同确定双方都能接受的价格作为计价标准。采用该价格的前提是中间产品存在非完全竞争的外部市场，在该市场内双方有权决定是否买卖这种产品。协商价格的上限是市场价格，下限则是单位变动成本。当双方协商陷入僵持时，会导致公司高层的干预。

（3）双重价格，即由内部责任中心的交易双方采用不同的内部转移价格作为计价基础。采用双重价格，买卖双方可以选择不同的市场价格或协商价格，能够较好地满足企业内部交易双方在不同方面的管理需要。

（4）以成本为基础的转移定价。采用以成本为基础的转移定价是指所有的内部交易均以某种形式的成本价格进行结算，它适用于内部转移的产品或劳务没有市价的情况，包括完全成本、完全成本加成、变动成本及变动成本加固定制造费用四种形式。以成本为基础的转移定价方法具有简便、客观的特点，但存在信息和激励方面的问题。比如，采用完全成本作为计价基础，对于中间产品的"买方"有利，而"卖方"得不到任何利润，虽然采用完全成本加成可以解决这个问题，但加成比例的确定又容易产生代理问题。同样，变动成本和变动成本加固定制造费用的计价方法也存在类似的问题。

本章小结

本章学习重点是在理解成本管理的意义、目标和内容的基础上，掌握本量利分析的计算公式与经营决策的运用。在此过程中标准成本的概念、制定与差异计算分析的知识点非常重要，并在实践中熟悉作业成本和责任成本相关知识点，从企业生产经营的每个环节找到控制降低成本实现企业经济目的有效途径。

练习题

一、简答题

1. 简述成本管理的目标和内容。
2. 简述本量利分析的基本假设。
3. 简述标准成本的概念与分类。
4. 简述作业成本法的具体步骤。

二、案例题

畅想乐器厂设置 A、B 两个车间，分别生产小提琴和中提琴两种乐器。生产费用都按车间划分，企业管理费按固定比例分配给两个车间。乐器生产车间工人可按任务在车间之间调动。每加工一把小提琴需要 30 小时，中提琴需要 60 小时。一般小提琴生产 1 000 把以下，中提琴生产 600 把以下，销售量没有问题。2018 年该厂有关生产和销售资料如表 7-5 所示。

表7-5 2018年乐器厂生产和销售小提琴与中提琴情况

	小提琴	中提琴	合计
生产和销售量（把）	800	500	
销售收入（元）	600 000	600 000	1 200 000
销售成本（元）			
原材料	280 000	200 000	480 000
工资	72 000	90 000	162 000
其他费用	72 000	150 000	2 222 000
小计	424 000	440 000	864 000
利润（元）	176 000	160 000	336 000
销售利润率（%）	29.33	26.67	28

厂长认为生产小提琴利润比较高，2019年安排小提琴生产100把，中提琴减少100把，B车间调了一部分工人支援A车间，年终有关生产和销售资料如表7-6所示。

表7-6 2019年乐器厂生产和销售小提琴与中提琴情况

	小提琴	中提琴	合计
生产和销售量（把）	900	400	
销售收入（元）	675 000	480 000	1 150 000
销售成本（元）			
原材料	315 000	160 000	474 000
工资	81 000	72 000	153 000
其他费用	78 000	144 000	2 222 000
小计	474 000	376 000	850 000
利润（元）	201 000	104 000	305 000
销售利润率（%）	29.77	21.67	26.41

要求：

（1）对于这一结果，厂长大为吃惊，这两年费用的耗用水平并没有变化，为什么多生产了利润高的小提琴，总利润反而降低了呢？

（2）对于2020年计划如何安排，厂长感到困惑，要求会计科长分析利润下降的原因，帮助制订2020年的生产计划，并预计期利润。

Chapter8 第八章

收入与分配管理

学习目标

1. 了解收入与分配管理的意义、原则和内容。
2. 掌握收入管理的预测方法及影响因素。
3. 掌握企业筹资、投资、营运、利润分配纳税管理。
4. 掌握分配管理的理论、制约因素及支付形式与程序。

导入案例

格力公司股利分配政策

格力电器成立于1911年，1996年11月在深证证券交易所成功上市，目前是全球最大的集研发、生产、销售、服务于一体的专业化空调企业，2018年格力电器实现营业收入1 482.86亿元，同比增长36.92%；归属于上市公司股东净利润224.01亿元，同比增长44.87%。连续19年上榜《财富》杂志"中国上市公司100强"，在中国家电行业具有举足轻重的地位。

格力公司在董事长董明珠的带领下实施并购扩张战略，2015年由委托国美苏宁销售家电的模式转为自营销售家电，在格力公司上市以来累计分红19次，分红总额417亿元，平均分红率达到40.96%。格力电器公司的股价逐年递增。但是2018年年报出来后格力公司决定不分配股利导致股价一度逼近跌停，当时的最新跌幅也有8.6%。公司的股利政策与公司股价密切相关，如何制定合理的股利政策值得我们思考。

资料来源：东方财富网（http://stock.eastmoney.com/a/201907301192381764.html）。有删改。

第一节 收入与分配管理概述

一、收入与分配管理的意义和原则

企业通过经营活动取得收入后，要按照补偿成本、缴纳所得税、提取公积金、向投资者分配利润等顺序进行分配。对于企业来说，收入分配不仅是资产保值、保证简单再生产的手段，同时也是资产增值、实现扩大再生产的工具。通过收入分配还可以满足国家政治职能与经济职能的需要。同时，它也是处理所有者、经营者等各方面利益关系的基本手段。

（一）收入与分配管理的意义

收入与分配管理作为现代企业财务管理的重要内容之一，对于维护企业与各相关利益主体的财务关系、提升企业价值具有重要意义。具体而言，企业收入与分配管理的意义表现在以下三个方面。

1. 收入与分配管理集中体现了企业所有者、经营者与劳动者之间的利益关系

企业所有者是企业权益资金的提供者，按照谁出资、谁受益的原则，其应得的投资收益须通过企业的收益分配来实现，而获得投资收入的多少取决于企业盈利状况及利润分配政策。通过收益分配，投资者能实现预期的收益，提高企业的信誉程度，有利于增强企业未来融通资金的能力。

企业的债权人在向企业投入资金的同时也承担了一定的风险。企业的收入分配中应体现出对债权人利益的充分保护，不能伤害债权人的利益。除了按时支付到期本金、利息外，企业在进行收入的分配时也要考虑债权人未偿付本金的保障程度，否则将在一定程度上削弱企业的偿债能力，从而降低企业的财务弹性。

职工是价值的创造者，是企业收入和利润的源泉。通过薪资的支付及各种福利的提供，可以提高职工的工作热情，为企业创造更多价值。因此，为了正确、合理地处理好企业各方利益相关者的需求，就必须对企业所实现的收入进行合理分配。

2. 收入与分配管理是企业再生产的条件及优化资本结构的重要措施

企业在生产经营过程中所投入的各类资金，随着生产经营活动的进行不断地发生消耗和转移，形成成本费用，最终构成商品价值的一部分。销售收入的取得，为企业成本费用的补偿提供了前提，为企业简单再生产的正常进行创造了条件。通过收入与分配，企业能形成一部分自行安排的资金，可以增强企业生产经营的财力，有利于企业适应市场需要扩大再生产。

留存收益，是企业重要的权益资金来源。留存收益的多少，影响企业积累的多少，从而影响权益与负债的比例，即资本结构。企业价值最大化的目标要求企业的资本结构最优，而收入与分配便成了优化资本结构、降低资本成本的重要措施。

3. 收入与分配管理是国家建设资金的重要来源之一

在企业正常的生产经营活动中，企业不仅为自己创造了价值，还为社会创造了一定的价值，即利润。利润代表企业的新创财富，是企业收入的重要构成部分。除了满足企业自身的生产经营性积累外，通过收入分配，国家税收也能够集中一部分企业利润，由国家有计划地分配使用，实现国家政治职能和经济职能，发展能源、交通和原材料基础工业，为社会经济的发展创造良好条件。

（二）收入与分配管理的原则

1. 依法分配原则

企业的收入分配必须依法进行。为了规范企业的收入分配行为，维护各利益相关者的合法权益，国家颁布了相关法规。这些法规规定了企业收入分配的基本要求、一般程序和重要比例，企业应当认真执行，不得违反。

2. 分配与积累并重原则

企业的收入分配必须坚持积累与分配并重的原则。企业通过经营活动获取收入，既要保证企业简单再生产的持续进行，又要不断积累企业扩大再生产的财力基础。恰当处理分配与积累之间的关系，留存一部分净利润，能够增强企业抵抗风险的能力，同时，也可以提高企业经营的稳定性与安全性。

3. 兼顾各方利益原则

企业的收入分配必须兼顾各方面的利益。企业是经济社会的基本单元，企业的收入分配涉及国家、企业股东、债权人、职工等多方面的利益。正确处理它们之间的关系，协调其矛盾，对企业的生存、发展是至关重要的。企业在进行收入分配时，应当统筹兼顾，维护各利益相关者的合法权益。

4. 投资与收入对等原则

企业进行收入分配应当体现"谁投资谁受益"、收入大小与投资比例相对等的原则。这是正确处理投资者利益关系的关键。企业在向投资者分配收入时，应本着平等一致的原则，按照投资者投资额的比例进行分配，不允许任何一方随意多分多占，以从根本上实现收入分配中的公开、公平和公正，保护投资者的利益。但是，公司章程或协议明确规定出资比例与收入分配比例不一致的除外。

二、收入与分配管理的内容

企业通过销售产品、转让资产、对外投资等活动取得收入，而这些收入的去向主要有两个方面：一是弥补成本费用，即为取得收入而发生的资源耗费；二是形成利润，即收入扣除成本费用后的余额。收入、成本费用和利润三者之间的关系可以简单表述为：

$$收入 - 成本费用 = 利润 \tag{8-1}$$

可以看出，对企业收入的分配，首先是对成本费用进行补偿，然后，对其余额（利润）按照一定的程序进行再分配。对成本费用的补偿随着企业再生产的进行自然完成，成本管理的有关内容已在前面章节做了详细介绍，在此不再赘述。本章主要介绍收入管理和利润分配管理两方面内容。

（一）收入管理

收入是指企业在日常活动中形成的、会导致所有者权益增加的、与所有者投入资本无关的经济利益的总流入，一般包括销售商品收入、提供劳务收入和让渡资产使用权收入等。企业的收入主要来自生产经营活动，企业正常的经营活动主要包括销售商品、提供劳务、让渡本企业资产使用权等。具体表现为：销售商品得到的商品销售收入；提供运输、修理等劳务取得的劳务收入；让渡专利、商标等无形资产使用权而取得的使用费，以及以投资方式供其他企业使用本企业的资产而获得的股利。

销售收入是企业收入的主要构成部分，是企业能够持续经营的基本条件，销售收入的制约因素主要是销量与价格，销售预测分析与销售定价管理构成了收入管理的主要内容。

1. 销售预测分析

销售预测分析实际上是对市场动态与销售情况的预测分析。企业财务部门和销售部门应深入调查研究，把握市场动态和变化趋势，采用科学方法对销售情况和相应的收入进行合理的预测，从而更好地帮助管理层决策。常见的预测分析方法主要有两类：一类是定性分析法，即非数量分析法，如营销员判断法、专家判断法和产品生命周期分析法；另一类是定量分析法，又称数量分析法，一般包括趋势预测分析法和因果预测分析法两大类。

2. 销售定价管理

在市场经济条件下，企业拥有商品的定价权，应根据各自的定价目标选择科学、可行的定价方法，合理确定商品的销售价格。价格策略的制定，应考虑市场供求状况、竞争激烈程度、消费者心理及市场定位等因素。常见的定价方法主要有两类：一类是基于成本的定价方法，如全部成本费用加成定价法、目标利润法等；另一类是基于市场需求的定价方法，如需求价格弹性系数定价法、边际分析定价法等。

（二）纳税管理

企业所承担的税负实际上是利益在国家与企业之间的分配，分配结果直接关系到企业未来的发展和股东的利益空间，纳税是企业收入分配过程中的重要环节。纳税管理是对纳税所实施的全过程管理行为，纳税管理的主要内容是纳税筹划，即在合理合法的前提下，对企业经济交易或事项进行事先规划以减少应纳税额或延迟纳税，实现企业的财务目标。由于企业的筹资、投资、营运和分配活动等日常活动及企业重组都会产生纳税义务，故这5个环节的纳税管理构成了纳税管理的主要内容。

1. 企业筹资纳税管理

在众多筹资方式中，企业会优先选择内部筹资，内部筹资可以避免股东的双重税收负担。在众多外部筹资方式中，债务筹资给企业带来的税收利益最大，这是因为支付给债权人的利息可以税前扣除，减少了企业的所得税纳税义务及由此带来的现金流出。为实现财务管理的目标，在对筹资活动进行纳税筹划时，不仅要确定相对安全的资本结构，还要保证总资产报酬率（息税前）大于债务利息率。

2. 企业投资纳税管理

企业投资纳税管理分为企业直接投资纳税管理和企业间接投资纳税管理，直接投资纳税管理又可以分为直接对外投资纳税管理和直接对内投资纳税管理。直接对外投资纳税管理主要是对投资地区、投资行业、投资组织形式和投资收益收回方式的筹划，而直接对内投资和间接投资的纳税管理主要是通过利用企业所享有的税收优惠政策来进行纳税筹划。

3. 企业营运纳税管理

企业营运纳税管理是对企业日常活动中的采购、生产和销售环节进行纳税管理。在采购环节，主要从增值税纳税人选择、购货对象选择、结算方式选择和增值税专用发票管理4个方面进行增值税进项税额的纳税筹划；在生产环节，主要通过对存货和固定资产计价方法的选择，以及利用期间费用抵扣规定来对所得税进行纳税筹划；在销售环节，主要是通过销售结算方式和促销方式的选择来对所得税进行纳税筹划。

4. 企业利润分配纳税管理

企业利润分配纳税管理包括所得税纳税管理和股利分配纳税管理两个部分。所得税纳税管理要求亏损企业正确把握弥补亏损的年限。股利分配纳税管理要求企业站在股东立场上，选择使股东税务负担较小的股利分配方式。对于自然人股东和法人股东而言，股息红利收益与资本利得收益所适用的税率均不相同，企业在做股利分配决策时应该根据自身的股权结构综合考虑。

5. 企业重组纳税管理

企业重组的纳税管理主要包括两方面内容：一方面，通过重组事项，长期降低企业的各项纳税义务；另一方面，企业应该在支付方式等方面进行筹划以达到企业重组的特殊性税务处理条件，使企业适用特殊性税务处理方法，这样可以减少企业重组环节的纳税成本。

（三）分配管理

分配管理指的是对利润分配的管理。利润是收入弥补成本费用后的余额。由于成本费用包括的内容与表现的形式不同，利润所包含的内容与形式也有一定的区别。若成本费用不包括利息和所得税，则利润表现为息税前利润；若成本费用包括利息而不包括所得税，则利润表现为利润总额；若成本费用包括了利息和所得税，则利润表现为净利润。

本章所指利润分配是指对净利润的分配。利润分配关系着国家、企业及所有者等各方面的利益，必须严格按照国家的法令和制度执行。根据《中华人民共和国公司法》及相关法律制度的规定，公司净利润的分配应按照下列顺序进行，并构成了分配管理的主要内容。

1. 弥补以前年度亏损

企业在提取法定公积金之前，应先用当年利润弥补以前年度亏损。企业年度亏损可以用下一年度的税前利润弥补，下一年度不足弥补的，可以在 5 年之内用税前利润连续弥补，连续五年未弥补的亏损则用税后利润弥补。其中，税后利润弥补亏损可以用当年实现的净利润，也可以用盈余公积转入。

2. 提取法定公积金

根据《中华人民共和国公司法》的规定，法定公积金的提取比例为当年税后利润（弥补亏损后）的 10%。当年法定公积金的累积额已达注册资本的 50% 时，可以不再提取。法定公积金提取后，根据企业的需要，可用于弥补亏损或转增资本，但企业用法定公积金转增资本后，法定公积金的余额不得低于转增前公司注册资本的 25%。提取法定公积金的主要目的是增加企业内部积累，以利于企业扩大再生产。

3. 提取任意公积金

根据《中华人民共和国公司法》的规定，公司从税后利润中提取法定公积金后，经股东会或股东大会决议，还可以从税后利润中提取任意公积金。这是为了满足企业经营管理的需要，控制向投资者分配利润的水平，以及调整各年度利润分配的波动。

4. 向股东（投资者）分配股利（利润）

根据《中华人民共和国公司法》的规定，公司弥补亏损和提取公积金后所余税后利润，可以向股东（投资者）分配。其中，有限责任公司股东按照实缴的出资比例分取红利，全体股东约定不按照出资比例分取红利的除外；股份有限公司按照股东持有的股份比例分配，但股份有限公司章程规定不按照持股比例分配的除外。

此外，近年来，以期权形式或类似期权形式进行的股权激励在一些大公司逐渐流行起来。从本质上来说，股权激励是企业对管理层或者员工进行的一种经济利益分配。

第二节 目标收入管理

企业业务收入的范围包括销售收入、转让收入、投资收入等，销售收入是企业收入的主体，本节所指收入主要指销售收入，即企业在日常经营活动中，由于销售产品、提供劳务等所形成的经济利益流入。

企业销售收入是企业的主要财务指标，是企业资金运动的起点和终点，具有重要的经济意义。它是企业简单再生产和扩大再生产的资金来源，是加速资金周转的前提，所以必须加强企业销售收入的管理。销售收入大小的制约因素主要是产品的销售数量和销售价格，因此，企业在经营管理过程中一定要做好销售预测分析及销售定价管理。

一、销售预测分析

销售预测分析是指通过市场调查，以有关的历史资料和各种信息为基础，运用科学的预测方法或管理人员的实际经验，对企业产品在计划期间的销售量或销售额做出预计或估量的过程。企业在进行销售预测时，应充分研究和分析企业产品销售的相关资料，诸如产品价格、产品质量、售后服务、推销方法等；此外，对企业所处的市场环境、物价指数、市场占有率及经济发展趋势等情况也应进行研究分析。销售预测的方法有多种，主要包括定性分析法和定量分析法。

（一）销售预测的定性分析法

定性分析法，即非数量分析法，是指由专业人员根据实际经验，对预测对象的未来情况及发展趋势做出预测的一种分析方法。它一般适用于预测对象的历史资料不完备或无法进行定量分析时，主要包括营销员判断法、专家判断法和产品寿命周期分析法。

1. 营销员判断法

营销员判断法，又称意见汇集法，是由企业熟悉市场情况及相关变化信息的营销人员对市场进行预测，再将各种判断意见加以综合分析、整理，并得出预测结论的方法。企业营销人员能充分了解市场现状及本企业的生产、销售情况，因此也就在一定程度上保证了预测的准确性。这种方法的优点在于用时短、成本低、比较实用。但是这种方法单纯靠营销人员的主观判断，具有较多的主观因素和较大的片面性。

2. 专家判断法

专家判断法，是由专家根据他们的经验和判断能力对特定产品的未来销售量进行判断和预测的方法，其主要有以下三种不同形式。

（1）个别专家意见汇集法，即分别向每位专家征求对本企业产品未来销售情况的个人意见，然后将这些意见再加以综合分析，确定预测值。

（2）专家小组法，即将专家分成小组，运用专家们的集体智慧进行判断预测的方法。此方法的缺陷是预测小组中专家意见可能受权威专家的影响，客观性较德尔菲法差。

（3）德尔菲法，又称函询调查法，其采用函询的方式，征求各方面专家的意见，各专家在互不通气的情况下，根据自己的观点和方法进行预测，然后由企业把各个专家的意见汇集在一起，通过不记名方式反馈给各位专家，请他们参考别人的意见修正本人原来的判断，如此反复数次，最终确定预测结果。

3. 产品生命周期分析法

产品生命周期分析法是利用产品销售量在不同生命周期阶段上的变化趋势，进行销售预测的一种定性分析方法。它是对其他预测分析方法的补充。产品生命周期是指产品从投入市场到退出市场所经历的时间，一般要经过推广期、成长期、成熟期和衰退期四个阶段。在这一发展过程中，产品销售量的变化呈一条曲线，称为产品生命周期曲线。

判断产品所处的生命周期阶段，可根据销售增长率指标进行。一般来说，推广期增长率不稳定，成长期增长率最大，成熟期增长率稳定，衰退期增长率为负数。了解产品所处的生命周期阶段，有助于正确选择预测方法，例如：推广期历史资料缺乏，可以运用定性分析法进行预测；成长期可以运用回归分析法进行预测；成熟期销售量比较稳定，适合趋势预测分析法。

（二）销售预测的定量分析法

定量分析法又称数量分析法，是指在预测对象有关资料完备的基础上，运用一定的数学方法，建立预测模型，做出预测。一般包括趋势预测分析法和因果预测分析法两大类。

1. 趋势预测分析法

趋势预测分析法主要包括算术平均法、加权平均法、移动平均法、指数平滑法等。

（1）算术平均法。算术平均法是指将若干历史时期的实际销售量或销售额作为样本值，求出其算术平均数，并将该平均数作为下期销售量的预测值，其计算公式为：

$$Y = \frac{\sum X_i}{n} \tag{8-2}$$

式中，Y 为预测值；X_i 为第 i 期实际销售量；n 为期数。

算术平均法适用于每期销售量波动不大的产品的销售预测。

（2）加权平均法。加权平均法是指将若干历史时期的实际销售量或销售额作为样本值，将各个样本值按照一定的权数计算得出加权平均数，并将该平均数作为下期销售量的预测值。一般地，由于市场变化较大，离预测期越近的样本值对其影响越大，而离预测期越远的则影响越小，所以权数的选取应遵循"近大远小"的原则，加权平均法计算公式为：

$$Y = \sum_{i=1}^{n} W_i X_i \tag{8-3}$$

式中，Y 为预测值；W_i 为第 i 期的权数（$0 < W_i \leq W_i + 1 < 1$，且 $\sum W_i = 1$）；X_i 为第 i 期实际销售量；n 为期数。

加权平均法较算术平均法更为合理，计算也较方便，因而在实践中应用较多。

（3）移动平均法。移动平均法是指从 n 期的时间数列销售量中选取 m 期（m 数值固定，且 $m < n/2$）数据作为样本值，求其 m 期的算术平均数，并不断向后移动计算观测其平均值，以最后一个 m 期的平均数作为未来第 $n+1$ 期销售预测值的一种方法。这种方法假设预测值主要受最近 m 期销售量的影响，其计算公式为：

$$Y_{n+1} = \frac{X_{n-(m-1)} + X_{n-(m-2)} + \cdots + X_{n-1} + X_n}{m} \tag{8-4}$$

为了使预测值更能反映销售量变化的趋势，可以对上述结果按趋势值进行修正，其计算公式为：

$$\overline{Y}_{n+1} = Y_{n+1} + (Y_{n+1} - Y_n) \tag{8-5}$$

由于移动平均法只选用了 n 期数据中的最后 m 期作为计算依据，故而代表性较差。此法适用于销售量略有波动的产品预测。

（4）指数平滑法。指数平滑法实质上是种加权平均法，是以事先确定的平滑指数 a 及 $(1-a)$ 作为权数进行加权计算，预测销售量的一种方法，其计算公式为：

$$Y_{n+1} = aX_n + (1-a)Y_n \tag{8-6}$$

式中，Y_{n+1} 为未来第 $n+1$ 期的预测值；Y_n 为第 n 期预测值，即预测前期的预测值；X_n 为第 n 期的实际销售量，即预测前期的实际销售量；a 为平滑指数；N 为期数。

一般地，平滑指数的取值范围通常在 $0.3 \sim 0.7$，其取值大小决定了前期实际值与预测值对本期预测值的影响。采用较大的平滑指数，预测值可以反映样本值新近的变化趋势；采用较小的平滑指数，则反映了样本值变动的长期趋势。因此，在销售量波动较大或进行短期预测时，可选择较大的平滑指数；在销售量波动较小或进行长期预测时，可选择较小的平滑指数。

指数平滑法运用比较灵活，适用范围较广，但在平滑指数的选择上具有一定的主观随意性。

2. 因果预测分析法

因果预测分析法是指分析影响产品销售量（因变量）的相关因素（自变量），以及它们之间的函数关系，并利用这种函数关系进行产品销售预测的方法。因果预测分析法最常用的是回归分析法，本章主要介绍回归直线法。

回归直线法又称一元回归分析法，它假定影响预测对象销售量的因素只有一个，根据直线方程式 $y = a + bx$，按照最小二乘法原理，来确定一条误差最小的、能正确反映自变量 x 和因变量 y 之间关系的直线，其常数项 a 和系数 b 的计算公式为：

$$b = \frac{n\sum xy - \sum x \sum y}{n\sum x^2 - (\sum x)^2} \tag{8-7}$$

$$a = \frac{\sum y - b\sum x}{n} \tag{8-8}$$

待求出 a、b 的值后，代入 $y = a + bx$，结合自变量 x 的取值，即可来得预测对象 y

的预测销售量或销售额。

二、销售定价管理

在社会主义市场经济条件下，我国的价格体系和管理体制发生了深刻变革，以市场为导向的价格体系和运行机制已经基本形成。正确制定销售定价策略，直接关系到企业的生存和发展，加强销售定价管理是企业财务管理的重要内容。

（一）销售定价管理的含义

销售定价管理是指在调查分析的基础上，选用合适的产品定价方法，为销售的产品制定最为恰当的售价，并根据具体情况运用不同价格策略，以实现经济效益最大化的过程，企业销售各种产品都必须确定合理的产品销售价格。产品价格的高低直接影响销售量的大小，进而作用于企业的盈利水平。单价过高会导致销售量降低，如果达不到保本点，企业就会亏损；单价过低，虽然会起到促销作用，但单位毛利降低，企业的盈利水平也会随之下降。因此，产品销售价格的高低，价格策略运用得恰当与否，这些销售定价管理因素都会影响到企业正常的生产经营活动，甚至会影响到企业的生存和发展。进行良好的销售管理，可以使企业的产品更富有吸引力，扩大市场占用率，改善企业的相对竞争地位。

（二）影响产品价格的因素

1. 价值因素

价格是价值的货币表现，价值的大小决定着价格的高低，缩短生产产品的社会必要劳动时间，可以相对地降低产品价格。

2. 成本因素

成本是影响定价的基本因素。企业必须获得可以弥补已发生成本费用的足够多的收入，才能长期生存发展下去。虽然短期内的产品价格有可能会低于其成本，但从长期来看，产品价格应等于总成本加上合理的利润，即产品售价必须足以补偿全部的生产、管理、营销成本，并为企业提供合理的利润，否则企业无利可图，难以长久生存。

3. 市场供求因素

市场供求变动对价格的变动具有重大影响。当一种产品的市场供应大于需求时，就会对其价格产生向下的压力；而当其供应小于需求时，则会推动价格的提升。市场供求关系是永远矛盾的两方面，因此，产品价格也会不断地波动。

4. 竞争因素

市场竞争程度的不同，对定价的影响也不同。竞争越激烈，对价格的影响也越大。在完全竞争的市场上，企业几乎没有定价的主动权，只能接受市场价格，其定价管理的核心问题是在产品价格既定的条件下，依据"边际收入与边际成本相等时，企业的利润最大化"的原则，决定预期实现最大化利润的产销水平；在不完全竞争的市场上，竞争的强度主要取决于产品生产的难易和供求形势。为了做好定价决策，企业必须充分了解竞争者的情况，最重要的是竞争对手的定价策略。

5. 政策法规因素

各个国家对市场物价的高低和变动都有限制和法律规定，同时国家会通过生产市场、货币金融等手段间接调节价格。企业在制定价策略时，一定要很好地了解本国及所在国有关方面的政策和法规。

（三）企业的定价目标

定价目标是指企业在一定的经营环境中，制定产品价格，通过价格效用实现企业预期的经营目标。要使销售定价管理卓有成效，企业必须制定与战略目标相匹配、切实可行的定价目标，以明确定价管理的方向，并用于指导选择适合的定价方法和价格运用策略。企业自身的实际情况及所面临的外部环境不同，导致企业的定价目标也多种多样，主要有以下几种。

1. 实现利润最大化

利润最大化目标通常是通过为产品制定一个较高的价格，从而提高产品单位利润率，最终实现企业利润最大化。它适用于在市场中处于领先或垄断地位的企业，或者在行业竞争中具有很强的竞争优势，并能长时间保持这种优势的企业。

2. 保持或提高市场占有率

市场占有率是指企业产品销售额在同类产品市场销售总额中所占的比重，其大小在一定程度上反映了企业的经营状况和竞争实力。以保持或提高市场占有率为定价目标，其目的是使产品价格有利于销售收入的提高，企业利润得到有效保障，并且可以有效打击竞争对手，这是一种注重企业长期经营利润的做法。企业为了实现这一目标，其产品价格往往需要低于同类产品价格，以较低的价格吸引客户，逐步扩大市场份额，但在短期内可能要牺牲一定的利润空间。因此，这种定价目标要求企业具有潜在的生产经营能力，总成本的增长速度低于总销量的增长速度，商品的需求价格弹性较大，即适用于能够薄利多销的企业。

3. 稳定价格

为了长期稳定地占领市场，行业中能左右市场价格的一些大企业，往往希望价格稳定，在稳定的价格中获取稳定的利润。通常做法是由行业中的领导企业制定一个价格，其他企业的价格则与之保持一定的比例关系，无论是大企业，还是中小企业都不会随便降价。其优点是创造了一个相对稳定的市场环境，避免过度竞争产生两败俱伤的负面效应，减少风险，使企业能够以稳定的价格获得比较稳定的利润。这种定价通常适用于产品标准化的行业，如钢铁制造业等。

4. 应付和避免竞争

企业参照对市场有决定性影响的竞争对手的产品价格变动情况，随时调整本企业产品价格。当竞争对手维持原价时，企业也保持原价；竞争对手改变价格时，企业也相应地调整价格，但是企业不会主动调整价格。这种定价方法主要适用于中小型企业。在激烈的价格竞争中，中小型企业没有足够实力对价格进行干预，为了避免在竞争中被淘汰，必须与市场行情保持一致。

5. 树立企业形象及产品品牌

企业形象及产品品牌是企业在经营中创造的重要无形资产。而价格是企业竞争的一种手段,表达了企业产品的定位,在一定程度上反映着企业形象和产品形象。以树立企业形象及产品品牌为定价目标主要有两种情况:一是树立优质高价形象。某些品牌产品具有较高的质量的认知价值,会被某一客户群所认同和接受。企业在定价时,可以不拘泥于实际成本,而是制定一个较高的价格,产生一种品牌的增值效应。采用这种策略,不但可以使企业获得高额利润,而且还能够满足消费者的心理需求。二是树立大众化评价形象。通过大众化的评价定位树立企业形象,吸引大量的普通消费者,以扩大销量,获得利润。

(四)产品定价方法

产品定价方法分为以成本为基础的定价方法和以市场需求为基础的定价方法两大类。

1. 以成本为基础的定价方法

在企业成本范畴中,基本上有三种成本可以作为定价基础,即变动成本、制造成本和全部成本费用。

变动成本是指在特定的业务量范围内,其总额会随业务量的变动而变动的成本。变动成本可以作为增量产量的定价依据,但不能作为一般产品的定价依据。

制造成本是指企业为生产产品或提供劳务等发生的直接费用支出,一般包括直接材料、直接人工和制造费用。由于它不包括各种期间费用,因此不能正确反映企业产品的真实价值消耗和转移。利用制造成本定价不利于企业简单再生产的继续进行。

全部成本费用是指企业为生产、销售一定种类和数量的产品所发生的所有成本和费用总额,包括制造成本和管理费用、销售费用及财务费用等各种期间费用。在全部成本费用基础上制定价格,既可以保证企业简单再生产的正常进行,又可以使劳动者为社会劳动所创造的价值得以全部实现。

(1)全部成本费用加成定价法。全部成本费用加成定价法就是在全部成本费用的基础上,加合理利润来定价。合理利润的确定,在工业企业一般是根据成本利润率,而在商业企业一般是根据销售利润率。在考虑税金的情况下,有关计算公式为:

一是成本利润率定价:

$$成本利润率 = \frac{预测利润总额}{预测成本总额} \times 100\% \tag{8-9}$$

$$单位产品价格 = \frac{单位成本 \times (1 + 成本利润率)}{1 - 适用税率} \tag{8-10}$$

二是销售利润率定价:

$$销售利润率 = \frac{预测利润总额}{预测成本总额} \times 100\% \tag{8-11}$$

$$单位产品价格 = \frac{单位成本}{1 - 销售利润率 - 适用税率} \tag{8-12}$$

式(8-10)和式(8-12)中,单位成本是指单位全部成本费用,可以用单位制造成本加上单位产品负担的期间费用来确定。

(2)保本点定价法。保本点定价法的基本原理,是按照刚好能够保本的原理来制定产品销售价格，即能够保持既不盈利也不亏损的销售价格水平，采用这一方法确定的价格是最低销售价格，其计算公式为：

$$单位产品价格 = \frac{单位固定成本 + 单位变动成本}{1 - 适用税率} = \frac{单位完全成本}{1 - 适用税率} \quad (8\text{-}13)$$

（3）目标利润法。目标利润是指企业在预定时期内应实现的利润水平。目标利润定价法是根据预期目标利润和产品销售量、产品成本、适用税率等因素来确定产品销售价格的方法，其计算公式为：

$$单位产品价格 = \frac{目标利润总额 + 完全成本总额}{产品销量 \times (1 - 适用税率)} \quad (8\text{-}14)$$

$$或 = \frac{单位目标利润 + 单位完全成本}{1 - 适用税率}$$

（4）变动成本定价法。变动成本定价法是指企业在生产能力有剩余的情况下增加生产一定数量的产品，这些增加的产品可以不负担企业的固定成本，只负担变动成本，在确定价格时产品成本仅以变动成本计算。此处所指变动成本是指完全变动成本，包括变动制造成本和变动期间费用，其计算公式为：

$$单位产品价格 = \frac{单位变动成本 \times (1 + 成本利润率)}{1 - 适用税率} \quad (8\text{-}15)$$

2. 以市场需求为基础的定价方法

以成本为基础的定价方法，主要关注企业的成本状况而不考虑市场需求状况，因而运用这种方法制定的产品价格不一定满足企业销售收入或利润最大化的要求。最优价格应是企业取得最大销售收入或利润时的价格。以市场需求为基础的定价方法可以契合这一要求，主要有需求价格弹性系数定价法和边际分析定价法等。

（1）需求价格弹性系数定价法。产品在市场上的供求变动关系，实质上体现在价格的刺激和制约作用上。需求增大导致价格上升，刺激企业生产；而需求减小，则会引起价格下降，从而制约了企业的生产规模。从另一个角度来看，企业也可以根据这种关系，通过价格的升降作用于市场需求。在其他条件不变的情况下，某种产品的需求量随其价格的升降而变动的程度，就是需求价格弹性系数，其计算公式为：

$$E = \frac{\Delta Q / Q_0}{\Delta P / P_0} \quad (8\text{-}16)$$

式中，E 为某种产品的需求价格弹性系数；ΔP 为价格变动量；P 为单位产品价格；Q 为预计销售数量；ΔQ 为需求变动量。

（2）边际分析定价法。边际分析定价法，是指基于微分极值原理，通过分析不同价格与销售量组合下的产品边际收入、边际成本和边际利润之间的关系，进行定价决策的一种定量分析方法。

边际是指每增加或减少一个单位所带来的差异。那么，产品边际收入、边际成本和边际利润就是指销售量每增加或减少一个单位所形成的收入、成本和利润的差额。按照微分极值原理，如果利润函数的一阶导数等于零，即边际利润等于零，边际收入等于边际成本，那么，利润将达到最大值。此时的价格就是最优销售价格。

当收入函数和成本函数均可微分时，直接对利润函数求一阶导数，即可得到最优售价；当收入函数或成本函数为离散型函数时，可以通过列表法，分别计算各种价格与销售量组合下的边际利润，那么，在边际利润大于或等于零的组合中，边际利润最小时的价格就是最优售价。

（五）价格运用策略

企业之间的竞争在很大程度上表现为企业产品在市场上的竞争。市场占有率的大小是衡量产品市场竞争能力的主要指标。除了提升产品质量之外，根据具体情况合理运用不同的价格策略，可以有效地提高产品的市场占有率和企业的竞争能力。其中，主要的价格运用策略有以下几种。

1. 折让定价策略

折让定价策略是指在一定条件下，以降低产品的销售价格来刺激购买者，从而达到扩大产品销售量的目的。价格的折让主要表现是价格折扣，包括如下。

（1）现金折扣。现金折扣是企业为了提高结算保障，对在一定期限内付款的购买者给予的折扣，即购买方如果在企业规定的期限内付款，企业就给予购买方一定的折扣。目的是鼓励购买方提前付款，以尽快回笼资金，加速资金周转。

（2）数量折扣。数量折扣是企业对大量购买或集中购买本企业产品的购买方给予的一种折扣优惠。一般购买量越多、金额越大，折扣也越大。数量折扣可分为一次性数量折扣和累计数量折扣。一次性数量折扣是企业对一次性购买达到及超过一定数量或购买多种产品达到一定的金额的客户所给予的价格折扣。采用这种折扣政策能刺激顾客大量购买，促使产品多销、快销，同时减少交易次数、时间，节省一定的销售、储存成本。累计数量折扣是指企业对一定时期内累计购买超过规定数量或金额的客户给予的价格优惠，目的在于鼓励企业与购买方建立长期稳定的关系，培养购买方的忠诚度。

（3）功能折扣。功能折扣是企业针对经销商在整个营销过程中所担负的特殊功能（比如承担了相应的推销功能、储存功能、售后服务功能）而给予不同的价格折扣，从而使经销商大批量进货。使用功能折扣的目的在于激励各类承担功能的主体。

（4）专营折扣。专营是一种排他性行为。为了鼓励经销商专营本企业产品，给出力度很大的一种价格优惠行为。如果专营，就享受该折扣；如果不专营，就不享受该折扣。专营折扣的目的在于培养经销商的忠诚度。

（5）季节折扣。季节折扣是企业给予非季节性热销商品的购买者提供的一种价格优惠。这种折扣方式有利于减少存货成本和资金成本，加速资金回收，缓解供需在时间上的矛盾。季节折扣与购买数量、购买方无关，只是鼓励旺季之前订货。

（6）品种折扣。品种折扣是企业针对特定品种产品进行的价格优惠。优惠产品可以是过时产品或存在缺陷产品（不影响产品质量、存在细微破损、带有污渍的产品等），本身已处于滞销状态；也可以是特定某一种或几种产品，通过折扣吸引顾客入场消费，进而提高其他产品销售量。

（7）网上折扣。网上折扣是企业针对网上下单购买者进行的价格优惠。网上折扣方式鼓励购买者进行网上交易，减少或者取消代理商，在时间和空间上都可以节约资源，从而降低促销成本、交易成本、运作成本。

（8）购买限制折扣。购买限制折扣是针对特定时间上的制约、特定数量上的制约及购买条件制约所做的价格优惠，如限时抢购、限购200件等。购买限制折扣使消费者产生紧迫感，从而考虑如何在已制约条件下产生购买行为。购买限制折扣从压力角度让消费者做出有益于自己的购买，从而实现企业大量或者及时的销售产品。

（9）团购折扣。团购是一种基于网络的商业模式，通过团购网站集合足够人数，便可以优惠价格购买或使用第三方公司的物品、优惠券或服务，卖家薄利多销，买家得到优惠，节省金钱，而运行团购网站的公司则从卖方收取佣金。

（10）预购折扣。预购折扣是指对预先向企业订购或购买产品进行折扣。例如，提前预订机票、提前预订旅游产品等。企业可以根据预订情况做出生产、销售计划，增加资金周转，进而降低产品库存，避免产品挤压。对服务业可以提前做好服务计划安排，降低服务成本。

（11）众筹折扣。众筹是指用"团购＋预购"的形式，向网友募集项目资金的模式。通过对公众展示他们的创意，争取大家的关注和支持，进而获得所需要的资金援助，生产产品价格相对于同类产品价格较为优惠。

（12）会员折扣。会员折扣是企业针对加入会员的主体给予的一种折扣优惠。

2. 心理定价策略

心理定价策略是指针对购买者的心理特点而采取的一种定价策略，主要有声望定价、尾数定价、双位定价和高位定价等。

声望定价，是指企业按照其产品在市场上的知名度和在消费者中的信任程度来制定产品价格的一种方法。一般地，声望越高，价格越高。

尾数定价，即在制定产品价格时，价格的尾数取接近整数的小数（199.9元）或带有一定谐音的数（158元）等。它一般只适用于价值较小的中低档日用消费品定价。

双位定价，是指在向市场以挂牌价格销售时，用两种不同的标价来促销的一种定价方法。比如某产品标明"原价158元，现促销价99元"。这种策略适用于市场接受程度较低或销路不太好的产品。

高位定价，即根据消费者"价高质优"的心理特点实行高标价促销的方法。但高位定价必须是优质产品，不能弄虚作假。

3. 组合定价策略

组合定价策略是针对相关产品组合所采取的一种方法。它根据相关产品在市场竞争中的不同情况，使互补产品价格有高有低，或使组合售价优惠。对于具有互补关系的相关产品，可以采取降低部分产品价格而提高互补产品价格，以促进销售，提高整体利润，如便宜的整车与高价的配件等。对于具有配套关系的相关产品，可以对组合购买进行优惠，比如西服套装中的上衣和裤子等。组合定价策略可以扩大销售量、节约流通费用，有利于企业整体效益的提高。

4. 生命周期定价策略

生命周期定价策略是根据产品从进入市场到退出市场的生命周期，分阶段确定不同价格的定价策略。产品在市场中的生命周期一般分为推广期、成长期、成熟期和衰退期。推广期产品需要获得消费者的认同，进一步占有市场，应采用低价促销策略；成长期的产品有了一定的知名度，销售量稳步上升，可以采用中等价格；成熟期的产品市场知名度处于最佳状态，可以采用高价促销，但由于市场需求接近饱和，竞争激烈，定价时必须考虑竞争者的情况，以保持现有市场销售量；衰退期的产品市场竞争力下降，销售量下滑，应该降价促销或维持现价并辅之以折扣等其他手段，同时，积极开发新产品，保持企业的市场竞争优势。

第三节　纳税筹划管理

一、纳税筹划管理概述

（一）纳税管理

企业纳税管理是指企业对其涉税业务和纳税实务实施的研究和分析、计划和筹划、处理和监控、协调和沟通、预测和报告全过程管理行为。纳税管理的目标是规范企业纳税行为、合理降低税收支出、有效防范纳税风险。投资、筹资、运营和分配等活动是企业财务管理的主要内容，而这些活动的决策过程无一不涉及纳税问题，因此，纳税管理贯串财务管理的各个组成部分，成为现代财务管理的重要内容。

（二）纳税筹划

"凡事预则立，不预则废"。在纳税管理的各个环节中，纳税筹划尤为重要。纳税筹划是指在纳税行为发生之前，在不违反税法及相关法律法规的前提下，对纳税主体的投资、筹资、营运及分配行为等涉税事项做出事先安排，以实现企业财务管理目标的一系列谋划活动。纳税筹划的外在表现是降低税负和延期纳税。

现金是公司流动性最强的资产，是公司生存的"血液"，"现金为王"已被广泛认知，而纳税义务的产生通常带来企业现金的流出，合理的纳税筹划可以减少企业的现金流出量或延迟现金的流出时间，可以提高资本收益率或节约企业的资本成本。因此，有效的纳税筹划可以提高企业的现金管理水平，有助于企业财务管理目标的实现。

（三）纳税筹划的原则

企业的纳税筹划必须遵循以下原则。

1. 合法性原则

企业开展税务管理必须遵守国家的各项法律法规。依法纳税是企业和公民的义务，也是纳税筹划必须坚持的首要原则。坚持合法性原则是纳税筹划与偷税、逃税、抗税和骗税等行为的本质区别，前者具有合法性，有利于企业财务管理目标的实现；而后者是违法行为，虽然暂时减轻了税收负担，但最终必然会受到法律制裁，给企业带来经济上和声誉上的损失，严重阻碍企业财务管理目标的实现。由于税收法律法规和各项优惠政策会随着社会经济发展变化而不断地进行调整和修订，为了保持纳税筹划的合法性，筹划者要时刻关注国家税收法律法规和税收优惠政策的变化情况。

2. 系统性原则

纳税筹划的系统性原则，又称整体性原则或综合性原则。一方面，企业纳税筹划的方案设计必须遵循系统观念，要将筹划活动置于财务管理的大系统下，与企业的投资、筹资、营运及分配策略相结合。另一方面，企业需要缴纳的税种之间常常相互关联，一种税的节约可能引起另一种税的增加，纳税筹划要求企业必须从整体角度考虑纳税负担，在选择纳税方案时，要着眼于整体税负的降低。

3. 经济性原则

纳税筹划的经济性原则，又称成本效益原则。纳税筹划方案的实施，在为企业带来税收利益的同时，必然发生相应的成本支出，由于纳税筹划的目的是追求企业长期财务目标而非单纯的税负最轻，因此，企业在进行纳税筹划相关的决策时，必须进行成本效益分析，选择净收益最大的方案。

4. 先行性原则

纳税筹划的先行性原则，是指筹划策略的实施通常在纳税义务发生之前。在经济活动中，纳税人可以根据税法及相关法规对各种经济事项的纳税义务进行合理预测，从中选择有利的筹划策略。如果纳税义务已经发生，根据税收法定原则，相应的纳税数额和纳税时间已经确定，纳税筹划就失去了作用空间。因此，企业进行税务管理时，要对企业的筹资、投资、营运和分配活动等进行事先筹划和安排，尽可能减少应税行为的发生，降低企业的纳税负担，从而实现纳税筹划的目的。

（四）纳税筹划的方法

1. 减少应纳税额

税收由国家权力强制执行，对于企业而言，纳税义务的产生必然会带来企业现金的流出和费用的增加。因此，纳税筹划的首要目的是在合法、合理的前提下减少企业的纳税义务。应纳税额的减少可以节约企业的费用和减少现金支出，从而提高企业的资本收益率和现金周转率。企业可以通过利用税收优惠政策或交易定价法来实现减少应纳税额的目标。

（1）利用税收优惠政策。利用税收优惠政策筹划法，是指纳税人凭借国家税法规定的优惠政策进行纳税筹划的方法。税收优惠政策是指税法对某些纳税人和征税对象给予鼓励和照顾的一种特殊规定。具体来说，指的是国家为了扶持某些特定产业、行业、地区、企业和产品的发展，或者为了对某些有实际困难的纳税人给予照顾，在税法中做出的某些特殊规定，例如，免除其应缴的全部或部分税款，或按照其缴纳税款的一定比例给予返还等，从而减轻其税收负担。

从税制构成角度探讨，利用税收优惠进行纳税筹划主要是利用以下几个优惠要素。

一是利用免税政策。利用免税筹划，是指在合法、合理的情况下，使纳税人成为免税人，或使纳税人从事免税活动，或使征税对象成为免税对象而免纳税收的纳税筹划方法。利用免税筹划方法能直接免除纳税人的应纳税额，技术简单，但使用范围狭窄，且具有一定的风险性。这种方法以尽量争取更多的免税待遇和尽量延长免税期为要点。

二是利用减税政策。利用减税筹划，是指在合法、合理的情况下，使纳税人减少应纳税额而直接节税的纳税筹划方法。它也具有技术简单、使用范围狭窄，具有一定风险性等特点。利用减税方法筹划以尽量争取更多的减税待遇并使减税最大化和减税期最长化为要点。

三是利用退税政策。利用退税筹划，是指在合法、合理的情况下，使税务机关退还纳税人已纳税款而直接节税的纳税筹划方法。在已缴纳税款的情况下，退税偿还了缴纳的税款，节减了税收，所退税额越大，节减的税收就越多。

四是利用税收扣除政策。利用税收扣除筹划，是指在合法、合理的情况下，使扣除额增加而实现直接节税，或调整各个计税期的扣除额而实现相对节税的纳税筹划方法，在收入相同的情况下，各项扣除额、宽免额、冲抵额等越大，计税基数就会越小，应纳税额也就越小，从而节税也就越多。利用税收扣除进行纳税筹划，技术较为复杂、适用范围较大、具有相对确定性。利用税收扣除进行纳税筹划的要点在于使扣除项目最多化、扣除金额最大化和扣除最早化。

五是利用税率差异。利用税率差异筹划，是指在合法、合理的情况下，利用税率的差异直接节税的纳税筹划办法。利用税率差异进行纳税筹划适用范围较广，具有复杂性、相对确定性的特点。采用税率差异节税不但受不同税率的影响，有时还受不同计税基数的影响，计税基数计算的复杂性使税率差异筹划变得复杂。其技术要点在于尽量寻求税率最低化，以及尽量寻求税率差异的稳定性和长期性。

六是利用分劈技术。利用分劈技术筹划，是指在合法、合理的情况下，使所得、财产在两个或更多个纳税人之间进行分劈而直接节税的纳税筹划技术。出于调节收入等社会政策的考虑，许多国家的所得税和一般财产税通常都会采用累进税率，计税基数越大，适用的最高边际税率也越高。使所得、财产在两个或更多个纳税人之间分劈，可以使计税基数降至低税率级次，从而降低最高边际适用税率，节减税收。

七是利用税收抵免。利用税收抵免筹划，是指在合法、合理的情况下，使税收抵免额增加而节税的纳税筹划方法。利用税收抵免筹划的要点在于使抵免项目最多化、抵免金额最大化。在其他条件相同的情况下，税收抵免额越大，冲抵应纳税额的数额就越大，应纳税额就越小，因而节税就越多。

（2）转让定价筹划法。转让定价筹划法，主要是指通过关联企业采用非常规的定价方式和交易条件进行的纳税筹划。

在这种转让中，根据双方的意愿，产品的转让价格可高于或低于市场上由供求关系决定的价格，以达到少纳税甚至不纳税的目的。例如，在生产企业和商业企业承担的税负不一致的情况下，若商业企业承担的税负高于生产企业，则有联系的生产企业和商业企业就可通过某种契约的形式，增加生产企业利润，减少商业企业利润，从而使共同承担的税负和各自承担的税负达到最少。

为了保证利用转让定价进行纳税筹划的有效性，筹划时应注意三点：一是要进行成本效益分析；二是价格的波动应在一定的范围之内，以防被税务机关调整而增加税负；三是纳税人可以运用多种方法进行全方位、系统的筹划安排。

2. 递延纳税

考虑到货币的时间价值和通货膨胀因素，纳税筹划的另一条思路是递延纳税。递延纳税是指在合法、合理的情况下，纳税人将应纳税款推迟一定期限的方法。延期纳税虽然不会减少纳税人纳税的绝对总额，但由于货币具有时间价值，递延纳税法可以使应纳税额的现值减小。《国际税收词汇》中对延期纳税的好处做过以下阐述:"有利于资金周转,节省利息支出,以及由于通货膨胀的影响,延期以后的税款币值下降,从而降低了实际纳税额。"

企业实现递延纳税的一个重要途径是采取有利的会计处理方法,在现实经济活动中,同一经济业务有时存在着不同的会计处理方法,而不同的会计处理方法又对企业的财务状况有着不同的影响,同时这些不同的会计处理方法又都得到了税法的承认,因此,通过对有关会计处理方法筹划也可以达到相对节税的目的。利用会计处理方法进行递延纳税的筹划主要包括存货计价方法的选择和固定资产折旧的纳税筹划等。

二、企业筹资纳税管理

按筹资来源划分,企业筹资可划分为内部筹资和外部筹资,内部筹资来源于企业内部,以积累的留存收益为主,外部筹资来源于企业外部,又可分为债务筹资和股权筹资。

(一)内部筹资纳税管理

企业通常优先使用内部资金来满足资金需求,内部资金是企业已经持有的资金,并且无须花费筹资费用,与外部股权筹资相比,其资本成本更低;与债务筹资相比,降低了企业的财务风险。从税收角度来看,内部筹资虽然不能减少企业的所得税负担,但若将这部分资金以股利分配的形式发放给股东,股东会承担双重税负,若将这部分资金继续留在企业内部获取投资收益,投资者可以自由选择资本收益的纳税时间,可以享受递延纳税带来的收益。因此,内部筹资是减少股东税收的一种有效手段,有利于股东财富最大化的实现。

(二)外部筹资纳税管理

内部筹资一般不能满足企业的全部资金需求,因此,企业还需要进行外部筹资。需要的外部融资额,可以通过增加债务或增加权益资金来满足,这涉及资本结构管理问题。关于资本结构的理论有很多,其中的权衡理论认为,有负债企业的价值是无负债企业价值加上抵税收益的现值,再减去财务困境成本的现值。其表达式为:

$$VL = VU + PV(利息抵税) - PV(财务困境成本) \tag{8-17}$$

式中,VL 为有负债企业的价值;VU 为无负债企业的价值;PV(利息抵税)为利息抵税的现值;PV(财务困境成本)为财务困境成本的现值。

在目标资本结构的范围内,企业会优先使用负债融资,这是因为企业价值由企业未来经营活动现金流量的现值决定,负债融资的利息可以在计算应纳税所得额时予以扣除,这就降低了企业的纳税负担,减少了企业经营活动现金流出量,增加了企业价值。在债务利息率不变的情况下,企业财务杠杆越高,企业所取得的节税收益越大,但过高的财务杠杆可能会使企业陷入财务困境,出现财务危机甚至破产,从而带来企业价值的损失。纳税筹划的最终目的是企业财务管理目标的实现而非税负最小化,因此,在进行债务筹资纳税筹划时必须要考虑企业的财务困境成本,选择适当的资本结构。

对于股东而言，采用债务筹资的好处不仅仅在于节税效应，更重要的是固定性融资成本所带来的财务杠杆效应，即在某固定的债务与权益融资结构下由于息税前利润的变动引起每股收益产生更大变动程度的现象，这一现象可以从下式得到反映：

$$权益净利率（税前）= 总资产收益率（息税前）+ [总资产收益率（息税前）- 债务利息率] \times 产权比率 \qquad (8-18)$$

由式（8-18）可知，当且仅当总资产收益率（息税前）大于债务利息率时，负债筹资才能给股东带来正的财务杠杆效应，有利于股东财富的增加。当总资产收益率（息税前）小于债务利息率且大于零时，产权比率越大，节税收益越大，但股东财富的减少幅度也越大。因此，从股东财富最大化视角考虑，使用债务筹资进行纳税筹划必须满足总资产收益率（息税前）大于债务利息率的前提条件。

综上可知，使用债务筹资的确可以带来节税收益，增加企业价值，但出于财务管理目标的考虑，在采用债务筹资方式筹集资金时，不仅要将资本结构控制在相对安全的范围内，还要确保总资产收益率（息税前）大于债务利息率。

三、企业投资纳税管理

（一）直接投资纳税管理

按投资方向，直接投资纳税管理可以划分为直接对外投资纳税管理和直接对内投资纳税管理。

1. 直接对外投资纳税管理

企业的直接对外投资，主要包括企业联营、合营和设立子公司等行为，由于这类投资规模较大，选择范围广，存在较为广阔的纳税筹划空间。纳税人可以在投资组织形式、投资行业、投资地区和投资收益取得方式的选择上进行筹划。

（1）投资组织形式的纳税筹划。一是公司制企业与合伙企业的选择。目前，我国对公司制企业和合伙制企业在所得税的纳税规定上有所不同，公司的营业利润在分配环节课征企业所得税，当税后利润作为股息分配给个人股东时，股东还要缴纳个人所得税，因此，股东面临着双重税收问题。而合伙企业不缴纳企业所得税，只课征各个合伙人分得收益的个人所得税。

二是子公司与分公司的选择。企业发展到一定规模后，可能需要建立分公司或子公司。从税法上看，子公司需要独立申报企业所得税，分公司的企业所得税由总公司汇总计算并缴纳。根据企业分支机构可能存在的盈亏不均、税率差别等因素来决定分支机构的设立形式，能合法、合理地降低税收成本。

【例8-1】甲公司为扩大市场份额，计划2016年在A地设立销售代表处。由于竞争对手众多，在未来3年内，A销售代表处可能处于持续亏损状态，预计第一年将亏损300万元，同年总部将盈利500万元。要求计算并分析甲公司是设立分公司还是设立子公司对企业发展更有利。不考虑应纳税所得额的调整因素，企业所得税税率为25%。

根据上述资料，分析如下。

第一，假设采取子公司形式设立 A 销售代表处，则 2016 年企业总部应缴所得税 125（=500×25%）万元。

A 分支机构当年亏损所以不需要缴纳所得税，其亏损额需留至下一年度税前弥补。

第二，假设采取分公司形式设立 A 销售代表处，则 2016 年企业总部应缴所得税为 50（=(−300+500)×25%）万元。

通过上述分析可知，如果将 A 销售代表处设立为分公司，则 A 销售代表处的亏损在发生当年就可以由公司总部弥补，与设立为子公司相比较，甲公司获得了提前弥补亏损的税收利益；如果将 A 销售代表处设立为子公司形式，则其经营初期的亏损只能由以后年度的盈余弥补。此外，由于预计在未来 3 年内，A 销售代表处可能都会面临亏损，如果将其设立为子公司，A 销售代表处面临着不能完全弥补亏损的风险，可能会失去亏损弥补的抵税收益。因此，将 A 销售代表处设立为分公司对甲公司更为有利。

（2）投资行业的纳税筹划。我国不同行业的税收负担不同，在进行投资决策时，应尽可能选择税收负担较轻的行业。例如，我国税法规定：对于国家重点扶持的高新技术企业，按 15% 的税率征收企业所得税；对于创业投资企业进行国家重点扶持和鼓励的投资，可以按投资额的一定比例抵扣应纳税所得额。

（3）投资地区的纳税筹划。由于世界各国及我国不同地区的税负各有差异，企业在选择注册地点时，应考虑不同地区的税收优惠政策。例如，我国税法规定，对设在西部地区属于国家鼓励类产业的企业，在 2011 年 1 月 1 日至 2020 年 12 月 31 日期间，减按 15% 的税率征收企业所得税。向海外投资时，由于不同国家税法有较大差异，应该仔细研究有关国家的税收法规。

（4）投资收益取得方式的纳税筹划。企业的投资收益由股息红利和资本利得两部分组成，但这两种收益的所得税税务负担不同。根据企业所得税法规定，居民企业直接投资于其他居民企业取得股息、红利等权益性投资收益为企业的免税收入，不包括连续持有居民企业公开发行并上市流通的股票不足 12 个月取得的投资收益。而企业卖出股份所取得的投资收益则需要缴纳企业所得税。因此，在选择回报方式时，投资企业可以利用其在被投资企业中的地位，使被投资企业进行现金股利分配，这样可以减少投资企业取得投资收益的所得税负担。

2. 直接对内投资纳税管理

直接对内投资，是指在本企业范围内的资金投放，用于购买和配置生产经营所需的生产资料，这里主要对长期经营资产进行纳税筹划。虽然长期经营性投资会涉及流转税和所得税，但固定资产投资由企业战略和生产经营的需要决定，且税法对固定资产的涉税事项处理均有详细的规定，在投资环节的纳税筹划较少。在无形资产投资中，为了鼓励自主研发和创新，我国企业所得税法规定，企业为开发新技术、新产品、新工艺发生的研究开发费用，未形成无形资产的计入当期损益，在按照规定据实扣除的基础上，再按照研究开发费用的 50% 加计扣除；形成无形资产的，按照无形资产成本的 150% 摊销。因此，企业在具备相应的技术实力时，应该进行自主研发，从而享受加计扣除优惠。

(二) 间接投资纳税管理

间接投资又称证券投资，是指企业用资金购买股票、债券等金融资产而不直接参与其他企业生产经营管理的一种投资活动，这属于企业持有的间接投资。与直接投资相比，间接投资考虑的税收因素较少，但也有纳税筹划的空间。在投资金额一定时，证券投资决策的主要影响因素是证券的投资收益，不同种类证券收益应纳所得税不同，在投资决策时，应该考虑其税后收益。例如，我国税法规定，我国国债利息收入免交企业所得税，当可供选择债券的收益率较低时，应该将其税后投资收益与国债的收益相比，再做决策。因此，纳税人应该密切关注税收法规，及时利用税法在投资方面的优惠政策进行纳税筹划。

四、企业营运纳税管理

企业的营运活动主要是指企业的日常经营活动，通常包括采购环节、生产环节和销售环节，会产生流转税纳税义务。企业的营运活动也会导致收入的实现，从而产生所得税纳税义务。故在进行企业营运纳税筹划时要综合考虑企业流转税和所得税，以实现企业价值最大化。在"营改增"背景下，增值税将成为最主要的流转税种，由于制造业企业营运活动覆盖范围更广，因此，这里以工业企业为例来说明生产经营活动中增值税和所得税的纳税管理。

(一) 采购的纳税管理

采购主要影响流转税中增值税进项税额，可以从以下4个方面进行纳税筹划。

1. 增值税纳税人的纳税筹划

增值税纳税人分为一般纳税人和小规模纳税人，我国税务机关对两类纳税人采用不同的征收办法，由此会产生相应的税负差别。某些处于生产经营初期的纳税人，由于其经营规模较小，可以选择成为一般纳税人或小规模纳税人，故存在纳税人身份的纳税筹划问题。增值税一般纳税人以不含税的增值额为计税基础，小规模纳税人以不含税销售额为计税基础，在销售价格相同的情况下，税负的高低主要取决于增值率的大小。一般来说，增值率高的企业，适宜作为小规模纳税人；反之，适宜作为一般纳税人。当增值率达到某一数值时，两类纳税人的税负相同，这一数值被称为无差别平衡点增值率，其计算过程如下：

设 X 为增值率，S 为不含税销售额，P 为不含税购进额，假定一般纳税人适用的增值税税率为 a，小规模纳税人的征收率为 b，则：

$$增值率\ X = (S-P)/S$$
$$一般纳税人应纳增值税 = S \times a - P \times a = X \times S \times a$$
$$小规模纳税人应纳增值税 = S \times b$$

令 $X \times S \times a = S \times b$

得到 $X = b/a$

由以上计算可知，一般纳税人与小规模纳税人的无差别平衡点的增值率为 b/a，当一般纳税人适用的增值税税率为13%，当小规模纳税人的征收率为3%时，所计算出的无差别平衡点增值率为13.45%。若企业的增值率等于13.45%，选择成为一般纳税人或小规模纳税人在税负上没有差别，其应纳增值税额相同。若企业的增值率小于13.45%，选择成为一般纳税人税负较轻；反之，选择小规模纳税人较为有利。

2. 购货对象的纳税筹划

企业从不同类型的纳税人处采购货物，所承担的税收负担也不一样。一般纳税人从一般纳税人处采购的货物，增值税进项税额可以抵扣。一般纳税人从小规模纳税人采购的货物，增值税不能抵扣（由税务机关代开的除外），为了弥补购货人的损失，小规模纳税人有时会在价格上给予优惠，在选择购货对象时，要综合考虑由于价格优惠所带来的成本的减少和不能抵扣的增值税带来的成本费用的增加。

3. 结算方式的纳税筹划

结算方式包括赊购、现金、预付等。在价格无明显差异的情况下，采用赊购方式不仅可以获得推迟付款的好处，还可以在赊购当期抵扣进项税额；采用预付方式时，不仅要提前支付货款，在付款的当期如果未取得增值税专用发票，相应的增值税进项税额不能被抵扣。因此，在购货价格无明显差异时，要尽可能地选择赊购方式。在三种购货方式的价格有差异的情况下，需要综合考虑货物价格、付款时间和进项税额抵扣时间。

4. 增值税专用发票管理

根据进项税额抵扣时间的规定，对于取得防伪税控系统开具的增值税专用发票，需要认证抵扣的企业，在取得发票后应该尽快到税务机关进行认证。购进的多用途物资应先进行认证再抵扣，待转为非应税项目时再做进项税额转出处理，以防止非应税项目物资转为应税项目时由于超过认证时间而不能抵扣其进项税额。

（二）生产的纳税管理

企业生产过程实际上是各种原材料、人工工资和相关费用转移到产品的全过程，可以从以下三个方面进行纳税筹划。

1. 存货计价的纳税筹划

存货的计价方法有多种，按照现行的税法规定，纳税人存货的计算应以实际成本为准。纳税人各项存货的发生和领用的成本计价方法，可以在先进先出法、加权平均法、个别计价法中选一种。计价方法一经选用，不得随意变更。虽然从长期看来，存货的计价方法不会对应纳增值税总额产生影响，但是不同的存货计价方法可以通过改变销售成本，继而改变所得税纳税义务在时间上的分布来影响企业价值。从筹划的角度看来，纳税人可以通过采用不同的计价方法对发出存货的成本进行筹划，根据实际情况选择有利于纳税筹划的存货计价方法。

如果预计企业将长期盈利，则存货成本可以最大限度地在本期所得额中税前扣除，应选择使得本期存货成本最大化的存货计价方法；如果预计企业将亏损或者企业已经亏损，选择的计价方法必须使亏损尚未得到完全弥补的年度的成本费用降低，尽量使成本费用延迟到以后能够完全得到抵补的时期，才能保证成本费用的抵税效果最大化。如果企业正处于所得税减税或免税期间，就意味着企业获得的利润越多，得到的减免税额越多,因此,应该选择减免税期间内存货成本最小化的计价方法,减少企业的当期摊入,尽量将存货成本转移到非税收优惠期间。相反,当企业处于非税收优惠期间时,应选择使得存货成本最大化的计价方法,以达到减少当期应纳税所得额、延迟纳税的目的。

2. 固定资产的纳税筹划

首先,在固定资产计价方面,由于折旧费用是在未来较长时间内陆续计提的,为降低本期税负,新增固定资产的入账价值要尽可能低。例如,对于成套固定资产,其易损件、小配件可以单独开票作为低值易耗品入账,低值易耗品在领用时可以一次或分次直接计入当期费用,这就降低了当期的应纳税所得额。其次,从固定资产折旧年限来看,固定资产的折旧年限是人为估计值,虽然税法对固定资产规定了最低的折旧年限,纳税筹划不能突破关于折旧年限的最低要求,但是,当企业正处于税收优惠期间或亏损期间时,较高估计固定资产折旧年限有助于其抵税效果最大化。最后,在固定资产折旧方法方面,税法规定在一般情况下应该采取直线法计算固定资产的折旧,只有当企业的固定资产由于技术进步等原因,确需加速折旧时,才可以缩短折旧年限或采用加速折旧方法。在考虑了货币的时间价值后,直线法折旧和加速折旧法会对折旧的抵税收益造成不同影响,加速折旧法包括双倍余额递减法和年数总额法,这两种折旧方法的抵税效益也不相同,在进行纳税筹划时,要慎重选择。

推迟利润的实现获取货币的时间价值并不是固定资产纳税筹划的最终目的,不同税收政策的企业,以及不同盈利状况的企业应该选取不同的筹划方法。对于盈利企业,新增固定资产入账时,其账面价值应尽可能低,尽可能在当期扣除相关费用,尽量缩短折旧年限或采用加速折旧法。对于亏损企业和享受税收优惠的企业,应该合理预计企业的税收优惠期间或弥补亏损所需年限,采用适当的折旧安排,尽量在税收优惠期间和亏损期间少提折旧,以达到抵税收益最大化。

3. 期间费用的纳税筹划

企业在生产经营过程中所发生的费用和损失,只有部分能够计入所得税扣除项目,且有些扣除项目还有限额规定。例如企业发生的招待费支出,按照发生额的60%扣除,但最高不得超过当年销售收入的5‰。因此,企业应该严格规划招待费的支出时间,对于金额巨大的招待费,争取在两个或多个会计年度分别支出,从而使扣除金额最多。

(三) 销售的纳税管理

销售在企业经营管理中占有非常重要的地位,销售收入的大小不仅关系到当期流转税额,也关系到企业应纳税所得额,是影响企业税收负担的主要环节。企业销售过程中需要注意以下税收问题。

1. 结算方式的纳税筹划

不同销售结算方式中纳税义务的发生时间不同,这为企业进行纳税筹划提供了可能。销售结算方式的筹划是指在税法允许的范围内,尽量采取有利于本企业的结算方式,以推迟纳税时间,获得纳税期的递延。分期收款结算方式以合同约定日期为纳税义务发生时间，企业在产品销售过程中，在应收款项无法收回或只能部分收回情况下，应该选择分期收款结算方式。在委托代销商品方式下，委托方在收到销货清单时才确认销售收入，产生纳税义务。因此，企业在不能及时收到货款的情况下，可以采用委托代销、分期收款等销售方式，等收到代销清单或合同约定的收款日期到来时再开具发票，承担纳税义务，从而起到延缓纳税的作用。

2. 促销方式的纳税筹划

在不同促销方式下，同样的产品取得的销售额有所不同，其应交增值税也有可能不一样。在销售环节，常见的销售方式有销售折扣和折扣销售。销售折扣是指销货方在销售货物或提供应税劳务和应税服务后，为了鼓励购货方及早偿还货款而许诺给予购货方的一种折扣优待，又称为现金折扣。销售折扣不得从销售额中减除，不能减少增值税纳税义务，但是可以尽早收到货款，可以提高企业资金周转效率。折扣销售，是给予消费者购货价格上的优惠，如 8 折销售等。如果销售额和折扣额在同一张发票上注明，可以销售额扣除折扣额后的余额作为计税金额，减少企业的销项税额。

在零售环节，常见的促销方式有折扣销售、实物折扣和以旧换新等，实物折扣，是指销货方在销售过程中，当购买方购买货物时配送、赠送一定数量的货物，实物款额不仅不能从货物销售额中减除，而且还需要按"赠送他人"计征增值税。以旧换新，一般应按新货物的同期销售价格确定销售额，不得扣减旧货物的收购价格。因此，从税负角度考虑，企业适合选择折扣销售方式。

五、企业利润分配纳税管理

企业通过投资活动和营运活动取得的收入在弥补了相应的成本费用之后，便形成了企业的利润总额，由此进入了企业利润分配环节，利润分配纳税管理主要包括两个部分：所得税纳税管理和股利分配纳税管理。

（一）所得税纳税管理

为了保证股东分配的利润水平，在合法、合理的情况下，纳税人应该通过纳税筹划尽可能减少企业的所得税纳税义务或者递延缴纳所得税。基于税收法定原则，所得税的纳税金额和纳税时间在经济事项或交易发生之时就已经确定，对于所得税的纳税筹划，主要是在筹资、投资和经营环节，筹划思路和方法前已述及。而利润分配环节的所得税纳税管理主要体现为亏损弥补的纳税筹划。

亏损弥补的纳税筹划，最重要的就是正确把握亏损弥补期限。税法规定，纳税人发生年度亏损，可以用下一纳税年度的所得弥补；下一年度的所得不足以弥补的，可以逐年延续弥补，但延续弥补期最长不得超过 5 年。值得注意的是，这里的亏损是指税法上的亏损，即应纳税所得额为负值。因此，当企业发生亏损后，纳税筹划的首要任务是增加收入或减少可抵扣项目，使应纳税所得额尽可能多，以尽快弥补亏损，获得抵税收益。例如，可以利用税法允许的资产计价和摊销方法的选择权，少列扣除项目和扣除金额，使企业尽早盈利以及时弥补亏损。

(二) 股利分配纳税管理

由于股东面临双重税负，公司分配给投资者的股利并不是股东的最终收益，为了降低股东的纳税义务、分享到更多收益，公司有必要对股利分配进行纳税筹划。股利分配纳税筹划首要考虑的问题是企业是否分配股利。由于《企业所得税法》和《个人所得税法》对投资收益的税务处理规定不同，因此，对于不同类型股东，公司侧重于不同的股利政策。

1. 基于自然人股东的纳税筹划

对于自然人股东而言，从上市公司取得的股息红利收益和资本利得收益的纳税负担不同。据《关于上市公司股息红利差别个人所得税政策有关问题的通知》（财税〔2015〕101号）的规定，个人从公开发行和转让市场取得的上市公司股票，持股期限超过1年的，股息红利所得暂免征收个人所得税。持股期限在1个月以内（含1个月）的，其股息红利所得全额计入应纳税所得额；持股期限在1个月以上至1年（含1年）的，暂减按50%计入应纳税所得额；上述所得统一适用20%的税率计征个人所得税。如果投资个人不是获取现金或股票股利，而是通过股票交易获得投资收益，对股票转让所得不征收个人所得税，即暂不征收资本利得税，但投资个人在股票交易时需承担成交金额的1‰的印花税。因此，当前法律制度下，对于上市公司自身而言，进行股利分配可以鼓励个人投资者长期持有公司股票，有利于稳定股价；对于自然人股东而言，如果持股期限超过1年，由于股票转让投资收益的税负（印花税）重于股息红利收益的税负（零税负），上市公司发放股利有利于长期持股的个人股东获得纳税方面的好处。

2. 基于法人股东的纳税筹划

这里的法人股东主要是指具有独立法人人格的公司制企业。根据我国《企业所得税法》的规定，投资企业从居民企业取得的股息等权益性收益所得只要符合相关规定都可享受免税收入待遇，而不论该投资企业是否为居民企业。而投资企业通过股权转让等方式取得的投资收益需要计入应纳税所得额，按企业适用的所得税税率缴纳企业所得税。由此可知，如果被投资企业进行股利分配，则投资企业取得的股息红利收益不需要缴纳企业所得税，而如果被投资企业不进行股利分配，投资企业直接以转让股权方式取得投资收益，则会导致原本可免征企业所得税的股息红利投资收益转化成股权转让收益缴纳企业所得税，因此，被投资企业进行股利分配有利于投资企业减轻税收负担。因此，基于法人股东考虑，公司进行股利分配可以帮助股东减少纳税负担，增加股东报酬，为了维持与股东的良好关系，保障股东利益，在企业财务状况允许的情况下，公司应该进行股利分配。

以上两点仅仅是从股东税负方面对股利分配政策进行筹划，在实际工作中，股利分配的制约因素很多，包括法律因素、公司因素、股东因素等，避税仅仅是股东所考虑的因素的一个方面，所以获得高投资收益才是股东所关心的问题。因此，在进行纳税筹划时，应该坚持系统性原则，综合考虑股利分配的各方面制约因素，这一环节的纳税筹划目标不仅仅是股东税负最小，更是要选择有利于企业长远发展的筹划方案，这样更有利于增加股东财富。

第四节 利润分配管理

一、股利政策与企业价值

股利政策是指在法律允许的范围内，企业是否发放股利、发放多少股利及何时发放股利的方针及对策。

股利政策的最终目标是使公司价值最大化。股利往往可以向市场传递一些信息，股利发放的多寡、是否稳定、是否增长等，往往是大多数投资者推测公司经营状况、发展前景优劣的依据。因此，股利政策关系到公司在市场上、在投资者中间的形象，成功的股利政策有利于提高公司的市场价值。

（一）股利分配理论

企业的股利分配方案既取决于企业的股利政策，又取决于决策者对股利分配的理解与认识，即股利分配理论。股利分配理论是指人们对股利分配的客观规律的科学认识与总结，其核心问题是股利政策与公司价值的关系问题。在市场经济条件下，股利分配要符合财务管理目标。人们对股利分配与财务目标之间关系的认识存在不同的流派与观念，还没有一种被大多数人所接受的权威观点和结论。其中，比较流行的两种观点如下。

1. 股利无关论

股利无关论认为，在一定的假设条件限制下，股利政策不会对公司的价值或股票的价格产生任何影响，投资者不关心公司股利的分配。公司市场价值的高低，是由公司所选择的投资决策的获利能力和风险组合所决定的，而与公司的利润分配政策无关。

由于公司对股东的分红只能采取派现或股票回购等方式，因此，在完全有效的资本市场上，股利政策的改变就仅仅意味着股东的收益在现金股利与资本利得之间分配上的变化。如果投资者按理性行事，则这种改变不会影响公司的市场价值及股东的财富。该理论是建立在完全资本市场理论之上的，假定条件包括：第一，市场具有强式效率，没有交易成本，没有任何一个股东的实力足以影响股票价格；第二，不存在任何公司或个人所得税；第三，不存在任何筹资费用；第四，公司的投资决策与股利决策彼此独立，即投资决策不受股利分配的影响；第五，股东对股利收入和资本增值之间并无偏好。

2. 股利相关理论

与股利无关理论相反，股利相关理论认为，企业的股利政策会影响股票价格和公司价值。主要观点有以下几种。

（1）"手中鸟"理论。"手中鸟"理论认为，用留存收益再投资给投资者带来的收益具有较大的不确定性，并且投资的风险随着时间的推移会进一步加大，因此，厌恶风险的投资者会偏好确定的股利收益，而不愿将收益留存在公司内部去承担未来的投资风险。该理论认为公司的股利政策与公司的股票价格是密切相关的，即当公司支付较高的股利时，公司的股票价格会随之上升，公司价值将得到提高。

（2）信号传递理论。信号传递理论认为，在信息不对称的情况下，公司可以通过股利政策向市场传递有关公司未来获利能力的信息，从而会影响公司的股价。一般来讲，预期未来获利能力强的公司，往往愿意通过相对较高的股利支付水平把自己同预期获利能力差的公司区别开来，以吸引更多的投资者。对于市场上的投资者来讲，股利政策的差异或许是反映公司预期获利能力的有价值的信号。如果公司连续保持较为稳定的股利支付水平，那么，投资者就可能对公司未来的盈利能力与现金流量抱有乐观的预期。另外，如果公司的股利支付水平在过去一个较长的时期内相对稳定，而现在却有所变动，投资者将会把这种现象看作公司管理当局将改变公司未来收益率的信号，股票市价将会对股利的变动做出反应。

（3）所得税差异理论。所得税差异理论认为，由于普遍存在的税率及纳税时间的差异，资本利得收益比股利收益更有助于实现收益最大化目标，公司应当采用低股利政策。一般来说，对资本利得收益征收的税率低于对股利收益征收的税率。再者，即使两者没有税率上的差异，由于投资者对资本利得收益的纳税时间选择更具有弹性，投资者仍可以享受延迟纳税带来的收益差异。

（4）代理理论。代理理论认为，股利政策有助于减缓管理者与股东之间的代理冲突，即股利政策是协调股东与管理者之间代理关系的一种约束机制。该理论认为，股利的支付能够有效地降低代理成本。首先，股利的支付减少了管理者对自由现金流量的支配权，这在一定程度上可以抑制公司管理者的过度投资或在职消费行为，从而保护外部投资者的利益；其次，较多的现金股利发放，减少了内部融资，导致公司进入资本市场寻求外部融资，从而公司将接受资本市场上更多的、更严格的监督，这样便通过资本市场的监督减少了代理成本。因此，高水平的股利政策降低了企业的代理成本，但同时也增加了外部融资成本，理想的股利政策应当使两种成本之和最小。

（二）股利政策

股利政策由企业在不违反国家有关法律、法规的前提下，根据本企业具体情况制定。股利政策既要保持相对稳定，又要符合公司财务目标和发展目标。在实际工作中，通常有以下几种股利政策可供选择。

1. 剩余股利政策

剩余股利政策是指公司在有良好的投资机会时，根据目标资本结构，测算出投资所需的权益资本额，先从盈余中留用，然后将剩余的盈余作为股利来分配，即净利润首先满足公司的权益资金需求，如果还有剩余，就派发股利；如果没有剩余，则不派发股利。剩余股利政策的理论依据是股利无关理论。根据股利无关理论，在完全理想的资本市场中，公司的股利政策与普通股每股市价无关，故而股利政策只需随着公司投资、融资方案的制订而自然确定。因此，采用剩余股利政策时，公司要遵循如下四个步骤。

（1）设定目标资本结构，在此资本结构下，公司的加权平均资本成本将达最低水平。

（2）确定公司的最佳预算，并根据公司的目标资本结构预计资金需求中所需增加的权益资本数额。

（3）最大限度地使用留存收益来满足资金需求中所需增加的权益资本数额。

（4）留存收益在满足公司权益资本增加需求后，若还有剩余再用来发放股利。

【例 8-2】 某公司 2017 年税后净利润为 1 000 万元,2018 年的投资计划需要资金为 1 200 万元,公司的目标资本结构为权益资本占 60%,债务资本占 40%。

按照目标资本结构的要求,公司投资方案所需的权益资本数额为:

$$1\,200 \times 60\% = 720\,(万元)$$

公司当年全部可用于分派的盈利为 1 000 万元,除了满足上述投资方案所需的权益资本数额外,还有剩余可用于发放股利。2017 年,公司可以发放的股利额为:

$$1\,000 - 720 = 280\,(万元)$$

假设该公司当年流通在外的普通股为 1 000 万股,那么,每股股利为:

$$280 / 1\,000 = 0.28\,(元/股)$$

剩余股利政策的优点是:留存收益优先满足再投资的需要权益资金,有助于降低再投资的资金成本,保持最佳的资本结构,实现企业价值的长期最大化。

剩余股利政策的缺陷是:若完全遵照执行剩余股利政策,股利发放额就会每年随着投资机会和盈利水平的波动而波动。在盈利水平不变的前提下,股利发放额与投资机会的多寡呈反方向变动;而在投资机会维持不变的情况下,股利发放额将与公司盈利呈同方向波动。剩余股利政策不利于投资者安排收入与支出,也不利于公司树立良好的形象,一般适用于公司初创阶段。

2. 固定或稳定增长的股利政策

固定或稳定增长的股利政策是指公司将每年派发的股利额固定在某一特定水平或是在此基础上维持某固定比率逐年稳定增长。公司只有在确信未来盈余不会发生逆转时才会宣布实施固定或稳定增长的股利政策。在这一政策下,应首先确定股利分配额,而且该分配额一般不随资金需求的波动而波动。

固定或稳定增长股利政策的优点有:① 稳定的股利向市场传递着公司正常发展的信息,有利于公司树立良好的形象,增强投资者对公司的信心,稳定股票的价格;② 稳定的股利额有助于投资者安排股利收入和支出,有利于吸引那些打算进行长期投资并对股利有很高依赖性的股东;③ 固定或稳定增长的股利政策可能会不符合剩余股利理论,但考虑到股票市场会受多种因素影响(包括股东的心理状态和其他要求),为了将股利或股利增长率维持在稳定的水平上,即使推迟某些投资方案或暂时偏离目标资本结构,也可能比降低股利或股利增长率更为有利。

固定或稳定增长股利政策的缺点有:股利的支付与企业的盈利相脱节,即不论公司盈利多少,均要支付固定的或按固定比率增长的股利,这可能会导致企业资金紧缺,财务状况恶化。此外,在企业无利可分的情况下,若依然实施固定或稳定增长的股利政策,也是违反《中华人民共和国公司法》的行为。

因此,采用固定或稳定增长的股利政策,要求公司对未来的盈利和支付能力能做出准确的判断。一般来说,公司确定的固定股利额不宜太高,以免陷入无力支付的被动局面。固定或稳定增长的股利政策通常适用于经营比较稳定或正处于成长期的企业,但很难被长期采用。

3. 固定股利支付率政策

固定股利支付率政策是指公司将每年净利润的某固定百分比作为股利分派给股东。这一百分比通常称为股利支付率，股利支付率一经确定，一般不得随意变更。在这种股利政策下，只要公司的税后利润一经计算确定，所派发的股利也就相应确定了。固定股利支付率越高，公司留存的净利润越少。

固定股利支付率政策的优点：① 采用固定股利支付率政策，股利与公司盈余紧密地配合，体现了"多盈多分、少盈少分、无盈不分"的股利分配原则；② 由于公司的获利能力在年度间是经常变动的，因此，每年的股利也应当随着公司收益的变动而变动。采用固定股利支付率政策，公司每年按固定的比例从税后利润中支付现金股利，从企业的支付能力的角度来看，这是一种稳定的股利政策。

固定股利支付率政策的缺点：① 大多数公司每年的收益很难保持稳定不变，导致年度间的股利额波动较大，由于股利的信号传递作用，波动的股利很容易给投资者带来经营状况不稳定、投资风险较大的不良印象，成为影响股价的不利因素；② 容易使公司面临较大的财务压力，这是因为公司实现的盈利多，并不能代表公司有足够的现金流用来支付较多的股利额；③ 合适的固定股利支付率的确定难度比较大。

由于公司每年面临的投资机会、筹资渠道都不同，而这些都可以影响公司的股利分派，所以，一成不变地奉行固定股利支付率政策的公司在实际中并不多见，固定股利支付率政策只是较适用于那些处于稳定发展且财务状况也较稳定的公司。

4. 低正常股利加额外股利政策

低正常股利加额外股利政策是指公司事先设定一个较低的正常股利额，每年除了按正常股利额向股东发放股利外，还在公司盈余、资金较为充裕的年份向股东发放额外股利支付额。但是，额外股利并不固定化，不意味着公司永久地提高了，其可以用以下计算公式表示：

$$Y = a + bX \tag{8-19}$$

式中，Y 为每股股利；X 为每股收益；a 为低正常股利；b 为额外股利支付比率。

低正常股利加额外股利政策的优点：① 赋予公司较大的灵活性，使公司在股利发放上留有余地，并具有较大的财务弹性，公司可根据每年的具体情况，选择不同的股利发放水平，以稳定和提高股价，进而实现公司价值的最大化；② 使那些依靠股利度日的股东每年至少可以得到虽然较低但比较稳定的股利收入，从而吸引住这部分股东。

低正常股利加额外股利政策的缺点：① 由于各年度之间公司盈利的波动使得额外股利不断变化，造成分派的股利不同，容易给投资者造成收益不稳定的感觉；② 当公司在较长时间持续发放额外股利后，可能会被股东误认为"正常股利"，一旦取消，传递出的信号可能会使股东认为这是公司财务状况恶化的表现，进而导致股价下跌。

相对来说，对那些盈利随着经济周期而波动较大的公司或者盈利与现金流量很不稳定时，低正常股利加额外股利政策也许是种不错的选择。

二、利润分配制约因素

企业的利润分配涉及企业相关各方的切身利益，受众多不确定因素的影响，在确定分配政策时,应当考虑各种相关因素的影响,主要包括法律、公司、股东及其他因素。

(一) 法律因素

为了保护债权人和股东的利益,法律法规就公司的利润分配做出了以下规定。

1. 资本保全约束

规定公司不能用资本(包括实收资本或股本和资本公积)发放股利,目的在于维持企业资本的完整性,防止企业任意减少资本结构中的所有者权益的比例,保护企业完整的产权基础,保障债权人的利益。

2. 资本积累约束

规定公司必须按照一定的比例和基数提取各种公积金,股利只能从企业的可供股东分配利润中支付。此处可供股东分配利润包含公司当期的净利润按照规定提取各种公积金后的余额和以前累积的未分配利润。另外,在进行利润分配时,一般应当贯彻"无利不分"的原则,即当企业出现年度亏损时,一般不进行利润分配。

3. 超额累积利润约束

由于资本利得与股利收入的税率不一致,如果公司为了股东避税而使得盈余的保留大大超过了公司目前及未来的投资需要,将被加征额外的税款。

4. 偿债能力约束

偿债能力是企业按时、足额偿付各种到期债务的能力。如果当期没有足够的现金派发股利,则不能保证企业在短期债务到期时有足够的偿债能力,这就要求公司考虑现金股利分配对偿债能力的影响,确定在分配后仍能保持较强的偿债能力,以维持公司的信誉和借贷能力,从而保证公司的正常资金周转。

(二) 公司因素

公司基于短期经营和长期发展的考虑,在确定利润分配政策时,需要关注以下因素。

1. 现金流量

由于会计规范的要求和核算方法的选择,公司盈余与现金流量并非完全同步,净收入的增加不一定意味着可供分配的现金流量的增加。公司在进行利润分配时,要保证正常的经营活动对现金的需求,以维持资金的正常周转,使生产经营得以有序进行。

2. 资产的流动性

企业现金股利的支付会减少其现金持有量,降低资产的流动性,而保持一定的资产流动性是企业正常运转的必备条件。

3. 盈余的稳定性

企业的利润分配政策在很大程度上会受盈利稳定性的影响。一般来讲,公司的盈余越稳定,其股利支付水平也就越高。对于盈利不稳定的公司,可以采用低股利政策。

4. 投资机会

如果公司的投资机会多,对资金的需求量大,那么它就很可能会考虑采用低股利支付水平的分配政策;相反,如果公司的投资机会少,对资金的需求量小,那么它就很可能倾向于采用较高的股利支付水平的分配政策。此外,如果公司将留存收益用于再投资所得报酬低于股东个人单独将股利收入投资于其他投资机会所得的报酬,公司就不应多留留存收益,而应多发放股利,这样有利于股东价值的最大化。

5. 筹资因素

如果公司具有较强的筹资能力,随时能筹集到所需资金,那么它会具有较强的股利支付能力。另外,留存收益是企业内部筹资的一种重要方式,它同发行新股或举债相比,不需花费筹资费用,同时增加了公司权益资本的比重,降低了财务风险,便于以低成本取得债务资本。

6. 其他因素

由于股利的信号传递作用,公司不宜经常改变其利润分配政策,应保持一定的连续性和稳定性。此外,利润分配政策还会受其他因素的影响,比如不同发展阶段、不同行业的公司股利支付比例会有差异,这就要求公司在进行政策选择时要考虑发展阶段及所处行业状况。

(三) 股东因素

股东在控制权、收入和税负方面的考虑也会对公司的利润分配政策产生影响。

1. 控制权

现有股东往往将股利政策作为维持其控制地位的工具。公司支付较高的股利会导致留存收益减少,当公司为有利可图的投资机会筹集所需资金时,发行新股的可能性增大,新股东的加入必然稀释现有股东的控制权。所以,股东会倾向于较低的股利支付水平,以便从内部的留存收益中取得所需资金。

2. 稳定的收入

如果股东依赖现金股利维持生活,他们往往也要求较多的股利支付,而反对留存过多的利润。还有一些股东认为通过留存收益引起股价上涨而获得的资本利得是有风险的,而目前的股利是确定的,即便是现在较少的股利,也强于未来的资本利得,因此他们往往也要求较多的股利支付。

3. 避税

政府对企业利润征收所得税以后,还要对自然人股东征收个人所得税,股利收入的税率要高于资本利得的税率。一些高股利收入的股东出于避税的考虑,往往倾向于较低的股利支付水平。

(四) 其他因素

1. 债务契约

一般来说,股利支付水平越高,留存收益越少,公司的破产风险加大,就越有可能损害债权人的利益。因此,为了保证自己的利益不受侵害,债权人通常都会在债务契约、租赁合同中加入关于借款公司股利政策的限制条款。

2. 通货膨胀

通货膨胀会带来货币购买力水平下降,导致固定资产重置资金不足,此时,企业往往不得不考虑留用一定的利润,以便弥补由于购买力下降而造成的固定资产重置资金缺口。因此,在通货膨胀时期,企业一般会采取偏紧的利润分配政策。

三、股利支付形式与程序

(一) 股利支付形式

1. 现金股利

现金股利,是以现金支付的股利,它是股利支付最常见的方式。公司选择发放现金股利除了要有足够的留存收益外,还要有足够的现金,而现金充足与否往往会成为公司发放现金股利的主要制约因素。

2. 财产股利

财产股利,是以现金以外的其他资产支付的股利,主要是以公司所拥有的其他公司的有价证券,如债券、股票等作为股利支付给股东。

3. 负债股利

负债股利,是以负债方式支付的股利,通常以公司的应付票据支付给股东,有时也以发放公司债券的方式支付股利。财产股利和负债股利实际上是现金股利的替代,但这两种股利支付形式在我国公司实务中很少使用。

4. 股票股利

股票股利,是公司以增发股票的方式所支付的股利,在我国实务中通常将其称为"红股"。发放股票股利对公司来说,并没有现金流出企业,也不会导致公司的财产减少,而只是将公司的未分配利润转化为股本和资本公积。但股票股利会增加流通在外的股票数量,同时降低股票的每股价值。它不改变公司股东权益总额,但会改变股东权益的构成。

对公司来讲,股票股利的优点主要如下。

(1) 发放股票股利不需要向股东支付现金,在再投资机会较多的情况下,公司就可以为再投资提供成本较低的资金,从而有利于公司的发展。

(2) 发放股票股利可以降低公司股票的市场价格,既有利于促进股票的交易和流通,又有利于吸引更多的投资者成为公司股东,进而使股权更为分散,有效地防止公司被恶意控制。

(3) 股票股利的发放可以传递公司未来发展前景良好的信息,从而增强投资者的信心,在一定程度上稳定股票价格。

(二) 股利支付程序

公司股利的发放必须遵守相关的要求,按照日程安排来进行。在一般情况下,先由董事会提出分配预案,然后提交股东大会决议,股东大会决议通过后才能进行分配。股东大会决议通过分配预案后,要向股东宣布发放股利的方案,并确定股权登记日、除息日和股利发放日。

(1) 股利宣告日,即股东大会决议通过并由董事会将股利支付情况予以公告的日期。公告中将宣布每股应支付的股利、股权登记日、除息日及股利支付日。

（2）股权登记日，即有权领取本期股利的股东资格登记截止日期。凡是在此指定日期收盘之前取得公司股票，成为公司在册股东的投资者都可以作为股东享受公司本期分派的股利。在这天之后取得股票的股东则无权领取本次分派的股利。

（3）除息日，即领取股利的权利与股票分离的日期。在除息日之前购买股票的股东才能领取本次股利，而在除息日当天或是以后购买股票的股东，则不能领取本次股利。由于失去了"收息"的权利，除息日的股票价格会下跌。除息日是股权登记的下一个交易日。

（4）股利发放日，即公司按照公布的分红方案向股权登记日在册的股东实际支付股利的日期。

四、股票分割与股票回购

（一）股票分制

1. 股票分割的概念

股票分割，又称拆股，即将一股股票拆分成多股股票的行为。股票分割一般只会增加发行在外的股票总数，但不会对公司的资本结构产生任何影响。股票分割与股票股利非常相似，都是在不增加股东权益的情况下增加了股份的数量，所不同的是，股票股利虽不会引起股东权益总额的改变，但股东权益的内部结构会发生变化，而股票分割之后，股东权益总额及其内部结构都不会发生任何变化，变化的只是股票面值。

2. 股票分割的作用

（1）降低股票价格。股票分割会使每股市价降低，买卖该股票所需资金量减少，从而可以促进股票的流通和交易。流通性的提高和股东数量的增加，会在一定程度上加大对公司股票恶意收购的难度。此外，降低股票价格还可以为公司发行新股做准备，因为股价太高会使许多潜在投资者力不从心而不敢轻易对公司股票进行投资。

（2）向市场和投资者传递"公司发展前景良好"的信号，有助于提高投资者对公司股票的信心。

3. 反分割

与股票分割相反，如果公司认为其股票价格过低，不利于其在市场上的声誉和未来的再筹资，为提高股票的价格，会采取反分割措施。反分割又称为股票合并或逆向分割，是指将多股股票合并为一股股票的行为。反分割显然会降低股票的流通性，提高公司股票投资的门槛，它向市场传递的信息通常是不利的。

（二）股票回购

1. 股票回购的含义及方式

股票回购是指上市公司出资将其发行在外的普通股以一定价格购买回来予以注销或作为库存股的一种资本运作方式。公司不得随意收购本公司的股份，只有满足相关法律规定的情形才允许股票回购。

股票回购的方式主要包括公开市场回购、要约回购和协议回购三种。其中，公开市场回购是指公司在公开交易市场上以当前市价回购股票；要约回购是指公司在特定期间向股东发出以高出当前市价的某价格回购既定数量股票的要约，并根据要约内容进行回购；协议回购则是指公司以协议价格直接向一个或几个主要股东回购股票。

2. 股票回购的动机

在证券市场上，股票回购的动机多种多样，主要有以下几种。

（1）现金股利的替代。现金股利政策会对公司产生未来的派现压力，而股票回购不会。当公司有富余资金时，通过回购股东所持股票将现金分配给股东，这样，股东就可以根据自己的需要选择继续持有股票或出售获得现金。

（2）改变公司的资本结构。无论是现金回购还是举债回购股份，都会提高公司的财务杠杆水平，改变公司的资本结构。公司认为权益资本在资本结构中所占比例较大时，为了调整资本结构而进行股票回购，可以在一定程度上降低整体资本成本。

（3）传递公司信息。由于信息不对称和预期差异，证券市场上的公司股票价格可能被低估，而过低的股价将会对公司产生负面影响。在一般情况下，投资者会认为股票回购意味着公司认为其股票价值被低估而采取的应对措施。

（4）基于控制权的考虑。控股股东为了保证其控制权不被改变，往往采取直接或间接的方式回购股票，从而巩固既有的控制权。另外，股票回购使流通在外的股份数变少，股价上升，从而可以有效地防止敌意收购。

3. 股票回购的影响

股票回购对上市公司的影响主要表现在以下几个方面。

（1）股票回购需要大量资金支付回购成本，容易造成资金紧张，降低资产流动性，影响公司的后续发展。

（2）股票回购无异于股东退股和公司资本的减少，也可能会使公司的发起人股东更注重创业利润的实现，从而不仅在一定程度上削弱了对债权人利益的保护，而且忽视了公司的长远发展，损害了公司的根本利益。

（3）股票回购容易导致公司操纵股价。公司回购自己的股票容易导致其利用内幕消息进行炒作，加剧公司行为的非规范化，损害投资者的利益。

五、股权激励

随着资本市场的发展和公司治理的完善，公司股权日益分散化，管理技术日益复杂化。为了合理激励公司管理人员，创新激励方式，一些大公司纷纷推行了股票期权等形式的股权激励机制。股权激励是通过经营者的经济权利，使他们能够以股东的身份参与企业决策、获得公司股权形式给予企分享利润、承担风险，从而勤勉尽责地为公司的长期发展服务的一种激励方法。现阶段，股权激励模式主要有：股票期权模式，限制性股票模式、股票增值权模式、业绩股票模式和虚拟股票模式等。下面主要介绍四种较为普遍的股权激励模式。

（一）股票期权模式

股票期权是指股份公司赋予激励对象（如经理人员）在未来某特定日期内以预先确

定的价格和条件购买公司一定数量股份的选择权。持有这种权利的经理人既可以按照特定价格购买公司一定数量的股票，也可以放弃购买股票的权利，但股票期权本身不可转让。

股票期权实质上是公司给予激励对象的一种激励收益，但能否取得该收益取决于以经理人为首的相关人员是否通过努力实现公司的目标。在行权期内，如果股价高于行权价格，激励对象可以通过行权获得市场价与行权价格差带来的收益，否则，将放弃行权。《上市公司股权激励管理办法》对股票期权行权的规定为股票期权授权日与获授股票期权首次可以行权日之间的间隔不得少于1年。股票期权的有效期从授权日计算不得超过10年。

股票期权模式的优点在于能够降低委托代理成本，将经营者的收益与公司的长期利益绑在一起，实现了经营者与企业所有者利益的高度一致，使二者的利益紧密联系起来，并且有利于降低激励成本。另外，可以锁定期权人的风险。由于期权人事先没有支付成本或支付成本较低，如果行权时公司股票价格下跌，期权人可以放弃行权，几乎没有损失。

股票期权激励模式存下以下缺点。

（1）影响现有股东的权益。激励对象行权将会分散股权，改变公司的总资本和股本结构，会影响到现有股东的权益，可能导致产权和经济纠纷。

（2）可能遭遇来自股票市场的风险。由于股票市场受较多不可控因素的影响，导致股票市场的价格具有不确定性，持续的牛市会产生"收入差距过大"的问题；在期权人行权但尚未售出购入的股票时，如果股价下跌至行权价以下，期权人将同时承担行权后纳税和股票跌破行权价的双重损失的风险。

（3）可能带来经营者的短期行为。由于股票期权的收益取决于行权之日市场上的股票价格高于行权价格的差额，因而可能促使公司的经营者片面追求股价提升的短期行为，而放弃有利于公司发展的重要投资机会。

股票期权模式比较适合那些初始资本投入较少，资本增值较快，处于成长初期或扩张期的企业，如网络、高科技等风险较高的企业等。

（二）限制性股票模式

限制性股票是指公司为了实现某一特定目标，先将一定数量的股票赠予或以较低价格售予激励对象。只有在实现预定目标后，激励对象才可将限制性股票抛售并从中获利；若预定目标没有实现，公司有权将免费赠予的限制性股票收回或者将售出股票以激励对象购买时的价格回购。

由于只有达到限制性股票所规定的限制性期限时，持有人才能拥有实在的股票，因此在限制期间公司不需要支付现金对价，便能够留住人才。但限制性股票缺乏一个能推动企业股价上涨的激励机制，即在企业股价下跌的时候，激励对象仍能获得股份，这样可能达不到激励的效果，并使股东遭受损失。

对于处于成熟期的企业，由于其股价的上涨空间有限，因此采用限制性股票模式较为合适。

(三)股票增值权模式

股票增值权模式是指公司授予经营者一种权利,如果经营者努力经营企业,在规定的期限内,公司股票价格上升或业绩上升,经营者就可以按一定比例获得这种由股价上扬或业绩提升所带来的收益,收益为行权价与行权日二级市场股价之间的差价或净资产的增值额。激励对象不用为行权支付现金,行权后由公司支付现金、股票或股票和现金的组合。

股票增值权模式比较易于操作,股票增值权持有人在行权时,直接兑现股票升值部分。首先,这种模式审批程序简单,无须解决股票来源问题。但由于激励对象不能获得真正意义上的股票,激励的效果相对较差。其次,公司方面需要提取奖励基金,从而使公司的现金支付压力较大。因此,股票增值权激励模式较适合现金流量比较充裕且比较稳定的上市公司和现金流量比较充裕的非上市公司。

(四)业绩股票激励模式

业绩股票激励模式是指公司在年初确定一个合理的年度业绩目标,如果激励对象经过大量努力后,在年末实现了公司预定的年度业绩目标,则公司给予激励对象一定数量的股票,或奖励其一定数量的奖金来购买本公司的股票。业绩股票在锁定一定年限以后才可以兑现。因此,这种激励模式是根据被激励者完成业绩目标的情况,以普通股作为长期激励形式支付给经营者的激励机制。

业绩股票模式能够激励公司高管人员努力完成业绩目标,激励对象获得激励股票后便成为公司的股东,与原股东有了共同利益,会更加努力地去提升公司的业绩,进而获得因公司股价上涨而带来的更多的收益。但由于公司的业绩目标确定的科学性很难保证,容易导致公司高管人员为获得业绩股票而弄虚作假,同时,激励成本较高,可能造成公司支付现金的压力。业绩股票激励模式只对公司的业绩目标进行考核,不要求股价的上涨,因此比较适合业绩稳定型的上市公司及其集团公司、子公司。

本章小结

本章学习重点是在理解收入与分配管理的意义、原则和内容的基础上,掌握收入管理的预测方法及影响因素。在此过程中企业筹资、投资、营运、利润分配纳税管理的知识也尤为重要,并在实践中熟悉分配管理的理论、制约因素及支付形式与程序,最终为推动企业可持续发展指明方向。

练习题

一、简答题

1. 简述收入分配管理的内容和原则。
2. 简述影响产品价格的因素。
3. 简述纳税筹划的方法。
4. 简述股利政策具体有哪些。

5. 简述股权激励的模式。

二、案例题

苹果计算机公司股利政策案例

苹果计算机公司创立于1976年,到1980年,该公司研制生产的家用电脑已经销售13万多台,销售收入达到1.17亿美元。1980年苹果公司首次公开发行股票上市。上市以后,公司得到快速成长,到1986年,公司的销售收入已达197美元,实现净利润1.54亿美元。1980~1986年,苹果公司的净利润年增长率达到53%。1986年,苹果公司与马克公司联合进入办公用电脑市场。办公用电脑市场的主要竞争对手是实力非常强大的IBM公司。尽管竞争非常激烈,1987年苹果公司仍然取得了骄人的成绩,销售收入实现了42%的增长。但是,人们仍然对苹果公司能否持续增长表示怀疑。为了增强投资者的信心,特别是吸引更多的机构投资者,苹果公司在1987年4月23日宣告首次分配季度股利,每股支付现金股利0.12美元,同时按1:2的比例进行股票分割(每1股分拆2股)。股票市场对苹果公司首次分配股利反应非常强烈,股利分配方案宣布当天,股价就上涨了1.75美元,在4个交易日里,股价上涨了约8%。在之后的3年多时间里,苹果公司的经营业绩保持良好的增长,截至1999年,实现销售收入55.58亿美元,净利润4.75亿美元,1986~1990年,销售收入平均年增长率为31%,净利润平均年增长率为33%。但是,1990年以后,苹果公司的业绩开始逐年下降,1996年亏损7.42亿美元,1997年亏损3.79亿美元。苹果公司的股票价格也从1990年的48美元/股跌到1997年的24美元/股。尽管经营业绩发生较大变化,但苹果公司从1987年首次分配股利开始,一直坚持每年支付大约每股0.45美元的现金股利,直到1999年,由于经营困难,不得不停止发放股利。

要求:

(1) 苹果公司为什么决定1987年首次发放股利,并进行股票分割?

(2) 苹果公司采用的是何种股利政策?评价这种股利政策的利弊。

第九章 Chapter 9
财务报表分析与运用

学习目标

1. 了解财务报表分析的意义、方法和内容。
2. 掌握财务报表分析各种能力指标。
3. 掌握上市公司财务报表分析的指标与运用。
4. 掌握财务报表分析评价与考核。

导入案例

獐子岛的扇贝跑哪儿去了

2018年1月18日至2月4日,獐子岛(002069.SZ)公司按相关制度进行底播虾夷扇贝的年末存量盘点,大华会计师事务所实施了监盘。在2018年2月4日獐子岛对外宣布公司已基本完成底播虾夷扇贝存货2017年年终盘点工作。根据盘点结果,公司拟对107.16万亩海域成本为5.78亿元的底播虾夷扇贝存货进行核销处理,对24.3万亩海域成本为1.26亿元的底播虾夷扇贝存货计提跌价准备5 110.04万元,上述两项合计影响净利润62 868.17万元(占公司2016年度经审计归属于上市公司股东净利润的790%),全部计入2017年度损益。初步判断:降水减少导致扇贝的饵料生物数量下降,养殖规模的大幅扩张更加剧了饵料短缺,再加上海水温度的异常,造成高温期后的扇贝越来越瘦,品质越来越差,长时间处于饥饿状态的扇贝没有得到恢复,最后诱发死亡。

在公布"扇贝跑了"消息1个月后,2018年2月2日,獐子岛又发布公告称,"未发生有确切证据表明的虾夷扇贝大幅减值核销的异常情况",被网民戏称为"扇贝回来了"。

扇贝的故事并未就此结束。就在3天后,獐子岛再次宣布,根据调查结果显示,獐子岛称虾夷扇贝因降水少、饵料数量下降、海水温度异常等自然原因死亡,最终影响去年业绩6.3亿元,相当于公司2016年净利润的近8倍。之前扇贝"跑了"还能回来,这次是彻底"饿死了"。

2019年4月27日,獐子岛发布一季报称,公司第一季度亏损4 314万元,相当于其2018年全年的净利润。这主要是受2018年海洋牧场灾害影响,2016年及2017年年底播的虾夷扇贝可收获资源总量减少。此后不久,獐子岛收到了深交所的问询函。7月

10日，獐子岛披露公告称收到证监会下发的《行政处罚及市场禁入事先告知书》（以下称《事先告知书》）。根据《事先告知书》，证监会认定獐子岛存在财务造假、虚假记载、未及时披露信息等情况。不过以上行为并未触及《深圳证券交易所上市公司重大违法强制退市实施办法》中关于违法强制退市的情形。獐子岛这家公司的财务报表的数据前后几年出现了巨大的变化，到底是如何通过财务信息造假来调节报表的呢？

资料来源：凤凰网（https://news.ifeng.com/c/7nDDlqX57pE）。有删改。

第一节 财务报表分析与评价方法

一、财务分析的意义和内容

财务分析是根据企业财务报表等信息资料，采用专门方法，系统分析和评价企业财务状况、经营成果及未来发展趋势的过程。

财务分析以企业财务报告及其他相关资料为主要依据，对企业的财务状况和经营成果进行评价和剖析，反映企业在运营过程中的利弊得失和发展趋势，从而为改进企业财务管理工作和优化经济决策提供重要财务信息。

（一）财务分析的意义

财务分析对不同的信息使用者具有不同的意义。具体来说，财务分析的意义主要体现在以下几个方面。

（1）可以判断企业的财务实力。通过对资产负债表和利润表有关资料进行分析，计算相关指标，可以了解企业的资产结构和负债水平是否合理，从而判断企业的偿债能力、营运能力及盈利能力等财务实力，揭示企业在财务状况方面可能存在的问题。

（2）可以评价和考核企业的经营业绩，揭示财务活动存在的问题。通过指标的计算、分析和比较，能够评价和考核企业的盈利能力和资产周转状况，揭示其经营管理的各个方面和各个环节问题，找出差距，得出分析结论。

（3）可以挖掘企业潜力，寻求提高企业经营管理水平和经济效益的途径。企业进行财务分析的目的不仅仅是发现问题，更重要的是分析问题和解决问题。通过财务分析，应保持和进步发挥生产经营管理中成功的经验，对存在的问题应提出解决的策略和措施，以达到扬长避短、提高经营管理水平和经济效益的目的。

（4）可以评价企业的发展趋势。通过各种财务分析，可以判断企业的发展趋势，预测其生产经营的前景及偿债能力，从而为企业领导层进行生产经营决策、投资者进行投资决策和债权人进行信贷决策提供重要的依据，避免因决策错误而给其带来重大的损失。

（二）财务分析的内容

财务分析信息的需求者主要包括企业所有者、企业债权人、企业经营决策者和政府等。不同主体出于不同的利益考虑，对财务分析信息有着各自不同的要求。

（1）企业所有者作为投资人，关心其资本的保值和增值状况，因此较为重视企业盈利能力指标，主要进行企业盈利能力分析。

（2）企业债权人因不能参与企业剩余收益分享，所以重点关注的是其投资的安全性，因此更重视企业偿债能力指标，主要进行企业偿债能力分析，同时也关注企业盈利能力分析。

（3）企业经营决策者必须对企业经营理财的各个方面，包括营运能力、偿债能力、盈利能力及发展能力的全部信息予以详尽的了解和掌握，进行各方面综合分析，并关注企业财务风险和经营风险。

（4）政府兼具多重身份，既是宏观经济管理者，又是国有企业的所有者和重要的市场参与者，因此政府对企业财务分析的关注点因所具有的身份不同而异。

为了满足不同需求者的需求，财务分析一般应包括：偿债能力分析、营运能力分析、盈利能力分析、发展能力分析和现金流量分析等方面。

二、财务分析的方法

（一）比较分析法

比较分析法是按照特定的指标体系将客观事物加以比较，从而认识事物的本质和规律并做出正确的评价。财务报表的比较分析法，是指对两个或两个以上的可比数据进行对比，找出企业财务状况、经营成果中的差异与问题。

根据比较对象的不同，比较分析法分为趋势分析法、横向比较法和预算差异分析法。趋势分析法的比较对象是本企业的历史；横向比较法比较的对象是同类企业，比如行业平均水平或竞争对手。预算差异分析法的比较对象是预算数据。在财务分析中，最常用的比较分析法是趋势分析法。

趋势分析法，是通过对比两期或连续数期财务报告中的相同指标，确定其增减变动的方向、数额和幅度，来说明企业财务状况或经营成果变动趋势的一种方法。采用这种方法，可以分析引起变化的主要原因、变动的性质，并预测企业未来的发展趋势。

比较分析法的具体运用主要有重要财务指标的比较、会计报表的比较和会计报表项目构成的比较三种方式。下面以趋势分析法为例进行进一步阐述。

1. 重要财务指标的比较

重要财务指标的比较是指将不同时期财务报告中的相同指标或比率进行纵向比较，直接观察其增减变动情况及变动幅度，考察其发展趋势，预测其发展前景。用于不同时期财务指标比较的比率主要有以下两种。

（1）定基动态比率，是以某一时期的数额为固定的基期数额而计算出来的动态比率，其计算公式为：

$$定基动态比率 = \frac{分析期数额}{固定基期数额} \times 100\% \qquad (9-1)$$

（2）环比动态比率，是以每一分析期的数据与上期数据相比较计算出来的动态比率，其计算公式为：

$$环比动态比率 = \frac{分析期数额}{前期数额} \times 100\% \qquad (9-2)$$

2. 会计报表的比较

会计报表的比较是指将连续数期的会计报表的金额并列起来，比较各种指标不同期间的增减变动金额和幅度，据以判断企业财务状况和经营成果发展变化的一种方法。具体包括资产负债表比较、利润表比较和现金流量表比较等。

3. 会计报表项目构成的比较

会计报表项目构成的比较是在会计报表比较的基础上发展而来的，是以会计报表中的某个总体指标作为100%，再计算出各组成项目占该总体指标的百分比，从而比较各个项目百分比的增减变动，以此来判断有关财务活动的变化趋势。

采用比较分析法时，应当注意以下问题：① 用于对比的各个时期的指标，其计算口径必须保持一致；② 应剔除偶发性项目的影响，使分析所利用的数据能反映正常的生产经营状况；③ 应运用例外原则对某项有显著变动的指标做重点分析，研究其产生的原因，以便采取对策，趋利避害。

（二）比率分析法

比率分析法是通过计算各种比率指标来确定财务活动变动程度的方法。比率指标的类型主要有构成比率、效率比率和相关比率三类。

1. 构成比率

构成比率又称结构比率，是某项财务指标的各组成部分数值占总体数值的百分比，反映部分与总体的关系，其计算公式为：

$$构成比率 = \frac{某个组成部分}{总体数值} \times 100\% \tag{9-3}$$

比如，企业资产中流动资产、固定资产和无形资产占资产总额的百分比（资产构成比率），企业负债中流动负债和长期负债占负债总额的百分比（负债构成比率）等。利用构成比率，可以考察总体中某个部分的形成和安排是否合理，以便协调各项财务活动。

2. 效率比率

效率比率是某项财务活动中所费与所得的比率，反映投入与产出的关系。利用效率比率指标，可以进行得失比较，考察经营成果，评价经济效益。

比如，将利润项目与营业成本、营业收入、资本金等项目加以对比，可以计算出成本利润率、营业利润率和资本金利润率等指标，从不同角度观察比较企业盈利能力的高低及其增减变化情况。

3. 相关比率

相关比率是以某个项目和与其有关但又不同的项目加以对比所得的比率，反映有关经济活动的相互关系。利用相关比率指标，可以考察企业相互关联的业务安排得是否合理，以保障经营活动顺畅进行。

比如，将流动资产与流动负债进行对比，计算出流动比率，可以判断企业的短期偿债能力；将负债总额与资产总额进行对比，可以判断企业长期偿债能力。

采用比率分析法时，应当注意以下几点：① 对比项目的相关性；② 对比口径的一致性；③ 衡量标准的科学性。

（三）因素分析法

因素分析法是依据分析指标与其影响因素的关系，从数量上确定各因素对分析指标影响方向和影响程度的一种方法。

因素分析法包括连环替代法和差额分析法两种。

1. 连环替代法

连环替代法是将分析指标分解为各个可以计量的因素，并根据各个因素之间的依存关系，顺次用各因素的比较值（通常为实际值）替代基准值（通常为标准值或计划值），据以测定各因素对分析指标的影响。

2. 差额分析法

差额分析法是连环替代法的一种简化形式，是利用各个因素的比较值与基准值之间的差额，来计算各因素对分析指标的影响。

三、财务分析的局限性

财务分析对于了解企业的财务状况和经营成绩，评价企业的偿债能力和经营能力，帮助制定经济决策，有着显著的作用。但由于种种因素的影响，财务分析也存在着一定的局限性。在分析中，应注意这些局限性的影响，以保证分析结果的正确性。

（一）资料来源的局限性

1. 报表数据的时效性问题

财务报表中的数据，均是企业过去经济活动的结果和总结，用于预测未来发展趋势，只有参考价值，并非绝对合理。

2. 报表数据的真实性问题

在企业形成其财务报表之前，信息提供者往往对信息使用者所关注的财务状况及对信息的偏好进行仔细分析与研究，并尽力满足信息使用者对企业财务状况和经营成果信息的期望。其结果极有可能使信息使用者所看到的报表信息与企业实际状况相距甚远，从而误导信息使用者的决策。

3. 报表数据的可靠性问题

财务报表虽然是按照会计准则编制的，但不一定能准确地反映企业的客观实际。例如：报表数据未按通货膨胀进行调整；某些资产以成本计价，并不代表其现在的真实价值；许多支出在记账时存在灵活性，既可以作为当期费用，也可以作为资本项目在以后年度摊销；很多资产以估计值入账，但未必客观；偶然事件可能歪曲本期的损益，不能反映盈利的正常水平。

4. 报表数据的可比性问题

根据会计准则的规定，不同的企业或同一个企业的不同时期都可以根据情况采用不同的会计政策和会计处理方法，使得报表上的数据在企业不同时期和不同企业之间的对比在很多时候失去意义。

5. 报表数据的完整性问题

由于报表本身的原因，其提供的数据是有限的。对报表使用者来说，可能不少需要的信息在报表或附注中根本找不到。

（二）财务分析方法的局限性

对于比较分析法来说，在实际操作时，比较的双方必须具备可比性才有意义。对于比率分析法来说，比率分析是针对单个指标进行分析，综合程度较低，在某些情况下无法得出令人满意的结论；比率指标的计算一般都是建立在以历史数据为基础的财务报表之上的，这使比率指标提供的信息与决策之间的相关性大打折扣。对于因素分析法来说，在计算各因素对综合经济指标的影响额时，主观假定各因素的变化顺序而且规定每次只有一个因素发生变化，这些假定往往与事实不符。并且，无论何种分析法均是对过去经济事项的反映。随着环境的变化，这些比较标准也会发生变化。而在分析时，分析者往往只注重数据的比较，而忽略经营环境的变化，这样得出的分析结论也是不全面的。

（三）财务分析指标的局限

1. 财务指标体系不严密

每一个财务指标只能反映企业的财务状况或经营状况的某方面，每类指标都过分强调本身所反映的方面，导致整个指标体系不严密。

2. 财务指标所反映的情况具有相对性

在判断某个具体财务指标是好还是坏，或根据一系列指标形成对企业的综合判断时，必须注意财务指标本身所反映情况的相对性。因此，在利用财务指标进行分析时，必须掌握好对财务指标的"信任度"。

3. 财务指标的评价标准不统一

比如，对流动比率，人们一般认为指标值为 2 比较合理，速动比率则认为 1 比较合适，但许多成功企业的流动比率都低于 2，不同行业的速动比率也有很大差别，如采用大量现金销售的企业，几乎没有应收账款，速动比率大大低于 1 是很正常的。相反，一些应收账款较多的企业，速动比率可能要大于 1。因此，在不同企业之间用财务指标进行评价时没有一个统一标准，不便于不同行业间的对比。

4. 财务指标的比较基础不统一

在对财务指标进行比较分析时，需要选择比较的参照标准，包括同业数据、本企业历史数据和计划预算数据。横向比较时需要使用同业标准。同业平均数只有一般性的指导作用，不一定有代表性，也不一定是合理性的标志。选择同行业组有代表性的企业计算平均数作为同业标准，可能比整个行业的平均数更有意义。近年来，分析人员更重视以竞争对手的数据作为分析基础。不少企业实行多种经营，没有明确的行业归属，对此类企业进行同业比较更加困难。

趋势分析应以本企业历史数据作为比较基础，而历史数据代表过去，并不代表合理性。经营环境变化后，今年比上年利润提高了，并不一定说明已经达到了应该达到的水平，甚至不一定说明管理有了改进。会计标准、会计规范的改变会使财务数据失去直接可比性，而要恢复可比性成本很大，甚至缺乏必要的信息。可能是执行中实际与计划的差异分析应以预算为比较基础。实际和预算出现差异，有问题，也可能是预算不合理，两者的区分并非易事。

总之，对比较基础本身要准确理解，并且要在限定意义上使用分析结论，避免简单化和绝对化。

四、财务评价

财务评价是对企业财务状况和经营情况进行的总结、考核和评价。它以企业的财务报表和其他财务分析资料为依据，注重对企业财务分析标的综合考核。

财务综合评价的方法有很多，包括杜邦分析法、沃尔评分法等。目前，我国企业经营绩效评价主要使用的是功效系数法。功效系数法又叫功效函数法，它根据多目标规划原理，对每一项评价指标确定一个满意值和不允许值，以满意值为上限，以不允许值为下限，计算各指标实现满意值的程度，并以此确定各指标的分数，再经过加权平均进行综合，从而评价被研究对象的综合状况。

运用功效系数法进行经营业绩综合评价的一般步骤包括：选择业绩评价指标，确定各项业绩评价指标的标准值，确定各项业绩评价指标的权数，计算各类业绩评价指标得分及经营业绩综合评价分数，得出经营业绩综合评价分级。在这一过程中，正确选择评价指标特别重要。一般来说，指标选择要根据评价目的和要求，考虑分析评价的全面性、综合性。2002年财政部等五部委联合发布了《企业绩效评价操作细则（修订）》。我国企业多数执行或参照执行该操作细则。需要指出的是，《企业绩效评价操作细则（修订）》中提到的效绩评价体系，既包括财务评价指标，又包括非财务评价指标，避免了单纯从财务方面评价绩效的片面性。

运用科学的财务绩效评价手段，实施财务绩效综合评价，不仅可以真实反映企业经营绩效状况，判断企业的财务管理水平，而且有利于适时揭示财务风险，引导企业持续、快速、健康地发展。

第二节 基本的财务报表分析框架

财务比率又称为财务指标，是通过财务报表数据的相对关系来揭示企业经营管理的各方面问题，是最主要的财务分析方法。基本的财务报表分析内容包括偿债能力分析、营运能力分析、盈利能力分析、发展能力分析和现金流量分析五个方面，以下分别加以介绍。

一、偿债能力分析

对偿债能力进行分析是指企业偿还本身所欠债务的能力。其有利于债权人进偿债能力有利于企业经营者进行正确的借贷决策；有利于投资者进行正确的投资决策和经营决策;有利于正确评价企业的财务状况。

偿债能力的衡量方法有两种:一种是比较可供偿债资产与债务的存量,资产存量超过债务存量较多,则认为偿债能力较强;另一种是比较经营活动现金流量和偿债所需现金,如果产生的现金超过需要的现金较多,则认为偿债能力较强。

债务一般按到期时间分短期债务和长期债务,偿债能力分析也由此分为短期偿债能力分析和长期偿债能力分析。

(一) 短期偿债能力分析

企业在短期(1年或1个营业周期)需要偿还的负债主要是指流动负债,因此短期偿债能力衡量的是对流动负债的清偿能力。企业的短期偿债能力取决于短期内企业产生现金的能力,即在短期内能够转化为现金的流动资产的多少。所以,短期偿债能力比率又称为变现能力比率或流动性比率,主要考察的是流动资产对流动负债的清偿能力。企业短期偿债能力的衡量指标主要有营运资金、流动比率、速动比率和现金比率。

1. 营运资金

营运资金是指流动资产超过流动负债的部分,其计算公式为:

$$营运资金 = 流动资产 - 流动负债 \qquad (9-4)$$

计算营运资金使用的"流动资产"和"流动负债",通常可以直接取自资产负债表。资产负债表项目区分为流动项目和非流动项目,并且按照流动性强弱排序,方便了计算营运资金和分析流动性。营运资本越多则偿债越有保障。当流动资产大于流动负债时,营运资金为正,说明企业财务状况稳定,不能偿债的风险较小。反之,当流动资产小于流动负债时,营运资金为负,此时,企业部分非流动资产以流动负债作为资金来源,企业不能偿债的风险很大。因此,企业必须保持正的营运资金,以避免流动负债的偿付风险。

营运资金是绝对数,不便于不同企业之间的比较。例如,A 公司和 B 公司有相同的营运资金(见表 9-1)。是否意味着它们具有相同的偿债能力呢?

表 9-1　A 公司和 B 公司营运资金表　　　　　　(单位:万元)

	A 公司	B 公司
流动资产	600	2 400
流动负债	200	2 000
营运资金	400	400

尽管 A 公司和 B 公司营运资金都为 400 万元,但是 A 公司的偿债能力明显好于 B 公司,原因是 A 公司的营运资金占流动资产的比例是 2/3,即流动资产中只有 1/3 用于偿还流动负债;而 B 公司的营运资金占流动资产的比例是 1/6,即流动资产的绝大部分(5/6)用于偿还流动负债。

因此,在实务中直接使用营运资金作为偿债能力的衡量指标受到局限,偿债能力更多地通过债务的存量比率来评价。

2. 流动比率

流动比率是企业流动资产与流动负债之比,其计算公式为:

$$流动比率 = 流动资产/流动负债 \tag{9-5}$$

流动比率表明每1元流动负债有多少流动资产作为保障,流动比率越大通常短期偿债能力越强。一般认为,生产企业合理的最低流动比率是2。这是因为流动资产中变现能力最差的存货金额约占流动资产总额的一半,剩下的流动性较大的流动资产至少要等于流动负债,企业短期偿债能力才会有保证。

运用流动比率进行分析时,要注意以下几个问题。

(1) 流动比率高并不意味着短期偿债能力一定很强。这是因为,流动比率假设全部流动资产可变现清偿流动负债。实际上,各项流动资产的变现能力并不相同而且变现金额可能与账面金额存在较大差异。因此,流动比率是对短期偿债能力的粗略估计,还需要进一步分析流动资产的构成项目。

(2) 计算出来的流动比率,只有和同行业平均流动比率、本企业历史流动比率进行比较,才能知道这个比率是高还是低。这种比较通常并不能说明流动比率为什么这么高或低,要找出过高或过低的原因还必须分析流动资产和流动负债所包括的内容及经营上的因素。

在一般情况下,营业周期、流动资产中的应收账款和存货的周转速度是影响流动比率的主要因素。营业周期短、应收账款和存货的周转速度快的企业其流动比率低一些也是可以接受的。

流动比率的缺点是该比率比较容易人为操纵,并且没有揭示流动资产的构成内容,只能大致反映流动资产整体的变现能力。但流动资产中包含像存货这类变现能力较差的资产,如能将其剔除,其所反映的短期偿债能力更加可信,这个指标就是速动比率。

3. 速动比率

速动比率是企业速动资产与流动负债之比,其计算公式为:

$$速动比率 = 速动资产/流动负债 \tag{9-6}$$

构成流动资产的各项目,流动性差别很大。其中货币资金、以公允价值计量且其变动计入当期损益的金融资产和各种应收款项,可以在较短时间内变现,称为速动资产;另外的流动资产,包括存货、预付款项、一年内到期的非流动资产和其他流动资产等,属于非速动资产。速动资产主要剔除了存货,原因是:① 流动资产中存货的变现速度比应收账款要慢得多;② 部分存货可能已被抵押;③ 存货成本和市价可能存在差异。由于剔除了存货等变现能力较差的资产,速动比率比流动比率能更准确、可靠地评价企业资产的流动性及偿还短期债务的能力。

速动比率表明每1元流动负债有多少速动资产作为偿债保障。在一般情况下,速动比率越大,短期偿债能力越强。由于通常认为存货占了流动资产的一半左右,因此剔除存货影响的速动比率至少是1。速动比率过低,企业面临偿债风险;但速动比率过高,会因占用现金及应收账款过多而增加企业的机会成本。影响此比率可信性的重要因素是应收账款的变现能力。因为,应收账款的账面金额不一定都能转化为现金,而且对于季节性生产的企业,其应收账款金额存在着季节性波动,根据某时点计算的速动比率不能客观反映其短期偿债能力。此外,使用该指标应考虑行业的差异性。如大量使用现金结算的企业其速动比率大大低于1是正常现象。

4. 现金比率

现金资产包括货币资金和交易性金融资产等。现金资产与流动负债的比值称为现金比率，其计算公式为：

$$现金比率 = (货币资金 + 交易性金融资产)/流动负债 \tag{9-7}$$

现金比率剔除了应收账款对偿债能力的影响，最能反映企业直接偿付流动负债的能力，表明每1元流动负债有多少现金资产作为偿债保障。由于流动负债是在1年内（或1个营业周期内）陆续到期清偿，所以并不需要企业时时保留相当于流动负债金额的现金资产。经验研究表明，0.2的现金比率就可以接受。而这一比率过高，就意味着企业过多资源占用在盈利能力较低的现金资产上，从而影响了企业盈利能力。

（二）长期偿债能力分析

长期偿债能力是指企业在较长的期间偿还债务的能力。企业在长期内，不仅需要偿还流动负债，还需要偿还非流动负债，因此，长期偿债能力衡量的是对企业所有负债的清偿能力。企业对所有负债的清偿能力取决于其总资产水平，因此长期偿债能力比率考察的是企业资产、负债和所有者权益之间的关系。其财务指标主要有四项：资产负债率、产权比率、权益乘数和利息保障倍数。

1. 资产负债率

资产负债率是企业负债总额与资产总额之比，其计算公式为：

$$资产负债率 = (负债总额/资产总额) \times 100\% \tag{9-8}$$

资产负债率反映总资产中有多大比例是通过负债取得的，可以衡量企业清算时资产对债权人权益的保障程度。当资产负债率高于50%时，表明企业资产来源主要依靠的是负债，财务风险较大。当资产负债率低于50%时，表明企业资产的主要来源是所有者权益，财务比较稳健。这一比率越低，表明企业资产对负债的保障能力越高，企业的长期偿债能力越强。

事实上，利益主体不同，看待该指标的立场也不同。从债权人的立场看，债务比率越低越好，企业偿债有保证，贷款不会有太大风险；从股东的立场看，其关心的是举债的效益。在全部资本利润率高于借款利息率时，负债比率越大越好，因为股东所得到的利润就会越大。从经营者的角度来看，其进行负债决策时，更关注如何实现风险和收益的平衡。资产负债率较低表明财务风险较低，但同时也意味着可能没有充分发挥财务杠杆的作用，盈利能力也较低；而较高的资产负债率表明较大的财务风险和较高的盈利能力。只有当负债增加的收益能够涵盖其增加的风险时，经营者才能考虑借入负债。而在风险和收益实现平衡的条件下，是选择较高的负债水平还是较低的负债水平，则取决于经营者的风险偏好等多种因素。

对财务分析指标进行分析时，应结合以下几个方面：①结合营业周期分析：营业周期短的企业，资产周转速度快，可以适当提高资产负债率。②结合资产构成分析：流动资产占的比率比较大的企业可以适当提高资产负债率。③结合企业经营状况分析：兴旺期间的企业可适当提高资产负债率。④结合客观经济环境分析：如利率和通货膨胀率水平。当利率提高时，会加大企业负债的实际利率水平，增加企业的偿债压力，这时企业应降低资产负债率。⑤ 结合资产质量和会计政策分析。⑥ 结合行业差异分析：不同行业资产负债率有较大差异。

2. 产权比率

产权比率又称资本负债率，是负债总额与所有者权益之比，它是企业财务结构稳健与否的重要标志，其计算公式为：

$$产权比率 = 负债总额/所有者权益 \times 100\% \tag{9-9}$$

产权比率不仅反映了由债权人提供的资本与所有者提供的资本的相对关系，即企业财务结构是否稳定；而且反映了债权人资本受股东权益保障的程度，或者是企业清算时对债权人利益的保障程度。一般来说，这一比率越低，表明企业长期偿债能力越强，债权人权益保障程度越高。在分析时同样需要结合企业的具体情况加以分析，当企业的资产收益率大于负债利息率时，负债经营有利于提高资金收益率，获得额外的利润，这时的产权比率可适当高些。产权比率高，是高风险、高收益的财务结构；产权比率低，是低风险、低收益的财务结构。

产权比率与资产负债率对评价偿债能力的作用基本一致，只是资产负债率侧重于分析债务偿付安全性的物质保障程度，产权比率则侧重于揭示财务结构的稳健程度及自有资金对偿债风险的承受能力。

3. 权益乘数

权益乘数是总资产与股东权益的比值，其计算公式为：

$$权益乘数 = 总资产/股东权益 \tag{9-10}$$

权益乘数表明股东每投入1元钱可实际拥有和控制的金额。在企业存在负债的情况下，权益乘数大于1。企业负债比例越高，权益乘数越大。产权比率和权益乘数是资产负债率的另外两种表现形式，是常用的反映财务杠杆水平的指标。

4. 利息保障倍数

利息保障倍数又称已获利息倍数，是指企业息税前利润与应付利息之比，用以衡量偿付借款利息的能力，其计算公式为：

$$\begin{aligned}利息保障倍数 &= 息税前利润/应付利息 \\ &= (净利润 + 利润表中的利息费用 + 所得税)/应付利息\end{aligned} \tag{9-11}$$

式(9-11)中的分子"息税前利润"是指利润表中扣除利息费用和所得税前的利润；分母"应付利息"是指本期发生的全部应付利息，不仅包括财务费用中的利息费用，还应包括计入固定资产成本的资本化利息。资本化利息虽然不在利润表中扣除，但仍然是要偿还的。利息保障倍数主要是衡量企业支付利息的能力，没有足够大的息税前利润，利息的支付就会发生困难。

利息保障倍数反映支付利息的利润来源（息税前利润）与利息支出之间的关系，该比率越高，长期偿债能力越强。从长期来看，利息保障倍数至少要大于1（国际公认标准为3），也就是说，息税前利润至少要大于应付利息，企业才具有偿还债务利息的可能性。如果利息保障倍数过低，企业将面临亏损、偿债的安全性与稳定性下降的风险。在短期内，利息保障倍数小于1也仍然具有利息支付能力，因为计算息税前利润时减去的一些折旧和摊销费用并不需要支付现金。但这种支付能力是暂时的，当企业需要重置资产时，势必发生支付困难。因此，在分析时需要比较企业连续多个会计年度（如5年）的利息保障倍数，以说明企业付息能力的稳定性。

（三）影响偿债能力的其他因素

1. 可动用的银行贷款指标或授信额度

当企业存在可动用的银行贷款指标或授信额度时，这些数据不在财务报表内反映，但由于可以随时增加企业的支付能力，因此可以提高企业偿债能力。

2. 资产质量

在财务报表内的资产金额为资产的账面价值，但由于财务会计的局限性，资产的账面价值与实际价值可能存在差异，如资产可能被高估或低估，存在很快变现的长期财务报表等。此外，资产的变现能力也会影响偿债能力。如果企业存在很快变现的长期资产，则会增加企业的短期偿债能力。

3. 或有事项和承诺事项

如果企业存在债务担保或未决诉讼等或有事项，会增加企业的潜在偿债压力。同样，各种承诺支付事项，也会加大企业偿债义务。

4. 经营租赁

当企业存在经营租赁时，意味着企业要在租赁期内分期支付租赁费用，也即有固定的、经常性的支付义务。但是经营租赁的负债未反映在资产负债表中，因此经营租赁作为一种表外融资方式，会影响企业的偿债能力，特别是经营租赁期限较长、金额较大的情况。因此，如果企业存在经营租赁，应考虑租赁费用对偿债能力的影响。

二、营运能力分析

营运能力主要是指资产运用、循环的效率高低。一般而言，资金周转速度越快，说明企业的资金管理水平越高，资金利用效率越高，企业可以较少的投入获得较多的收益。因此，营运能力指标是通过投入与产出（主要指收入）之间的关系反映。企业营运能力分析主要包括：流动资产营运能力分析、固定资产营运能力分析和总资产营运能力分析三个方面。

（一）流动资产营运能力分析

反映流动资产营运能力的指标主要有应收账款周转率、存货周转率和流动资产周转率。

1. 应收账款周转率

应收账款在流动资产中有着举足轻重的地位，及时收回应收账款，不仅增强了企业的短期偿债能力，也反映出企业管理应收账款的效率。反映应收账款周转情况的比率有应收账款周转率（次数）和应收账款周转天数。

应收账款周转次数，是一定时期内商品或产品营业收入与应收账款平均余额的比值，表明一定时期内应收账款平均收回的次数，其计算公式为：

$$应收账款周转次数 = \frac{营业收入}{应收账款平均余额} \quad (9\text{-}12)$$

$$= \frac{营业收入}{(期初应收账款 + 期末应收账款)/2}$$

应收账款周转天数是指应收账款周转一次（从销售开始到收回现金）所需要的时间，其计算公式为：

$$应收账款周转天数 = 计算期天数/应收账款周转次数 \quad (9\text{-}13)$$

$$= 计算期天数 \times 应收账款平均余额/营业收入$$

通常，应收账款周转次数越高（或周转天数越短），表明应收账款管理效率越高。

在计算和使用应收账款周转率指标时应注意以下问题：① 营业收入是指扣除销售折扣和折让后的销售净额。从理论上来讲，应收账款是由赊销引起的，其对应的收入应为赊销收入，而非全部营业收入。但是赊销数据难以取得，且可以假设现金销售是收账时间为零的应收账款，因此只要保持计算口径的历史一致性，使用销售净额不影响分析。营业收入数据使用利润表中的"营业收入"。② 应收账款包括会计报表中"应收账款"和"应收票据"等全部赊销账款在内，因为应收票据是销售形成的应收款项的另一种形式。③ 应收账款应为未扣除坏账准备的金额。应收账款在财务报表上按净额列示，计提坏账准备会使财务报表上列示的应收账款金额减少，而营业收入不变。其结果是，计提坏账准备越多，应收账款周转率越高、周转天数越少，对应收账款实际管理欠佳的企业反而会得出应收账款周转情况更好的错误结论。④ 应收账款期末余额的可靠性问题。应收账款是特定时点的存量，容易受季节性、偶然性和人为因素的影响。在用应收账款周转率进行业绩评价时，最好使用多个时点的平均数，以减少这些因素的影响。

应收账款周转率反映了企业应收账款周转速度的快慢及应收账款管理效率的高低。在一定时期内周转次数多（或周转天数少），表明：

（1）企业收账迅速，信用销售管理严格。

（2）应收账款流动性强，从而增强企业短期偿债能力。

（3）可以减少收账费用和坏账损失，相对增加企业流动资产的投资收益。

（4）通过比较应收账款周转天数及企业信用期限，可评价客户的信用程度，调整企业信用政策。

2. 存货周转率

在流动资产中，存货所占比重较大，存货的流动性将直接影响企业的流动比率。存货周转率的分析同样可以通过存货周转次数和存货周转天数反映。

存货周转率（次数）是指一定时期内企业营业成本与存货平均资金占用额的比率，是衡量和评价企业购入存货、投入生产、销售收回等各环节管理效率的综合性指标，其计算公式为：

$$存货周转次数 = 营业成本/存货平均余额 \quad (9\text{-}14)$$

$$存货平均余额 = (期初存货 + 期末存货)/2 \quad (9\text{-}15)$$

式（9-14）中，营业成本为利润表中"营业成本"的数值。

存货周转天数是指存货周转一次（存货取得到存货销售）所需要的时间，其计算公式为：

$$存货周转天数 = 计算期天数 / 存货周转次数 \quad (9\text{-}16)$$
$$= 计算期天数 \times 存货平均余额 / 营业成本$$

一般来讲，存货周转速度越快，存货占用水平越低，流动性越强，存货转化为现金或应收账款的速度就越快，这样会增强企业的短期偿债能力及盈利能力。通过存货周转速度分析，有利于找出存货管理中存在的问题，尽可能降低资金占用水平。在具体分析时，应注意以下三个方面：① 存货周转率的高低与企业的经营特点有密切联系，应注意行业的可比性；② 该比率反映的是存货整体的周转情况，不能说明企业经营各环节的存货周转情况和管理水平；③ 应结合应收账款周转情况和信用政策进行分析。

3. 流动资产周转率

流动资产周转率是反映企业流动资产周转速度的指标。流动资产周转率（次数）是一定时期营业收入净额与企业流动资产平均占用额之间的比率，其计算公式为：

$$流动资产周转次数 = 营业收入 / 流动资产平均余额 \quad (9\text{-}17)$$
$$流动资产周转天数 = 计算期天数 / 流动资产周转次数 \quad (9\text{-}18)$$
$$= 计算期天数 \times 流动资产平均余额 / 营业收入净额$$

式中，流动资产平均余额 = （期初流动资产 + 期末流动资产）/2。

在一定时期内，流动资产周转次数越多，表明以相同的流动资产完成的周转额越多，流动资产利用效果越好。流动资产周转天数越少，表明流动资产在经历生产销售各阶段所占用的时间越短，可相对节约流动资产，增强企业盈利能力。

（二）固定资产营运能力分析

反映固定资产营运能力的指标为固定资产周转率。固定资产周转率（次数）是指企业年营业收入与固定资产平均额的比率。它是反映企业固定资产周转情况，从而衡量固定资产利用效率的一项指标，其计算公式为：

$$固定资产周转率 = 营业收入 / 平均固定资产 \quad (9\text{-}19)$$

式中，平均固定资产 = （期初固定资产 + 期末固定资产）/2。

如果固定资产周转率高（一定时期内固定资产周转次数多），则说明企业固定资产投资得当，结构合理，利用效率高；反之，如果固定资产周转率不高，则说明固定资产利用效率不高，提供的生产成果不多，企业的营运能力不强。

（三）总资产营运能力分析

反映总资产营运能力的指标是总资产周转率。总资产周转率（次数）是企业营业收入与企业资产平均总额的比率，其计算公式为：

$$总资产周转次数 = 营业收入 / 平均资产总额 \quad (9\text{-}20)$$

如果企业各期资产总额比较稳定，波动不大，则：

$$平均资产总额 = （期初总资产 + 期末总资产）/2$$

如果资金占用的波动性较大，企业应采用更详细的资料进行计算，如按照各月份的资金占用额计算，则：

月平均总资产 =（月初总资产 + 月末总资产）/2

季平均占用额 =（1/2 季初 + 第一月末 + 第二月末 + 1/2 季末）/3

年平均占用额 =（1/2 年初 + 第一季末 + 第二季末 + 第三季末 + 1/2 年末）/4

计算总资产周转率时分子分母在时间上应保持一致。

这一比率用来衡量企业资产整体的使用效率。总资产由各项资产组成，在营业收入既定的情况下，总资产周转率的驱动因素是各项资产。因此，对总资产周转情况的分析应结合各项资产的周转情况，以发现影响企业资产周转的主要因素。

三、盈利能力分析

不论是投资人、债权人还是经理人员，都会非常重视和关心企业的盈利能力。盈利能力是企业获取利润、实现资金增值的能力。因此，盈利能力指标主要通过收入与利润之间的关系、资产与利润之间的关系反映。反映企业盈利能力的指标主要有营业毛利率、营业净利率、总资产净利率和净资产收益率。

（一）营业毛利率

营业毛利率是营业毛利与营业收入之比，其计算公式为：

$$营业毛利率 = 营业毛利/营业收入 \times 100\% \tag{9-21}$$

式中，营业毛利 = 营业收入 − 营业成本。

营业毛利率反映产品每 1 元营业收入所包含的毛利润是多少，即营业收入扣除营业成本后还有多少剩余可用于弥补各期费用和形成利润。营业毛利率越高，表明产品的盈利能力越强。将营业毛利率与行业水平进行比较，可以反映企业产品的市场竞争地位。那些营业毛利率高于行业水平的企业意味着实现一定的收入占用了更少的成本，表明它们在资源、技术或劳动生产率方面具有竞争优势。而那些营业毛利率低于行业水平的企业则意味着在行业中处于竞争劣势。此外，将不同行业的营业毛利率进行横向比较，也可以说明行业间盈利能力的差异。

（二）总资产净利率

总资产净利率是指净利润与平均总资产的比率，反映每 1 元资产创造的净利润，其计算公式为：

$$总资产净利率 =（净利润/平均总资产）\times 100\% \tag{9-22}$$

总资产净利率衡量的是企业资产的盈利能力。总资产净利率越高，表明企业资产的利用效果越好。影响总资产净利率的因素是营业净利率和总资产周转率。

$$总资产净利率 = \frac{净利润}{平均总资产} = \frac{净利润}{营业收入} \times \frac{营业收入}{平均总资产}$$

$$= 营业净利率 \times 总资产周转率$$

因此，企业可以通过提高营业净利率、加速资产周转来提高总资产净利率。

(三) 净资产收益率

净资产收益率又叫权益净利率或权益报酬率，是净利润与平均所有者权益的比值，表示每1元权益资本赚取的净利润，反映权益资本经营的盈利能力，其计算公式为：

$$净资产收益率 = (净利润/平均所有者权益) \times 100\% \qquad (9-23)$$

该指标是企业盈利能力指标的核心，也是杜邦财务指标体系的核心，更是投资者关注的重点。一般来说，净资产收益率越高，所有者和债权人的利益保障程度越高。如果企业的净资产收益率在一段时期内持续增长，说明权益资本盈利能力稳定上升。但净资产收益率不是一个越高越好的概念，分析时要注意企业的财务风险。

$$净资产收益率 = \frac{净利润}{平均净资产} = \frac{净利润}{平均总资产} \times \frac{平均总资产}{平均净资产} = 总资产净利率 \times 权益乘数$$

通过对净资产收益率的分解可以发现，改善资产盈利能力和增加企业负债都可以提高净资产收益率。而如果不改善资产盈利能力，单纯通过加大举债力度提高权益乘数进而提高净资产收益率的做法十分危险。这是因为，企业负债经营的前提是有足够的盈利能力保障偿还债务本息，单纯增加负债对净资产收益率的改善只具有短期效应，最终将因盈利能力无法涵盖增加的财务风险而使企业面临财务困境。因此，只有企业净资产收益率上升的同时财务风险没有明显加大，才能说明企业财务状况良好。

四、发展能力分析

衡量企业发展能力的指标主要有：营业收入增长率、总资产增长率、营业利润增长率、资本保值增值率和所有者权益增长率等。

(一) 营业收入增长率

营业收入增长率指标反映的是相对化的营业收入增长情况，是衡量企业经营状况和市场占有能力、预测企业经营业务拓展趋势的重要指标。在实际分析时应考虑企业历年的销售水平、市场占有情况、行业未来发展及其他影响企业发展的潜在因素，或结合企业前三年的营业收入增长率进行趋势性分析判断，其计算公式为：

$$营业收入增长率 = 本年营业收入增长额/上年营业收入 \times 100\% \qquad (9-24)$$

式中，本年营业收入增长额 = 本年营业收入 - 上年营业收入。

在计算过程中，营业收入可以使用利润表中的"营业收入"数据，营业收入增长率大于零，表明企业本年营业收入有所增长。该指标值越高，表明企业营业收入的增长速度越快，企业市场前景越好。

(二) 总资产增长率

总资产增长率是企业本年资产增长额同年初资产总额的比率，反映企业本期资产规模的增长情况，其计算公式为：

$$总资产增长率 = 本年资产增长额/年初资产总额 \times 100\% \qquad (9-25)$$

式中，本年资产增长额 = 年末资产总额 - 年初资产总额。

总资产增长率越高，表明企业一定时期内资产经营规模扩张的速度越快。但在分析时，需要关注资产规模扩张的质和量的关系，以及企业的后续发展能力，避免盲目扩张。

（三）资本保值增值率

资本保值增值率是指扣除客观因素影响后的所有者权益的期末总额与期初总额之比，其计算公式为：

$$资本保值增值率 = 扣除客观因素影响后的期末所有者权益/期初所有者权益 \times 100\% \tag{9-26}$$

在其他因素不变的情况下，如果企业本期净利润大于0，并且利润留存率大于0，则必然会使期末所有者权益大于期初所有者权益，所以该指标也是衡量企业盈利能力的重要指标。这一指标的高低，除了受企业经营成果的影响外，还受企业利润分配政策的影响。

五、现金流量分析

现金流量分析一般包括现金流量的结构分析、流动性分析、获取现金能力分析、财务弹性分析及收益质量分析。这里主要从获取现金能力及收益质量方面介绍现金流量比率。

（一）获取现金能力的分析

获取现金的能力可通过经营活动现金流量净额与投入资源之比来反映。投入资源可以是营业收入、资产总额、营运资金、净资产或普通股股数等。

1. 营业现金比率

营业现金比率是指企业经营活动现金流量净额与企业营业收入的比值，其计算公式为：

$$营业现金比率 = 经营活动现金流量净额/营业收入 \tag{9-27}$$

2. 每股营业现金净流量

每股营业现金净流量是通过企业经营活动现金流量净额与普通股股数之比来反映的，其计算公式为：

$$每股营业现金净流量 = 经营活动现金流量净额/普通股股数 \tag{9-28}$$

3. 全部资产现金回收率

全部资产现金回收率是通过企业经营活动现金流量净额与企业平均总资产之比来反映的，它说明企业全部资产产生现金的能力，其计算公式为：

$$全部资产现金回收率 = 经营活动现金流量净额/平均总资产 \times 100\% \tag{9-29}$$

（二）收益质量分析

收益质量是指会计收益与公司业绩之间的相关性。如果会计收益能如实反映公司业绩，则其收益质量高；反之，则其收益质量不高。收益质量分析，主要包括净收益营运指数分析与现金营运指数分析。

1. 净收益营运指数

净收益营运指数是指经营净收益与净利润之比，其计算公式为：

$$净收益营运指数 = 经营净收益/净利润 \qquad (9\text{-}30)$$

式中，经营净收益 = 净利润 – 非经营净收益。

净收益营运指数越小，非经营收益所占比重越大，收益质量越差，这是因为非经营收益不反映公司的核心能力及正常的收益能力，可持续性较低。

2. 现金营运指数

现金营运指数反映企业经营活动现金流量净额与企业经营所得现金的比值，其计算公式为：

$$现金营运指数 = 经营活动现金流量净额/经营所得现金 \qquad (9\text{-}31)$$

在式（9-31）中，经营所得现金是经营净收益与非付现费用之和。

现金营运指数小于1，说明收益质量不够好。A公司每1元的经营活动收益，只收回约0.83元。现金营运指数小于1，说明一部分收益尚未取得现金，停留在实物或债权形态，而实物或债权资产的风险大于现金，应收账款不一定能足额变现，存货也有贬值的风险，所以未收现的收益质量低于已收现的收益。其次，现金营运指数小于1，说明营运资金增加了，反映企业为取得同样的收益占用了更多的营运资金，取得收益的代价增加了，同样的收益代表着较差的业绩。

第三节　上市公司财务分析

一、上市公司特殊财务分析指标

（一）每股收益

每股收益（earnings per share，EPS）是综合反映企业盈利能力的重要指标，可以用来判断和评价管理层的经营业绩。每股收益概念包括基本每股收益和稀释每股收益。

1. 基本每股收益

基本每股收益的计算公式为：

$$基本每股收益 = \frac{归属于公司普通股股东的净利润}{发行在外的普通股加权平均数} \qquad (9\text{-}32)$$

式中，发行在外的普通股加权平均数 = 期初发行在外普通股股数 + 当期新发普通股股数 × 已发行时间/报告期时间 – 当期回购普通股股数 × 已回购时间/报告期时间。

2. 稀释每股收益

企业存在稀释性潜在普通股的，应当计算稀释每股收益。稀释性潜在普通股是指假设当期转换为普通股会减少每股收益的潜在普通股。潜在普通股主要包括可转换公司债券、认股权证和股份期权等。

（1）可转换公司债券。对于可转换公司债券，在计算稀释每股收益时，分子的调整项目为可转换公司债券当期已确认为费用的利息等的税后影响额；分母的调整项目为假定可转换公司债券当期期初或发行日转换为普通股股数的加权平均数。

(2) 认股权证和股份期权。认股权证、股份期权等的行权价格低于当期普通股平均市场价格时，应当考虑其稀释性。

计算稀释每股收益时，作为分子的净利润金额一般不变；分母的调整项目为增加的普通股股数，同时还应考虑时间权数。行权价格和拟行权时转换的普通股股数，按照有关认股权证合同和股份期权合约确定，其具体计算公式为：

$$认股权证或股份期权行权增加的普通股股数 = 行权认购的股数 \times \left(1 - \frac{行权价格}{普通股平均市价}\right) \quad (9\text{-}33)$$

式（9-33）中的普通股平均市场价格，通常按照每周或每月具有代表性的股票交易价格进行简单算术平均计算。在股票价格比较平稳的情况下，可以采用每周或每月股票的收盘价作为代表性价格；在股票价格波动较大的情况下，可以采用每周或每月股票最高价与最低价的平均值作为代表性价格。无论采用何种方法计算平均市场价格，一经确定，不得随意变更，除非有确凿证据表明原计算方法不再适用。当期发行认股权证或股份期权的，普通股平均市场价格应当自认股权证或股份期权的发行日起计算。

对投资者来说，每股收益是一个综合性的盈利概念，在不同行业、不同规模的上市公司之间具有相当大的可比性，因而在各上市公司之间的业绩比较中被广泛应用。人们一般将每股收益视为企业能否成功地达到其利润目标的标志，也可以将其看成一家企业管理效率、盈利能力和股利来源的标志，从理论上来说，每股收益反映了投资者可望获得的最高股利收益，因而是衡量股票投资价值的重要指标。每股收益越高，表明投资价值越大；反之，则越小。但是每股收益多并不意味着每股股利多，此外每股收益不能反映股票的风险水平。

（二）每股股利

每股股利是企业股利总额与普通股股数的比值，其计算公式为：

$$每股股利 = 现金股利总额 / 期末发行在外的普通股股数 \quad (9\text{-}34)$$

每股股利反映的是普通股股东每持有上市公司一股普通股获取的股利大小，是投资者股票投资收益的重要来源之一。由于净利润是股利分配的来源，因此每股股利的多少很大程度取决于每股收益的多少。但上市公司每股股利发放多少，除了受上市公司盈利能力大小影响以外，还取决于企业的股利分配政策和投资机会。投资者使用每股股利分析上市公司的投资收益时，应比较连续几个期间的每股股利，以评估股利回报的稳定性并做出收益预期。

反映每股股利和每股收益之间关系的一个重要指标是股利发放率，即每股股利分配额与当期的每股收益之比。

$$股利发放率 = 每股股利 / 每股收益$$

股利发放率反映每 1 元净利润有多少用于普通股股东的现金股利发放，反映普通股股东的当期收益水平。借助于该指标，投资者可以了解一家上市公司的股利发放政策。

（三）市盈率

市盈率（P/E ratio）是股票每股市价与每股收益的比率，反映普通股股东为获取 1

元净利润所愿意支付的股票价格，其计算公式为：

$$市盈率 = 每股市价 / 每股收益 \tag{9-35}$$

市盈率是股票市场上反映股票投资价值的重要指标，该比率的高低反映了市场上投资者对股票投资收益和投资风险的预期。一方面，市盈率越高，意味着投资者对股票的收益预期越看好，投资价值越大以下三点。反之，投资者对该股票评价越低。另一方面，市盈率越高，也说明获得一定的预期利润投资者需要支付更高的价格，因此投资于该股票的风险也越大；市盈率越低，说明投资于该股票的风险越小。

上市公司的市盈率是广大股票投资者进行中长期投资的重要决策指标。

影响企业股票市盈率的因素有以下三点。第一，上市公司盈利能力的成长性。如果上市公司预期盈利能力不断提高，说明企业具有较好的成长性，虽然目前市盈率较高，也值得投资者进行投资。第二，投资者所获取收益率的稳定性。如果上市公司经营效益良好且相对稳定，则投资者获取的收益也较高且稳定，投资者就愿意持有该企业的股票，则该企业的股票市盈率会由于众多投资者的普遍看好而相应提高。第三，市盈率也受到利率水平变动的影响。当市场利率水平变化时，市盈率也应做相应的调整。

（四）每股净资产

每股净资产又称每股账面价值，是指企业期末普通股净资产与期末发行在外的普通股股数之间的比率，用公式表示为：

$$每股净资产 = 期末普通股净资产 / 期末发行在外的普通股股数 \tag{9-36}$$

$$期末普通股净资产 = 期末股东权益 - 期末优先股股东权益 \tag{9-37}$$

每股净资产显示了发行在外的每一普通股股份所能分配的企业账面净资产的价值。这里所说的账面净资产是指企业账面上的总资产减去负债后的余额，即股东权益总额。每股净资产指标反映了在会计期末每一股份在企业账面上到底值多少钱，它与股票面值、发行价格、每股市场价值乃至每股清算价值等往往有较大差距，是理论上股票的最低价值。

（五）市净率

市净率是每股市价与每股净资产的比率，是投资者用以衡量、分析个股是否具有投资价值的工具之一。市净率的计算公式为：

$$市净率 = 每股市价 / 每股净资产$$

净资产代表的是全体股东共同享有的权益，是股东拥有公司财产和公司投资价值最基本的体现。一般来说，市净率较低的股票，投资价值较高；反之，则投资价值较低。但有时较低的市净率反映的可能是投资者对公司前景的不良预期，而较高市净率则相反。因此，在判断某只股票的投资价值时，还要综合考虑当时的市场环境及公司经营情况、资产质量和盈利能力等因素。

二、管理层讨论与分析

管理层讨论与分析是上市公司定期报告中管理层对于本企业过去经营状况的评价分

析及对企业未来发展趋势的前瞻性判断,是对企业财务报表中所描述的财务状况和经营成果的解释,是对经营中固有风险和不确定性的揭示,同时也是对企业未来发展前景的预期。

管理层讨论与分析是上市公司定期报告的重要组成部分。要求上市公司编制并披露管理层讨论与分析的目的在于,使公众投资者能够有机会了解管理层自身对企业财务状况与经济成果的分析评价,以及企业未来一定时期内的计划。这些信息在财务报表及附注中并没有得到充分揭示,对投资者的投资决策却非常重要。

管理层讨论与分析信息大多涉及"内部性"较强的定性型软信息,无法对其进行详细的强制规定和有效监控,因此,西方国家的披露原则是强制与自愿相结合,企业可以自主决定如何披露这类信息。我国也基本实行这种原则,如中期报告中的"管理层讨论与分析"部分及年度报告中的"董事会报告"部分,都是规定某些管理层讨论与分析信息必须披露,而另一些管理层讨论与分析信息鼓励企业自愿披露。

上市公司"管理层讨论与分析"主要包括两部分:报告期间经营业绩变动的解释与企业未来发展的前瞻性信息。

(一) 报告期间经营业绩变动的解释

(1) 分析企业主营业务及其经营状况。

(2) 概述企业报告期内总体经营情况,列示企业主营业务收入、主营业务利润、净利润的同比变动情况,说明引起变动的主要影响因素。企业应当对前期已披露的企业发展战略和经营计划的实现或实施情况、调整情况进行总结,若企业实际经营业绩较曾公开披露过的本年度盈利预测或经营计划低10%以下或高20%以上,应详细说明造成差异的原因。企业可以结合企业业务发展规模、经营区域、产品等情况,介绍与企业业务相关的宏观经济层面或外部经营环境的发展现状和变化趋势,企业的行业地位或区域市场地位,分析企业存在的主要优势和困难,分析企业经营和盈利能力的连续性和稳定性。

(3) 说明报告期企业资产构成、销售费用、管理费用、财务费用、所得税等财务数据同比发生重大变动的情况及主要影响因素。

(4) 结合企业现金流量表相关数据,说明企业经营活动、投资活动和筹资活动产生的现金流量的构成情况,若相关数据发生重大变动,应当分析其主要影响因素。

(5) 企业可以根据实际情况对企业设备利用情况、订单的获取情况、产品的销售或积压情况、主要技术人员变动情况等与企业经营相关的重要信息进行讨论和分析。

(6) 企业主要控股企业及参股企业的经营情况及业绩分析。

(二) 企业未来发展的前瞻性信息

(1) 企业应当结合经营回顾的情况,分析所处行业的发展趋势及企业面临的市场竞争格局。产生重大影响的,应给予管理层基本判断的说明。

(2) 企业应当向投资者提示管理层所关注的未来企业发展机遇和挑战,披露企业发展战略,以及拟开展的新业务、拟开发的新产品、拟投资的新项目等。若企业存在多种业务的，还应当说明各项业务的发展规划。同时，企业应当披露新一年度的经营计划，包括（但不限于）收入、成本费用计划及新一年度的经营目标（如销售额的提升、市场份额的扩大、成本升降、研发计划等），以及为达到上述经营目标拟采取的策略和行动。企业可以编制并披露新一年度的盈利预测，该盈利预测必须经过具有证券期货相关业务资格的会计师事务所审核并发表意见。

（3）企业应当披露为实现未来发展战略所需的资金需求及使用计划，以及资金来源情况，说明企业维持当前业务、完成在建投资项目的资金需求，未来重大的资本支出计划等，包括未来已知的资本支出承诺、合同安排、时间安排等。同时，对企业资金来源的安排、资金成本及使用情况进行说明。企业应当区分债务融资、表外融资、股权融资、衍生产品融资等项目对企业未来资金来源进行披露。

企业应当结合自身特点对所有风险因素（包括宏观政策风险、市场或业务经营风险、财务风险、技术风险等）进行风险揭示，披露的内容应当充分、准确、具体。同时，企业可以根据实际情况，介绍已（或拟）采取的对策和措施，其内容应该具体且具备可操作性。

第四节 财务评价与考核

财务分析的最终目的在于全面、准确、客观地揭示与披露企业财务状况和经营情况，并借以对企业经济效益优劣做出合理的评价。显然，要达到这样一个分析目的，仅仅测算几个简单、孤立的财务比率，或者将一些孤立的财务分析指标堆砌在一起，彼此毫无联系地考察，不可能得出合理、正确的综合性结论，有时甚至会得出错误的结论。因此，只有将企业偿债能力、营运能力、投资收益实现能力及发展趋势等各项分析指标有机地联系起来，作为一套完整的体系，相互配合使用，做出系统、综合的评价，才能从总体意义上把握企业财务状况和经营情况的优劣。

综合分析的意义在于能够全面、正确地评价企业的财务状况和经营成果，因为局部不能替代整体，某项指标的好坏不能说明整个企业经济效益的高低。除此之外，综合分析的结果在进行企业不同时期比较分析和不同企业之间比较分析时消除了时间上和空间上的差异，使之更具有可比性，有利于总结经验、吸取教训、发现差距、赶超先进。进而，从整体上、本质上反映和把握企业生产经营的财务状况和经营成果。

一、企业综合绩效分析的方法

企业综合绩效分析的方法有很多，传统方法主要有杜邦分析法和沃尔评分法等。

（一）杜邦分析法

杜邦分析法又称杜邦财务分析体系，简称杜邦体系，是利用各主要财务比率指标间的内在联系，对企业财务状况及经济效益进行综合系统分析评价的方法。该体系是以净资产收益率为起点，以总资产净利率和权益乘数为基础，重点揭示企业盈利能力及权益乘数对净资产收益率的影响，以及各相关指标间的相互影响和作用关系。因其最初由美国杜邦企业成功应用，故得名。

杜邦分析法将净资产收益率（权益净利率）分解为如图 9-1 所示内容，其分析关系式为：

净资产收益率 = 销售净利率 × 总资产周转率 × 权益乘数 　　　　（9-38）

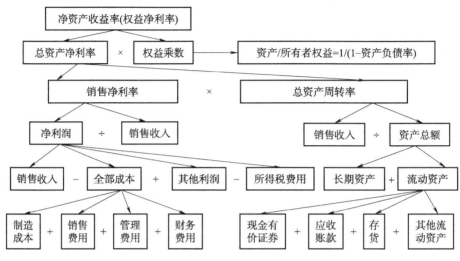

图 9-1　杜邦分析体系

运用杜邦分析法需要抓住以下几点：

1. 净资产收益率是一个综合性最强的财务分析指标，是杜邦分析体系的起点

财务管理的目标之一是使股东财富最大化，净资产收益率反映了企业所有者投入资本的盈利能力，说明了企业筹资、投资、资产营运等各项财务及其管理活动的效率，而不断提高净资产收益率是使所有者权益最大化的基本保证。所以，这一财务分析指标是企业所有者、经营者都十分关心的。而净资产收益率高低的决定因素主要有三个，即销售净利率、总资产周转率和权益乘数。这样，在进行分解之后，就可以将净资产收益率这一综合性指标发生升降变化的原因具体化，因此其比只用一项综合性指标更能说明问题。

2. 销售净利率反映了企业净利润与销售收入的关系，它的高低取决于销售收入与成本总额的高低

要想提高销售净利率，一是要扩大销售收入，二是要降低成本费用。扩大销售收入既有利于提高销售净利率，又有利于提高总资产周转率。降低成本费用是提高销售净利率的一个重要因素，从图 9-1 可以看出成本费用的基本结构是否合理，从而找出降低成本费用的途径和加强成本费用控制的办法。如果企业财务费用支出过高，就要进一步分析其负债比率是否过高；如果管理费用过高，就要进一步分析其资产周转情况等。从图 9-1 中还可以看出，提高销售净利率的另一途径是提高其他利润。为了详细地了解企业成本费用的发生情况，在具体列示成本总额时，还可根据重要性原则，将那些影响较大的费用单独列示，以便为寻求降低成本的途径提供依据。

3. 影响总资产周转率的一个重要因素是资产总额

资产总额由流动资产与长期资产组成，它们的结构合理与否将直接影响资产的周转速度。一般来说,流动资产直接体现企业的偿债能力和变现能力,而长期资产则体现了企业的经营规模、发展潜力。两者之间应该有一个合理的比例关系。如果发现某项资产比重过大,影响资金周转,就应深入分析其原因,例如企业持有的货币资金超过业务需要,就会影响企业的盈利能力;如果企业占有过多的存货和应收账款,则既会影响盈利能力,又会影响偿债能力。因此,还应进一步分析各项资产的占用数额和周转速度。

4. 权益乘数主要受资产负债率指标的影响

资产负债率越高,权益乘数就越高,说明企业的负债程度比较高,给企业带来了较多的杠杆利益,同时,也带来了较大的风险。

(二) 沃尔评分法

企业财务综合分析的先驱者之一是亚历山大·沃尔。他在20世纪初出版的《信用晴雨表研究》和《财务报表比率分析》中提出了信用能力指数的概念,他把若干个财务比率用线性关系结合起来,以此来评价企业的信用水平,被称为沃尔评分法。他选择了7种财务比率,分别给定了其在总评价中所占的比重,总和为100分;然后,确定标准比率,并与实际比率相比较,评出每项指标的得分,求出总评分。

沃尔评分法从理论上来讲,有一个缺点,就是未能证明为什么要选择这7个指标,而不是更多些或更少些,或者选择别的财务比率,以及未能证明每个指标所占比重的合理性。沃尔分析法从技术上讲有一个问题,就是当某一个指标严重异常时,会对综合指数产生不合逻辑的重大影响。这个缺陷是由相对比率与比重相"乘"引起的。财务比率提高一倍,其综合指数增加100%;而财务比率缩小一半,其综合指数只减少50%。

现代社会与沃尔的时代相比,已有很大的变化。一般认为企业财务评价的内容首先是盈利能力,其次是偿债能力,再次是成长能力,它们之间大致可按5:3:2的比重来分配。盈利能力的主要指标是总资产收益率、营业净利率和净资产收益率,这三个指标可按2:2:1的比重来安排。偿债能力有四个常用指标。成长能力有三个常用指标(都是本年增量与上年实际量的比值)。假定仍以100分为总评分。

二、综合绩效评价

综合绩效评价是综合分析的一种,一般是站在企业所有者(投资人)的角度进行的。综合绩效评价,是指运用数理统计和运筹学的方法,通过建立综合评价指标体系,对照相应的评价标准,定量分析与定性分析相结合,对企业一定经营期间的盈利能力、资产质量、债务风险及经营增长等经营业绩和努力程度等各方面进行的综合评判。

科学地评价企业绩效可以为出资人行使经营者的选择权提供重要依据;可以有效地加强对企业经营者的监管和约束;可以为有效激励企业经营者提供可靠的依据;还可以为政府有关部门、债权人、企业职工等利益相关方提供有效的信息支持。

(一) 综合绩效评价的内容

企业综合绩效评价由财务绩效定量评价和管理绩效定性评价两部分组成。

1. 财务绩效定量评价

财务绩效定量评价是指对企业一定期间的盈利能力、资产质量、债务风险和经营增长四个方面进行定量对比分析和评判。

（1）企业盈利能力分析与评判主要通过资本及资产收益水平、成本费用控制水平和经营现金流量状况等方面的财务指标，综合反映企业的投入产出水平、盈利质量和现金保障状况。

（2）企业资产质量分析与评判主要通过资产周转速度、资产运行状态、资产结构及资产有效性等方面的财务指标，综合反映企业所占用经济资源的利用效率、资产管理水平与资产的安全性。

（3）企业债务风险分析与评判主要通过债务负担水平、资产负债结构、或有负债情况、现金偿债能力等方面的财务指标，综合反映企业的债务水平、偿债能力及其面临的债务风险。

（4）企业经营增长分析与评判主要通过销售增长、资本积累、效益变化及技术投入等方面的财务指标，综合反映企业的经营增长水平及发展后劲。

2. 管理绩效定性评价

企业管理绩效定性评价指标包括战略管理、发展创新、经营决策、风险控制、基础管理、人力资源、行业影响、社会贡献等 8 个方面的指标，主要反映企业在一定经营期间所采取的各项管理措施及其管理成效。

（1）战略管理评价主要反映企业所制订战略规划的科学性，战略规划是否符合企业实际，员工对战略规划的认知程度，战略规划的保障措施及其执行力，以及战略规划的实施效果等方面的情况。

（2）发展创新评价主要反映企业在经营管理创新、工艺革新、技术改造、新产品开发、品牌培育、市场拓展、专利申请及核心技术研发等方面的措施及成效。

（3）经营决策评价主要反映企业在决策管理、决策程序、决策方法、决策执行、决策监督、责任追究等方面采取的措施及实施效果，重点反映企业是否存在重大经营决策失误。

（4）风险控制评价主要反映企业在财务风险、市场风险、技术风险、管理风险、信用风险和道德风险等方面的管理与控制措施及效果，包括风险控制标准、风险评估程序、风险防范与化解措施等。

（5）基础管理评价主要反映企业在制度建设、内部控制、重大事项管理、信息化建设、标准化管理等方面的情况，包括财务管理、对外投资、采购与销售、存货管理、质量管理、安全管理、法律事务等。

（6）人力资源评价主要反映企业人才结构、人才培养、人才引进、人才储备、人事调配、员工绩效管理、分配与激励、企业文化建设、员工工作热情等方面的情况。

（7）行业影响评价主要反映企业主营业务的市场占有率、对国民经济及区域经济的影响与带动力、主要产品的市场认可程度、是否具有核心竞争能力及产业引导能力等方面的情况。

（8）社会贡献评价主要反映企业在资源节约、环境保护、吸纳就业、工资福利、安全生产、上缴税收、商业诚信、和谐社会建设等方面的贡献程度和社会责任的履行情况。

各指标评价内容与权重如表9-2所示。

表9-2 企业综合绩效评价指标及权重表

评价内容与权重		财务绩效（70%）				管理绩效（30%）	
		基本指标	权重	修正指标	权重	评议指标	权重
盈利能力状况	34	净资产收益率 总资产收益率	20 14	销售（营业）利润率	10	战略管理 发展创新 经营决策 风险控制 基础管理 人力资源 行业影响 社会贡献	18 15 16 13 14 8 8 8
				利润现金保障倍数	9		
				成本费用利润率	8		
				资本收益率	7		
资产质量状况	22	总资产周转率 应收账款周转率	10 12	不良资产比率	9		
				流动资产周转率	7		
				资产现金回收率	6		
债务风险状况	22	资产负债率 已获利息倍数	12 10	速动比率	6		
				现金流动比率	6		
				带息负债比率	5		
				或有负债比率	5		
经营增长状况	22	销售（营业）增长率 资本保值增值率	12 10	销售（营业）利润增长率	10		
				总资产增值率	7		
				技术投入比率	5		

（三）企业综合绩效评价标准

综合绩效评价标准分为财务绩效定量评价标准和管理绩效定性评价标准。

1. 财务绩效定量评价标准

财务绩效定量评价标准包括国内行业标准和国际行业标准。国内行业标准根据国内企业年度财务和经营管理统计数据，运用数理统计方法，分年度、分行业、分规模统一测算。国际行业标准根据居于行业国际领先地位的大型企业相关财务指标实际值，或者根据同类型企业相关财务指标的先进值，在剔除会计核算差异后统一测算。其中，财务绩效定量评价标准的行业分类，按照国家统一颁布的国民经济行业分类标准结合企业实际情况进行划分。

财务绩效定量评价标准按照不同行业、不同规模及指标类别，划分为优秀（A）、良好（B）、平均（C）、较低（D）、较差（E）五个档次，对应五档评价的标准系数分别为1.0、0.8、0.6、0.4、0.2，较差（E）以下为0。

2. 管理绩效定性评价标准

管理绩效定性评价标准分为优（A）、良（B）、中（C）、低（D）、差（E）五个档次。对应五档评价的标准系数分别为1.0、0.8、0.6、0.4、0.2，差（E）以下为0。

管理绩效定性评价标准具有行业普遍性和一般性，在进行评价时，应当根据不同行业的经营特点，灵活把握个别指标的标准尺度。对于定性评价标准没有列示，但对被评价企业经营绩效产生重要影响的因素,在评价时也应予以考虑。

(四) 企业综合绩效评价工作程序

1. 财务绩效评价工作程序

财务绩效定量评价工作具体包括提取评价基础数据、基础数据调整、评价计分、形成评价结果等内容。

(1) 提取评价基础数据。以经社会中介机构或内部审计机构审计并经评价组织机构核实确认的企业年度财务会计报表为基础提取评价基础数据。

(2) 基础数据调整。为客观、公正地评价企业经营绩效,对评价基础数据进行调整。

(3) 评价计分。根据调整后的评价基础数据,对照相关年度的行业评价标准值,利用绩效评价软件或手工评价计分。

(4) 形成评价结果。对任期财务绩效评价需要计算任期内平均财务绩效评价分数,并计算绩效改进度;对年度财务绩效评价除计算年度绩效改进度外,需要对定量评价得分深入分析,诊断企业经营管理存在的薄弱环节,并在财务决算批复中提示有关问题,同时进行所监管企业的分类排序分析,在一定范围内发布评价结果。

2. 管理绩效评价工作程序

管理绩效定性评价工作具体包括收集整理管理绩效评价资料、聘请咨询专家、召开专家评议会、形成定性评价结论等内容。

(1) 收集整理管理绩效评价资料。为了深入了解被评价企业的管理绩效状况,应当通过问卷调查、访谈等方式,充分收集并认真整理管理绩效评价的有关资料。

(2) 聘请咨询专家。根据所评价企业的行业情况,聘请不少于7名的管理绩效评价咨询专家,组成专家咨询组,并将被评价企业的有关资料提前送达咨询专家。

(3) 召开专家评议会,组织咨询专家对企业的管理绩效指标进行评议打分。

(4) 形成定性评价结论。汇总管理绩效定性评价指标得分,形成定性评价结论。

(五) 企业综合绩效评价计分方法

1. 财务绩效评价计分

(1) 基本指标计分。财务绩效定量评价基本指标计分是按照功效系数法计分原理,将评价指标实际值对照行业评价标准值,按照规定的计分公式计算各项基本指标得分,其计算公式为:

$$基本指标总得分 = \sum 单项基本指标得分$$

$$单项基本指标得分 = 本档基础分 + 调整分$$

$$本档基础分 = 指标权数 \times 本档标准系数$$

$$调整分 = 功效系数 \times (上档基础分 - 本档基础分)$$

$$上档基础分 = 指标权数 \times 上档标准系数$$

$$功效系数 = (实际值 - 本档标准值)/(上档标准值 - 本档标准值)$$

本档标准值是指上下两档标准值居于较低等级一档。

（2）修正指标的计分。财务绩效定量评价修正指标的计分是在基本指标计分结果的基础上，运用功效系数法原理，分别计算盈利能力、资产质量、债务风险和经营增长四个部分的综合修正系数，再据此计算出修正后的分数，其计算公式为：

修正后总得分 = ∑各部分修正后得分

各部分修正后得分 = 各部分基本指标分数×该部分综合修正系数

某部分综合修正系数 = ∑该部分各修正指标加权修正系数

某指标加权修正系数 =（修正指标权数/该部分权数）×该指标单项修正系数

某指标单项修正系数 = 1.0 +（本档标准系数 + 功效系数×0.2 – 该部分基本指标分析系数）

（单项修正系数控制修正幅度为0.7 ~ 1.3）

某部分基本指标分析系数 = 该部分基本指标得分/该部分权数

在计算修正指标单项修正系数过程中，对于一些特殊情况应进行调整：

如果修正指标实际值达到优秀值以上，其单项修正系数的计算公式为：

单项修正系数 = 1.2 + 本档标准系数 – 该部分基本指标分析系数

如果修正指标实际值处于较差值以下，其单项修正系数的计算公式为：

单项修正系数 = 1.0 – 该部分基本指标分析系数

如果资产负债率≥100%，指标得0分；其他情况按照规定的公式计分。

如果盈余现金保障利润分子为正数，分母为负数，单项修正系数确定为1.1；如果分子为负数，分母为正数，单项修正系数确定为0.9；如果分子分母同为负数，单项修正系数确定为0.8。

如果不良资产比率≥100%或分母为负数，单项修正系数确定为0.8。

对于销售（营业）利润增长率指标，如果上年营业利润为负数，本年为正数，单项修正系数为1.1；如果上年营业利润为零，本年为正数，或者上年为负数，本年为零，单项修正系数确定为1.0。

如果个别指标难以确定行业标准，该指标单项修正系数确定为1.0。

2. 管理绩效评价计分

管理绩效定性评价指标的计分一般通过专家评议打分形式完成，聘请的专家应不少于7名；评议专家应当在充分了解企业管理绩效状况的基础上，对照评价参考标准，采取综合分析判断法，对企业管理绩效指标做出分析评议，评判各项指标所处的水平档次，并直接给出评价分数，其计算公式为：

管理绩效定性评价指标分数 = ∑单项指标分数

$$单项指标分数 = \frac{\sum 每位专家给定的单项指标分数}{专家人数} \tag{9-39}$$

3. 综合绩效评价计分

在得出财务绩效定量评价分数和管理绩效定性评价分数后，应当按照规定的权重，耦合形成综合绩效评价分数，其计算公式为：

企业综合绩效评价分数 = 财务绩效定量评价分数×70% + 管理绩效定性评价分数×30%

在得出评价分数以后，应当计算年度之间的绩效改进度，以反映企业年度之间经营绩效的变化状况，其计算公式为：

$$绩效改进度 = 本期绩效评价分数 / 基期绩效评价分数$$

绩效改进度大于1，说明经营绩效上升；绩效改进度小于1，说明经营绩效下滑。

（六）企业综合绩效评价结果与评价报告

企业综合绩效评价结果以评价得分、评价类型和评价级别表示。

评价类型是根据评价分数对企业综合绩效所划分的水平档次，用文字和字母表示，分为优（A）、良（B）、中（C）、低（D）和差（E）五种类型。

评价级别是对每种类型再划分级次，以体现同一评价类型的不同差异，采用在字母后标注"＋""－"号的方式表示。

企业综合绩效评价结果以85、70、50、40分作为类型判定的分数线。

（1）评价得分达到85分以上（含85分）的评价类型为优（A），在此基础上划分为三个级别，分别为：A＋＋≥95分；95分＞A＋≥90分；90分＞A≥85分。

（2）评价得分达到70分以上（含70分）不足85分的评价类型为良（B），在此基础上划分为三个级别，分别为：85分＞B＋≥80分；80分＞B≥75分，75分＞B－≥70分。

（3）评价得分达到50分以上（含50分）不足70分的评价类型为中（C），在此基础上划分为两个级别，分别为：70分＞C≥60分；60分＞C－≥50分。

（4）评价得分在40分以上（含40分）不足50分的评价类型为低（D）。

（5）评价得分在40分以下的评价类型为差（E）。

本章小结

本章学习重点是在理解财务报表分析的意义、方法和内容的基础上，熟悉不同会计信息使用者进行财务报表分析的目的不同，掌握财务分析的各种方法，能够熟练运用财务比率指标分析企业的财务状况，掌握各种财务比率的计算公式，理解财务比率的含义。在财务报表综合分析中重点学习杜邦分析法，要求通过杜邦分析全面评价企业的财务状况和盈利能力，并能提出解决问题的方案。

练习题

一、简答题

1. 简述财务分析的内容和意义。
2. 简述财务分析的方法。
3. 简述企业综合绩效分析的方法

二、案例题

宏远公司财务分析案例

宏远公司2018年的资产负债表如表9-3所示。

表 9-3　宏远公司资产负债表

2018 年 12 月 31 日　　　　　　　　　　　　　　　（单位：万元）

资　产	年初数	年末数	负债及股东权益	年初数	年末数
货币资金	110	116	短期借款	180	200
以公允价值计量且其变动计入当期损益的金融资产	80	100	应付账款	182	285
应收账款	350	472	应付职工薪酬	60	65
存货	304	332	应交税费	48	60
流动资产合计	844	1 020	流动负债合计	470	610
固定资产	470	640	长期借款	280	440
长期股权投资	82	180	应付债券	140	260
无形资产	18	20	长期应付款	44	50
非流动资产	570	840	非流动负债合计	464	750
			负债合计	934	1 360
			股本	300	300
			资本公积	50	70
			盈余公积	84	92
			未分配利润	46	38
			股东权益合计	480	500
资产总计	1 414	1 860	负债及股东权益合计	1 414	1 860

该公司所处行业的财务比率平均值如表 9-4 所示。

表 9-4　财务比率行业平均值

财务比率	行业均值
流动比率	2
速动比率	1.2
资产负债率	0.42
应收账款周转率（次）	16
存货周转率（次）	8.5

要求：

（1）计算该公司 2018 年年初与年末的流动比率、速动比率和资产负债率，并分析该公司的偿债能力。

（2）计算该公司 2018 年应收账款周转率、存货周转率和总资产周转率，并分析该公司的营运能力。

附 录 Appendix

附表一 复利

期数	1%	2%	3%	4%	5%	6%	7%	8%	9%	10%
1	1.0100	1.0200	1.0300	1.0400	1.0500	1.0600	1.0700	1.0800	1.0900	1.1000
2	1.0201	1.0404	1.0609	1.0816	1.1025	1.1236	1.1449	1.1664	1.1881	1.2100
3	1.0303	1.0612	1.0927	1.1249	1.1576	1.2250	1.2250	1.2597	1.2950	1.3310
4	1.0406	1.0824	1.1255	1.1699	1.2155	1.3108	1.3108	1.3605	1.4116	1.4641
5	1.0510	1.1041	1.1593	1.2167	1.2763	1.4026	1.4026	1.4693	1.5386	1.6105
6	1.0615	1.1262	1.1941	1.2653	1.3401	1.4185	1.5007	1.5809	1.6771	1.7716
7	1.0721	1.1487	1.2299	1.3159	1.4071	1.5036	1.6058	1.7738	1.8280	1.9487
8	1.0829	1.1717	1.2668	1.3686	1.4775	1.5938	1.7182	1.8509	1.9926	2.1436
9	1.0937	1.1915	1.3048	1.4233	1.5513	1.6895	1.8385	1.9990	2.1719	2.3579
10	1.1046	1.2190	1.3439	1.4802	1.6289	1.7908	1.9672	2.1589	2.3674	2.5937
11	1.1157	1.2434	1.3824	1.5395	1.7103	1.8983	2.1049	2.3316	2.5804	2.8531
12	1.1268	1.2682	1.4258	1.6010	1.7959	2.0122	2.2522	2.5182	2.8127	3.1384
13	1.1368	1.2936	1.4685	1.6651	1.8856	2.1329	2.4098	2.7196	3.0658	3.4523
14	1.1459	1.3195	1.5126	1.7371	1.9799	2.2609	2.5785	2.9372	3.3417	3.7975
15	1.1610	1.3459	1.5580	1.8009	2.0789	2.3966	2.7590	3.1722	3.6425	4.1772
16	1.1726	1.3728	1.6047	1.8730	2.1829	2.5404	2.9522	3.4259	3.9703	4.5950
17	1.1843	1.4002	1.6528	1.9479	2.2920	2.6928	3.1588	3.7000	4.3276	5.0545
18	1.1961	1.4282	1.7024	2.0258	2.4066	2.8543	3.3799	3.9960	4.7171	5.5599
19	1.2081	1.4568	1.7535	2.1068	2.5270	3.0256	3.6165	4.3157	5.1417	6.1159
20	1.2202	1.4859	1.8061	2.1911	2.6533	3.2071	3.8697	4.6610	5.6044	6.7275
21	1.2324	1.5157	1.8603	2.2788	2.7860	3.3996	4.1406	5.0338	6.1088	7.4002
22	1.2447	1.5460	1.9161	2.3699	2.9253	3.6035	4.4304	5.4365	6.6586	8.1403
23	1.2572	1.5769	1.9736	2.4647	3.0715	3.8197	4.7405	5.8715	7.2579	8.2543
24	1.2697	1.6084	2.0328	2.5633	3.2251	4.0489	5.0724	6.3412	7.9111	9.8497
25	1.2824	1.6406	2.0938	2.6658	3.3864	4.2919	5.4274	6.8485	8.6231	10.835
26	1.2953	1.6734	2.1566	2.7725	3.5557	4.5494	5.8076	7.3964	9.3992	11.918
27	1.3082	1.7069	2.2213	2.8834	3.7335	4.8823	6.2139	7.9881	10.245	13.110
28	1.3213	1.7410	2.2879	2.9987	3.9201	5.1117	6.6488	8.6271	11.167	14.421
29	1.3345	1.7758	2.3566	3.1187	4.1161	5.4184	7.1143	9.3173	12.172	15.863
30	1.3478	1.8114	2.4273	3.2434	4.3219	5.7435	7.6123	10.063	13.268	17.449
40	1.4889	2.2080	3.2620	4.0810	7.0400	10.286	14.794	21.725	31.408	45.259
50	1.6446	2.6916	4.3839	7.1067	11.467	18.420	29.457	46.902	74.358	117.39
60	1.8167	3.2810	5.8916	10.520	18.679	32.988	57.946	101.26	176.03	304.48

终值系数表

12%	14%	15%	16%	18%	20%	24%	28%	32%	36%
1.1200	1.1400	1.1500	1.16000	1.1800	1.2000	1.2400	1.2800	1.3200	1.3600
1.2544	1.2996	1.3225	1.3456	1.3924	1.4400	1.5376	1.6384	1.7424	1.8496
1.4049	1.4815	1.5209	1.5209	1.5609	1.7280	1.9066	2.0872	2.3000	2.5155
1.5735	1.6890	1.7490	1.7490	1.8106	2.0736	2.3642	2.6844	3.0360	3.4210
1.7623	1.9254	2.0114	2.0114	2.1003	2.4883	2.9316	3.4360	4.0075	4.6526
1.9738	2.1950	2.3131	2.4364	2.6996	2.9860	3.6352	4.3980	5.2899	6.3275
2.2107	2.5023	2.6600	2.8262	3.1855	3.5832	4.5077	5.6295	6.9826	8.6054
2.4760	2.8526	3.0590	3.2784	3.7589	4.2998	5.5895	7.2508	9.2170	11.703
2.7731	3.2519	3.5179	3.8030	4.4355	5.1598	6.9310	9.2234	12.166	15.917
3.1058	3.7072	4.0456	4.4114	5.2338	6.1917	8.5944	11.806	16.060	21.647
3.4785	4.2262	4.6524	5.1173	6.1759	7.4301	10.657	15.112	21.119	29.439
3.8960	4.8179	5.3503	5.9360	7.2876	8.9161	13.215	19.343	27.983	40.037
4.3635	5.4924	6.1528	6.8858	8.5994	10.699	16.386	24.759	36.937	54.451
4.8871	6.2613	7.0757	7.9875	10.147	12.839	20.319	31.691	48.757	74.053
5.4736	7.1379	8.1371	9.2655	11.974	15.407	25.196	40.565	64.395	100.71
6.1304	8.1372	9.3576	10.748	14.129	18.448	31.243	51.923	84.954	136.97
6.8660	9.2765	10.761	12.468	16.672	22.186	38.741	66.461	112.14	186.28
7.6900	10.575	12.375	14.463	19.673	26.623	48.039	86.071	148.02	253.34
8.6128	12.056	14.232	16.777	23.214	31.948	59.568	108.89	195.39	344.54
9.6463	13.743	16.367	19.461	27.393	38.338	73.864	139.38	257.92	468.57
10.804	15.668	18.822	22.574	32.324	46.005	91.592	178.41	340.45	637.26
12.100	17.861	21.645	26.186	38.142	55.206	113.57	228.36	449.39	866.67
13.552	20.362	24.891	30.376	45.008	66.247	140.83	292.30	593.20	1178.7
15.179	23.212	28.625	35.236	53.109	79.497	174.63	374.14	783.02	1603.0
17.000	26.462	32.919	40.874	62.669	95.396	216.54	478.90	1033.6	2180.1
19.040	30.167	37.857	47.414	73.949	114.48	268.51	613.00	1364.3	2964.9
21.325	34.390	43.535	55.000	87.260	137.37	332.95	784.64	1800.9	4032.3
23.884	39.204	50.006	63.800	102.97	164.84	412.86	1004.3	2377.2	5483.9
26.750	44.693	57.575	74.009	121.50	197.81	511.95	1285.6	3137.9	7458.1
29.960	50.950	66.212	85.850	143.37	237.38	634.82	1645.5	4142.1	10143
93.051	188.83	267.86	378.72	750.38	1469.8	5455.9	19427	66521	*
289.00	700.23	1083.7	1670.7	3927.4	9100.4	46890	*	*	*
897.60	2595.9	4384.0	7370.2	20555	56348	*	*	*	*

* >99 999

附表二　复利

期数	1%	2%	3%	4%	5%	6%	7%	8%	9%	10%
1	0.9901	0.9804	0.9709	0.9615	0.9524	0.9434	0.9346	0.9259	0.9174	0.9091
2	0.9803	0.9712	0.9426	0.9246	0.9070	0.8900	0.8734	0.8573	0.8417	0.8264
3	0.9706	0.9423	0.9151	0.8890	0.8638	0.8163	0.8163	0.7938	0.7722	0.7513
4	0.9610	0.9238	0.8885	0.8548	0.8227	0.7921	0.7629	0.7350	0.7084	0.6830
5	0.9515	0.9057	0.8626	0.8219	0.7835	0.7473	0.7130	0.6806	0.6499	0.6209
6	0.9420	0.8880	0.8375	0.7903	0.7462	0.7050	0.6663	0.6302	0.5963	0.5645
7	0.9327	0.8606	0.8131	0.7599	0.7107	0.6651	0.6227	0.5835	0.5470	0.5132
8	0.9235	0.8535	0.7874	0.7307	0.6768	0.6274	0.5820	0.5403	0.5019	0.4665
9	0.9143	0.8368	0.7664	0.7026	0.6446	0.5919	0.5439	0.5002	0.4604	0.4241
10	0.9053	0.8203	0.7441	0.6756	0.6139	0.5584	0.5083	0.4632	0.4224	0.3885
11	0.8963	0.8043	0.7224	0.6496	0.5847	0.5268	0.4751	0.4289	0.3875	0.3505
12	0.8874	0.7885	0.7014	0.6246	0.5568	0.4970	0.4440	0.3971	0.3555	0.3186
13	0.8787	0.7730	0.6810	0.6006	0.5303	0.4688	0.4150	0.3677	0.3262	0.2897
14	0.8700	0.7579	0.6611	0.5775	0.5051	0.4423	0.3878	0.3405	0.2992	0.2633
15	0.8613	0.7430	0.6419	0.5553	0.4810	0.4173	0.3624	0.3152	0.2745	0.2394
16	0.8528	0.7284	0.6232	0.5339	0.4581	0.3936	0.3387	0.2919	0.2519	0.2176
17	0.8874	0.7142	0.6050	0.5134	0.4363	0.3714	0.3166	0.2703	0.2311	0.1978
18	0.8787	0.7002	0.5874	0.4936	0.4155	0.3503	0.2959	0.2502	0.2120	0.1799
19	0.8700	0.6864	0.5703	0.4746	0.3957	0.3305	0.2765	0.2317	0.1945	0.1635
20	0.8613	0.6730	0.5537	0.4564	0.3769	0.3118	0.2584	0.2145	0.1784	0.1486
21	0.8114	0.6598	0.5375	0.4388	0.3589	0.2942	0.2415	0.1987	0.1637	0.1351
22	0.8034	0.6468	0.5219	0.4220	0.3418	0.2775	0.2257	0.1839	0.1502	0.1228
23	0.7954	0.6342	0.5067	0.4057	0.3256	0.2618	0.2109	0.1703	0.1378	0.1117
24	0.7876	0.6217	0.4919	0.3901	0.3101	0.2470	0.1971	0.1577	0.1264	0.1015
25	0.7798	0.6095	0.4776	0.3751	0.2953	0.2330	0.1842	0.1460	0.1160	0.0923
26	0.7720	0.5976	0.4637	0.3604	0.2812	0.2198	0.1722	0.1352	0.1064	0.0839
27	0.7644	0.5859	0.4502	0.3468	0.2678	0.2074	0.1609	0.1252	0.0976	0.0763
28	0.7568	0.5744	0.4371	0.3335	0.2551	0.1956	0.1504	0.1159	0.0895	0.0693
29	0.7493	0.5631	0.4243	0.3207	0.2429	0.1846	0.1406	0.1073	0.0822	0.0630
30	0.7419	0.5521	0.4120	0.3803	0.2314	0.1741	0.1314	0.0994	0.0754	0.0573
35	0.7059	0.5000	0.3554	0.2534	0.1813	0.1301	0.0937	0.0676	0.0490	0.0356
40	0.6717	0.4529	0.3066	0.2083	0.1420	0.0972	0.0668	0.0460	0.0318	0.0221
45	0.6391	0.4102	0.2644	0.172	0.1113	0.0727	0.0476	0.0313	0.0207	0.0137
50	0.6080	0.3715	0.2281	0.1407	0.0872	0.0543	0.0339	0.0213	0.0134	0.0085
55	0.5785	0.3365	0.1968	0.1157	0.0683	0.0406	0.0242	0.0415	0.0087	0.0053

现值系数表

12%	14%	15%	16%	18%	20%	24%	28%	32%	36%
0.8929	0.8772	0.8696	0.8621	0.8475	0.8333	0.8065	0.7813	0.7576	0.7353
0.7972	0.7695	0.7561	0.7432	0.7182	0.6944	0.6504	0.6104	0.5739	0.5407
0.7228	0.6750	0.6575	0.6407	0.6086	0.5787	0.5245	0.4768	0.4348	0.3975
0.6355	0.5921	0.5718	0.5523	0.5158	0.4823	0.4230	0.3725	0.3294	0.2923
0.5674	0.5194	0.4972	0.4762	0.4371	0.4019	0.3411	0.2910	0.2495	0.2149
0.5066	0.4556	0.4323	0.4104	0.3704	0.3349	0.2751	0.2274	0.1890	0.1580
0.4523	0.3996	0.3759	0.3538	0.3139	0.2791	0.2218	0.1776	0.1432	0.1162
0.4039	0.3506	0.3269	0.3050	0.2660	0.2326	0.1789	0.1338	0.1085	0.0854
0.3606	0.3075	0.2843	0.2630	0.2255	0.1938	0.1443	0.1084	0.0822	0.0628
0.3220	0.2697	0.2472	0.2267	0.1911	0.1615	0.1164	0.0847	0.0623	0.0462
0.2875	0.2366	0.2149	0.1954	0.1619	0.1346	0.0938	0.0662	0.0472	0.0340
0.2567	0.2076	0.1869	0.1685	0.1373	0.1122	0.0757	0.0517	0.0357	0.0250
0.2297	0.1821	0.1625	0.1452	0.1163	0.0935	0.0610	0.0404	0.0271	0.0184
0.2046	0.1597	0.1413	0.1252	0.0985	0.0779	0.0492	0.0316	0.0205	0.0135
0.1827	0.1401	0.1229	0.1709	0.0835	0.0649	0.0397	0.0247	0.0155	0.0099
0.1631	0.1229	0.1069	0.0980	0.0709	0.0541	0.0320	0.0193	0.0118	0.0073
0.1456	0.1078	0.0929	0.0802	0.600	0.0451	0.0259	0.0150	0.0089	0.0054
0.1300	0.0946	0.0808	0.0691	0.0508	0.0376	0.0208	0.0118	0.0068	0.0039
0.1161	0.0829	0.0703	0.0596	0.0431	0.0313	0.0168	0.0092	0.0051	0.0029
0.1037	0.0728	0.0611	0.0514	0.0365	0.0261	0.0135	0.0072	0.0039	0.0021
0.0926	0.0638	0.0531	0.0443	0.0309	0.0217	0.0109	0.0056	0.0029	0.0016
0.0826	0.0560	0.0462	0.0382	0.0262	0.0181	0.0088	0.0044	0.0022	0.0012
0.7038	0.0491	0.0402	0.0329	0.0222	0.0151	0.0071	0.0034	0.0017	0.0008
0.0659	0.0431	0.0349	0.0284	0.01888	0.0126	0.0057	0.0027	0.0013	0.0006
0.0588	0.0378	0.0304	0.0245	0.0160	0.0105	0.0046	0.0021	0.0010	0.0005
0.0525	0.0331	0.0264	0.0211	0.0135	0.0087	0.0037	0.0016	0.0007	0.0003
0.0469	0.0291	0.0230	0.0182	0.0115	0.0073	0.0030	0.0013	0.0006	0.0002
0.0419	0.0255	0.0200	0.0157	0.0097	0.0061	0.0024	0.0010	0.0004	0.0002
0.0374	0.0244	0.0174	0.0135	0.0082	0.0051	0.0020	0.0008	0.0003	0.0001
0.0334	0.0196	0.0151	0.0116	0.0070	0.0042	0.0016	0.006	0.0002	0.0001
0.0189	0.0102	0.0075	0.0055	0.0030	0.0017	0.0005	0.0002	0.0001	*
0.0107	0.0053	0.0037	0.0026	0.0013	0.0007	0.0002	0.0001	*	*
0.0061	0.0027	0.0019	0.0013	0.0006	0.0003	0.0001	*	*	*
0.0035	0.0014	0.0009	0.0006	0.0003	0.0001	*	*	*	*

* <0.0001

附表三　年金

期数	1%	2%	3%	4%	5%	6%	7%	8%	9%	10%
1	1.0000	1.0000	1.0000	1.0000	1.0000	1.0000	1.0000	1.0000	1.0000	1.0000
2	2.0100	2.0200	2.0300	2.0400	2.0500	2.0600	2.0700	2.0800	2.0900	2.1000
3	3.0301	3.0604	3.0909	3.1216	3.1525	3.1836	3.2149	3.2464	3.2781	3.3100
4	4.0604	4.1216	4.1836	4.2465	4.3101	4.3746	4.4399	4.5061	4.5731	4.6410
5	5.1010	5.2040	5.3091	5.4163	5.5256	5.6371	5.7507	5.8666	5.9847	6.1051
6	6.1520	6.3081	6.4684	6.6330	6.8019	6.9753	7.1533	7.5233	7.7156	7.7156
7	7.2135	7.4343	7.4343	7.8983	8.1420	8.3938	8.6540	8.9228	9.2004	9.4872
8	8.2857	8.5830	8.5830	9.2142	9.5491	9.8975	10.260	10.637	11.028	11.436
9	9.3685	9.7546	10.159	10.583	11.027	11.491	11.978	12.448	13.021	13.579
10	10.462	10.950	11.464	12.006	12.578	13.181	13.816	14.487	15.193	15.937
11	11.567	12.169	12.808	13.486	14.207	14.972	15.784	16.645	17.560	18.531
12	12.683	13.412	14.192	15.026	15.917	16.870	17.888	18.977	20.141	21.384
13	13.809	14.680	15.618	16.627	17.713	18.882	20.141	21.495	22.953	24.523
14	14.947	15.974	17.086	18.292	19.599	21.015	22.550	24.214	26.019	27.975
15	16.097	17.293	18.599	20.024	21.579	23.276	25.129	27.152	27.361	31.772
16	17.258	18.639	20.157	21.825	23.657	25.673	27.888	30.324	33.003	35.950
17	18.430	20.012	21.762	23.698	25.840	28.213	30.840	33.750	36.974	40.545
18	19.615	21.412	23.414	25.645	28.132	30.806	33.999	41.301	41.301	45.599
19	20.811	22.841	25.117	27.671	30.539	33.760	37.450	46.018	46.018	51.159
20	22.019	24.297	26.870	29.778	33.066	36.786	40.955	45.752	51.160	57.275
21	23.239	25.783	28.676	31.969	34.719	39.993	44.865	50.423	56.765	64.0002
22	24.472	27.299	30.537	34.249	38.505	43.392	49.006	55.457	62.873	71.403
23	25.716	28.845	32.453	36.618	41.430	46.996	53.436	60.883	69.532	79.543
24	26.973	30.422	34.426	39.083	44.502	50.816	58.177	66.765	76.790	88.497
25	28.243	32.030	36.459	41.646	47.727	54.863	63.294	73.106	84.701	98.347
26	29.526	33.671	38.553	44.312	51.113	59.156	68.676	79.954	93.324	109.18
27	30.821	35.344	40.710	47.084	54.669	63.706	74.484	87.351	102.72	121.10
28	32.129	37.051	42.931	49.968	58.403	68.528	80.698	95.339	112.97	134.21
29	33.450	38.792	45.219	52.966	62.323	73.640	87.347	103.14	124.14	148.63
30	34.785	40.568	47.575	56.085	66.439	79.058	94.461	113.28	136.31	164.49
40	48.886	60.402	75.401	95.026	120.80	154.76	199.64	259.06	442.59	442.59
50	64.463	84.579	112.80	152.67	209.34	290.34	406.53	573.77	815.08	1163.9
60	81.670	114.05	163.05	237.99	353.13	533.13	813.52	1253.2	1944.8	3034.8

终值系数表

12%	14%	15%	16%	18%	20%	24%	28%	32%	36%
1.0000	1.0000	1.0000	1.0000	1.0000	1.0000	1.0000	1.0000	1.0000	1.0000
2.1200	2.1400	2.1500	2.1600	2.1800	2.2000	2.2400	2.2800	2.3200	2.3600
3.3744	3.4396	3.4725	3.5056	3.5724	3.6400	3.7776	3.9184	3.0624	3.2096
4.7793	4.9211	4.9934	5.0665	5.2154	5.3680	5.6842	6.0156	6.3624	6.7251
6.3528	6.6101	6.7424	6.8771	7.1542	7.4416	8.0484	8.69999	9.3983	10.146
8.1152	8.5355	8.7537	8.9775	9.4420	9.9299	10.980	12.136	13.406	14.799
10.089	10.730	11.067	11.414	12.142	12.916	14.615	16.534	18.696	21.126
12.300	13.233	13.727	14.240	15.327	16.499	19.123	22.163	25.678	29.732
14.776	16.085	16.085	17.519	19.086	20.799	24.712	29.369	34.895	41.435
17.549	19.337	20.304	21.321	23.521	25.959	31.643	38.593	47.062	57.352
20.655	23.045	24.349	25.733	28.755	32.150	40.238	50.398	63.122	78.988
24.133	27.271	29.002	30.850	34.931	39.581	50.895	65.510	84.320	108.44
28.029	32.089	34.352	36.786	42.219	48.497	64.110	84.853	112.30	148.47
32.393	37.581	40.505	43.672	50.818	59.196	80.496	109.61	149.24	202.93
37.280	43.842	47.580	51.660	60.965	72.035	100.82	141.30	198.00	276.98
42.753	50.980	55.717	60.925	72.939	87.442	126.01	181.87	262.36	377.69
48.884	59.118	65.075	71.673	87.068	105.93	157.25	233.79	347.31	514.66
55.750	68.394	75.836	84.141	103.74	128.12	195.99	300.25	459.45	770.94
63.440	78.969	88.212	98.603	123.41	154.74	244.03	385.32	607.47	954.28
72.052	91.025	102.44	115.38	146.63	186.69	303.60	494.21	802.86	1298.8
816.699	104.77	118.81	134.84	174.02	225.03	377.46	633.59	1060.8	1767.4
92.503	120.44	137.63	157.41	206.34	271.03	469.06	812.00	1401.2	2404.7
104.60	138.30	159.28	183.60	244.49	326.24	582.63	1040.4	1850.6	3271.3
118.16	185.66	184.17	213.98	289.49	392.48	723.46	1332.7	2443.8	4450.0
133.33	181.87	212.79	249.21	342.60	471.98	898.09	1706.8	3226.8	6053.0
150.33	208.33	245.71	290.09	405.27	567.38	1114.6	2185.7	4260.4	8233.1
169.37	238.50	283.57	337.50	479.22	681.85	1383.1	2798.7	5624.8	11198.0
190.70	272.89	327.10	392.50	566.48	819.22	1716.1	3583.3	7425.7	15230.3
214.58	312.09	377.17	456.30	669.45	984.07	2129.0	4587.7	9802.9	20714.2
241.33	356.79	434.75	530.31	790.95	1181.9	2640.9	5873.2	12941	28172.3
767.09	1342.0	1779.1	2360.8	4163.2	7343.2	27290	69377	*	*
2400.0	4994.5	7217.7	10436	21813	45497	*	*	*	*
7471.6	18535	29220	46058	*	*	*	*	*	*

* >99 999

附表四　年金

期数	1%	2%	3%	4%	5%	6%	7%	8%	9%
1	0.9901	0.9804	0.9709	0.9615	0.9524	0.9434	0.9346	0.9259	0.9174
2	1.9704	1.9416	1.9135	1.8861	1.8594	1.8334	1.8080	1.7833	1.7591
3	2.9410	2.8839	2.8286	2.7751	2.7232	2.6730	2.6243	2.5771	2.5313
4	3.9020	3.8077	3.7171	3.6299	3.6299	3.4651	3.3872	3.3121	3.2397
5	4.8534	4.7135	4.5797	4.4518	4.4518	4.2124	4.1002	3.9927	3.8897
6	5.7955	5.6014	5.4172	5.2421	5.0757	4.9173	4.7665	4.6229	4.4859
7	6.7282	6.4720	6.2303	6.0021	5.7864	5.5824	5.3893	5.2064	5.0330
8	7.6517	7.3255	7.0197	6.7327	6.4632	6.2098	5.9713	5.7466	5.5438
9	8.5660	8.1622	7.7861	7.4353	6.8017	6.8017	6.5152	6.2469	5.9952
10	9.4713	8.9826	8.5302	8.1109	7.3601	7.3601	7.0236	6.7101	6.417
11	10.3676	9.7868	9.2526	8.7605	8.3064	7.8869	7.4987	7.1390	6.8052
12	11.2551	10.5753	9.9540	9.3851	8.8633	8.3838	7.9427	7.5361	7.1607
13	12.1337	11.3484	10.6350	9.9856	9.3936	8.8527	8.3577	7.9038	7.4869
14	13.0037	12.1062	11.2961	10.5631	9.8986	9.2590	8.7455	8.2442	7.7862
15	13.8651	12.8493	11.9379	11.1184	10.3797	9.7122	9.1079	8.5595	8.0607
16	14.7179	13.5777	12.5611	11.6532	10.8378	10.1059	9.4466	8.8514	8.3126
17	15.5632	14.2919	13.1661	12.1657	11.2741	10.4773	9.7632	9.1216	8.5436
18	16.3983	14.9920	13.7535	12.6869	11.6896	10.8276	10.0591	9.3719	8.7556
19	17.2260	15.6785	14.3238	13.1339	12.0853	11.1581	10.3356	9.6036	8.9601
20	18.0456	16.3514	14.8775	13.5903	12.4622	11.4699	10.5940	9.8181	9.1285
21	18.8570	17.0112	15.4150	14.0292	12.8212	11.7641	10.8355	10.0618	9.2922
22	19.6604	17.6580	15.9369	14.4511	13.4886	12.3034	11.0612	10.2007	9.4426
23	20.4558	18.2922	16.4436	14.8568	13.4886	12.3034	11.2722	10.3711	9.5802
24	21.2434	18.9139	16.9355	15.2470	13.7986	12.5504	11.4693	10.5288	9.7066
25	22.0232	19.5235	17.4131	15.6221	14.0939	12.7834	11.6536	10.6748	9.8226
26	22.7952	20.1210	17.8768	15.9828	14.3752	13.0032	11.8258	10.8100	9.9290
27	23.5596	20.7059	18.3270	16.3296	14.6430	13.2105	11.9867	10.9352	10.0266
28	24.3164	21.2813	18.7641	16.6631	14.8981	13.4062	12.1371	11.0511	10.1161
29	25.0658	21.8444	19.1885	16.9837	15.1411	13.5907	12.2777	11.1584	10.1983
30	25.8077	22.3965	19.6004	17.2920	15.3725	13.7648	12.4090	11.2578	10.2737
35	29.4086	24.9986	21.4872	18.6646	16.3742	14.4982	12.9477	11.6546	10.5668
40	32.8347	27.3555	23.1148	19.7928	17.1591	15.0463	13.3317	11.9246	10.7574
45	36.0945	29.4902	24.5187	20.7200	17.7741	15.4558	13.6055	12.1084	10.8812
50	39.1961	31.4236	25.7298	21.4822	18.2559	15.7619	13.8007	12.2335	10.9617
55	42.1472	33.1748	26.7744	22.1086	18.6335	15.9905	13.9399	12.3186	11.0140

现值系数表

10%	12%	14%	15%	16%	18%	20%	24%	28%	32%
0.9091	0.8929	0.8772	0.8696	0.8621	0.8475	0.8333	0.8065	0.7813	0.7576
1.7355	1.6901	1.6467	1.6257	1.6052	1.5656	1.5278	1.4568	1.3916	1.3315
2.4869	2.4018	2.3216	2.2832	2.2459	2.1743	2.1065	1.9813	1.8684	1.7663
3.1699	3.0373	2.9137	2.8550	2.7982	2.6901	2.5887	2.4043	2.2410	2.0957
3.7908	3.6048	3.4331	3.3522	3.2743	3.1272	2.9906	2.7454	2.5320	2.3452
4.3553	4.1114	3.8887	3.7845	3.6847	3.4976	3.3255	3.0205	2.7594	2.5342
4.8684	4.5638	4.2882	4.1604	4.0386	3.8115	3.6046	3.2423	2.9370	2.6775
5.3349	4.9676	4.6389	4.4873	4.3436	4.0776	3.8372	3.4212	3.0758	2.7860
5.7590	5.3282	4.9464	4.7716	4.6065	4.3030	4.0310	3.5655	3.1842	2.8681
6.1446	5.6502	5.2161	5.0188	4.8332	4.4941	4.1925	3.6819	3.2689	2.9304
6.4951	5.9377	5.4527	5.2337	5.0284	4.6560	4.3271	3.7757	3.3351	2.9776
6.8137	6.1944	5.6603	5.4206	5.1971	4.7932	4.4392	3.8514	3.3868	3.0133
7.1034	6.4235	5.8424	5.5831	5.423	4.9095	4.5327	3.9124	3.4272	3.0404
7.3667	6.6282	6.0021	5.7245	5.4675	5.0081	4.6106	3.9616	3.4587	3.0609
7.6061	6.8109	6.1422	5.8474	5.5755	5.0916	4.6755	4.0013	3.4834	3.0764
7.8237	6.9740	6.2651	5.9542	5.6685	5.1624	4.7296	4.0333	3.5026	3.0882
8.0216	7.1196	6.3729	6.0472	5.7487	5.2223	4.7746	4.0591	3.5177	3.0971
8.2014	7.2497	6.4674	6.1280	5.8178	5.2732	4.8122	4.0799	3.5294	3.1039
8.3649	7.3658	6.5504	6.1982	5.8775	5.3162	4.8435	4.0967	3.5386	3.1090
8.5136	7.4694	6.6231	6.2593	5.9288	5.3527	4.8696	4.1103	3.5458	3.1129
8.6487	7.5620	6.6870	6.3125	5.9731	5.3837	4.8913	4.1212	3.5514	3.1158
8.7715	7.6446	6.7429	6.3587	6.0113	5.4099	4.9094	4.1300	3.5558	3.1180
8.8832	7.7184	6.7921	6.3988	6.0442	5.4321	4.9245	4.1371	3.5592	3.1197
8.9847	7.7843	6.8351	6.4338	6.0726	5.4509	4.9371	4.1428	3.5619	3.1210
9.0770	7.8431	6.8729	6.4641	6.0971	5.4669	4.9476	4.1474	3.5640	3.1220
9.1609	7.8957	6.9061	6.4906	6.1182	5.4804	4.9563	4.1511	3.5656	3.1227
9.2372	7.9426	6.9352	6.5135	6.1364	5.4919	4.9636	4.1542	3.5669	3.1233
9.3066	7.9844	6.9607	6.5335	6.1520	5.5016	4.9697	4.1566	3.5679	3.1237
9.3696	8.0218	6.9830	6.5509	6.1656	5.5098	4.9747	4.1585	3.5687	3.1240
9.4269	8.0552	7.0027	6.5660	6.1772	5.5168	4.9789	4.1601	3.5693	3.1242
9.6442	8.1755	7.0700	6.6166	6.2153	5.5386	4.9915	4.1644	3.5708	3.1248
9.7791	8.2438	7.1050	6.6418	6.2335	5.5482	4.1659	4.1659	3.5712	3.1250
9.8628	8.2825	7.1232	6.6543	6.2421	5.5523	4.9986	4.1664	3.5714	3.1250
9.9148	8.3045	7.1327	6.6605	6.2463	5.5541	4.9995	4.1666	3.5714	3.1250
9.9471	8.3170	7.1376	6.6636	6.2482	5.5549	4.9998	4.1666	3.5714	3.1250

参考文献 Reference

［1］财政部会计资格评价中心. 财务管理［M］. 北京：经济科学出版社，2019.

［2］荆新，王化成，刘俊彦. 财务管理［M］. 8版. 北京：中国人民大学出版社，2018.

［3］罗斯，威斯特菲尔德，乔丹. 公司理财（精要版）（原书第10版）［M］. 谭跃，周卉，等译. 北京：机械工业出版社，2014.

［4］布里格姆，休斯顿. 财务管理（原书第14版）［M］. 张敦力，杨快，等译. 北京：机械工业出版社，2018.